中央民族大学"985工程"
中国少数民族语言文化教育边疆史地研究创新基地文库

中国少数民族语言研究丛书

主编◆戴庆厦

勒期语研究

LEQIYU YANJIU

戴庆厦 李洁 ◆ 著

中央民族大学出版社

目 录

第一章　绪论 ………………………………………………… (1)
　第一节　民族情况 ………………………………………… (1)
　第二节　语言使用情况 …………………………………… (6)
第二章　语音 ………………………………………………… (7)
　第一节　声母 ……………………………………………… (7)
　第二节　韵母 ……………………………………………… (9)
　第三节　声调 ……………………………………………… (15)
　第四节　长短元音 ………………………………………… (16)
　第五节　弱化音节 ………………………………………… (28)
　第六节　连音音变 ………………………………………… (29)
　第七节　音节结构 ………………………………………… (32)
第三章　词汇 ………………………………………………… (33)
　第一节　构词法 …………………………………………… (33)
　第二节　借词 ……………………………………………… (57)
第四章　词类 ………………………………………………… (64)
　第一节　名词 ……………………………………………… (64)
　第二节　代词 ……………………………………………… (77)
　第三节　数词 ……………………………………………… (87)
　第四节　量词 ……………………………………………… (96)
　第五节　形容词 …………………………………………… (119)
　第六节　动词 ……………………………………………… (128)
　第七节　助动词 …………………………………………… (139)
　第八节　副词 ……………………………………………… (141)
　第九节　连词 ……………………………………………… (154)
　第十节　助词 ……………………………………………… (164)

第十一节　叹词 …………………………………… （189）
第五章　句法 ………………………………………… （193）
　　第一节　词组 ……………………………………… （193）
　　第二节　句子类型 ………………………………… （225）
　　第三节　句子的语气 ……………………………… （247）
　　第四节　几种特殊句型 …………………………… （261）
附录一：勒期语词表 …………………………………… （274）
附录二：例句集 ………………………………………… （329）
附录三：长篇语料一则 ………………………………… （338）
附录四：主要参考文献 ………………………………… （341）
附录五：语料主要提供者的简况 ……………………… （342）
后记 ……………………………………………………… （343）
田野调查留影

第一章 绪 论

勒期语是景颇族中自称"勒期"支系的群体所说的一种语言，属汉藏语系藏缅语族缅语支。它与阿昌语、载瓦语、浪速语、波拉语、缅甸语等组成缅语支，在特点上最为接近，与彝语支的彝语、傈僳语、哈尼语、拉祜语、纳西语等也比较接近。勒期语在藏缅语内部有着自己的特点，在共时研究、历史比较研究中都具有一定的价值。

各地勒期语的特点存在一定差异。本书以云南省德宏州潞西市芒海镇帕牙村的勒期话为依据，从语音、词汇、语法、系属几方面介绍勒期语的基本情况。

为了更好地认识勒期语的特点，本章有必要对景颇族的民族情况、勒期支系的情况（包括人口、分布、习俗等），以及勒期语的使用情况做简要的介绍。

第一节 民族情况

一、景颇族的地理分布

景颇族是我国少数民族中人口较少的一个民族。人口为12.56万人（2000年）。主要聚居于德宏傣族景颇族自治州境内，大约在东经97°28′-99°57′，北纬24°-25°5′之间的陇川、盈江、潞西、瑞丽、梁河等县市。此外，在怒江傈僳族自治州的片马、岗房、古浪，临沧地区的耿马佤族自治县，以及思茅地区的澜沧、西双版纳的勐海等县，也有少量分布。在国外的缅甸、印度等国也有景颇族分布，称之为"Kachin"（克钦人）。在缅甸，主要分布在中缅接壤的克钦邦、掸邦等地区，约有200余万人口。

德宏傣族景颇族自治州东靠云南中部高原，西邻缅甸联邦的伊洛瓦底江平原；北面是横断山脉，高黎贡山山脉纵贯全境南北。山区海拔一般为2000米左右，最高达3400米。境内有大盈江、槟榔江、龙川江、南宛河、芒市河等河流穿流而过，汇入伊洛瓦底江。河流两岸形成肥沃的河谷平坝，是优良的农业垦区。

景颇族聚居的山区大部分气候温和，霜期很短，一年仅1—2个月，年平均温度在18℃—24℃之间。雨量充沛，气候明显分为雨季和旱季，年降雨量为1500毫米左右。该地区土壤肥沃，有丰富的森林资源。植物种类繁多，植被面积大。景颇山区有丰富的经济林木资源，如砂仁、团花、肉桂、玉京、黄连、黄山药、史君子、金鸡纳；有八角、草果、香茅、野香橡等香料资源；有树棉、龙舌兰、竹类等植物资源；还有茶叶、小粒咖啡、紫胶、油桐、核桃等经济果木。此外，还有铁、铝、煤、云母、水晶、金、银等矿产资源。山林中有大象、熊、麂子、马鹿、野猪、孔雀、猴子等野生动物。

与景颇族地理分布相邻的民族有傣族、傈僳族、阿昌族、德昂族、汉族等。傣族、阿昌族、汉族大多分布在坝区，景颇族、傈僳族、德昂族分布在山区。在景颇族的一些山寨，还有少数汉人与他们居住在一起。不同民族长期友好地相邻，在社会、经济、文化各个方面互相影响、互相学习，形成团结、友爱、互助的民族关系。

二、景颇族的历史渊源

据汉文史籍记载并参考历史传说，可以认为景颇族先民最早居住在康藏高原南部山区。约自唐代始，景颇族先民沿横断山脉南迁。南迁至东部地区的分布于澜沧江以东、金沙江及东泸水地区；西部地区的分布于属于南诏的永昌节度管辖地区以及丽水节度辖区内的片马、古浪、岗房一带。史称的"寻传蛮"，即包括景颇族先民在内。元、明时期，东部"寻传蛮"亦称"峨昌"。元代，景颇族地区属云南行省的金齿宣抚司。15世纪初，明朝设置茶山长官司，曾任命景颇族山官为长官。明代清初，景颇族开始大批迁入今德宏地区。

三、景颇族的社会文化

景颇族进入德宏时，社会形态已分离出世袭贵族（官种）、百姓

(自由民)和奴隶三个等级。随后，由于受汉、傣等民族的影响，开始向封建制转化。到中华人民共和国建立前夕，景颇族社会已发展到农村公社趋于解体并向阶级社会过渡的阶段。他们一方面受傣族封建领主——土司的统治，另一方面又有相对独立的政治制度——山官制。

景颇族的姓分大姓、小姓两类。大姓是氏族的名称，共有26个。小姓称"户名"，即家族名称。小姓约有300多个，其中有来源于官位、职业的，有来源于动物名称的，有来源于出生地或居住地的，也有来源于植物名称的，还有来源于用具或建筑材料的。

"目脑纵歌"节是景颇族的盛大传统节日，又是群众性的一种歌舞活动。每年农历正月十五日举行，一般进行4天。节日期间，景颇人民穿着盛装，汇聚目脑纵歌场，围着歌舞场中央绘有目脑舞蹈路线图谱的"目脑示栋"，踏着鼓乐节奏尽情欢舞。

景颇族在悠久的历史发展中，创造了自己民族极为丰富的文化艺术，成为祖国文化宝库中的一部分。景颇族的文学形式有史诗、神话传说、民间故事、歌谣、谚语、情歌等。宗教祭司"洞萨"念的经词，也是一种宗教文学。在经词和神话传说中所反映的，多属开天辟地、洪水泛滥、人类起源、驯养家畜、种植五谷的历史以及人鬼之间的斗争等内容。

景颇族爱好音乐和舞蹈。声乐有古老的歌谣和现代的民歌两种。民间乐器主要有吐良、三比（管乐器）、三弦、象脚鼓、铓、锣、钹等。舞蹈主要分为欢庆性、祭祀性和娱乐性3种。景颇族的筒裙图案花纹种类繁多，色泽鲜艳。绘画大多与原始宗教相结合，多为单线回纹图案和单线直纹图案。

景颇族主要信仰万物有灵的原始宗教。人们相信自然界中的万事万物都有鬼魂，鬼魂能作祟于人，给人以祸福。在每年春播、秋收、冬藏之前及逢婚丧、生病、械斗时，都要杀生祭鬼。近代，随着基督教的传入，也有部分人信仰基督教。

景颇族原本无文字，美国传教士汉森（REV.O.HANSON）1895年在缅甸创造了一套以景颇语为基础、用拉丁字母拼写的景颇文。中华人民共和国建立后，我国语言工作者又为说载瓦支系语言

四、景颇族的支系划分

景颇族分为景颇、载瓦、浪峨①、勒期、波拉等五大支系。不同的支系在民族内部以支系名称自称，以示与其他支系相别；在民族外部则以"景颇族"名称自称，以示与他族的区别。各支系不仅有对自己支系的自称，还有对其他支系的他称。各支系的自称及他称情况具体如下表：

称法 支系	景 颇	载 瓦	浪 峨	勒 期	波 拉
景颇	景颇 [tʃiŋ³¹pho⁹³¹]	阿纪、纪 [a³¹tsi⁵⁵、tsi⁵⁵]	默汝 [mă³¹ʒu³¹]	勒施 [lă³¹ʃi⁵⁵]	波洛 [po³¹lo³¹]
载瓦	石东 [ʃi⁵⁵tuŋ⁵⁵]	载瓦 [tsai²¹va⁵¹]	勒浪 [lă²¹laŋ⁵¹]	勒期 [lă²¹tʃhi⁵⁵]	布洛 [pă²¹lo²¹]
浪峨	泡沃 [phauk⁵⁵vɔ⁵¹]	杂峨 [tsa³⁵vɔ⁵¹]	浪峨 [lɔ⁵¹vɔ³¹]	勒期 [lă²¹tʃhik³⁵]	布洛 [pă³¹lɔ³¹]
勒期	铺悟 [phuk⁵⁵]	载悟 [tsai³¹vu⁵¹]	浪悟 [laŋ³¹vu⁵¹]	勒期 [lă²¹tʃhi⁵¹]	布洛 [pă³¹lɔ⁵¹]
波拉	泡瓦 [phauk³¹va³¹]	氐瓦 [ti³¹va³¹]	龙瓦 [lo³¹va³¹]	勒期 [lă³¹tʃhi³⁵]	波拉 [po³¹la³¹]

当地汉族把景颇族的五大支系分别称作"大山"（景颇支系）、"小山"（载瓦支系）、"茶山"（勒期支系）、"浪速"（浪峨支系）和"波拉"（波拉支系）。

不同支系的地理分布以小聚居、大杂居为基本特点。即每个支系都有小块的聚居区，但总的是交错杂居的局面。在我国，景颇支系和载瓦支系人口较多，有几块较大的聚居区。如潞西县的西山区、

---

① 汉族称"浪峨"支系为"浪速"。

盈江县的盏西区以及陇川县的邦外区，是载瓦支系的聚居区；盈江县的铜壁关区，瑞丽县的等嘎区是景颇支系的聚居区。勒期、浪速、波拉三个支系人数较少，均与载瓦、景颇两个支系杂居一起。不同支系除了语言相异以外，在经济制度、生产方式、婚丧喜庆、服饰衣着、宗教信仰、风俗习惯等各方面都基本相同。

五、勒期支系的基本特点

勒期支系是属于景颇族的一个支系，约有一万人。在德宏傣族景颇族自治州的潞西、瑞丽、陇川、盈江县，以及怒江州的部分地区都有分布。其中，以潞西市的人口居多，约有四、五千人，大多集中在芒海镇、中山乡、东山乡，以及三台山乡的拱岭寨、芒岗寨等地。潞西芒海镇帕牙村邻近中缅边境线，是德宏州勒期人最为集中的一个村寨。此外，在缅甸也有勒期人分布。潞西市（原为潞西县）位于云南省西南部，德宏傣族、景颇族自治州东南部，地处东经98°01′－98°44′，北纬24°05′－24°39′之间。南部与缅甸接壤，国境线长68.23公里。"潞西"因地处怒江之西得名。潞西市总面积为2887平方公里，其中坝区占15%，山区占85%。市政府驻地芒市镇距离省会昆明市785公里。世居少数民族有傣、景颇、傈僳、德昂、阿昌、佤等民族。潞西市地处低纬高原，地面接收到的太阳辐射量大，雨量丰富、气候温润，年平均气温18.3－20.0℃，属亚热带季风气候。芒海镇位于潞西市西南部，1960年设芒海乡，1985年设镇，现下辖3个办事处。镇政府驻地海拔960米。"芒海"借傣语音，意为榕树寨。

勒期人的民族社会文化等特点与景颇族群中其他支系大体一致。勒期人传统服饰为：男女均戴包头；男子用棉布绑小腿（当地人又称"打包脚"），穿白色大褂衫，上有手绣花纹图案作装饰；女子则以裙子和上衣相配，颜色以蓝色、红色、黑色为主色；男女腰间均佩带用贝壳穿成的腰带。勒期人会演奏三弦琴、竹笛等乐器。婚姻制度上，信奉同姓不婚，实行一夫一妻制。丧葬方面，实行棺土葬。

勒期人实行父子连名制。父子连名制靠一代一代口耳相传。在名字的取法上，景颇族勒期支系实行的"父子连名制"与浪速支系大体相同，但不同于景颇族其他支系。这种父名与子名世代相连的命名制度，是勒期人氏族社会发展过程中用以表明父系血缘关系的命名制度。父子连名制是原始文化的遗留，也是藏缅语族从母系氏族社会到父系氏族社会过渡的重要文化特征。勒期人的父子连名制以父辈名字的最后一个音节作为孩子辈（包括男孩、女孩）名字的起首音节，即以"AB—BC—CD—DE……"作为后续子孙的取名方式。举同一家族家谱中某一支的连名为例：kho̊^{55}jiŋ^{55}→jiŋ^{55}kjaŋ^{55}→kjaŋ^{55}pəm^{53}→pəm^{53}jo^{31}→jo^{31}kho^{55}→kho^{55}pəm^{53}→pəm^{53}tsi^{55}……。所以，只要是同父的兄弟、姐妹，其名字的第一个音节均相同，又如pəm^{53}jo^{31}一家，其下一代有四个子女，分别取名为jo^{31}kho^{55}、jo^{31}jiŋ^{55}、jo^{31}kjaŋ^{55}、jo^{31}təŋ^{53}。（详见第二章"名词·姓氏名称"）

第二节　语言使用情况

勒期语属汉藏语系藏缅语族缅语支，与载瓦语、浪速语比较接近。勒期语在藏缅语内部有着自己的一些特点，具有一定的研究价值。各地勒期语的特点存在一些差异，但彼此之间都能通话，其中盈江、瑞丽、潞西三地的勒期语较为接近。

现今勒期人在与周边其他民族接触、来往的过程中，大都学会了其他民族的一种或多种语言，成为双语人或多语人。勒期人与景颇族其他支系合寨而居，相互通婚，很多勒期人会讲流利的景颇语、载瓦语、浪速语等。

在以勒期人为主的村寨中，日常生活中都使用勒期语，巫师（təm^{33}sa^{53}）在祭祀活动时所用的语言也是勒期语。但唱山歌、民歌时则多用载瓦语。在家庭内部，若家庭成员中除了勒期人之外还有其他支系或其他民族的人，则他们各自用自己的语言来交流，彼此之间也能听懂，并不影响交际。勒期人孩子的母语随父亲，从小都讲勒期语，进入学校后逐渐学会了汉语。

第二章 语　　音

第一节 声　　母

声母的主要特点是：（1）塞音、塞擦音上只有送气、不送气对立，没有清、浊对立，但擦音多数有清浊对立。（2）有腭化的双唇音、舌根音声母。（3）有唇齿音声母。（4）舌尖音与舌叶音相对立。（5）无清化鼻音与清化边音。（6）无复辅音声母。

声母有 30 个：p、ph、m、pj、phj、mj、f、v、t、th、n、l、ts、tsh、s、tʃ、tʃh、ʃ、ʒ、k、kh、ŋ、x、ɣ、kj、khj、ŋj、xj、j、w。列表如下：

p	ph	m		
pj	phj	mj		
f	v			
t	th	n	l	
ts	tsh	s		
tʃ	tʃh	ʃ	ʒ	
k	kh	ŋ	x	ɣ
kj	khj	ŋj	xj	j
w				

声母例词：

P	pəŋ^{55}客人	pəm^{53}山	pou^{33}虫
ph	phəŋ^{55}茅草	a^{33}phou^{55}爷爷	phaːt^{55}反刍
m	mcɪ^{53}被子	a^{55}maŋ^{33}哥哥	maŋ^{55}教
pj	pju^{53}人	pjəm^{53}蓑衣	pjiŋ^{53}疮
phj	phjuː^{33}白	phjaŋ^{55}mju^{55}褥子	phjaŋ^{55}床
mj	mju^{53}蛇	mji^{33}火	mju^{55}城市

f	a³³fu̠ʔ⁵⁵叶子	fu̠ʔ⁵⁵片(叶子)	fun⁵⁵分(货币单位)
v	vuʔ³¹猪	pei⁵³vaŋ⁵³西方	vuʔ³¹ti⁵³蚯蚓
t	ta̠ːi⁵⁵说	tuaŋ³³洞	tu̠⁵⁵应(回声)
th	tha̠ːi⁵³换	thɔm⁵⁵池塘	thu̠ːŋ碰撞
n	no³³牛	nɔŋ⁵⁵湖	nuk⁵³豆
l	lo³³虎	lɔp⁵³坟	lɔʔ⁵³手
ts	tsɔm³¹桥	tsan⁵³年	tsɔm⁵⁵棚子
tsh	tsham³³头发	tsho⁵⁵盐	tshe³³十
s	sɔm⁵⁵三	sək⁵⁵树	sui⁵⁵血
tʃ	tʃyː⁵⁵到	tʃa̠ːu⁵³熟[粥]	a³³tʃei⁵⁵核
tʃh	tʃhyː⁵⁵系(带)	tʃhei⁵⁵药	tʃham⁵⁵粒(米)
ʃ	ʃyː⁵⁵领	ʃɛ³³抽(出)	ʃɔː³³长(形容词)
ʒ	ʒa̠ː⁵⁵平	mə⁵³ʒa⁵³错误	ʒuŋ⁵³两(重量单位)
k	kɛː⁵⁵搁	kuŋ³³棺材	kam⁵³棵(树)
kh	khɛː⁵⁵啃	khat⁵⁵条[绳]	khuŋ³³木梁
ŋ	ŋɛː⁵⁵烫	ŋə⁵³银子	ŋui⁵⁵钩子
x	xɛː⁵⁵厌	xu⁵⁵姓	xaŋ⁵⁵谁
ɣ	ɣə³³项圈	ɣɛʔ⁵⁵和	ɣə⁵⁵口水
kj	kjo³³中间	kjin³³山梁	kjuːt³¹脱落(头发)
khj	khjo³³路	a³³khjiŋ³³时间	khjuːt⁵⁵脱(衣服)
ŋj	ŋjaŋ³³他	ŋjɛt⁵⁵七	ŋjəŋ⁵³牙龈
xj	xjɛ³³这	xjɛŋ³¹tsaŋ⁵³县长	
j	jo⁵³庄稼	jɔm³³力气	jɔːʔ³¹织
w	wo³³竹子	wuːp⁵⁵孵	wɔm³³饭

声母说明：

(1) 擦音 f、v、ɣ、ʒ、w 仅出现在少数词上。

(2) 送气声母后的元音均为松元音韵母。

(3) 声母 ŋ、m 能自成音节，如 ŋ³³ "五"、tʃhə⁵⁵m⁵³ "为什么"。

(4) ʒ 在有的词中可变读为 l，如 ʒe⁵⁵（宾语助词）可读为 le⁵⁵。

第二节 韵 母

韵母的主要特点有：(1) 元音分松紧，又分长短。长短对立主要出现在动词、形容词上，表示不同的语法意义。(2) 有少量复合元音韵母，主要是二合元音韵母，也有个别三合元音韵母。(3) 韵尾有 -m、-n、-ŋ、-p、-t、-k、-ʔ 七个。

韵母共有 169 个。可分为以下几类。

一、单元音韵母

共有 34 个。举例如下：

ɿ	ʃɿ⁵⁵水果	tsɿ⁵³牙齿	tʃɿ³³山歌
i	pji³³衣	kji⁵³兵	pji³³衣
e	ne³³箥子	a³³ve³³不远	a³³ŋe⁵⁵不热
ɛ	tʃɛ⁵³罪	xjɛ³³这	xɛ³³那(距离最近)
a	pa³³耙	kha⁵⁵勿	a³³不
o	no³³牛	khjo³³路	jo⁵³田地
u	pju⁵³人	tshu³³油	tu³³(一)条(鱼)
ə	ŋə⁵³银子	mə³³芋头	ɣə³³项圈
y	a³³ʃy⁵⁵不带(路)	mi³³ky³³炭	pou⁵³khy³³螃蟹
ɿ̱	a³³ʃɿ̱³³不吸(气)	a³³ʃɿ̱³³不抽(出)(同 a³³ʃe̱³³)	
i̱	kji̱³³星	puŋ³³kji̱⁵⁵和尚	ti̱⁵⁵(一)只(鞋)
e̱	ŋe̱³¹ne̱⁵⁵本钱	a³³ʃe̱³³不抽(出)	a³³ke̱⁵³不量
a̱	pa̱³³坝子	la̱⁵⁵mo⁵⁵月亮	a³³ka̱³³不写
o̱	no̱³³鼻了	kjo̱³³二角架	jo̱³³舌头
u̱	lə³¹pju̱³³豪猪	ta̱ʔu̱³³棉花	ʃu̱⁵³铃
ə̱	tə̱⁵⁵绳子、缰绳		
y̱	a³³ʃy̱³³不松		
ɿː	tʃhɿː³³用	tsɿː³³结(果)	sɿː⁵⁵蹭痒

iː	kjiː³³ 大	pjiː⁵³ 溶化	kjiː³³ 饱
eː	leː⁵⁵ 来	teː⁵⁵ 赠送	
ɛː	kɛː⁵⁵ 够	ŋɛː⁵³ 小	vɛː³³ 远
aː	jaː³¹ 医治	ʒaː⁵³ 差(两斤)	
ɔː	tsɔː³³ 吃	jɔː⁵⁵ 有	kɔː⁵⁵ 跳(舞)
uː	tsuː³³ 刺入	kuː³³ 渡	kuː⁵⁵ 冻
əː	ŋəː⁵³ 爱	xəː³³ 黄	təː⁵³ 动
yː	ʃyː⁵⁵ 带(路)	ŋyː³³ 暖和	tʃhyː⁵⁵ 系(腰带)
ɿ	sɿ⁵⁵ 磨(刀)	a³³ʃɿ³³ 不拖	不吸 a³³ʃɿ³³
i̱ː	pji̱ː³³ 斜		
ɛ̱ː	kɛ̱ː⁵⁵ 搁	kɛ̱ː⁵³ 量(动词)	nɛ̱ː³³ 炒
ḁː	kḁː³³ 写	ʒḁː⁵³ 弄齐	
ɔ̱ː	tsɔ̱ː³³ 喂(饭)	pɔ̱ː⁵⁵ 例宜	ŋɔ̱ː⁵⁵ 借
ṵː	tsṵː³³ 沸	tṵː³³ 扶(起)	ju̱ː³³ 疯
ə̱ː	tə̱ː⁵⁵ 绑	nə̱ː⁵³ 软	
y̱ː	ʃy̱ː³³ 松		

二、复元音韵母

共有 19 个。举例如下：

ei	kjei⁵³ 铜	tsei⁵³ 货	pjei³³ 给
e̱i	kje̱i⁵³ 胆	je̱i³³ 尿	a³³se̱i⁵³ 不编(篮子)
eːi	tʃheːi⁵⁵ 洗	tʃeːi⁵⁵ (布)密	ʃeːi³³ 死
e̱ːi	le̱ːi⁵⁵ 写	mje̱ːi⁵⁵ 关(门)	tʃe̱ːi⁵⁵ 借(钱、米)
aːi	paːi⁵³ 磕(头)	laːi³³ 重	laːi⁵⁵ 错过
a̱ːi	tsa̱ːi⁵³ 细	pa̱ːi⁵³ 拜	sa̱ːi⁵³ 编(篮子)
ɔi	lɔ³³xɔi³³ 螺蛳		
ɔ̱i	a³³ŋɔ̱i⁵⁵ 不拱		
ɔːi	kɔːi⁵⁵ 瘸	sɔːi⁵³ 画[动词]	phɔːi⁵³ 解开
ɔ̱ːi	ŋɔ̱ːi⁵⁵ 钩[动词]	kɔ̱ːi⁵⁵ 小	
ui	khui⁵⁵ 狗	a³³mui⁵⁵ 不灰	a³³phui³³ 不解(疙瘩)

ua	sua⁵³tsʅ⁵³刷子	xua³³画(名词)	
uɛ	khuɛ⁵⁵元(货币)	kuɛ³³怪	
au	tshau⁵⁵xai⁵³草鞋	təŋ⁵⁵tsau³³灯罩	
aːu	paːu³³背(孩子)	ʃaːu⁵⁵少	tshaːu⁵⁵旧
aːu	taːu⁵⁵倒(与"顺"相对)	mjaːu³³干咽	
ou	pou³³虫	nou⁵⁵乳房	a³³phou⁵⁵爷爷
ou	pou³³船	phəŋ⁵⁵kjou⁵⁵斑鸠	nuk³¹kjou³³豇豆
iau	miɛŋ³³thiau⁵³面条		

三、带辅音韵尾的韵母

共有116个。举例如下：

im	a³³lim⁵⁵不保存		
im	a³³tʃim⁵⁵不尝		
iːm	liːm⁵⁵保存		
iːm	tʃiːm⁵⁵尝		
in	kjin⁵⁵斤	pɔŋ³³tin³³笔	pjin⁵⁵扁
iːn	tʃiːn³³滤	tsiːn³³裁	tʃhiːn³³小气
iːn	kjiːn⁵⁵忙	kjiːn⁵³粘(形容词)	tʃiːn³³酸
iŋ	kjiŋ³³坡	a³³jiŋ⁵³不稀	a³³miŋ⁵³(驴)不叫
iŋ	a³³mjiŋ⁵³不取(名)		
iːŋ	khjiːŋ³³挑		
iːp	tʃiːp³¹查		
iːt	tʃiːt³¹聋	pjiːt³¹jɔ⁵⁵降落	pjiːt³¹断(线)
iːt	kjiːt⁵⁵勤快	mjiːt⁵⁵留(种)	
ik	mjik³¹竹笋	a³³phjik⁵⁵不辣	a³³pjik³¹(鸡)不扒(土)
ik	tã⁵³tʃik⁵⁵一点儿		
ɛn	tʃɛn⁵⁵茅草	tuŋ⁵³piɛn⁵³水蚂蟥	a³³tsɛn³³不栽
ɛn	tʃɛn⁵⁵tʃaŋ⁵³燕子	a³³kjɛn⁵³不粘	a³³ŋjɛn⁵⁵不挤
ɛːn	mjɛːn⁵⁵晚上		
ɛːn	tʃhɛːn³³欠(钱)	xɛːn⁵⁵准备	jɛːn⁵⁵腌(菜)

εŋ	a³³khjɛŋ³³不挑选	tɛŋ⁵³跑	luk³¹sɛŋ⁵⁵玉石
εp	tʃə³³thɛp⁵⁵鞭子	a³³tɛp⁵⁵不打赌	
εp	kjɛp³¹kjɛp³¹粘粘的		
ε:p	tɛ:p⁵⁵打赌		
ε:p	tɛ:p⁵⁵紧		
εt	phjɛt⁵⁵断裂状	la³¹jɛt³¹蚂蚁	a³³mjɛt³¹不猜
εt	pjɛt⁵⁵鸭子	ŋjɛt⁵⁵七	a³³kjɛt⁵⁵不勤快
εk	sə³¹tɛk³¹箱子		
ε?	ɣɛʔ⁵⁵和	tʃɛʔ³¹pɔŋ³³膀胱	ʃo⁵⁵tʃhɛʔ³¹麂子
ε:ʔ	tʃɛ:ʔ³¹(衣)破		
am	tam⁵³伤口	tsham³³头发	khjam³³园子
am	kho⁵⁵lam⁵⁵茄子	a⁵⁵nam³³穗	
a:m	ta:m⁵³平	ja:m³³肿	na:m⁵³臭
a:m	tʃa:m⁵⁵冷	tsə³³ŋja:m⁵⁵筷子	
an	pan³³花	lan⁵⁵小篮子	tsan⁵³(一)岁
an	pan³³布	an⁵⁵马鞍	ɔm³³pan⁵³院子
a:n	tha:n³³硬	ʒa:n³³稀	sa:n⁵⁵干净
a:n	pa:n³³涩		
aŋ	taŋ³³话	maŋ⁵³尸体	laŋ⁵³丈夫
aŋ	taŋ³³俩	kaŋ³³生命	taŋ⁵⁵khui⁵⁵穿山甲
a:ŋ	ta:ŋ⁵³提(篮子)	ka:ŋ⁵³烤(火)	ka:ŋ⁵⁵披(衣)
a:ŋ	kja:ŋ³³(牛)犟		
ap	lap³¹眨	nə⁵⁵pap³¹蜗牛	xap⁵⁵扁担
ap	ŋap⁵⁵针	nap⁵⁵鼻涕	kap⁵⁵吓鸟器
a:p	la:p³¹掏	tsha:p⁵⁵偿还	kha:p⁵⁵够
a:p	ŋa:p⁵⁵数(数)	na:p⁵⁵叠	tʃa:p⁵⁵窄
at	khat⁵⁵(一)枝	tshat⁵⁵鹿	tshat⁵⁵戏
at	lɔʔ⁵⁵sat⁵⁵使杀	a³³kat⁵⁵不盛	a³³pat⁵⁵渣滓
a:t	pa:t³¹打	pha:t⁵⁵呕吐	kha:t⁵⁵催
a:t	sa:t⁵⁵杀	ka:t⁵⁵唱(山歌)	ka:t⁵⁵掺(水)

ak	a³¹pjɔk³¹a³¹pjak³¹语无伦次				
ak	pjak³¹踩烂声				
aːk	khaːk⁵⁵焦				
aʔ	laʔ⁵⁵可能	saʔ³¹khuŋ⁵⁵laŋ⁵³怒江		taʔ³¹u³³棉花	
aʔ	pjaʔ³¹(一)滩				
aːʔ	ʒaːʔ整齐				
aːʔ	paːʔ⁵⁵抽(烟)	kjaːʔ⁵⁵抓		ŋjaːʔ⁵⁵稀	
ɔm	wɔm³³饭	khɔm⁵⁵门		tshɔm³³白	
ɔm	mjiʔ³³ɔm³³枪	a³¹xɔm³³香			
ɔːm	kjɔːm³³腥	khjɔm⁵³烧(火)			
ɔːm	kjɔːm⁵⁵烤				
ɔn	phɔn³³肥料	tʃɔn⁵³仆人		pou⁵³tsɔn⁵³虾	
ɔn	a³¹pɔn³³根	khə⁵⁵tɔn⁵³蟋蟀			
ɔŋ	xɔŋ⁵³沟	jɔŋ⁵³kam⁵³棕树			
ɔŋ	nɔŋ⁵⁵湖	ʃɔŋ³³tʃaŋ⁵⁵冬瓜		pɔŋ⁵⁵桶(水)	
ɔːŋ	pɔːŋ³³蒸	jɔːŋ⁵⁵美		mjɔːŋ⁵³穷	
ɔːŋ	nɔːŋ⁵³淘气	ɔːŋ³³赢			
ɔp	thɔm⁵⁵pɔp³¹泥巴	a³³nɔp³¹不沉			
ɔp	tsɔp⁵⁵(一)把(菜)	tou³³kɔp⁵⁵乌龟		tʃɔp⁵⁵(一)把(菜)	
ɔt	khjɔt⁵⁵脱落状	kɔt³¹铲子		a³³thɔt⁵⁵不搬家	
ɔt	tsɔt⁵⁵肺	mɔt⁵⁵勺子		a³³tɔt⁵⁵不生长	
ɔk	kɔk³¹(一)间(房)				
ɔk	kɔk⁵⁵(一)盒(药)				
ɔʔ	mjɔʔ³¹眼	tsɔʔ³¹(一)滴		kjɔʔ³¹鸡	
ɔʔ	sɔʔ⁵⁵气体	kjɔʔ⁵⁵梳		ŋɔʔ⁵⁵鸟	
ɔːʔ	mjɔːʔ³¹薅	nɔːʔ³¹黑		kɔːʔ⁵⁵	
ɔːʔ	mɔːʔ⁵⁵学	pjɔːʔ⁵⁵陡峭		ʃɔːʔ⁵⁵害羞	
um	kə³¹ʒum⁵⁵帮助	tum⁵³再		xum³³香(烧香)	
um	lə³¹tʃum³³意思				
uːm	thuːm⁵⁵绝种	thuːm⁵⁵打(结子)			

u:m	pju:m⁵⁵ 涮	xu:m³³ 香（形容词）	lu:m³³ ju:⁵³ 接住
un	mun⁵³ 万		
u:n	ŋu:n⁵⁵ 舒服	ŋu:n⁵⁵ 好听	nu:n⁵⁵ 摆动
u:n	ŋu:n⁵⁵ 低（头）	tʃu:n⁵³ 斜	xu:n³³ 寄（信）
uŋ	thuŋ⁵⁵（一）段	kuŋ⁵³ 身体	khjuŋ⁵⁵ 喉咙
uŋ	puŋ⁵³（一）丛	tʃu̱ŋ³³ku⁵⁵ 南瓜	tuŋ³¹kho⁵⁵ 黄瓜
u:ŋ	khu:ŋ⁵⁵ 凹	lu:ŋ⁵³ 温（水~）	ju:ŋ⁵⁵ 好看
u:ŋ	kju:ŋ³³ 硬	kju:ŋ³³ 硬	kju:ŋ⁵⁵ 钻（洞）
u:p	kju:p³¹ 碎	nu:p³¹ 沉	xu:p⁵⁵ 闷
u:p	ŋju:p⁵⁵ 埋	tʃu̱:p⁵⁵ 挤（奶）	su:p⁵⁵ 摸
ut	tʃut⁵⁵tʃut⁵⁵ 很光滑状	pjut⁵⁵pjut⁵⁵ 很粗糙状	
u:t	wu:t³¹ 穿	kju:t³¹（漆）剥落	thu:t⁵⁵ 搬（家）
u:t	xu:t⁵⁵ 使穿	tu:t⁵⁵ 短	tʃu:t⁵⁵ 光滑
uk	kuk³¹ 水稻	khjuk⁵⁵ 六	puk³¹（一）本
uk	kuk⁵⁵ 皮	a³³kju̱k⁵⁵ 不吓唬	
u:k	phu:k⁵⁵ 翻	phu:k⁵⁵ 剥（花生）	thu:k⁵⁵ 撑住
u:k	kju:k⁵⁵ 吓唬	pu:k⁵⁵ 使炸	
uʔ	vuʔ³¹ 猪	khuʔ⁵⁵ 碗	thuʔ⁵⁵lɔ:⁵⁵ 出来
uʔ	fu̱ʔ⁵⁵（一）片（叶）	ʃo⁵⁵kju̱ʔ⁵⁵ 干巴	
u:ʔ	vu:ʔ³¹ 拾	thu:ʔ⁵⁵ 出（水痘）	
u:ʔ	tʃu̱:ʔ⁵⁵（淋）湿	lɔʔ⁵⁵tʃu̱:ʔ⁵⁵ 弄湿	kju̱:ʔ⁵⁵ 干（形容词）
əŋ	pəŋ⁵⁵ 客人	səŋ⁵⁵ 肝	ləŋ⁵⁵ 圆
ə:ŋ	ʃə:ŋ³³ 金	a³³tə̱ŋ⁵³ 不紧	tə:ŋ⁵³ 胡琴
ə:ŋ	lə:ŋ⁵³（墙）倒（了）	pjə:ŋ⁵⁵ 满	kə:ŋ³³ 牢固
ə:ŋ	ʃə:ŋ³³（很）长	tə̱:ŋ⁵³ 紧	tə:ŋ⁵³ 积（水）
ək	lək³¹ 小米	tʃhək⁵⁵tʃhək⁵⁵nɔ:³¹ 黑压压	
ək	sək⁵⁵ 树	ʃək⁵⁵ 前	ək⁵³ 二
ə:k	nə:k³¹ 深	phjə:k⁵⁵ 辣	khə:k⁵⁵pu:n³³ 骄傲
ə:k	sə:k⁵⁵ 新	lə:k⁵⁵ 混合	tə:k⁵⁵ 撒尿
əʔ	a³³jə̱ʔ⁵⁵ 不偏		

əː?   jəː?⁵⁵ 偏   lɔ?⁵⁵ jəː?⁵⁵ 弄歪
uan   khuan⁵⁵（一）句   tʃuan⁵⁵ 砖   i⁵kuan⁵³tsi³¹ 财产
uaŋ   luaŋ⁵³（一）块
iaŋ   xiaŋ⁵⁵ 香（烧香）
iaŋ   liaŋ⁵⁵ 轮子
ua̠t   nua̠t⁵⁵ 嘴   xua̠t⁵⁵ 脓
uɛn   mou⁵³kjuɛn³³ 木耳

韵母说明：

(1) ɔ 有时可变读为 o，例如：kji⁵⁵lɔ⁵⁵～kji⁵⁵lo⁵⁵ "下去"。

(2) 有零声母韵母。例如：o⁵⁵ "荞麦"、ou⁵⁵ "锅"、an⁵⁵ "（马）鞍"。

(3) 有的韵母（如 ua、uɛ、au）只出现在借词中。例如：sua⁵³tsʅ⁵³ "刷子"、khuɛ⁵⁵ "元（货币单位）"、tshau⁵⁵xai⁵³ "草鞋"。

第三节 声　　调

勒期语的声调较少，只有 4 个声调。举例如下：

高平 55	中平 33	高降 53	低降 31
nɛː⁵⁵ 慢	nɛː³³ 炒	nɛː⁵³ 红	lɔp³¹ 坟
maŋ⁵⁵ 锵锣	maːŋ³³ 老	maŋ⁵³ 尸体	mjɔ³¹ 眼睛
kji⁵⁵ 瘦	kji³³ 粗	kji⁵³ 兵	lɔ?³¹ 手
sɔ̠?⁵⁵ 气	khjei³³ 脚	laŋ⁵³ 丈夫	mjik³¹ 竹笋

声调说明：

(1) 低降调主要出现在变调和促声韵上，舒声韵出现在低降调上的很少。变调的如：pci⁵³nom⁵³/³¹ "亲戚"、mji⁵³kuŋ⁵³/³¹ "地"、ŋou⁵³pi⁵³/³¹ "眼泪"。

(2) 带塞音尾的音节只出现在高平和低降调两个调上。

勒期语音节有连读变调现象，变调主要出现在复音词内部的音节之间。变调类型主要有以下两类：

1．前一音节不变，后一音节变

53＋53/31：	pɔm⁵³jo⁵³ᐟ³¹	旱地
53＋55/31：	pei⁵³ŋjei⁵⁵ᐟ³¹	日子
55＋53/31：	tʃhou⁵⁵phou⁵³ᐟ³¹	鳏夫
55＋53/31：	tʃhou⁵⁵tso³³ᐟ³¹	孤儿
31＋31/53：	juʔ³¹ke³¹ᐟ⁵³	男（性）
33＋31/53：	məŋ³³pju³¹ᐟ⁵³	百姓

2．前一音节变，后一音节不变

53/31＋33：	pu⁵³ᐟ³¹ʃɿ³³	核桃
53/31＋55：	tsan⁵³ᐟ³¹nam⁵⁵	夏
33/31＋31：	mji³³ᐟ³¹jap³¹	草木灰
31/53＋33：	wo³¹ᐟ⁵³tsou³³	村长
31/53＋31：	tsə³¹ᐟ⁵³mɔ³¹	姑爷种

第四节　长　短　元　音

勒期语属韵尾发达的语言。在景颇族各支系语言中，只有勒期语有长、短元音的对立。勒期语的长短元音在藏缅语和汉藏语系诸语言中独具特色。

一、从语音上看，长元音与短元音的对立，在音长和舌位的高低前后上均有反映。元音变化的条件与元音的高低、单元音还是复合元音、带不带韵尾以及声母是否腭化等有关系。

元音长短的主要变化规则是：

1．高元音 i、u、y，低元音 a 和央元音 ə，长短变化的音值相同。

2、次高元音 e 和次低元音 ɛ、ɔ，长短变化的同时还伴随着舌位音值的变化。长元音舌位的位置一般比短元音的舌位低。如：eː－i，ɔː－o，ɛː－1、e、i。

3．带鼻音尾的元音除 a 不变外，其他都有变化，一般是长元音的舌位比短元音高。i 带－m 韵尾时，长短均为 i；带别的韵尾时，长元音为 i，短元音为 ɛ。u 带 -ŋ、-k、-ʔ 韵尾时，长短均为 u；带别的韵尾时，长元音为 u，短元音为 ɔ。如：i:n – ɛn, u:m – ɔm。

4. 复合元音韵母中的长短也有变化的，一般是长元音的舌位比短元音低。如：a:i – ei, a:u – ou, ɔ:i – ui。

元音系统长短的变化如下表：

短	ɿ	i	i	ei/e,i	e̱	a	ɔ/o	u	ə	y̱
长	ɿ:	i:	e:	ɛ:	ɛ̱:	a:	ɔ:	u:	ə:	y̱:
短	ei	ui	ei	i̱	ou	im	ɛn	ɛŋ	ɛt	ɛn
长	a:i	ɔ:i	e:i	e̱:i	a:u	i:m	i:n	i:ŋ	i:t	ɛ:n
短	eʔ,ɛʔ	am	an	a̱ŋ	ap	at	ak	a̱ʔ	ɔm	uŋ
长	ɛ:ʔ	a:m	a:n	a̱:ŋ	a:p	a:t	a:k	a̱:ʔ	m:ɔ	ɔ:m
短	o̱ʔ	ɔm	ɔn	ɔ̱ŋ	ɔp	ɔt	uk	u̱ʔ	əŋ	iŋ
长	ɔ:ʔ	u:m	u:n	u̱:ŋ	u:p	u:t	u:k	u̱:ʔ	ə:ŋ	ə:ŋ
短	ək	ik	ə̱ʔ							
长	ə:k	ə:k	ə̱:ʔ							

举例如下：

长元音	短元音	例 词	
ɿ:	ɿ	sɿ:⁵⁵蹭(痒)	a³³sɿ⁵⁵不蹭(痒)
i:	i	kji:³³大	a³³kji³³不大
e:	i	te:⁵⁵送行	a³³ti⁵⁵不送行
ɛ:	ei/e	ŋɛ:⁵³小	a³³ŋei⁵³不小
ɛ:	i	phjɛ:⁵³商量	a³³phji⁵³不商量
e̱:	e̱	ʃe̱:³³抽	a³³ʃe̱³³不抽
a:	a	ja:³¹医治	a³³ja³¹不医治
ɔ:	ɔ/o	mjɔ:³³多	a³³mjɔ³³不多
u:	u	thu:³³厚	a³³thu³³不厚

续表

长元音	短元音	例 词	
əː	ə	xə³³黄	a³³不黄
yː	y	ʃyː松	a³³ʃy³³不松
aːi	ei	paːi⁵³磕	a³³pei⁵³不磕
ɔːi	ui	kɔːi⁵⁵弯	a³³kui⁵⁵不弯
eːi	ei	tʃeːi⁵⁵密	a³³tʃei⁵⁵不密
e̠ːi	i̠	mj e̠ːi⁵⁵闭	a³³mji̠⁵⁵不闭
aːu	ou	paːu³³背(孩)	a³³pou³³不背
i̠ːm	i̠m	tʃi̠m⁵⁵尝	a³³tʃi̠m⁵⁵不尝
i̠ːn	ɛn	pj i̠ːn⁵⁵扁	a³³pjɛn⁵⁵不扁
i̠ːŋ	ɛŋ	khji̠ːŋ³³挑选	a³³khjɛŋ³³不挑选
i̠ːt	ɛt	pji̠ːt⁵⁵(线)断	a³³pjɛt⁵⁵不断
ɛːn	ɛn	x ɛːn⁵⁵准备	a³³xɛn⁵⁵不准备
ɛːʔ	eʔ, ɛʔ	tʃɛːʔ³¹破	a³³tʃeʔ31/a³³tʃɛʔ³¹不破
aːm	am	naːm⁵³臭	a³³nam⁵³不臭
aːn	an	saːn⁵⁵干净	a³³san⁵⁵不干净
a̠ːŋ	a̠ŋ	la̠ːŋ⁵⁵佩带	a³³la̠ŋ⁵⁵不佩带
aːp	ap	mjaːp³¹快	a³³mjap³¹不快
aːt	at	phaːt⁵⁵反刍	a³³phat⁵⁵不反刍
aːk	ak	khaːk⁵⁵焦	a³³khak⁵⁵不焦
a̠ːʔ	a̠ʔ	ŋja̠ːʔ⁵⁵稀	a³³ŋja̠ʔ⁵⁵不稀
ɔːm	ɔm	kjɔːm⁵⁵腥	a³³kjɔm⁵⁵不腥
ɔːŋ	uŋ	jɔːŋ⁵⁵美	a³³juŋ⁵⁵不美
ɔ̠ːŋ	ɔ̠ŋ	tsɔ̠ːŋ³³坐	a³³tsɔ̠ŋ³³不坐
ɔːʔ	ɔʔ	nɔːʔ⁵⁵早	a³³nɔʔ⁵⁵不早
uːm	ɔm	khuːm⁵³包围	a³³khɔm⁵³不包围

续表

长元音	短元音	例 词	
uːn	ɔn	tuːn³³ 按	a³³tɔn³³ 不按
uːŋ	u̠ŋ	kjuːŋ³³ 硬	a³³kju̠ŋ³³ 不硬
uːp	ɔp	xuːp⁵⁵ 闷	a³³xɔp⁵⁵ 不闷
uːt	ɔt	thuːt⁵⁵ 搬	a³³thɔt⁵⁵ 不搬
uːk	uk	phuːk⁵⁵ 剥	a³³phuk⁵⁵ 不剥
uːʔ	uʔ	vuːʔ³¹ 拾	a³³vuʔ³¹ 不拾
əːŋ	əŋ	ləːŋ⁵⁵ 圆	a³³ləŋ⁵⁵ 不圆
əːŋ	iŋ	pjəːŋ⁵⁵ 满	a³³pjiŋ⁵⁵ 不满
əːk	ək	səːk⁵⁵ 新	a³³sək⁵⁵ 不新
əːk	ik	phəːk⁵⁵ 辣	a³³phik⁵⁵ 不辣
əːʔ	əʔ	jəːʔ⁵⁵ 偏	a³³jəʔ⁵⁵ 不偏

二、从功能上看，勒期语长短元音的对立，只出现在动词、形容词上；其他词类只有短元音，不出现长元音。长短元音分别出现在不同的场合表示不同的语法意义。其对立区别不同的句法结构，即长短在句法结构中有不同的分布。

长短元音的分布条件主要如下：

（一）做谓语：

动词、形容词在句子中单独做谓语时多用长元音。例如：

ŋjaŋ³³ kəː⁵³.　　　　　他好。
他　好

a³³nɔ³¹ ŋaːu⁵³.　　　　弟弟哭。
弟弟　哭

nuat⁵⁵ kɔːʔ³¹ pjɛ³³.　　嘴裂了。
嘴　裂　了

mjɔʔ³¹ ʃɔːʔ⁵⁵ pjɛ³³.　　脸麻了。
脸　麻　了

no³³ khəm³³ mə³¹ luːŋ⁵⁵ tɔ⁵⁵. 牛在牛厩里。
牛　牛厩　里　在　（助动）

谓语与宾语同形的也有这种长短变化。例如：

ȵui⁵⁵ ȵɔːi⁵⁵	钩钩子
钩子 钩	
khjei³³ tsuŋ⁵⁵ tsɔːŋ⁵⁵	穿鞋
鞋 穿	
ȵjap³¹ ȵjaːp³¹	夹钳子
钳子 夹	
mɔ³³ tsa³³ tsaː³³	穿袜子
袜子 穿	
wo̠⁵⁵ khuk⁵⁵ khuːk⁵⁵	枕枕头
枕头 枕	
a⁵⁵ tʃhou⁵³ tʃhoːu⁵³	打喷嚏
喷嚏 打	
tsham³³ nək⁵⁵ nəːk⁵⁵	编辫子
辫子 编	
jɔp⁵⁵ ȵui⁵⁵ ȵɔːi⁵⁵	打瞌睡
瞌睡 打	
mjɔ³¹ ʃɔ⁵⁵ ʃɔːʔ⁵⁵	出天花
天花 出	
a³¹ xam⁵⁵ xaːm⁵⁵	打呵欠
呵欠 打	
wo̠⁵⁵ thɔp⁵⁵ thuːp⁵⁵	戴包头
包头 戴	
jɔp⁵⁵ khu⁵³ khuː⁵³	打鼾
鼾 打	
muk³¹ kjɔp⁵⁵ kjɔːp⁵⁵	戴帽子
帽子 戴	
mou³³ kɔm³³ kuːm³³	打雷
雷 打	
mei⁵³ ʃam⁵³ ʃaːm⁵³	围围裙
围裙 围	
jɔʔ⁵⁵ mɔʔ³¹ mɔːʔ³¹	做梦
梦 做	

khjei³¹thəp⁵⁵ thu:p⁵⁵	裹裹腿
裹腿　　　裹	
mã³³khəm⁵⁵ khu:n⁵⁵	唱歌
歌　　　　唱	
lɔʔ³¹thəŋ⁵⁵ thəːŋ⁵⁵	戴手镯
手镯　　　戴	
tsəŋ⁵³kɔ⁵⁵ kɔː⁵⁵	跳象脚鼓舞
象脚鼓舞 跳	
than³³mjṵ⁵⁵ mjṵː⁵⁵	垫席子
席子　　　垫	
lɔʔ³¹tu⁵³ tuː⁵³	打手势
手势　　打	
wɔm³³ŋjaʔ⁵⁵ ŋjaːʔ⁵⁵	熬粥
粥　　　　熬	
khjəŋ³³thə⁵⁵ thəː⁵⁵	绕线团
线团　　　绕	
lã⁵³phɔʔ⁵⁵ phɔːʔ⁵⁵	煮稀饭
稀饭　　　煮	
kji⁵³pək⁵⁵ pəːk⁵⁵	打仗
仗　　　打	
pji³³kjɛn⁵⁵ kjiːn⁵⁵	扣扣子
扣子　　扣	
mɔ³³phi³³ phiː³³	当乞丐
乞丐　　当	
pi³¹tʃhy⁵⁵ tʃhyː⁵⁵	系腰带
腰带　　系	
pju⁵³pjaʔ⁵⁵ pjaːʔ⁵⁵	演戏
戏　　　演	
tə⁵⁵thəm⁵⁵ thuːm⁵⁵	打结子
结子　　打	

a⁵⁵mji⁵³ than³³mjṵ⁵⁵ mjṵː⁵⁵. 妈妈垫席子。
妈妈　　席子　　　　垫

助动词与动词共同组成谓语时都读长元音。例如：

ŋo⁵³ kɛ⁵³ tsɔ³³.　　　　　我能吃。
我　能　吃

a³³pho⁵³ ta:t³¹ ku:t⁵⁵　　　父亲会做。
父亲　　会　做．

若动词谓语后加 pjɛ³³"了"或 aʔ³¹"吧"用短元音。例如：

ŋjaŋ³³ li⁵⁵ pjɛ³³.　　　　　他来了。
他　来 了

pa:n⁵³ tsɔ³³ pjɛ³³.　　　　吃完了。
全部　吃　了

naŋ⁵³ kɔt⁵⁵ aʔ³¹!　　　　　做吧！
你　做　吧

khjei³³tsuŋ⁵⁵ tsuŋ⁵⁵aʔ³¹!　穿鞋吧！
鞋　　　穿　　吧

naŋ³¹ tsan³³ (n)aʔ³¹!　　　你砍吧！
你　砍　　吧

但有些词项后加 pjɛ³³"了"时，读长元音，或有长、短元音两读。这表明长元音有消失的趋势。例如：

a³³nɔʔ³¹ pu:n³³ pjɛ³³.　　　　　　　　弟弟醒了。
弟弟　醒　　了

tsɔ:³³ pjɛ³³ ~ tsɔ³³ pjɛ³³.　　　　　　吃了。
吃　了　　吃　了

pa:n⁵³ tsɔ:³³ pjɛ³³ ~ pa:n⁵³ tsɔ³³ pjɛ³³.　吃完了。
全　吃　了　　全　吃　了

ŋjaŋ³³ ta⁵⁵ ŋo⁵³ khou⁵⁵sou⁵⁵ ŋjɛ⁵³ kha:u⁵⁵ pjɛ³³.
他　的　钱　小偷　　（施助）偷　了
他的钱被贼偷了。

ŋjaŋ³³ ta⁵⁵ ŋo⁵³ khou⁵⁵sou⁵⁵ ŋjɛ⁵³ khou⁵⁵ pjɛ³³.
他　的　钱　小偷　　（施助）偷　了
他的钱被贼偷了。

谓语若带否定副词 a³³，动词、形容词用短元音。例如：

ʃı⁵⁵ xjɛ³³ a³³ tʃou³³.　　　这果子不甜。
果子这　不　甜

ŋo⁵³ a³³ tso³³.　　　　　　我不吃。
我　不　吃
ŋjaŋ³³ a³³ nɔʔ³¹.　　　　　他不黑。
他　　不　黑

助动词与动词共同做谓语，若前面加否定副词 a³³，助动词读长元音。例如：

ŋo⁵³ a³³ keː³¹ tsoː³³.　　　　我不能吃。
我　不　能　吃
a³³ phoː⁵³ a³³ taːt³¹ kot⁵⁵.　　父亲不会做。
父亲　　不　会　做

若带其他状语时，动词、形容词仍用长元音。例如：

ʃɿ⁵⁵ xje³³ tʃaʔ³¹ tʃaːu³³.　　　这果子很甜。
果子这　很　甜
ŋjaŋ³³ tʃaʔ³³ nɔːʔ³¹.　　　　他很黑。
他　　很　黑
ŋjăŋ⁵⁵ nun̥⁵⁵ taː⁵³ kei⁵⁵ jeː³³.　我们一起去。
我们　　　　一起　去

（二）做状语：

形容词重叠做状语时用短元音。例如：

naŋ⁵³ tan³³ tan³³ jaːp³¹ tɔ⁵⁵ aʔ³¹!　你直直地站着吧！
你　直　直　站　着　吧
kəŋ³³ kəŋ³³ təː⁵⁵ tɔ⁵⁵ pje³³.　　牢牢地捆住了。
牢　牢　捆　住　了
ŋap³¹ ŋap³¹ kaːm⁵³ pje³³.　　　分齐了。
齐　齐　分　了
mjap⁵⁵ mjap⁵⁵ tso³³ aʔ³¹!　　　快快吃吧！
快　快　吃　吧

（三）做定语：

形容词做前置定语时，通常以重叠形式出现。若为 AA 式重叠，前一音节读短元音，后一音节读长元音。例如：

tʃɔt⁵⁵ tʃɔːt⁵⁵ taʔ⁵⁵ tou³³.　　　滑滑的瓶子。
滑　滑　的　瓶子
ŋo⁵³ ləŋ⁵⁵ ləːŋ⁵⁵ taʔ⁵⁵ luk³¹ tsəŋ⁵³ wɔː³³.　我要圆圆的石头。
我　圆　圆　的　石头　要

ŋo⁵³ ne⁵³ nɛ:⁵³ ta⁵⁵ pan³³　le⁵⁵　mja:ŋ³¹.　　　我看见红红的花。
　我　红　红　的　花（宾助）看见

kui⁵⁵ kɔ:i⁵⁵ ta⁵⁵ wo³³ ta³¹ kam⁵³ khə:ŋ⁵³.　　砍一根弯弯的竹子。
　弯　弯　的　竹子　一　根　砍

若为 AAB 式重叠，前两音节均为短元音，第三音节为长元音。AAB 式重叠表示程度的加深。例如：

xuk⁵⁵ xuk⁵⁵ mu:i⁵⁵　　　　　　　灰扑扑
　扑　扑　灰

ʃəŋ⁵⁵ ʃəŋ⁵⁵ ȵia:u⁵³　　　　　　　蓝殷殷
　殷　殷　蓝

ʃəm⁵⁵ ʃəm⁵⁵ ȵia:u⁵³　　　　　　　绿油油
　油　油　绿

tʃhək⁵⁵ tʃhək⁵⁵ nɔ:ʔ³¹ ta⁵⁵ mou³³.　　黑压压的天。
　压　压　黑　的 天

tsam³³ tsam³³ nɛ:⁵³ ta⁵⁵ pji³³ wu:t³¹.　　穿红艳艳的衣服。
　艳　艳　红　的 衣服　穿

taŋ⁵⁵ taŋ⁵⁵ tʃi:n³³ ta⁵⁵ ʃ¹⁵⁵ tsɔ:³³.　　吃酸溜溜的果子。
　溜　溜　酸　的 果子 吃

（四）做补语：

动词、形容词做补语时用长元音，若后跟表叙述语气的句尾助词 pjɛ³³ "了" 时，则补语通常用短元音。例如：

tu:³³ khju:p⁵⁵　　　　　　　　　打碎
　打　碎

tsɔ:³³ kji:³³　　　　　　　　　　吃饱
　吃　饱

ŋo⁵³ tə⁵⁵ ja:m⁵⁵ phji:t⁵⁵.　　　　　我割断绳子。
　我 绳子 割　断

pan³³ tsha:u⁵⁵ ne⁵³ pjɛ³³.　　　　　布染红了。
　布　染　红　了

（五）形容词、动词做复合词的词素时，均用短元音。例如：

nɔ:ʔ³¹ 黑　　　ŋɔʔ⁵⁵ nɔʔ³¹　　　　乌鸦
　　　　　　　　　鸟　黑

nɛ:⁵³ 红　　　mju⁵⁵ ne⁵³　　　　　红薯
　　　　　　　　薯　红

tsuːŋ⁵⁵ 穿　　　khjei⁵³ tsuŋ⁵⁵　　　鞋
　　　　　　　　脚　　穿

ləːŋ³³ 圆　　　 luk³¹ ləŋ³³　　　　碾子
　　　　　　　　石　圆

naː³³ 疯　　　　pju⁵³ na³³　　　　疯子
　　　　　　　　人　疯

tʃiːt³¹ 瞎　　　 mjɔ³¹ tʃɛt³¹　　　瞎子
　　　　　　　　眼　　瞎

ʃəːk⁵⁵ 锯　　　 sək⁵⁵ ʃək⁵⁵　　　锯子
　　　　　　　　木　锯

paːt³¹ 打　　　 tʃɔʔ³¹ tɔʔ⁵⁵ pat³¹ su⁵⁵　铁匠
　　　　　　　　铁　　打　　者

khaːu⁵⁵ 偷　　 khou⁵⁵ su⁵⁵　　　小偷
　　　　　　　　偷　　者

khuːk⁵⁵ 枕　　 wo⁵⁵ khuk⁵⁵　　　枕头
　　　　　　　　头　枕

nəːk⁵⁵ 编　　　tsham³³ nək⁵⁵　　辫子
　　　　　　　　头发　　编

kɔːʔ³¹ 裂开　　 nuat⁵⁵ kɔʔ³¹　　　豁嘴
　　　　　　　　嘴　　裂

ʃɔːʔ⁵⁵ 麻　　　 mjɔʔ³¹ ʃɔʔ³¹　　　麻子
　　　　　　　　脸　　麻

（六）形容词加附加成分

形容词单用时为长元音，加前缀 a³³ - 变为名词后用短元音。例如：

　　a³³ sək⁵⁵　　新的　　　　　a³³ tshou⁵⁵　旧的
　（前缀）新　　　　　　　　（前缀）旧

　　a³³ phuk⁵⁵　反的　　　　　a³³ kjuʔ⁵⁵　干的
　（前缀）反　　　　　　　　（前缀）干

　　a³³ tʃom³³　生的　　　　　a³³ jiŋ³¹　　稀的
　（前缀）牛　　　　　　　　（前缀）稀

　　a³³ tʃy³³　 骑的
　（前缀）骑

形容词素后加后缀 - tse⁵³，形容词用短元音。例如：

nɔʔ³¹ tse⁵³　黑的　　　phju³³ tse⁵³　白的
黑　的　　　　　　白　的

ʃəŋ³³ tse⁵³　长的　　　tɔt⁵⁵ tse⁵³　短的
长　的　　　　　　短　的

ke⁵³ ke⁵³　好的　　　a³³ ke⁵³ tse⁵³　坏的
好　的　　　　　　坏　的

kji³³ tse⁵³　　　　　ŋe⁵³ tse⁵³
大 的　　大的　　小 的　　小的

tso³³ tse⁵³　吃的　　　tʃhɿ³³ tse⁵³　用的
吃　的　　　　　　用　的

重叠的形容词或动词中间加-mə³¹-，表"所有"义。此时的形容词、动词用长元音。例如：

kuːi⁵⁵　mə³¹　kuːi⁵⁵　　　所有弯的
弯　　（中缀）弯

jɔːŋ⁵⁵　mə³¹　jɔːŋ⁵⁵　　　所有美的
美　　（中缀）美

khɔː⁵⁵　mə³¹　khɔː⁵⁵　　　所有苦的
苦　　（中缀）苦

mjaːŋ³¹　mə³¹　mjaːŋ³¹　　所有见的
见　　（中缀）见

tsɔː³³　mə³¹　tsɔː³³　　　所有吃的
吃　　（中缀）吃

pjeːi³³　mə³¹　pjeːi³³　　所有给的
给　　（中缀）给

（七）从别的语言借来的动词、形容词进入句子后，同样服从长短的变化规律。例如：

suːn⁵³　算（借汉语）　　　a³³ son⁵³　不算
ʃaːu⁵⁵　少（借汉语）　　　a³³ ʃou⁵⁵　不少
pɔː⁵⁵　薄（借汉语）　　　a³³ po⁵⁵　不薄
taːu⁵⁵　倒（借汉语）　　　a³³ tou⁵⁵　不倒
paːi⁵³　磕头（借汉语）　　a³³ pei⁵³　不磕头
tsɔːŋ³³　坐（借汉语）　　　a³³ tsuŋ³³　不坐
sɔː⁵⁵　锁（门）（借汉语）　a³³ su⁵⁵　不锁

tha:u⁵⁵ 捅（借汉语）　　　a³³thou⁵⁵ 不捅
ma:u⁵⁵ 奇怪（借景颇语）　a³³mou⁵⁵ 不奇怪
ŋu:n⁵⁵ 舒服（借景颇语）　a³³ŋun⁵⁵ 不舒服

三、勒期语长短元音的性质及其来源

勒期语动词、形容词长短元音的对立，表示的是句法意义，是一种句法形态。动词、形容词是用短元音还是用长元音依据句法条件而定，与动词、形容词的各种语法范畴（即"人称、数、式、态、时"等）无关。长元音主要出现在谓语位置上，把谓语同别的句法成分区别开来。此外，长元音还出现在定语位置上，把定语与中心成分区别开来。可见，这种长短对立，表示的是句法意义，是一种句法形态。

勒期语长元音的来源，与藏缅语谓语的变化发展过程密切相关。藏缅语族的谓语，主要由动词、形容词充当，就现有共时特点来看，其语法范畴和语法形式在诸语言中的发展很不平衡。根据谓语的语法特点，藏缅语族诸语言大致可分为两类：一类是语法范畴和语法形式比较丰富的，如独龙语、羌语等语言有人称、数、态、式、体、方向等语法范畴，语法形式有加附加成分（前缀、后缀）、变化语音、加虚词等，附加成分比较丰富。另一类是语法范畴和语法形式不太丰富的，如彝语支语言谓语的语法意义比较简单（无人称、数等），表示谓语语法范畴的手段主要靠虚词和助词表示，普遍缺少附加成分。通过亲属语言比较可以得知，古代藏缅语族语言的动词、形容词有着丰富的附加成分，发展到现在有些语言中还保留有这个特点，但在多数语言里出现了附加成分逐渐脱落、消失的趋势。附加成分大量消失后，有的语法范畴随之消失，有的改用别的语法手段。藏缅语的谓语是以多音节性与主语相配的，多音节性是谓语的语音标志之一。当附加成分消失后，充当谓语的动词、形容词就由多音节变为单音节。这种变化，改变了谓语多音节的性质，从而使主语与谓语的音节配合节奏失去了平衡。为了补偿附加成分的脱落，不同的语言在发展中采取了不同的手段。如有的语言（景颇语）出现了大量表示人称、数、式、方向等语法范畴的句尾词，有的语言

（基诺语）大量发展多音节的合成动词，同时在谓语中扩大助动词的用法，由动词和助词组成谓语等。

勒期语已经历了附加成分大量消失的过程，补偿附加成分消失的主要手段是拉长元音（此外还有别的手段），使音节的长度比短元音音节增加一倍。因而，尽管附加成分消失了，某些语法范畴也随之消失，但充当谓语的动词或形容词元音拉长后，其音节长度仍大致相当于原来的多音节。这就保持了谓语的多音节性特点，并维系了主语和谓语——句子首尾之间语音上的平衡，从而保持音节节奏的和谐。

总之，勒期语长元音的出现，是适应谓语丢失附加成分而出现的一种语音补偿手段。这种补偿的作用主要体现在两个方面：一是使谓语保留形态特征，从音节的长度上显示其句法特征；二是保持谓语和主语的音节和谐。勒期语的长短元音特点虽不同于与其相近的亲属语言，但从来源与发展上观察，仍与藏缅语谓语的特征有着密切的关系。[①]

第五节 弱化音节

勒期语有弱化音节。弱化音节大多居于双音节复合词的前一词素上，而且主要出现在单元音韵母上。复合元音韵母和带辅音韵尾的韵母较少弱化。有弱化音节的词，以名词居多，其次是代词。弱化音节的声母、声调数也比非弱化音节少。在勒期语的四个声调中，弱化音节多出现在高平55、中平33、低降31三个调上。在发音特征上，弱化音节的读音短且弱，与之相对应的是读音长而强的非弱化音节。弱化后的元音除和腭化声母 j 结合的读 i 外，其余的以读 ə 的居多。例如：

[①] 独龙语的长短元音在某些方面同勒期语相似。独龙语的长短对立主要出现在动词的形态变化，一般不区别词汇意义。但独龙语的长短对立表示动词的语法范畴。参见戴庆厦、刘菊黄：《独龙语木力王话的长短元音》，载《藏缅语族语言研究》，云南民族出版社，1990年。

lo³³虎　　　lə̂³³mo⁵⁵大老虎
pjo³³蜂　　　pjĩ³³jaŋ³³蜜蜂　　　pjĩ³³tso³³蜂蛹
no³³牛　　　nə̂³³khjou³³牛角　　　nə̂³³lo³³公牛　　　nə̂³³lə̂³³mju⁵⁵山药
no³³鼻子　　nə̂³³tɕɿ³³鼻孔　　　nə̂³³khjei⁵⁵鼻屎　　nə̂³³ŋju³¹鼻尖儿
　　　　　　nə̂³³kaŋ³³鼻梁　　　nə̂³³tsham³³鼻毛
ʃo⁵⁵肉　　　ʃə̂⁵⁵kju⁵⁵干巴　　　ʃə̂⁵⁵tshu³³肥肉　　ʃə̂⁵⁵nək⁵⁵瘦肉
　　　　　　ʃə̂⁵⁵kuk⁵⁵皮　　　　ʃə̂⁵⁵mou⁵⁵毛　　　ʃə̂⁵⁵mji³³尾巴
lo⁵⁵裤子　　lə̂⁵⁵kjo⁵⁵裤裆　　　lə̂⁵⁵tɕɿ³³短裤　　lə̂⁵⁵khjei³³/³¹裤腿儿
ŋə̂³¹tso³³鱼　ŋə̂³¹kjap⁵⁵鳞　　　ŋə̂³¹tuŋ³¹鱼鳍　　ŋə̂³¹pat⁵⁵挑手鱼
ŋo̰⁵³我　　　njãŋ⁵⁵taŋ³³我俩(包括式)　　ŋo̰⁵³taŋ³³咱们俩(排除式)
　　　　　　njãŋ⁵⁵nuŋ⁵⁵我们(包括式)　　ŋo̰⁵³nuŋ⁵⁵咱们(排除式)
naŋ⁵³你　　　nã⁵³taŋ³³你俩　　nã⁵³nuŋ⁵⁵你们
ŋjaŋ³³他　　　ŋjã³³taŋ³³他俩　　ŋjã³³naŋ⁵⁵他们

但也有少数弱化音节的来源不清楚。如：
lə̂³³tʃhi⁵³勒期人(自称)　　　lə̂³³xei³³汉族
lə̂³³sam⁵³傣族　　　　　　　lə̂³³sɿ³³傈僳族

第六节　连音音变

勒期语中两个相邻音节连读时，常常会发生连音音变。相邻音节的连音音变以后一音节变化的为多。连音音变的结构既有复合词又有词组，还有实词与助词结合的语法结构。主要有以下几条规律：

1. 增音：

若后一音节是零声母，则受前一音节的影响增加与后一音节相同或发音部位相近的声母。这种音变，出现在语气助词上的较多，因为语气助词有一些是零声母音节，容易受前一音节的影响而出现增音。例如：

naŋ⁵³ ŋjaŋ³³ le⁵⁵ mji³³ a³¹! → naŋ⁵³ ŋjaŋ³³ le⁵⁵ mji³³ja³¹!
你　他　(宾语)　问（语助）

你问他吧！

naŋ⁵³ jɔm³³ phjɔːʔ⁵⁵ pjam⁵³ aʔ³¹! →naŋ⁵³ jɔm³³ phjɔːʔ⁵⁵ pjam⁵³ maʔ³¹!
你　房子　拆　　掉　（语助）

你把房子拆掉吧！

naŋ⁵³ ŋap⁵⁵ aʔ³¹! →naŋ⁵³ ŋap⁵⁵ maʔ³¹! 念吧！
你　念（语助）

ŋə⁵³ tsa³³ jɔː⁵⁵ tʃaŋ⁵⁵ naŋ⁵³ le⁵⁵ tshap⁵⁵ aʔ³¹! →ŋə⁵³ tsa³³ jɔː⁵⁵
钱　只要有　的话　你　（宾助）还　（语助）

tʃaŋ⁵⁵ naŋ⁵³ le⁵⁵ tshap⁵⁵ maʔ³¹!

只要有钱就还给你！

naŋ⁵³ kɔt⁵⁵ aʔ³¹! →naŋ⁵³ kɔt⁵⁵ naʔ³¹! 做吧！
你　做（语助）

xa⁵⁵ tʃuŋ³³ kɔt⁵⁵ a⁵³ ka³³? →xa⁵⁵ tʃuŋ³³ kɔt⁵⁵ na⁵³ ka³³?
什么　做　（语助）

(你)究竟要做什么？

naŋ³¹ tsan³³ aʔ³¹ →naŋ⁵³ tsan³³ naʔ³¹! 你砍吧！
你　砍　（语助）

naŋ⁵³ jaŋ³³ tsan³³ a³¹ɔ⁵³! →naŋ⁵³ jaŋ³³ tsan³³ na³¹ɔ⁵³!
你　健康　　（语助）

祝你健康！

naŋ⁵³ khjei³¹ tsuŋ⁵⁵ khjuːt⁵⁵ aʔ³¹! →naŋ⁵³ khjei³¹ tsuŋ⁵⁵ khjuːt⁵⁵
你　鞋　　使脱　（语助）

naʔ³¹! 你把鞋脱掉吧！

khjei³¹ tsuŋ⁵⁵ tsuːŋ⁵⁵ aʔ³¹! →khjei³¹ tsuŋ⁵⁵ tsuŋ⁵⁵ ŋaʔ³¹! 穿鞋吧！
鞋　　　　穿（语助）

laŋ³³ kap³¹ wɔt³¹ aʔ³¹! →laŋ³³ kap³¹ wɔt³¹ naʔ³¹! 套脚套吧！
　脚套　套（语助）

mei⁵³ ʃam⁵³ ʃaːm⁵³ aʔ³¹! →mei⁵³ ʃam⁵³ ʃam⁵³ maʔ³¹! 围围裙吧！
　围裙　裙（语助）

wo⁵⁵ thɔp⁵⁵ thuːp⁵⁵ aʔ³¹! →wo⁵⁵ thɔp⁵⁵ thuːp⁵⁵ maʔ³¹!
包头　戴　（语助）

戴包头吧！

khjei³¹ thɔp⁵⁵ thuːp⁵⁵ aʔ³¹! →khjei³¹ thɔp⁵⁵ thuːp⁵⁵ maʔ³¹!
裹腿　　裹　（语助）

裹裹腿吧！

wo̱^{55}khuk^{55} khu:k^{55} aʔ^{31}！→wo̱^{55}khuk^{55}khu:k^{55}ŋaʔ^{31}！
枕头　　枕　　（语助）

枕枕头吧！

若前一音节以元音结尾,则受后一音节声母的影响增加与后一音节辅音声母相同的辅音尾。例如：

lai^{33} ta^{55} ŋo^{53} a^{33} wo^{33}．→lai^{33} taŋ^{55}ŋo^{53} a^{33} wo^{33}．
重　的　我　不要

重的我不要。

xjɛ^{33}　ke^{33}　tʃe:i^{55} ta^{55} ŋə^{33}．→xjɛ^{33}ke^{33}tʃe:i^{55} taŋ^{55}ŋə^{33}．
这　（话助）借　　的　钱

这是借的钱。

2. 省音：若前一音节的韵尾与后一音节的声母发音部位相同,连音时则省去前一音节的韵尾。例如：

mjap^{55} mjap^{55} jɛ:^{33}！→mja^{55}mjap^{55}jɛ:^{33}！　快快去！
快　　 快　　去

3. 移位：若前一音节是开音节,后一音节是辅音独立做音节,连音时则后一音节的辅音移至前一音节尾。合音的结果,有的伴随音节合并。例如：

mji^{33} ŋ^{33} mjo^{53}→mjiŋ^{33}mjo^{53}　　四五倍
四　五　倍

4. 合音：两个音节相连时,有的合为一个音节。例如：

naŋ^{53} ji:^{33} aʔ^{31}！→naŋ^{53}jaʔ^{31}！　　你去呢！
你　去　吧

5. 同化：两个音节相连,其中后一音节的声母受前一音节韵尾的同化,变为发音部位或发音部位相同、相近的语音。例如：

kuŋ^{53} ku:ŋ^{53}→kuŋ^{53}ŋu:ŋ^{53}　　　　驼背
身子　弯

laŋ^{53} ɣɛ^{55} mji^{33}→laŋ^{53}ŋɛ^{55}mji^{33}　丈夫和妻了
夫　和　妻

naŋ^{53} ɣɛ^{55} ŋo^{53}→naŋ^{53}ŋɛ^{55}ŋo^{53}　　你和我
你　和　我

ŋjaŋ³³ wəm³³ a³³ tso³³, jɔp⁵⁵ ɣɛʔ⁵⁵ a³³ jɔp⁵⁵→jɔp⁵⁵ (m)ɛʔ⁵⁵ a³³ jɔp⁵⁵.
他　饭　不　吃　觉　也　不　睡　　觉　也　不　睡
他不吃饭，也不睡觉。

第七节　音节结构

勒期语的音节结构共有以下八种类型：
1. 元音：a³³不　u̠⁵³蛋　o̠⁵⁵荞麦
2. 元音+元音：ou⁵⁵锅
3. 辅音：ŋ̍³³五　tʃh ə̠³³m⁵³为什么
4. 辅音+元音：no³³牛　tsɔ:³³吃　nɛ⁵⁵慢
5. 辅音+元音+元音：khui⁵⁵狗　pou³³虫　la:i³³重
6. 元音+辅音：ək⁵⁵二　ɔ:ŋ³³赢
7. 辅音+元音+辅音：mə̠t⁵⁵勺子　wu:p⁵⁵孵　lə:ŋ⁵⁵圆
8. 辅音+元音+元音+辅音：nua̠t⁵⁵嘴　mjə:k⁵⁵掰开　khju:t⁵⁵脱(衣)

在以上七种类型中，以"辅音+元音"、"辅音+元音+元音"、"辅音+元音+辅音"等三种类型出现频率最大。

第三章 词　　汇

第一节　构　词　法

按词的结构特点，可把勒期语的词分为单纯词和合成词两类。二者之中，单纯词较少，合成词较多。下面分别叙述。

一、单纯词

从音节多少上看，单纯词有单音节、双音节、多音节的。其中，以单音节、双音节的居多，多音节的较少。

（1）单音节的如：

pei⁵³	太阳	kji³³	星星	mji³³	火	sɔʔ⁵⁵	气
lei⁵³	风	ŋan³³	雪	pɔm⁵³	山	kjei⁵³	水
khjo³³	路	jɔm³³	家	ŋɔʔ⁵⁵	岛	khui⁵⁵	狗
lɔʔ³¹	手	no³³	鼻子	kjiː³³	大	nɔːʔ³¹	黑

（2）双音节的，例如：

la̠⁵⁵mo⁵⁵	月亮	mi³¹tʃa̠⁵³	地	kjei⁵³laŋ⁵³	河
tʃɔʔ³¹tə̠⁵⁵	铁	wo⁵⁵lɔm⁵³	头	nə³³khjap⁵⁵	耳朵
mjɔʔ³¹tuaŋ³³	脸	ʃõ⁵⁵jou³³	骨头	tən³¹kam³³	蜻蜓
wo³³tə̠ŋ³³	孔雀	laŋ³³mju⁵³	蛇	laʔ³¹kaŋ³³	蜘蛛
jei³³phei⁵⁵	酒	pha⁵⁵kji⁵⁵	芫荽	mɔ³³tsa³³	袜子
mou⁵³sou⁵⁵	书				

（3）多音节的，主要是三、四音节的。例如：

mak³¹kə̠ʔ⁵⁵lɔ̠ŋ⁵⁵　蝌蚪　　lə³³puʔ⁵⁵tiʔ⁵⁵　豹子
khə̠⁵⁵lɔ⁵⁵mjɔʔ³¹puʔ⁵⁵　螳螂

二、合成词

依据构成成分性质的不同，可把合成词分为复合式合成词和附加式合成词两类。二者之中以复合式合成词为多。此外，还有四音格词构词法。

（一）复合式合成词

复合式合成词可分并列式、修饰式、主谓式、支配式、附注式等类。

1. 并列式合成词（即并列复合词）

（1）并列式合成词的音节数量

并列式合成词有两个音节的，也有两个或两个以上音节。两个音节的如：

no^{33} + $mjaŋ^{33}$ → $no^{33}mjaŋ^{33}$　　牲畜
牛　　马

$khjei^{33}$ + $lɔʔ^{31}$ → $khjei^{33}lɔʔ^{31}$　　肢体
脚　　　手

ou^{55} + $khuʔ^{55}$ → $ou^{55}khuʔ^{55}$　　炊具
锅　　碗

四个音节的，有由两个词构成的，也有由三个词构成的。由两个词构成的如：

$kə^{33}pu^{33}kə^{33}ʒa^{33}$　　　　高兴
高兴　　高兴

$a^{33}tshou^{55}a^{33}sək^{55}$　　　新的旧的
新的　　旧的

$a^{33/31}lo^{33}a^{33/31}tsəŋ^{53}$　　公的母的
公的　　母的

$la^{31}sɔn^{33}\ phaʔ^{55}kji^{55}$　　作料
蒜（汉）香菜

由三个词构成的如：

$fu^{55}\ tʃha^{55}\ lã^{31}tsi^{33}$　　　作料
葱　姜　辣椒（汉）

有些四个音节的并列合成词，可以缩减为两个音节，缩减之后不影响整个词的意思。例如：

$a^{33}phou^{55} + a^{33}phji^{55} \rightarrow phou^{55}phji^{55}$　祖宗
祖父　　祖母

$a^{33}pho^{53} + a^{33}mji^{53} \rightarrow mji^{53}pho^{53}$　父母
父亲　　母亲

$a^{55}maŋ^{33} + a^{33}nɔʔ^{31} \rightarrow maŋ^{33}nɔʔ^{31}$　兄弟
哥哥　　弟弟

（2）并列式合成词的词素构成

勒期语的并列复合词有名词性词素的并列、形容词性词素的并列、动词性词素的并列三种，其中以名词性词素的并列居多。

① "名+名"式。例如：

$laŋ^{31} mji^{33}$ 丈夫 妻子	夫妻	$khjei^{33} lɔ^{31}$ 脚 手	手脚
$khjei^{55}jei^{55}$ 屎 尿	屎尿	$nu^{55}majŋ^{33}$ 牛 马	牛马
$kjɔʔ^{31}vu^{31/55}$ 鸡 猪	家禽	$wɔm^{33}tshɔn^{55}$ 饭 菜	饭菜
$ŋap^{55}khjəŋ^{33}$ 针 线	针线	$ʃam^{33}lam^{33}$ 刀 剑	刀剑
$o^{33/55}thɔʔ^{55}$ 下 上	上下	$mjɛn^{55}nap^{31}$ 晚上 早上	早晚
$a^{31}lo^{33}a^{33/31}tsəŋ^{53}$ 公的 母的	公母	$mjaŋ^{33}tse^{53}njɔm^{33}tse^{53}$ 高 的 低 的	高低
$ʃəŋ^{33}tse^{53}tɔt^{55}tse^{53}$ 长的 短的	长短	$a^{31}tshaːu^{55}a^{31}səːk^{55}$ 旧的 新的	新旧
$mo^{55}pho^{53}mo^{55}mji^{53}$ 伯父 伯母	伯父伯母	$ju^{31}pho^{53}ju^{31}mji^{53}$ 岳 父 岳 母	岳父岳母
$a^{55}vaŋ^{53}a^{55}nei^{53}$ 姑父 姑母	姑父姑母	$lɔʔ^{31}pei^{55}lɔʔ^{31}jo^{53}$ 手 左 手 右	左右

② "形+形"式。例如：

$kjiː^{33}ŋɛː^{53}$ 大 小	大小	$neː^{55}mjaːp^{31}$ 慢 快	快慢
$nəːk^{31}pɔː^{55}$ 浅 深	深浅	$laːm^{53}tʃaːp^{55}$ 宽 窄	宽窄

pɔ:⁵⁵ thu:³³　厚薄　　　　mjɔ:³³ ʃa:u⁵⁵　多少
薄　厚　　　　　　　　　多　少
nɔ:ʔ³¹ phju:³³　黑白　　　kji:⁵⁵ tshu:³³　胖瘦
黑　白　　　　　　　　　瘦　胖
nə:⁵³ kju:ŋ³³　软硬　　　xu:m³³ na:m⁵³　香臭
软　硬　　　　　　　　　香　臭
tʃi:n³³ tʃha:u³³　酸甜　　kɛ:⁵³ pjɔ:ʔ³¹　好坏
酸　甜　　　　　　　　　好　坏

③"动+动"式。例如：
tsɔ:³³ ʃu:k⁵⁵　吃喝　　　pa:t³¹ sa:t⁵⁵　打杀
吃　喝　　　　　　　　　打　杀

此外，还有重叠式的并列复合词。
"名+名+名+名"式：
　ʃək⁵⁵ ʃək⁵⁵ thaŋ³³ thaŋ³³　前前后后
　前　前　后　后
"形+形+形+形"式：
　kji³³ kji³³ ŋɛ⁵³ ŋɛ⁵³　　大大小小
　大　大　小　小
"动+动+动+动"式：
　lo⁵⁵ lo⁵⁵ lo⁵³ lo⁵³　　　来来去去
　去　去　来　来
　jɛ:³³ jɛ:³³ lo⁵³ lo⁵³　　　来来去去
　去　去　来　来

(3) 并列式合成词的词义搭配关系
从语义搭配关系上看，主要有两种方式：
①相关复合：并列的各个词素在意义上、类别上相关。例如：
khjei³³ lɔʔ³¹　手脚　　　khjei⁵⁵ jei⁵⁵　屎尿
脚　手　　　　　　　　　屎　尿
laŋ³¹ mji³³　夫妻　　　　wɔm³³ tshɔn⁵⁵　饭菜
丈夫　妻子　　　　　　　饭　菜
nu⁵⁵ mjaŋ³³　牛马　　　kjɔʔ³¹ vuʔ³¹/⁵⁵　家禽
牛　马　　　　　　　　　鸡　猪
ŋap⁵⁵ khjəŋ³³　针线　　ʃam³³ lam³³　刀剑
针　线　　　　　　　　　刀　剑

②反义复合：各并列词素的意义相对或相反。例如：

kji:³³ tsei⁵³	粗细	nɔ:³¹ phju:³³	黑白
粗　细		黑　白	
nɛ:⁵⁵ mja:p³¹	快慢	kji:⁵⁵ tshu:³³	胖瘦
慢　快		瘦　胖	
nək³¹ pɔ:⁵⁵	深浅	nə:⁵³ kju:ŋ³³	软硬
浅　深		软　硬	
la:m⁵³ tʃa:p⁵⁵	宽窄	xu:m³³ na:m⁵³	香臭
宽　窄		香　臭	
pɔ:⁵⁵ thu:³³	厚薄	tʃi:n³³ tʃha:u³³	酸甜
薄　厚		酸　甜	
mjɔ:³³ ʃa:u⁵⁵	多少	kɛ:⁵³ pjɔ:³¹	好坏
多　少		好　坏	

（4）并列式合成词的词素顺序

勒期语并列复合词的词序主要受语音因素的制约，但有的也受语义因素的制约。

①受语音因素制约：并列复合词的词素孰先孰后，受韵律的限制。这里的韵律指的是韵母中主要元音的舌位高低。同一个词前后音节的主要元音，舌位高的居前，舌位低的居后。四个音节的词则按二、四音节的韵律搭配。例如：

khjei⁵³ lɔ³¹	手脚	mjɛn⁵⁵ nap³¹	早晚
脚　手		晚上 早上	
o³³/⁵⁵ thɔʔ⁵⁵	上下	nək³¹ pɔ:⁵⁵	深浅
下　上		浅　深	
nɛ:⁵⁵ mja:p³¹	快慢	xu:m³³ na:m⁵³	香臭
慢　快		香　臭	
tʃi:n³³ tʃha:u³³	酸甜	ʃək⁵⁵ ʃək⁵⁵ thaŋ³³ thaŋ³³	前后
酸　甜		前　前　后　后	
kji:³³ kji:³³ ŋɛ⁵³ ŋɛ⁵³	老少		
大　大　小　小			

②受语义因素制约：按语义来安排词素顺序，不受语音因素制约。具体有以下几种情况：

A. 本语人认为是常用的、使用频率高的，一般居前。例如：

kjɔʔ³¹ vuʔ³¹/⁵⁵　　家禽　　　tsɔː³³ ʃuːk⁵⁵　　吃喝
鸡　猪　　　　　　　　　　吃　喝

pɔː⁵⁵ thuː³³　　　厚薄　　　a³¹tshaːu⁵⁵ a³¹səːk⁵⁵　新旧
薄　厚　　　　　　　　　　旧的　　新的

kjɔʔ³¹ pho⁵³ kjɔʔ³¹ mji⁵³　公鸡母鸡
鸡　公　　鸡　母

B. 韵母的主要元音若是相同的，或舌位高低相同，大多按语义的主次排列次序。例如：

wəm³³ tshən⁵⁵　　饭菜　　　ʃam³³ lam³³　　刀剑
饭　菜　　　　　　　　　　刀　剑

khjei⁵⁵ jei⁵⁵　　　屎尿　　　laːm⁵³ tʃaːp⁵⁵　　宽窄
屎　尿　　　　　　　　　　宽　窄

kɛː⁵³ pjɔʔ³¹　　　好坏　　　kjiː⁵⁵ tshuː³³　　胖瘦
好　坏　　　　　　　　　　瘦　胖

语音原则和语义原则是两个不同的制约系统，二者存在"竞争"。即：在语言机制中，语音原则要求按语音搭配的规律来安排次序；而语义原则要求按语义搭配的规律来安排次序。于是，在一些词上出现两读。两读中使用频率不等，有的常用，有的不常用。如下例的"夫妻"，以"夫"在"妻"前为常用，因为在语义选择上"夫"比"妻"重要；"多少"一词，"多"比"少"常用，因为"多"比"少"重要。例如：(~前的说法常用)

laŋ³¹ mji³³ ~ mji³³ laŋ³¹　　　　　　　　夫妻
丈夫　妻子　　妻子　丈夫

phou⁵⁵ phji⁵⁵ ~ phji⁵⁵ phou⁵⁵　　　　　爷爷奶奶；祖宗
祖父　祖母　　祖母　祖父

mo⁵⁵ pho⁵³ mo⁵⁵ mji⁵³ ~ mo⁵⁵ pho⁵³ mo⁵⁵ mji⁵³　伯父伯母
伯父　　伯母　　　　伯母　　伯父

juʔ³¹ pho⁵³ juʔ³¹ mji⁵³ ~ juʔ³¹ mji⁵³ juʔ³¹ pho⁵³　岳父岳母
岳父　　岳母　　　岳母　　岳父

a⁵⁵van⁵³ a⁵⁵nei⁵³ ~ a⁵⁵nei⁵³ a⁵⁵vaŋ⁵³　　姑父姑母
姑父　　姑母　　　姑母　　姑父

a³¹lo³³ a³¹tsəŋ⁵³ ~ a³¹tsəŋ⁵³ a³¹lo³³　　　公母
公的　母的　　　母的　公的

nu⁵⁵ mjaŋ³³ ～ mjaŋ³³ nu⁵⁵ 牛 马　　马 牛	牛马
ŋap⁵⁵ khjəŋ³³ ～ khjəŋ³³ ŋap⁵⁵ 线 针　　　针 线	针线
mja̠ŋ³³ tse⁵³ nj ɔ̠m³³ tse⁵³ ～ nj ɔ̠m³³ tse⁵³ mja̠ŋ³³ tse⁵³ 高的　　低的　　　低的　　高的	高低
ʃə̠ŋ³³ tse⁵³ tɔ̠t⁵⁵ tse⁵³ ～ tɔ̠t⁵⁵ tse⁵³ ʃə̠ŋ³³ tse⁵³ 长的　　短的　　　短的　 长的	长短
lɔʔ³¹ pe̠i⁵⁵ lɔʔ³¹ jo⁵³ ～ lɔʔ³¹ jo⁵³ lɔʔ³¹ pe̠i⁵⁵ 手 左　手 右　　手 右　手 左	左右
kji̠³³ ŋɛː⁵³ ～ ŋɛː⁵³ kji̠³³ 大 小　　小 大	大小
laːm⁵³ tʃa̠ːp⁵⁵ ～ tʃa̠ːp⁵⁵ laːm⁵³ 宽 窄　　窄 宽	宽窄
mjɔː³³ ʃaːu⁵⁵ ～ ʃaːu⁵⁵ mjɔː³³ 多 少　　少 多	多少
nɔʔ³¹ phjuː³³ ～ phjuː³³ nɔʔ³¹ 黑 白　　白 黑	黑白

2. 修饰式合成词

修饰式合成词分以下几类：

（1）以名词为中心的修饰式合成词

修饰名词的词素有名词、形容词、动词、数量词等，位置有在前的也有在后的。名词词素修饰名词词素时，修饰性的名词词素均在前。形容词词素修饰名词词素时，修饰性的形容词词素均在中心词素之后。动词词素修饰名词词素时，修饰性的动词词素可在名词中心词素之前，也可在名词中心词素之后。

① 名词修饰词素＋名词中心词素→名词。例如：

ʃõ⁵⁵ mji³³/³¹ 肉 尾	尾巴	pɔm⁵³ jo⁵³/³¹ 山 地	旱地
u̠⁵³ kan⁵³ 蛋 中间	蛋黄	məŋ³³ pju³³ 国 人	百姓
lə³³ xe̠i³³ məŋ³³ 汉人　　 国	中国	mjɛn³³ məŋ³³ 缅甸 国	缅甸

tʃa⁵³paŋ³³məŋ³³ 日本　国	日本	xu⁵⁵pɔn³³təm³¹ 户　　　寨	户板寨
lan³³təm³¹ 浪速寨	浪速寨	tsei³³təm³¹ 载瓦　寨	载瓦寨
tʃə⁵³phaŋ³³pa̠³³ 遮　放　坝	遮放坝	maŋ⁵³ʃɿ⁵³pa̠³³ 芒　市　坝	芒市坝
saʔ³¹khuŋ⁵⁵laŋ⁵³ 怒　　江	怒江	maŋ⁵³ʃɿ⁵³laŋ⁵³ 芒　市　河	芒市河
luŋ⁵⁵kjaŋ⁵⁵laŋ⁵³ 龙　江　河	龙江河		
la⁵³mə⁵³ʃɿ⁵⁵ 玉米　果	石榴	ka⁵⁵la⁵⁵ʃɿ⁵⁵ 西番莲果	西番莲
lɔʔ³¹tʃhei⁵⁵ʃɿ⁵⁵ 橙子　　果	酸橙子	la⁵³mə⁵³ʃɿ⁵⁵ 石榴　果	石榴
ʃɿ⁵⁵khjɔt⁵⁵ʃɿ⁵⁵ 板栗　　果	板栗	muŋ⁵³tuŋ³³ʃɿ⁵⁵ 牛肚子　果	牛肚子果
ʃaŋ⁵⁵phə⁵⁵ʃɿ⁵⁵ 木瓜　　果	木瓜	tʃap³¹ʃɿ⁵⁵ 花椒 果	花椒
ŋaŋ⁵⁵ʃɿ⁵⁵ 菜　果	菜籽	pu⁵³/³¹ʃɿ⁵⁵ 核桃　果	核桃
wo⁵³tsou³³ 村　官	村长	wɔm³¹khui⁵⁵ 熊　　狗	豺狗
ŋaŋ⁵⁵khjei³³ 菜　脚	萝卜	nuat⁵⁵kuk⁵⁵ 嘴　　皮	嘴唇
ŋɔʔ⁵⁵sɔt 鸟　窝	鸟窝	sək⁵⁵jo⁵³ 树　田地	森林
mji⁵³nuk³¹ 地　豆	花生	ʃɿ⁵⁵tʃhe³¹mou⁵³ 麂子　　菌	奶浆菌
mji³³tʃhei⁵⁵ 火　药	药	vuʔ³¹phə⁵⁵ 猪　粉	糠
mjɔ³³ʃɔʔ⁵⁵ 脸　麻子	天花	ŋə³¹kjap⁵⁵ 鱼　鳞壳	鳞
mju⁵³/³¹ʃɛn⁵⁵ 蛇　　虱	蜈蚣	ŋə⁵³pji³³ 银　衣	银泡上衣

khɔm⁵⁵ so⁵⁵	锁	mjaŋ³³ liaŋ⁵⁵	马车
门 锁		马 轮子	
thaŋ³³ pho⁵³	继父	pei⁵³ pan³³	向日葵
后 父		太阳花	
kjɔʔ³¹ pjɛn³³ pan³³	鸡冠花	tou³³ laŋ⁵⁵ pan³³	吊兰
鸡 冠 花		吊兰 花	
mɔk⁵⁵ ja⁵³ pan³³	茉莉花	tʃhei⁵⁵ sɜ³³ ʒa³³	医生
茉莉 花		药 老师	

②名词中心词素＋形容词修饰词素→名词。例如：

ʃa̱m³³ ŋui⁵⁵	镰刀	phən⁵⁵ tʃhou³³/³¹	甘蔗
刀 弯		蔗 甜	
pju⁵³ mjuŋ⁵³	穷人	pju⁵³ jo⁵⁵	富人
人 穷		人 富	
pju⁵³ no⁵³	病人	pju⁵³ na³³	疯子
人 病		人 疯	
khjei³³ kui⁵⁵	跛子	ŋa̱ŋ⁵⁵ nɔʔ³¹	青菜
脚 弯		菜 黑	
nuk³¹ nɔʔ³¹	黑豆	tʃho⁵⁵ tʃhou³³	糖
豆 黑		盐 甜	
kjei⁵³ luŋ⁵³/³¹	开水	mi³³ nɔʔ³¹	毒
水 热		火 黑	
ŋa̱ŋ⁵⁵ phju³³	白菜	luk³¹ ləŋ³³	碾子
菜 白		石 圆	
lui³³ ləŋ³³	磨	pji³³ lɔŋ⁵³	内衣
石头 圆		衣 内	
phə⁵⁵ nu⁵⁵	细糠	phə⁵⁵ san⁵⁵	粗糠
糠 细		糠 粗糙	
pji³³ ʃəŋ³³	外衣	pji³³ thu⁵³	棉衣
衣 外		衣 厚	
ʃə⁵⁵ pat³¹ phju³³	绵羊		
羊 白			

③动词修饰词素＋名词中心词素→名词。例如：

| jo̱p⁵⁵ kɔk³¹ | 寝室 | pou³³ tʃei⁵³ | 背带 |
| 睡 房间 | | 背 带子 | |

jɔp⁵⁵ tʃaŋ³³	睡处	tʃhɿ³³ tʃaŋ³³	用处
睡　处		用　处	
tʃhɿ³³ tsəŋ⁵⁵	用具	tsɔ̃³³ tsəŋ⁵⁵	食品
用　东西		吃　东西	
taŋ³³ lei⁵³	飞机	kjɛn⁵⁵ tuaŋ³³	扣眼儿
飞　轮船		扣　洞	
pat³¹ tu³¹	锤子	ȵjap³¹ tsei⁵⁵	火钳
打　锤子		夹　钳	

④ 名词中心词素 + 动词修饰词素 → 名词。例如：

ŋam³³ tʃy⁵⁵	露水	mou³³ phaŋ⁵⁵	晴天
霜　滴		天　晴	
mou³³ tsau⁵⁵	阴天	mjɔ⁵⁵ ʃɔ⁵³	含羞草
天　阴		草　害羞	
kuŋ⁵³ kuŋ⁵⁵	驼背	mjɔ³¹ tʃɛt³¹	瞎子
身子 弯		眼　瞎	
wɔm³³ tou³³	肚子	tsham³³ nək⁵⁵	辫子
饭　鼓		头发　编	
ʃam³³ ŋui⁵⁵	镰刀		
刀　钩			

⑤ 修饰式合成词除了上述四种之外，还有一类是多层修饰关系的。例如：

pei⁵³ vaŋ⁵³ pan³³	夜来看
太阳落　花	
pou³³ tso³³ khjəŋ³³	丝线
虫　儿　线	
pou³³ tso³³ pan³³	绸子
虫　儿　布	
ʃõ⁵⁵ khat⁵⁵ khui⁵⁵	猎狗
肉　撵　狗	
pou³³ phuk⁵⁵ ŋɔ⁵⁵	啄木鸟
虫　啄　鸟	
tʃɔʔ³¹ tɔ̠ʔ⁵⁵ pat³¹ su³³	铁匠
铁　　打　者	

luk³¹ pat³¹ su³³　　　　　石匠
石　打　者

nə³³ tsuŋ⁵⁵ tsə³³ ʃaŋ³³　　牧童
牛　看守　孩子

lɔʔ³¹ mo⁵⁵ tʃham⁵⁵　　　拇指
手　大　颗

mjɔʔ³¹ tʃhei⁵⁵ phan⁵³　　脸盆
脸　洗　盆

kjei⁵³ xət⁵⁵ luaŋ³³　　　桨
水　划　板

mjaŋ³³ an⁵⁵ khjei⁵³ naŋ³³ tʃaŋ³³　马镫子
马　鞍　脚　踏　处

3. 主谓式合成词。例如：

mou³³ wɔ⁵³　　雨　　　lək³¹ wɔ⁵³　　雹子
天　下　　　　　　　雹　下

ŋam³³ tʃy⁵⁵　　露水　　nuat⁵⁵ kɔʔ³¹　　豁嘴
霜　滴　　　　　　　嘴　裂

khjei³³ kui⁵⁵　　跛子　　mjɔʔ³¹ ʃ⁵⁵　　麻子
脚　弯　　　　　　　脸　麻

4. "宾动"支配式合成词。例如：

khjei⁵³ tsuŋ⁵⁵　鞋　　　ou⁵⁵ mjei⁵⁵　　锅盖
脚　穿　　　　　　　锅　盖

pji³³ kjen⁵⁵　　扣子　　wɔ⁵⁵ thup⁵⁵　　包头巾
衣　扣　　　　　　　头　包

mjɔʔ³¹ tʃam⁵³　镜子　　khjam³³ jam⁵³　篱笆
脸　照　　　　　　　园子　围

wo⁵⁵ kjɔʔ⁵⁵　　梳子　　sək⁵⁵ ʃək⁵⁵　　锯子
头　梳　　　　　　　木　锯

mji³³ pat³¹　　火柴　　wəm⁵⁵ kək⁵⁵　　饭包
火　打　　　　　　　饭　包

5. 附注式合成词：由名词词素加量词词素组成，量词素对名词起附注作用。例如：

ʃ⁵⁵ xɔm⁵⁵ kam⁵³　桃树　　ʃ⁵⁵ khu⁵⁵ kam⁵³　李树
桃　棵　　　　　　　李　棵

ʃɿ⁵⁵saŋ⁵⁵kam⁵³	梨树	fuʔ⁵⁵khjap⁵⁵kam⁵³	茶树
梨 棵		茶 棵	
thaŋ⁵⁵fu̱³³kam⁵³	松树	pan³³sə̱k⁵⁵kam⁵³	椿树
松 棵		椿 棵	
pjɔŋ⁵³kam⁵³	棕树	mjaŋ⁵⁵kam⁵³	榕树
棕 棵		榕 棵	
ʃɔ̱m³³kam⁵³	樱花树	ʃɿ⁵⁵xɔm⁵⁵kam⁵³	桃树
樱花 棵		桃子 棵	
nək⁵⁵lɔm³³	心脏	tʃən⁵⁵lɔm³³	肾
心 个		肾 个	
nə³³khjap⁵⁵	耳朵	fuʔ⁵⁵khjap⁵⁵	茶叶
耳 片		叶 片	
kuk³¹tʃham⁵⁵	谷粒	mou⁵³sou⁵⁵tʃham⁵⁵	字
谷 颗		书 颗	
khjəŋ³³thə⁵⁵	线团	thaŋ⁵⁵tsaŋ⁵³	柴堆
线 团		柴 串	
u⁵³tsɔm⁵⁵	双黄蛋	sək⁵⁵khat⁵⁵	木头
蛋 双,对		树 根,棵	
sək⁵⁵jo³¹	森林		
树 片			

(二) 附加式合成词

勒期话构成派生词主要是在词根上添加前缀、中缀或后缀构成。词缀中以后缀为多。前缀和中缀的意义很虚,只能依附在词根上而存在。后缀大多是由实词语法化而来的,但语法化的程度不一致,语法化程度低的还带有一定的词汇意义,甚至还能作为词根构词。

1. 前缀

前缀 a³³-(有时读 a⁵⁵-或 a³¹)是一个多功能的词素,兼有构词、构形和配音等方面的功能。

(1) 前缀 a³³-的构词功能主要是,加在表示亲属称谓、植物、事物、方位、时间等名词素之前构成双音节或多音节名词。①

加在亲属称谓名词素前的如：

a^{33}phou^{55}	爷爷	a^{33}phji^{55}	奶奶
a^{33}pho^{53}	父亲	a^{33}mji^{53}	母亲
a^{55}maŋ^{33}	哥哥	a^{55}pei^{33}	姐姐
a^{33}nɔʔ^{31}	弟弟	a^{33}nɔʔ^{31}	妹妹
a^{55}khou^{33}	姐夫	a^{55}kɔn^{31}	叔叔
a^{31}mo^{55}	大姨母	a^{31}lat^{31}	二姨母
a^{55}vaŋ^{53}	姑父	a^{55}nei^{53}	姑母

加在植物名词素前的如：

a^{31}pɔn^{33}	根	a^{31}fuʔ^{55}	叶子
a^{31}tʃei^{55}	核	a^{33}tsui^{55}	芽儿
a^{33}mjou^{33}	种子	a^{55}nam^{33}	穗

加在方位名词素前的如：

a^{33}thɔʔ^{55}	上	a^{33}kjei^{55}	下
a^{33}jam^{53}	旁边	a^{33}kuŋ^{53}/a^{33}kjo^{33}	中间
a^{33}kaŋ^{53}	中心	a^{33}khou^{33}	里
a^{33}tʃɔn^{33}	角	a^{33}jam^{53}	边儿
a^{33}phjo^{55}	尖儿		

加在时间名词素前的如：

a^{33}khjiŋ^{33}	时间	a^{33}nək^{55}	去年
a^{33}man^{53}	昨晚	a^{33}ŋjei^{55}nap^{31}	昨天
a^{33}khui^{55}	现在	a^{33}khaŋ^{33}	刚才
a^{31}khui^{55}mɔ^{53}	今后	a^{31}mjaŋ^{55}mɔ^{33}	近来

加在一般名词素前的如：

a^{33}tsəŋ^{55}	东西	a^{55}lo^{33}	影子
a^{31}khu^{33}	痕迹	a^{31}kjaŋ^{55}	脾气
a^{31}sam^{55}	样子	a^{33}mjɛt^{31}	利息

---

① 据傅爱兰《藏缅语的 a 音节》(《民族语文》1996 年第 3 期) 的研究，藏缅语族语言双音节化与 a- 的产生关系密切，凡是双音节化倾向明显的语言，a- 前缀也较丰富。

a³³mo⁵⁵　　　　事情

a³³-（有时也读 a⁵⁵或 a³¹）在组成复合词或短语时，大多可以省略。例如：

a³³mo⁵⁵事　mo⁵⁵ xjɛ³³ lɔm³³　　这件事
　　事　　　事　这　件

mo⁵⁵ thə³³ tʃuŋ³³　　　　那件事
事　那　件

a³³phou⁵⁵祖父 + a³³phji⁵⁵ 祖母　phou⁵⁵ phji⁵⁵ 爷爷奶奶；祖宗
　　　　　　　　　　　　　　　　祖父　祖母

a³³pho⁵³父亲 + a³³mji⁵³　母亲　mji⁵³ pho⁵³　父母
　　　　　　　　　　　　　　　母　父

a⁵⁵maŋ³³哥哥 + a³³nɔʔ³¹　弟弟　maŋ³³ nɔʔ³¹　哥哥弟弟
　　　　　　　　　　　　　　　哥　弟

但也有少数不省略 a- 的。例如：

a⁵⁵vaŋ⁵³ a⁵⁵nei⁵³ 姑父姑母
姑父　姑母

(2) 前缀 a³³- 的构形功能主要是：附加在形容词或动词前构成名词。形容词单用时为长元音，加前缀 a³³- 后用短元音。例如：

səːk⁵⁵ ⟶ a³³sək⁵⁵　　新的
新　　　　新

tshaːu⁵⁵ ⟶ a³³tshou⁵⁵　旧的
旧　　　　旧

tʃuːm³³ ⟶ a³³tʃəm³³　　生的
生　　　　生

jəːŋ³¹ ⟶ a³³jiŋ³¹　　　稀的
稀　　　　稀

kɔːi⁵⁵ ⟶ a³³kui⁵⁵　　　弯的
弯　　　　弯

təːŋ⁵³ ⟶ a³³təŋ⁵³　　　紧的
紧　　　　紧

tʃyː³³ ⟶ a³³tʃy³³　　　骑的
骑　　　　骑

ŋjeːi⁵³ ⟶ a³³ŋjei⁵³　　在的
在　　　　在

由形容词加前缀 a³³ - 构成的名词还可以构成并列复合词，例如：

a³³tshou⁵⁵ a³³sək⁵⁵　　　　新的旧的
旧　　　新

a³³⁄³¹lo³³ a³³⁄³¹tsəŋ⁵³　　　公的母的
公　　　母

2. 中缀

-mə³¹- 加在重叠的形容词或动词中间，表"所有"义。例如：

tsɔː³³ mə³¹ tsɔː³³　　　　所有吃的
吃（中缀）吃

pjeːi³³ mə³¹ pjeːi³³　　　所有给的
给（中缀）给

jɔːŋ⁵⁵ mə³¹ jɔːŋ³³　　　　所有美的
美（中缀）美

khɔː⁵⁵ mə³¹ khɔː⁵⁵　　　所有苦的
苦（中缀）苦

3. 后缀

后缀有多种不同的意义类型，虚化程度也不一。尚未完全虚化的后缀，语义处于半实半虚的状态。严格说，应称之为"半后缀"。主要出现在表示"大、小"、"阴、阳"义上。后缀主要有以下几种：

(1) -tse⁵³：用于形容词素后构成名词。例如：

nɔʔ³¹ tse⁵³　　　　　　黑的
黑　　的

phju³³ tse⁵³　　　　　白的
白　　　的

ʃəŋ³³ tse⁵³　　　　　　长的
长　　　的

tɔt⁵⁵ tse⁵³　　　　　　短的
短　　的

(2) mo⁵⁵：加在名词词根前有的表示"大"义，有的表示女性。例如：

khjo³³ mo⁵⁵　　　　　大路
路　　大

phou⁵⁵ mo⁵⁵　　　　大爷爷
爷爷　大
juʔ³¹ mo⁵⁵　　　　大表妹
表　大
phji⁵⁵ mo⁵⁵　　　　大奶奶
奶　大
mji⁵³ mo⁵⁵　　　　大老婆
女　大
tʃhou⁵⁵ mo⁵⁵　　　寡妇
寡　大
tu³¹ mo⁵⁵　　　　儿媳妇
媳　大

mo⁵⁵来自实词"女"的虚化,现还能当词根构词。如:a³³mo⁵⁵"姨母"、mo⁵⁵pho⁵³"伯父(大爹)"、mo⁵⁵mji⁵³"伯母(大妈)"。

mo⁵⁵在多层构词中还能处于不同的位置。例如:
luʔ³¹ mo⁵⁵tsəŋ⁵³/luʔ³¹ tsəŋ⁵³ mo⁵⁵　　大石头
石头　大（阴性）石头（阴性）大
sək⁵⁵ kam⁵³ mo⁵⁵/sək⁵⁵ mo⁵⁵ kam⁵³　　大树
树　棵　大　树　大　棵

(3) -tso³³:表示"小儿"义。例如:
mei³³ tso³³　　　孙子
孙　小儿
tʃhou⁵⁵ tso³³　　孤儿
孤儿　小儿
tʃuan³³ tso³³　　学生
学校　小儿
juʔ³¹ke⁵³ tso³³　小伙子
伙子　小儿
mji³³ji³³ tso³³　姑娘
姑娘　小儿
khjo³³ tso³³　　小路
路　小儿
ŋə³¹ tso³³　　　鱼
鱼　小儿

pou³³ tso³³　　　蚕
虫　小儿
pjiˀ³³ tso³³　　　蜂蛹
蜂　小儿

-tso³³来源于名词 tso³³ "儿（孩）、人"。现还能当词根使用。例如：

tʃhou⁵⁵ tso³³ 孤儿　　　maŋ³³ tso³³ 老人
孤　　儿　　　　　　老　　人
tʃuaŋ³³ tso³³ 学生
学校　孩

(4) -nu⁵⁵：表"嫩、小、碎小"义，由形容词 nuː⁵⁵ "小"语法化而来。例如：

mji³³ji³³ nu⁵⁵　　　女孩子、女儿
女儿　小
khui⁵⁵ nu⁵⁵　　　小狗
狗　小
kjɔʔ³¹ nu⁵⁵　　　小鸡
鸡　小
nõ³³ nu⁵⁵　　　牛犊
牛　小
mjaŋ³³ nu⁵⁵　　　马驹
马　小
tʃhɔt⁵⁵pat³¹ nu⁵⁵　　　羊羔
羊　　　小
vuʔ³¹ nu⁵⁵　　　猪崽
猪　小
phə⁵⁵ nu⁵⁵　　　细糠
糠　小

(5) -lo³³：表雄性义，多用于家畜及某些兽类。由实词 a³³lo³³ "公的"的词根虚化而成。例如：

nã³³ lo³³　　　公牛
牛　公
mjaŋ³³ lo³³　　　公马
马　公

ʃə⁵⁵pat³¹ lo³³　　　　公羊
羊　　公
tʃhɔt⁵⁵ lo³³　　　　公绵羊
绵羊　公
khui⁵⁵ lo³³　　　　公狗
狗　　公
wɔm³¹ lo³³　　　　公熊
熊　　公

(6) -pho⁵³表阳性，用于人和鸟类，还可用于人和家养动物。由 a³³pho⁵³"父亲"一词的词根虚化而成。例如：

juʔ³¹ pho⁵³　　　　舅父
舅　父
juʔ³¹ pho⁵³　　　　岳父
岳　父
mo⁵⁵ pho⁵³　　　　姨父
姨　夫
mo⁵⁵ pho⁵³　　　　大伯父
大伯　父
lat³¹ pho⁵³　　　　二伯父
二伯　父
thaŋ³³ pho⁵³　　　　继父
后　父
kjɔʔ³¹ pho⁵³　　　　公鸡
鸡　公
pjɛt⁵⁵ pho⁵³　　　　公鸭
鸭　公
khjaŋ⁵³ pho⁵³　　　　公鹅
鹅　父
wo³³tɔŋ³³ pho⁵³　　　　公孔雀
孔雀　父

少数词项表阳性时，既可用 lo³³，也能用 pho⁵³表"雌性"，例如：

ŋɔʔ⁵⁵ lo³³ ～ ŋɔʔ⁵⁵ pho⁵³　　　　雄鸟
鸟　公　　鸟　公

ŋjou³³ lo³³ ~ ŋjou³³ pho⁵³   公猫
猫   公   猫   公

(7) -tsəŋ⁵³：表雌性。-tsəŋ⁵³来自名词 a³³tsəŋ⁵³ "母的"的词根，tsəŋ⁵³多用于家畜。例如：

vuʔ³¹ tsəŋ⁵³   母猪
猪   母

mjaŋ³³ tsəŋ⁵³   母马
马   母

nõ³³lə³³ tsəŋ⁵³   母水牛
水牛   母

tʃhɔt⁵⁵pat³¹ tsəŋ⁵³   母绵羊
绵羊   母

tsəŋ⁵³还可用于指体积较大的自然物。例如：

luk³¹ mo⁵⁵ tsəŋ⁵³   岩石
石   大   母

(8) mji⁵³：表阴性，多用于人、鸟类及某些家畜。来自 a³³mji⁵³ "母亲"一词的词根。例如：

juʔ³¹ mji⁵³   舅母
舅   母

juʔ³¹ mji⁵³   岳母
岳   母

mo⁵⁵ mji⁵³   大伯母
大伯   母

lat³¹ mji⁵³   二伯母
二伯   母

thaŋ³³ mji⁵³   继母
后   母

pjet⁵⁵ mji⁵³   母鸭
鸭   母

khjaŋ⁵³ mji⁵³   母鹅
鹅   母

wo³³tɔŋ³³ mji⁵³   母孔雀
孔雀   母

有些词项既能用 tsəŋ⁵³，也能用 mji⁵³。例如：

khui⁵⁵ tsəŋ⁵³ ～ khui⁵⁵ mji⁵³　　母狗
狗　　母　　　狗　　母

nə³³ mji⁵³ ～ nə³³ tsəŋ⁵³　　　　母牛
牛　母　　　牛　母

ŋjou³³ tsəŋ⁵³ ～ ŋjou³³ mji⁵³　　　母猫
猫　　母　　　猫　　母

kjɔʔ³¹ tsəŋ⁵³ ～ kjɔʔ³¹ mji⁵³　　　母鸡
鸡　　母　　　鸡　　母

ŋɔʔ⁵⁵ mji⁵³ ～ ŋɔʔ⁵⁵ tsəŋ⁵³　　　 母鸟
鸟　　母　　　鸟　　母

lo³³ mji⁵³ ～ lo³³ tsəŋ⁵³　　　　　母虎
虎　母　　　虎　母

wɔm³¹ mji⁵³ ～ wɔm³¹ tsəŋ⁵³　　　母熊
熊　　母　　　熊　　母

(9) -nu̱ŋ⁵⁵：表示复数"们"，用在生命度较高的名词和人称代词后面。例如：

pei⁵³nɔm⁵³ᐟ³¹ nu̱ŋ⁵⁵　　　　朋友们
朋友　　　　们

sə³³ʑa³³ nu̱ŋ⁵⁵　　　　　　老师们
老师　　们

ŋŏ⁵³ nu̱ŋ⁵⁵　　　　　　　　我们（排除式）
我　们

ŋjăŋ⁵⁵ nu̱ŋ⁵⁵　　　　　　　我们（包括式）
我　　们

năŋ⁵³ nu̱ŋ⁵⁵/nă⁵³ nu̱ŋ⁵⁵　　你们
你们　　　你们

ŋjăŋ³³ nu̱ŋ⁵⁵　　　　　　　他们
他　们

(10) -tʃɔm⁵³：用于指人的名词后表"们"。例如：

sə³³ʑa³³ tʃɔm⁵³　　　　　　老师们
老师　　们

tʃuaŋ³³tso³³ tʃɔm⁵³　　　　学生们
学生　　　们

tʃəm⁵³还可单独做词用，与指示代词一起构成指量结构。例如：
khui⁵⁵ xjɛ³³ tʃəm⁵³　　　　这群狗
狗　　这　　群

（11）-taŋ³³用于人称代词词素后，表人称代词的"俩"。例如：
ŋo̊⁵³ taŋ³³　　　　　　　我俩
我　俩

nǎ⁵³ taŋ³³/nǎŋ⁵³ taŋ³³　　你俩
你　俩 / 你　俩

ŋjǎn³³ taŋ³³　　　　　　他俩
他　俩

（12）-pə⁵⁵（或pəi⁵⁵）用于指示代词词素后表"些"。例如：
xjɛ³³ pə⁵⁵ 这些　　　xɛ³³ pə⁵⁵ 那些
这　些　　　　　　那　些

（三）四音格词

勒期话有丰富的四音格词。四音格词是由四个音节按照一定的规律搭配起来的，在语音、语法、语义和修辞上都有自身不同于复合词或短语的特点。

1. 词素数量

从词素数量上看，有的四音格词由两个词组成。例如：
la³¹ sǫn³³ phaʔ⁵⁵kji⁵⁵　　　作料
蒜　　香菜

有的由三个词组成。例如：
fu⁵⁵ tʃha⁵⁵ lǎ³¹tsɿ³³　　　作料
葱　姜　辣椒

有的由四个词组成。例如：
wo̊⁵⁵ wən³³ mjɛ̊ʔ³¹ tʃɔt⁵⁵　　头昏眼花
头　昏　眼　花

nək⁵⁵ khjək⁵⁵ u³³ juŋ³³　　牵肠挂肚
心　劳　肠　涮

tei⁵³ tei⁵³ ji⁵³ ji⁵³　　　说说笑笑
说　说　笑　笑

有的是由实词和配音音节构成。例如：

pjəp⁵⁵ e⁵³　　kjaŋ³³ e⁵³　　　　苍蝇蚊子
苍蝇（衬音）蚊子（衬音）

在以上几种类型中，由四个词组成的四音格词最多。这大概与勒期语单音节性强的特点有关。

2. 叠音类型

从叠音的情况看，四音格词主要有 ABCD、AABB、ABAC、ABCB 等四种类型，其中以 AABB 式和 ABAC 式居多（A、B、C、D 分别代表四个不同的音节）。这四种类型分别举例如下：

（1）ABCD 式：

khuŋ⁵⁵ phot⁵⁵ a³³ tam⁵³　　　凹凸不平
凹　 凸　 不 平

wo̠⁵⁵ wən³³ mjɔ?³¹ tʃɔt⁵⁵　　头昏眼花
头　 昏　 眼　 花

mjɛn⁵³ kuŋ⁵³ saŋ³³ kam⁵³　　深更半夜
晚上　　　 夜 半

nə³³ thuŋ⁵⁵ lɔ?³¹ tʃɔp⁵⁵　　　耳环戒指
耳环　　　 戒指

la⁵³ so̠n³³ pha?⁵⁵ kji⁵⁵　　　　作料
蒜　 香菜

借词也能同本语词一起构成 ABCD 式四音格词。如上例：

fu⁵⁵ tʃha⁵⁵ lă³¹ tsɿ³³　～　la⁵³ so̠n³³ pha?⁵⁵ kji⁵⁵　　作料
葱 姜　 辣椒（汉）　蒜（汉）香菜

（2）AABB 式：

kui⁵⁵ kui⁵⁵ ko³³ ko³³　　　　弯弯曲曲
弯　 弯　 曲 曲

tɔ?³¹ tɔ?³¹ kjo⁵⁵ kjo⁵⁵　　　上上下下
上　 上　 下　 下

san⁵⁵ san⁵⁵ sə̠ŋ⁵⁵ sə̠ŋ⁵⁵　　干干净净
干　 干　 净　 净

kji³³ kji³³ ŋe⁵³ ŋe⁵³　　　　老老少少
大　 大　 小 小

ʃək⁵⁵ ʃək⁵⁵ thaŋ³³ thaŋ³³　前前后后
前　 前　 后　 后

lo⁵³ lo⁵³ ji³³ ji³³　　　　　来来去去
来　来　去　去

tshuŋ⁵⁵ tshuŋ⁵⁵ tsan³¹ tsan³¹　　春夏秋冬
春　春　夏　夏

ŋjei⁵⁵ ŋjei⁵⁵ mou³³ mou³³ ~ ŋjei⁵⁵ ŋjei⁵⁵ pei⁵³ pei⁵³
日　日　天　天　　日　日　太阳　太阳
日日夜夜

lo⁵⁵ lo⁵⁵ lo⁵³ lo⁵³ ~ jeː³³ jeː³³ lo⁵³ lo⁵³　　去去来来
去　去　来　来　　去　去　来　来

thuʔ⁵⁵ thuʔ⁵⁵ vaŋ⁵³ vaŋ⁵³ ~ vaŋ⁵³ vaŋ⁵³ thuʔ⁵⁵ thuʔ⁵⁵ 出出进进
出　出　进　进　　进　进　出　出

（3）ABAC式：

kə³³ pu³³ kə³³ ʒa³³　　　　高高兴兴
高兴　配音

jɔm³³ khaŋ⁵⁵ jɔm³³ mo⁵⁵　　家家户户
家　各　家　各

sək⁵⁵ mo⁵⁵ sək⁵⁵ tso³³　　大树小树
树　大　树　小

tʃuŋ³³ khaŋ⁵⁵ tʃuŋ³³ mo⁵⁵　　各种各样
种　各　种　各

a³³ kui⁵⁵ a³³ lək⁵⁵　　　　歪歪扭扭
弯　扭

a³³ ʃei³³ a³³ so⁵⁵　　　　拼死拼活
死　活

a³³ phuk⁵⁵ a³³ lək⁵⁵　　　狡猾
翻　扭

ŋaŋ⁵⁵ phju³³ ŋaŋ⁵⁵ nɔʔ³¹　　白菜青菜
菜　白　菜　黑

lɔʔ³¹ pei⁵⁵ lɔʔ³¹ jo⁵³　　左右
手　左　手　右

khjo³³ tso³³ khjo³³ mo⁵⁵　　大路小路
路　小　路　大

nuk³¹ tsei⁵³ nuk³¹ nɔʔ³¹　　黄豆黑豆
豆　小　豆　黑

a^{33} tou^{55} a^{33} fu^{33} 不 倒 不 顺	横七竖八
a^{33}khuŋ^{55} a^{33}khɔp^{55} 洼 坑	坑坑洼洼
a^{33}pɔm^{53} a^{33}tsa̠ŋ^{53} 堆 摞	成千上万
a^{31} lo^{33} a^{31}tsa̠ŋ^{53} 公 的 母的	公的母的
kjɔʔ^{31} pho^{53} kjɔʔ^{31} mji̠^{53} 鸡 公 鸡 母	公鸡母鸡
a^{55}vaŋ^{53} a^{55}nei^{53} 姑父 姑母	姑父姑母
mo^{55}pho^{53} mo^{55}mji̠^{53} 伯父 伯母	伯父伯母
juʔ^{31}pho^{53} juʔ^{31}mji̠^{53} 岳父 岳母	岳父岳母
tɔːʔ^{31} tɔʔ^{31} tɔːʔ^{31} kjo^{55} 爬 上 爬 下	爬上爬下
nuŋ^{55} ji̠^{33} nuŋ^{55} lo^{53} 晃 去 晃 来	晃来晃去
phuk^{55} ji̠^{33} phuk^{55} lo^{53} 翻 去 翻 来	翻来覆去

(4) ABCB 式：

pjɔp^{55} ei^{53} kjaŋ^{33} ei^{53} 苍蝇（衬音）蚊子（衬音）	苍蝇蚊子
nɔʔ^{31} səŋ^{33} maŋ^{33} səŋ^{33} 弟 亲 兄 弟	嫡亲兄弟
mjaŋ^{33} tse^{53} ŋjɔm^{33} tse^{53} 高 的 矮 的	高的低的
ʃə̠ŋ^{33} tse^{53} tɔt^{55} tse^{53} 长 的 短 的	长的短的
khjei^{33} mjap^{55} lɔʔ^{31} mjap^{55} 脚 快 手 快	手勤脚快

第二节 借　　词

　　语言是一种社会文化现象，是人类最重要的交际工具。语言的发展变化除了受内部机制的制约外，还受到外部因素的影响。不同民族语言的相互接触往往导致词汇的借用。

　　勒期语的词汇从来源上可分为固有词和借词两大类。固有词是原来就有的本语词，借词是与其他民族语言发生接触后借入的。借词充实了勒期语的词汇库系统、丰富了勒期语的表达能力。

　　勒期语借词的特点包括以下两个方面的内容：

一、借词的来源

　　勒期人居住地位于云南省德宏傣族自治州中缅边界，长期与汉族、傣族以及景颇族其他支系民族比邻而居，在经济生活、文化生活上互相学习、相互影响，其语言也因民族接触而受到影响，吸收这些语言的词汇来丰富自己。勒期语中的借词主要借自景颇语、汉语、傣语、缅语和英语等，其中以汉语和景颇语借词居多。

　　（一）勒期语中汉语借词数量较多。

　　新中国建立以前，勒期人居住地周边的汉族较少，所以借词中虽有一些来自汉语，但仍以景颇语其他支系语言及傣语等的借词居多。新中国建立以后，在与汉语的接触中，随着汉文化的传播以及汉族人数的增多，汉语借词大量进入勒期语，成为勒期语吸取借词的主要来源。

　　勒期语中汉语借词，以名词为主，也有部分动词、形容词、量词，以及少量的数词和副词。

　　1. 从汉语中借用来的名词以与日常生活息息相关的词居多。从自然、地理、房屋建筑、宗教、语言、文化、节日，到人物、动物、植物，以及食物、衣着、用具等，都有借自汉语的。表示自然、地理的如：

　　　　təŋ^{33}　　　　　　　　洞

tʃhə⁵⁵xui⁵⁵	石灰
kei⁵⁵	街
maŋ⁵³ʃɿ⁵³pa̠³³	芒市坝
khun⁵⁵min³¹	昆明
pə³¹kjin⁵⁵	北京

表示房屋建筑的借词如：

tʃuan⁵⁵	砖
wa³³	瓦
thu⁵⁵kji⁵⁵	土基

与文化相关的借词如：

xiaŋ³³	香（烧香）
xua³³	画
mək³¹	墨
mək³¹sui⁵³	墨水
tʃaŋ³³	章、印
phau³³tʃaŋ⁵³	鞭炮
tshin⁵⁵min³¹tse³¹	清明节

表示人物的借词如：

xjɛŋ³³tsaŋ⁵³	县长
ʃu⁵⁵kji³¹	书记
kjuʔ³¹tsaŋ⁵³	局长
xjaŋ⁵⁵tsaŋ⁵³	乡长
tʃɛn³³tʃaŋ⁵³	镇长
khjaŋ⁵³tou³³	强盗

表示动物的借词，如：

phəŋ⁵⁵kjou⁵⁵	斑鸠
xaŋ⁵³san³¹	黄鳝
lo⁵³tsɿ³¹, lo⁵³tsɛ³¹	骡子

表示植物借词如：

mei⁵³kui⁵³	玫瑰花
phiŋ³¹ko³³	苹果

phu³¹thau³³	葡萄
jaŋ⁵⁵	秧
lă³¹tsɿ⁵⁵	辣椒
la³¹sɔn³³	蒜
pɔ³³xɔ⁵⁵	薄荷
jaŋ³¹ji³³	马铃薯
tshan³³tu̠³³	蚕豆
wan⁵⁵tu̠³³	豌豆
pai³³tsɿ⁵³	稗子

表示食物的借词如：

thaŋ⁵³ne⁵³	红糖
mjɛn³³thiau⁵³	面条
kua³³mjɛn³³	挂面
kjɛn⁵³fən⁵³	卷粉
waŋ⁵⁵tu³³phən⁵³	豌豆粉
mi⁵⁵sɛn³³	米线
tsŏ³¹pa̠³³	粑粑
mjɛn³³fɛn⁵³	面粉
pa⁵³kɔ⁵³	八角
jɛn⁵⁵	烟
ja⁵⁵phjɛn³³	鸦片

与衣着相关的借词如：

luŋ⁵⁵phou⁵³	龙袍
tshau⁵⁵xai³¹	草鞋

表示家具、农具等日常用品的借词如：

tso̠u³³	灶
kui⁵⁵tsɿ⁵⁵	柜子
sua³¹tsɿ³¹	刷子
təŋ⁵⁵tsau³³	灯罩
təŋ⁵⁵luŋ⁵⁵	灯笼
laʔ³¹tsuʔ³¹	蜡烛

khuai³³tsi⁵⁵	筷子
phan⁵³	盘子，碟子
lan⁵⁵	篮子
sǫn³³phan⁵³	算盘
ǎn⁵⁵，mjaŋ³³ǎn⁵⁵	马鞍
luŋ⁵⁵thuŋ⁵⁵	马笼头
kja³³tsɿ³³	马架子
wǎn⁵⁵tǎn⁵⁵	牛轭

2. 借自汉语的动词如：

ʃaːi⁵⁵	筛（米）
kja⁵⁵	加
tʃhu⁵³	除
suːn⁵³	算
paːi⁵³	拜
khau⁵⁵sɿ³⁵	考试
paːi⁵³	磕头
saːt⁵⁵	杀（人）
sɔː⁵⁵	锁（门）
thaːu⁵⁵	捅、掏
taːu⁵⁵	倒、掉头

3. 借自汉语的量词，以货币、度量衡量词居多，个体量词较少。例如：

tʃuŋ³³	（这）种（病）
khjo⁵⁵	丘（田）
kjin⁵⁵	斤
tshun⁵³	（一）寸
tʃhɿ⁵³	（一）尺
ʃen⁵⁵	（一）升
khuɛ⁵⁵	块、元（钱）
kjɔ⁵³	（一）角
fun⁵⁵	（一）分

4. 借自汉语的形容词如：

pɔ̠ːʷ⁵⁵　　　　　　　薄

ʃa̠ːu⁵⁵　　　　　　　少

ta̠ːu⁵⁵　　　　　　　倒（过来）

此外，还有少量借自汉语的数词、副词。例如：

ji³³ 亿　　　　tʃa̠ʔ³¹ 很　　　jau⁵⁵ 将要，快要

此外，还有一些借自景颇语、傣语、缅语、载瓦语等语言的借词。借自景颇语的如：

phə⁵⁵la̠m³³	蝴蝶	ʃə³¹kja̠m³³	握手
kǎ³³ʒɔː³³	嚷	mã⁵³ʒa⁵³	错误
kə³³ʒum⁵⁵	帮助	mã³³ka³³	花纹（斑点）
ʒɔːi⁵³	欺负	thuːt⁵⁵	搬（家）
mou⁵³sou⁵⁵	纸	tɔm³³sa⁵³	巫师
phã³¹tʃɛt³¹	手绢儿	maːu⁵⁵	奇怪
ŋə³³ŋuːn⁵⁵	舒服	la³³kuːn³³	懒
kjai⁵³	很（副词）		

借自傣语的如：

lu̠i³³	磨子
mak³¹tʃɔk⁵⁵	橘子
lã³¹xɔi³³	螺蛳
pɔŋ³¹kji̠ː⁵⁵	和尚
mɔ³³phi³³	乞丐

勒期人居住在中缅边界，与边境缅人一直有经贸往来，因而勒期语也从缅语里吸收了一些词汇丰富自己。例如：

lak³¹nak³¹	武器
na³³jiː³³	钟
mo⁵⁵	事情
mjuʔ⁵⁵	城市
maŋ⁵⁵tan⁵⁵	国家
sə³¹tɛk³¹	箱子

sə³³pja⁵³ 肥皂
sə³³ʒa³³ 老师

缅语借词中，有的是缅语借自英语的。例如：

nan³³pat⁵⁵ 第
puk³¹ 本
pɔŋ³³ti̠n³³ 笔
mɛ⁵⁵lei³¹kan³³ 美国

勒期语中还有一些词借自景颇族其他支系语言。例如：借自载瓦语的 tʃei⁵³ "更（副词）"、ɣɛʔ⁵⁵ "和（连词）"以及施事格助词 ŋjei⁵³等。其中副词"更"是借自载瓦语的 tʃei⁵³ 与借自汉语的 kjei⁵³ 并用，但以 tʃei⁵³ 为常用。

二、借用方式

主要有以下三种：

（一）全词借入。如：

khun⁵⁵min³¹	昆明	tʃuan⁵⁵	砖
xua³³	画	mək³¹sui⁵³	墨水
ʃu⁵⁵kji³¹	书记	pan³⁵faʔ³¹	办法
tʃoʔ³¹tsɿ⁵³	桌子	te̠ŋ³³phau³³	灯泡
mjɛn³¹si 31	棉絮	pei³³tsɿ⁵³	被子
te̠n³³xua³³	电话	te̠n³³ʃɿ³³kji⁵⁵	电视机
te̠n³³nau⁵³	电脑	te̠n³³jin⁵⁵	电影
pei⁵⁵tsɿ⁵³	杯子	kai³³tsɿ³³	盖子

ʃə³³xui⁵⁵tʃu⁵⁵ji³³ 社会主义
mjɛŋ³³ məŋ³³ 缅甸
缅（缅）国家（傣）
tʃa⁵³paŋ³³ məŋ³³ 日本
日本（缅）国家（傣）

（二）借词释义：由借词加本语词注释共同构成。例如：

tou³³laŋ⁵⁵ pan³³ 吊兰花
吊兰（汉）花（本）

（三）半借半译。

进入勒期语的汉语借词，有的已具有构词能力，能与勒期语本语固有词一起构成新的词。例如：

khəm⁵⁵ so⁵⁵　　　　　　　锁
门　　锁（汉）

pa³³ tam⁵³　　　　　　　平坝子
坝（汉）平

thaŋ⁵³ ne⁵³　　　　　　　红糖
糖（汉）红

jɛn⁵⁵ fu̠ʔ⁵⁵　　　　　　　烟叶
烟（汉）叶

mjaŋ³³ an⁵⁵　khjei³³ naŋ³³ tʃaŋ³³　马镫子
马　鞍（汉）脚　踏　处

三、借词的使用

有的固有词与借词共存并用，成为同义词。例如：

词　项	固有词	借　词
筷子	tsɔ̃³³ ŋja̠m⁵⁵	khuai³³ tsi⁵⁵（汉）
香（烧香）	xum³³	xiaŋ³³（汉）
亿	mun⁵³mun⁵³	ji³³（汉）
丘（量词）	khjaŋ⁵⁵	khjo⁵⁵（汉）
懒	nə:³³	la³³ku:n³³（景）
和（连词）	jɔ⁵⁵	ɣɛʔ⁵⁵（载瓦）
施事助词	ŋ⁵³	ŋei⁵³（载瓦）
磨	luk³¹lə̠ŋ³³	lu̠i³³（傣）

在今后的现代化进程中，随着勒期人文化教育水平的提高，以及走出勒期山寨的勒期人不断增多，汉语借词的数量必将随之不断增多，吸收汉语借词也必将成为勒期语词汇丰富、发展的主要手段。

第四章 词 类

根据词的意义、构词特点和语法功能，德宏勒期语的词汇可分为实词和虚词两大类。实词主要有名词、代词、数词、量词、形容词、动词、副词；虚词中有连词、助词、感叹词等。现将各词类的语法特点分述如下：

第一节 名 词

名词表示人或事物的名称。表示抽象概念的名称也属于名词。在勒期语词汇中，名词是数量最大、内容最为丰富的一类词。

一、名词的分类

勒期语名词可分为人称名词、事物名词、时间名词、处所方位名词等类别。

（一）人物名词　表示人的姓氏名称或人物、亲属称谓等。

1. 姓氏名称

勒期人实行"父子连名制"。"父子连名制"以父辈名字的最后一个音节作为孩子辈（包括男孩、女孩）名字的起首音节。

勒期人的姓氏以两个音节的居多，此外也有四个音节的。如：（斜线/表"或者"）

董姓	tʃuaŋ³¹tʃhɔʔ⁵⁵/lă³¹tɔŋ³¹/lă³¹tɔŋ³¹tʃuaŋ³¹tʃhɔʔ⁵⁵
赵姓	lă³¹kui³¹
殿姓	lă³¹tɔŋ³¹ko³¹mo⁵⁵/phə⁵⁵li⁵³
宴姓①	ma³¹ʃaŋ⁵³

---

① "宴"姓在盈江地区称为"尚"姓。

左姓	mă³¹təŋ³¹
窦姓	lă³¹no̠³¹
荣姓	laŋ⁵⁵tʃu³³
张姓	tʃɛŋ³⁵pho³¹
孔姓	tʃə³¹khuŋ⁵⁵
余姓	la̠³¹san³¹
金姓	tʃen³³thuŋ⁵⁵
永姓	kə³¹lou³¹
刀姓①	tʃhə⁵⁵ʃam³³
排姓②	lă³¹phei⁵⁵
马姓	mă³¹ʒaŋ³¹
鲍（保）姓	tsaŋ⁵⁵pou³³
何姓	mei³¹xo⁵⁵
李姓	mei³¹phuʔ⁵³
王姓	lă³¹khum⁵³

勒期人的名字均是两个音节。若排行为"老大"，则男子名还可以以 pəm⁵³ 作后一音节，女子名还可以以 nam³¹ 作后一音节。常见的男子名有：jiŋ⁵⁵pəm⁵³、jiŋ⁵⁵tʃhaŋ⁵⁵、təŋ⁵³pəm⁵³、təŋ⁵³tʃhaŋ⁵⁵、pəm⁵³jo³¹ 等。常见的女子名有：jiŋ⁵⁵nam³¹、jiŋ⁵⁵mju³¹、khŏ⁵⁵lə⁵³、khŏ⁵⁵mju³¹、khŏ⁵⁵ləm⁵³、jiŋ⁵⁵kou⁵³、təŋ⁵³tsei⁵⁵ 等。

勒期人的姓名由"姓氏＋名字"构成，即姓在前，名居后。因大多数的姓氏和名字各有两个音节，所以勒期人的姓名以四个音节的结构为常见。但因还有少数的姓是四个音节的，所以勒期人的姓名也有六个音节的。例如：

lă³¹təŋ³¹tʃuaŋ³¹tʃhəʔ⁵⁵　khŏ⁵⁵pəm⁵³　董卫明
（董姓）　　　　　　　　（名）

2．人物身份

　　la³³xe̠i³³　　汉族　　la³³sam⁵³　　傣族

---

① 景颇族朗速支系称"刀"姓为 tə³¹tʃaŋ³¹。
② 勒期语"排"姓 lă³¹phei⁵⁵ 的称法借自载瓦支系。

maŋ³³tso³³	老头	juʔ³¹ke⁵³	男人
mji³³ji³³	妇女	mji³³ji³³tso³³	姑娘
kji⁵³	兵	tʃhei⁵⁵sə³³ʒa³³	医生
wo⁵³tsou³³	头人	pɔŋ⁵⁵kji⁵⁵	和尚
tɔm³³sa⁵³	巫师	mɔ³³phi³³	乞丐

3. 亲属称谓

a³³phou⁵⁵	爷爷	a³³phji⁵⁵	奶奶
a³³pho⁵³	父亲	a³³mji̠⁵³	母亲
a⁵⁵maŋ³³	哥哥	a⁵⁵pei³³	姐姐
mo⁵⁵pho⁵³	伯父	mo⁵⁵mji⁵³	伯母
a⁵⁵vaŋ⁵³	姑父	a⁵⁵nei⁵³	姑母
mo⁵⁵pho⁵³	姨父	a³¹mo⁵⁵	大姨母

后缀 - su³³表示人物身份，相当于汉语的"者"。例如：

tʃɔʔ³¹tɔ̠ʔ⁵⁵ pat³¹ su³³	铁匠
铁 　　打　者	
luk³¹ pat³¹ su³³	石匠
石　打　者	
khou⁵⁵ su³³	小偷
偷　　者	

(二) 事物名词

事物名词所涵盖的范围广泛，内容涉及天文、地理、动物、植物，以及食品、衣着、房屋建筑、用品用具，还有文化娱乐、宗教意识等。分别举例如下：

1. 表示天文、地理、自然物的如：

pei⁵³	太阳	la̠⁵⁵mo⁵⁵	月亮
pɔm⁵³	山	kjei⁵³	水
mji³³	火	mji⁵³tsei⁵⁵	土
ŋə⁵³	银	tsho⁵⁵	盐
jɔm³³	家	tsam⁵³	桥
məŋ³³	国家	mjuʔ⁵⁵	城市

2. 表示动物、植物的如：

no̠³³	牛	lo³³	虎
ŋɔʔ⁵⁵	鸟	wo³³tɔŋ³³	孔雀
sək⁵⁵	树	pa̠n³³	花
wo̠³³	竹子	xo⁵⁵puŋ³³	葱

3．表示身体组成部分或排泄物的如：

wo̠⁵⁵ləm⁵³	头	mjɔʔ³¹	眼睛
no̠³³	鼻子	nək⁵⁵lɔm³³	心脏
khjei³³	脚	lɔʔ³¹	手
ʃo⁵⁵	肉	jei⁵⁵	尿

4．表示民族、人物、亲属名称的如：

lə³³xei³³	汉族	lə³³sam⁵³	傣族
sə³³ʒa³³	老师	tʃhei⁵⁵sə³³ʒa³³	医生
juʔ³¹ke⁵³	男人	mji³³ji³³	妇女
a³³phou⁵⁵	爷爷	a³³phji⁵⁵	奶奶

5．表示食品的如：

wɔm³³	饭	tshɔn⁵⁵	菜（饭菜）
tʃhɛn³³	米	nuk³¹phu⁵⁵	豆腐
tʃhə⁵⁵tʃhou³³	白糖	ʃə⁵⁵nək⁵⁵	瘦肉
jei³³phei⁵⁵	酒	fu̠ʔ⁵⁵khjap⁵⁵	茶

6．与衣着有关的如：

khjəŋ³³	线	pa̠n³³	布
pji³³	上衣	lo⁵⁵	裤子
ɣə³³	项圈	pji³³kjɛn⁵⁵	扣子
khjei³¹tsu̠ŋ⁵⁵	鞋	mɔ³³tsa³³	袜子

7．表示房屋建筑的如：

jɔm³³	房子，家	jɔm³³pa̠n⁵³	院子
tʃuan⁵⁵	砖	wa³³	瓦
khuŋ⁵⁵	门	khuŋ³³tsəŋ⁵³	柱于
khuŋ³³	梁	tsɔm⁵⁵laŋ³³	梯子

8．表示日常生活、生产、劳动用具的如：

tso̰³³po⁵⁵	桌子	khuʔ⁵⁵	碗
ʃam̰³³	刀	mo̰t⁵⁵	瓢
wo³³tsuŋ³³	斧头	pat³¹tu⁵³	锤子
khɔp⁵⁵	锄头	xap⁵⁵	扁担

9. 与文化娱乐、宗教意识有关的如：

mou⁵³sou⁵⁵tʃham⁵⁵	字	mou⁵³sou⁵⁵	书
pɔ̰ŋ³³tin³³	笔	mo̰³³mji³³	故事
tsat⁵⁵	戏	khə⁵⁵la̰ŋ⁵³	笛子
puŋ³³kji⁵⁵	和尚	xum³³	香

（三）时间名词表示某个具体时间的名称。例如：

khə⁵⁵ŋjei⁵⁵	今天	a³³ŋjei⁵⁵nap³¹	昨天
nap³¹sɔn⁵⁵	上午	mjen⁵⁵	晚上
la̰⁵⁵mo⁵⁵	月	tsan⁵³	年
a³³khui⁵⁵	现在	ko⁵⁵na̰m⁵³	从前

（四）处所方位名词表示方位、方向、地点（地名、村寨名、河流名）等。例如：

pei⁵³thuʔ⁵⁵	东	pei⁵³vaŋ⁵³/³¹	西
lɔʔ³¹pḛi⁵⁵	左	lɔʔ³¹jo⁵³	右
ʃək⁵⁵	前	than³³	后
a³¹thɔʔ⁵⁵	上	a³¹kjei⁵⁵	下
muŋ³³mou³³	瑞丽		
lu³³ʃi⁵⁵	潞西		
maŋ⁵⁵ka³³khuŋ⁵⁵	中山（乡）		
maŋ⁵³ʃɿ⁵³	芒市（镇）		
maŋ⁵³ʃɿ⁵³pa̰³³	芒市坝		
tʃə̰⁵³phaŋ³³	遮放（镇）		
tʃə̰⁵³phaŋ³³pa̰³³	遮放坝		
phak⁵³ja⁵³	帕牙（村）		
taŋ⁵³sau⁵³（汉称），taŋ⁵⁵sou⁵³（勒期称）	党扫（村）		
xo⁵⁵na⁵³	户那（村）		

paŋ³³mat⁵⁵　　　　帮马（村）
pha³³lɛn³³　　　　帕连（村）
nɔŋ³³khju³³　　　　弄丘（村）
xu⁵⁵pɔn³³　　　　户板（寨）
saʔ³¹khuŋ⁵⁵laŋ⁵³　怒江
maŋ⁵³ʃɿ⁵³laŋ⁵³　　芒市河
luŋ⁵⁵kjaŋ⁵⁵laŋ⁵³　龙江河

二、名词的语法特点

（一）名词的性

名词本身没有表示性别的形态变化，区别性别主要靠附加成分表示。人和常见的动物名称都用表示"公、母"义的"半实半虚"词素表示。

1. 指人的性别时，男性名后一般加 - pho⁵³，女性名词后一般加 - mji̱⁵³。例如：

　　男性　　　　　　　　女性
juʔ³¹pho⁵³　　舅父　　juʔ³¹mji̱⁵³　　舅母
juʔ³¹pho⁵³　　岳父　　juʔ³¹mji̱⁵³　　岳母
mo⁵⁵pho⁵³　　姨父　　a³¹mo⁵⁵　　　姨母
thaŋ³³pho⁵³　 继父　　thaŋ³³mji̱⁵³　 继母
mo⁵⁵pho⁵³　　伯父（大爹），大伯父
mo⁵⁵mji̱⁵³　　伯母（大妈），大伯母
lat³¹pho⁵³　　二伯父　lat³¹mji̱⁵³　　二伯母

2. 指动物的性别时，雄性通常加 - lo³³ 或 - pho⁵³ 表示，雌性通常加 - tsəŋ⁵³ 或 - mji̱⁵³ 表示。例如：

　　　　雄性　　　　　　　　　雌性
nə̃³³lo³³　　公牛（骟过）　nõ³³tsəŋ⁵³～nõ³³mji̱⁵³　母牛
nõ³³lo³³　　公水牛　　　　nõ³³le³³tsəŋ⁵³　　　　母水牛
mjaŋ³³lo³³　公马　　　　　mjaŋ³³tsəŋ⁵³　　　　　母马
ʃə⁵⁵pat³¹lo³³　公羊　　　ʃə⁵⁵pat³¹tsəŋ⁵³　　　　母羊
tʃhot⁵⁵lo³³　公绵羊　　　tʃhot⁵⁵pat³¹tsəŋ⁵³　　　母绵羊

khui⁵⁵lo³³	公狗	khui⁵⁵tsəŋ⁵³~khui⁵⁵mji̠⁵³	母狗
wɔm³¹lo³³	公熊	wɔm³¹mji̠⁵³~wɔm³¹tsəŋ⁵³	母熊
ŋjou³³lo³³~ŋjou³³pho⁵³	公猫	ŋjou³³tsəŋ⁵³~ŋjou³³mji̠⁵³	母猫
pjɛ̠t⁵⁵pho⁵³	公鸭	pjɛ̠t⁵⁵mji̠⁵³	母鸭
khjaŋ⁵³pho⁵³	公鹅	khjaŋ⁵³mji̠⁵³	母鹅
wo³³tə̠ŋ³³pho⁵³	公孔雀	wo³³tə̠ŋ³³mji̠⁵³	母孔雀
kjɔʔ³¹pho⁵³	公鸡	kjɔʔ³¹tsəŋ⁵³~kjɔʔ³¹mji̠⁵³	母鸡
ŋɔ̠ʔ⁵⁵lo³³~ŋɔ̠ʔ⁵⁵pho⁵³	雄鸟	ŋɔ̠ʔ⁵⁵mji̠⁵³~ŋɔ̠ʔ⁵⁵tsəŋ⁵³	雌鸟

(二) 名词的数

名词本身没有表示数的形态变化。

1. 给名词计数，一般是在名词后面加数量词组表示，语序为"名词+数词+量词"。以这种方式计数的名词既包括表示人的名词，也包括表示动物、植物、用具等的名词。例如：

pju⁵³ ta⁵³ juʔ³¹　一个人　　wɔm³³ sɔm⁵⁵ khuʔ⁵⁵　三碗饭
人　 一　 个　　　　　　　饭　 三　 碗

ŋɔ̠ʔ⁵⁵ ək⁵⁵ tu³³　两只鸟　　vuʔ³¹ ta⁵³ tu³³　　一口猪
鸟　 两　 只　　　　　　　猪　 一　 口

2. 区别人的"俩"或不指明具体个数时的"多数"时，主要靠后加其他词素来表示。在指人的名词后加 - ta̠ŋ³³表示"俩"。例如：

mei³³tso³³ ta̠ŋ³³　　孙子俩
孙子　　 俩

tʃuaŋ³³tso³³ ta̠ŋ³³　　学生俩
学生　　 俩

在人物名词后加 - nu̠ŋ⁵⁵表示"们"。例如：

sə³³ʐa³³ nu̠ŋ⁵⁵　　老师们
老师　 们

pei⁵³nəm⁵³ᐟ³¹ nu̠ŋ⁵⁵　　朋友们
朋友　　　 们

- tʃəm⁵³跟在人物名词后表示"们"。例如：

sə³³ʐa³³ tʃəm⁵³　　老师们
老师　 们

tʃuaŋ³³tso³³ tʃɔm⁵³　　　学生们
学生　　　们

3. 在表示姓氏或户名的名词后面加 jɔm³³ "家"，表示户名（也是不定量多数）。例如：

lã³¹ku̠i³¹jɔm³³　　　　赵家
laŋ⁵⁵tʃu³³jɔm³³　　　　荣家
lã³¹tɔ̠ŋ³¹jɔm³³　　　　董家
ko³¹mo⁵⁵jɔm³³　　　　殿家
tʃeŋ³⁵pho³¹jɔm³³　　　张家
kə³¹lou³¹jɔm³³　　　　永家

（三）名词的指大、指小

1. 可在名词后加 -mo⁵⁵ 表示体积或排行"大"。例如：

u̠³³mo⁵⁵　　　　　　大肠
sək⁵⁵kam⁵³mo⁵⁵　　　大树
luʔ³¹tsəŋ⁵³mo⁵⁵　　　大石头
khjo³³mo⁵⁵　　　　　大路
khjaŋ⁵³mo⁵⁵　　　　　鹅
lo³³mo⁵⁵　　　　　　虎
tsou³³mo⁵⁵　　　　　大官
phou⁵⁵mo⁵⁵　　　　　大爷爷
juʔ³¹mo⁵⁵　　　　　　大表妹
phji⁵⁵mo⁵⁵　　　　　大奶奶
mji̠⁵³mo⁵⁵　　　　　大老婆
tʃhou⁵⁵mo⁵⁵　　　　寡妇
tu³¹mo⁵⁵　　　　　　儿媳妇
khou³³mo⁵⁵　　　　　大姐夫

2. 可在名词后加半后缀 -tso³³ 表"小儿"或 -nu⁵⁵ 表"嫩、小、碎小"。如 tso³³ 的如，

mei³³tso³³　　　　　孙子
tʃhou⁵⁵tso³³　　　　孤儿
tʃuaŋ³³tso³³　　　　学生

ju̱ʔ³¹ke⁵³tso³³	小伙子
mji³³ji³³tso³³	小姑娘
mji³³tso³³	女儿
khjo³³tso³³	小路
ŋə̱³¹tso³³	鱼
pou³³tso³³	蚕
pji³³tso³³	蜂蛹
u̱³³tso³³	小肠

加－nu⁵⁵的如：

mji³³ji³³nu⁵⁵	女孩子
a³³nɔʔ³¹mji³³ji³³nu⁵⁵	妹妹
khui⁵⁵nu⁵⁵	狗崽
kjə̱ʔ³¹nu⁵⁵	小鸡
nǒ³³nu⁵⁵	牛犊
mjaŋ³³nu⁵⁵	马驹
tʃhɔt⁵⁵pat³¹nu⁵⁵	羊羔
vu̱ʔ³¹nu⁵⁵	猪崽
phə⁵⁵nu⁵⁵	细糠

（四）名词的性状特征

某些名词由名词词素加表示性状的量词构成。这类名词能显示事物的状态特征。性状比较突出的名词主要有以下三种：

1. 在名词后加量词 tʃham⁵⁵ "颗、粒"，表示根、条状或近似圆形或球状的物体。例如：

lɔʔ³¹mo⁵⁵tʃham⁵⁵	拇指
mou⁵³sou⁵⁵tʃham⁵⁵	字
kuk³¹tʃham⁵⁵	谷粒
mjɔʔ³¹tʃham⁵⁵	眉毛
mjɔʔ³¹tʃham⁵⁵	睫毛
nə̱³³tʃham⁵⁵	鼻毛

2. 在名词后加量词 kam⁵³ "棵"，表示整棵、整株的植物。例如：

ʃɿ⁵⁵xɔm⁵⁵kam⁵³	桃树
ʃɿ⁵⁵khu⁵⁵kam⁵³	李树
ʃɿ⁵⁵sa̱ŋ⁵⁵kam⁵³	梨树
fu̱ʔ⁵⁵khjap⁵⁵kam⁵⁵	茶树
thaŋ⁵⁵fu̱³³kam⁵³	松树
pan³³sə̱k⁵⁵kam⁵³	椿树
pjɔŋ⁵³kam⁵³	棕树
mjaŋ⁵⁵kam⁵³	榕树
ʃɔ̱m³³kam⁵³	樱花树

3. 在名词后加量词 khjap⁵⁵ "片"表,表示薄片状、扁平状的物体。例如:

| nə³³khjap⁵⁵ | 耳朵 |
| fu̱ʔ⁵⁵khjap⁵⁵ | 茶 |

（五）名词的重叠

名词一般不能重叠。但也有少量单节时间名词能重叠表示"每"的意思。例如:

ŋjei⁵⁵ ŋjei⁵⁵ mou³³ mou³³　日日夜夜
　日　　日　　夜　　夜

kuŋ⁵³tu³³ ke⁵³ a⁵³ ma⁵⁵to³³ ka⁵³ ŋjaŋ³³ pei⁵³ pei⁵³ nɔ̌³³nou⁵⁵
身体　　好 （助）为了 （助）他　日　日　牛奶
ʃuːk⁵⁵.
喝

为了身体健康,他每天都喝牛奶。

lɛ⁵⁵ ma⁵⁵to³³ ŋ³³ ŋo⁵³ pei⁵³ pei⁵³ mo⁵⁵ tsɿ³³.
你 为了 （助）我 日 日 事 做

为了你,我天天劳动。

有的在重叠的词中间加 khaŋ⁵⁵。例如:

ŋjei⁵⁵ (khaŋ⁵⁵) ŋjei⁵⁵　　每天
日　（每）　日

nap³¹ (khaŋ⁵⁵) nap³¹　　每早上
早上（每）　早上

mjɛn⁵⁵/⁵³（khaŋ⁵⁵）mjɛn⁵⁵/⁵³　　每晚上
晚上　（每）　晚上
khjap⁵⁵（khaŋ⁵⁵）khjap⁵⁵　　每月
片　（每）　片
tsan⁵³（khaŋ⁵⁵）tsan⁵³　　每年
年　（每）　年

(六) 名词与动词同形

有的动词与名词同形（只有元音长短之别）。例如：

tə⁵⁵绳子　təː⁵⁵ 绑

tə⁵⁵　ɲjei⁵³　　təː⁵⁵ 用绳子绑
绳子（工具助）绑

这类同形关系能够组成语义关联的支配结构。若名词是单音节，则动词与名词相同；若名词是双音节，则动词与名词的最后一个音节相同。例如：

ŋjap³¹ ŋjaːp³¹　　　　夹钳了
钳子 夹

ŋui⁵⁵ ŋɔːi⁵⁵　　　　钩钩子
钩子 钩

tsəŋ⁵³ ko⁵⁵ kɔː⁵⁵　　跳象脚鼓舞
象脚鼓 舞 跳

mɔ³³phi³³ phiː³³　　当乞丐
乞丐　　当

mã³³khən⁵⁵ khuːn⁵⁵　　唱歌
歌　　　唱

tə⁵⁵thəm⁵⁵ thuːm⁵⁵　　打结子
结子　　打

lɔʔ³¹tu⁵³ tuː⁵³　　　打手势
手势　打

pjiː³³kjɛn⁵⁵ kjiːn⁵⁵　　扣扣子
扣子　　扣

muk³¹kjɔp⁵⁵ kjɔːp⁵⁵　　戴帽子
帽子　　戴

than³³mju̱⁵⁵ mju̱ː⁵⁵　　垫席子
席子　　垫

lɔʔ³¹ thəŋ⁵⁵ thəːŋ⁵⁵　　　戴手镯
手镯　　戴

khjəŋ³³ thə⁵⁵ thəː⁵⁵　　　绕线团
线团　　绕

mɔ³³ tsa³³ tsaː³³　　　　　穿袜子
袜子　　穿

wɔm³³ ŋjaʔ⁵⁵ ŋjaːʔ⁵⁵　　　熬粥
粥　　　熬

这些双音节名词有不少是复合名词,动词的形式与名词后一词素的形式相同。例如:

khjei³³ tsuŋ⁵⁵ tsuːŋ⁵⁵　　穿鞋
脚　　穿　穿

kji⁵³ pək⁵⁵ pəːk⁵⁵　　　　打仗
兵　　打　打

wo⁵⁵ khuk⁵⁵ khuːk⁵⁵　　　枕枕头
头　　枕　枕

tsham³³ nək⁵⁵ nəːk⁵⁵　　　编辫子
头发　编　编

mei⁵³ ʃam⁵³ ʃaːm⁵³　　　　围围裙
裙　　围　围

wo⁵⁵ tsɔp⁵⁵ thuːp⁵⁵　　　戴包头
头　　裹　戴

khjei³¹ thəp⁵⁵ thuːp⁵⁵　　裹裹腿
脚　　裹　裹

同形的名词、动词,在来源上究竟是先有名词后有动词,还是先有动词后有名词,或者二者同时产生,值得研究。但这是一个复杂的问题,在来源上可能存在层次的差异。

三、名词充当句法成分的特点

名词在句子中主要做主语、宾语、定语、状语。其句法功能如下:

(一) 名词做主语

名词做主语大多位于句首,没有别的形态标记。例如:

a³³phji⁵⁵ tsɔ⁵⁵le⁵³ ma:ŋ³³ lo⁵⁵ pjɛ³³. 奶奶渐渐老去了。
奶奶　渐渐　老　去　了

muŋ⁵³tuŋ³³ʃ⁵⁵ tʃaʔ³¹ ŋa:m⁵⁵.　　牛肚子果很好吃。
牛肚子果　很　好吃

（二）名词做宾语

名词做宾语大多位于谓语之前、主语之后。例如：

a³³pho⁵³ sək⁵⁵kam⁵³ le⁵⁵ tʃu:n³³ lə:ŋ⁵⁵ pjɛ³³.
爸爸　树　　（宾助）推　倒　了

爸爸把树推倒了。

ŋo⁵³ wɔm³³ tsɔ:³³ njɛ:i⁵³.　我正在吃饭。
我　饭　吃　正在

（三）名词做定语

名词修饰名词时，修饰成分在前，中心成分在后。例如：

naŋ⁵³ mo⁵⁵ xjɛ³³ta⁵⁵ lə³³tʃuŋ³³ le⁵⁵ ta⁵³ tam⁵³ ta:i⁵³ ʃ⁵⁵
你　事　这　的　意义　（宾助）一　遍　说　再，

aʔ³¹!　（事物名词做定语）
还（语助）

你把这件事情的意义再说一遍！

a⁵⁵maŋ³³ta⁵⁵ mou⁵³sou³³ ŋo⁵³（ŋ⁵³）ju⁵³ pjɛ³³.（人物名词做定语）
哥哥　的　书　　我（施助）拿　了

哥哥的书被我拿走了。

a³³nək⁵⁵ta⁵⁵ kjei⁵³ tʃaʔ³¹ kji:³³.　（时间名词做定语）
去年　的　水　很　大

去年的水很大。

wo⁵³mo⁵³ta⁵⁵　　pju⁵³ pa:n⁵³ lo⁵⁵ pjɛ³³.
寨子（从由助）的　人　全　来　了

（处所方位名词做定语）

寨子里的人都来了。

做定语的名词和名词中心词之间若语义上结合较紧的，可以不加领属格助词 ta⁵⁵ "的"。例如：

ʃəŋ³³ na³³li³³　　　金手表
金　手表

khǒ⁵⁵tsan⁵³ kuk³¹　　　今年的谷子
今年　　　谷子

mjɛŋ³³mən³³ pju⁵³　　　缅甸人
缅甸　　　　人

tʃuŋ⁵⁵kɔ⁵³ pju⁵³　　　中国的人
中国　　　人

a⁵⁵maŋ³³ mɔ³³tɔ³³　　　哥哥的汽车
哥哥　　　汽车

a³³nɔʔ³¹ mou⁵³sou³³　　　弟弟的书
弟弟　　　书

phuk⁵⁵ mou⁵³ sou⁵⁵　　　景颇文
景颇　书，文

khə⁵⁵ŋjei⁵⁵ pei⁵³ kɛ⁵³ tək⁵⁵.　　今天的天气好极了。
今天　　天气　好　极了

(4) 名词做状语的如：

a³³pho⁵³ a³³khui⁵⁵ juːp⁵⁵tɔ³³.
爸爸　现在　　睡　着

爸爸正在睡觉。（时间名词做状语）

nap³¹sɔn⁵⁵ ŋo⁵³ pɔm⁵³/³¹ jo⁵³/³¹ khaːi⁵³.
上午　　我　旱地　　挖

上午我挖地。（时间名词做状语）

第二节　代　　词

一、代词分类

起称代作用的词称代词。代词分人称代词、指示代词和疑问代词三类。它们之间的语法特点既有共性又有个性。分述如下：

（一）人称代词

人称代词分单数、双数和复数三类。有主格、宾格、领格的区别，但没有性的区别。第一人称主格的双数和复数有包括式、排除式之分。第一、二、三人称代词的主格均无对称、引称之分。具体如下表：

人 称	数	主 格	领 格	宾 格
第一人称	单数	ŋo⁵³	ŋa⁵⁵	ŋo⁵³
	双数	ŋŏ⁵³taŋ̱³³	ŋŏ⁵³taŋ̱³³	ŋŏ⁵³taŋ̱³³
	多数	ŋjăŋ⁵⁵nuŋ̱⁵⁵（包括式） ŋŏ⁵³nuŋ̱⁵⁵（排除式）	ŋŏ⁵³nuŋ̱⁵⁵	ŋŏ⁵³nuŋ̱⁵⁵
第二人称	单数	naŋ⁵³	lɛ⁵⁵	naŋ⁵³
	双数	nă⁵³taŋ̱³³～ năŋ⁵³taŋ̱³³	nă⁵³taŋ̱³³	nă⁵³taŋ̱³³～ năŋ⁵³taŋ̱³³
	多数	nă⁵³nuŋ̱⁵⁵～ năŋ⁵³nuŋ̱⁵⁵	nă⁵³nuŋ̱⁵⁵	nă⁵³nuŋ̱⁵⁵～ năŋ⁵³nuŋ̱⁵⁵
第三人称	单数	ŋjaŋ³³	ŋja³³	ŋjaŋ³³
	双数	ŋjăŋ³³taŋ̱³³	ŋjăŋ³³taŋ̱³³	ŋjă³³taŋ̱³³
	多数	ŋjăŋ³³nuŋ̱⁵⁵	ŋjăŋ³³nuŋ̱⁵⁵	ŋjăŋ³³nuŋ̱⁵⁵

1. 人称代词的格

人称代词格的区别主要靠元音变化和声调变化表示，如第一人称单数的主格 ŋo⁵³、领格 ŋa⁵⁵、宾格 ŋo⁵³。但也有通过韵尾的变化表示的，如第三人称单数的主格 ŋjaŋ³³ 和领格 ŋja³³。也有个别用不同词表示的，如第二人称单数主格的 naŋ⁵³ 和领格的 lɛ⁵⁵。

领格除了语音变化外还可以加领属助词 ta⁵⁵ "的"。这种结构除了做定语外还能构成名物化成分，在句中可做主语或话题。例如：

ŋa⁵⁵ ta⁵⁵ pji³³　我的衣服
我　的　衣服

lɛ⁵⁵ ta⁵⁵ maŋ³³　你的哥哥
你　的　哥哥

ŋa⁵⁵ta⁵⁵ kji:³³, lɛ⁵⁵ta⁵⁵ ŋɛ:⁵³. 我的大，你的小。
我的　　大　　你的　　小
ŋa⁵⁵ ta⁵⁵ ke²³ nɛ:⁵³ tse⁵³. 我的是红的。
我　的　（话助）红　的

领格的人称代词与后面的中心成分若结合得很紧，在意义上融为一个整体，它们之间可不加助词 ta⁵⁵ "的"。例如：

ŋa⁵⁵juʔ³¹pho⁵³　　　　我岳父
ŋa⁵⁵juʔ³¹mji⁵³　　　　我岳母
ŋa⁵⁵jɔm³³　　　　　　我家
lɛ⁵⁵jɔm³³　　　　　　你家
ŋja³³jɔm³³　　　　　　他家
ŋo⁵³nuŋ⁵⁵jɔm³³　　　　我家、我们家
naŋ⁵³nuŋ⁵⁵jɔm³³　　　你们家
ŋja³³nuŋ⁵⁵jɔm³³　　　他们家

带 a³³（有时变读为 a⁵⁵）前缀的指人名词若跟在领格人称代词后受修饰，则可省掉 a³³（有时变读为 a⁵⁵）。例如：

a³³pho⁵³　　父亲　　　ŋa⁵⁵pho⁵³　　我爸爸
a³³mji⁵³　　母亲　　　ŋa⁵⁵mji⁵³　　我妈妈
a⁵⁵maŋ³³　　哥哥　　　ŋa⁵⁵maŋ³³　　我哥哥
a³³nɔʔ³¹　　弟弟（总称）ŋa⁵⁵nɔʔ³¹　　我弟弟
a⁵⁵pei³³　　姐姐　　　ŋa⁵⁵pei³³　　我姐姐
a³³nɔʔ³¹　　妹妹（总称）ŋa⁵⁵nɔʔ³¹　　我妹妹

2. 人称代词的数

人称代词单数为无标记形式。双数是在单数形式上加 taŋ³³ 表示；多数是在单数形式上加 nuŋ⁵⁵ 表示。taŋ³³ 和 nuŋ⁵⁵ 都是后缀，无实在意义。

3. 反身代词 jɔm³³səŋ³³ "自己" 可单独使用。例如：

jɔm³³səŋ³³ ta:¹³ jɔm³³səŋ³³. 自己说自己。
自己　　说　自己

jɔm³³səŋ³³ "自己" 也可置于名词前做名词的定语。与所修饰的名词意义联系紧密时，可不用定语助词 ta⁵⁵。例如：

jɔm³³ səŋ³³ ta⁵⁵ mo⁵⁵ jɔm³³ səŋ³³ tsʅ³³.
自己　　（助）事　自己　　　做
自己的事情自己做。

ŋa⁵⁵ jɔm³³ səŋ³³ jɔm³³　我自己家
我　自己　　　家

4．"人称代词主格＋ŋjaŋ³³kuŋ⁵³"表"（自己）亲自"义。例如：
ŋo⁵³ŋjaŋ³³kuŋ⁵³　　我（自己）亲自
naŋ⁵³ŋjaŋ³³kuŋ⁵³　　你（自己）亲自
ŋjaŋ⁵³kuŋ⁵³ŋjaŋ³³（常用）～ŋjaŋ⁵³ŋjaŋ³³kuŋ⁵³（不常用）　他（自己）亲自

5．泛指人称代词有 sə⁵⁵pei⁵⁵ "别人、人家"、paːn⁵³ʃɔʔ⁵⁵paŋ³³ "大家"、ko⁵⁵jam⁵⁵/ko⁵⁵paŋ³³ "其他"等。例如：

mou⁵³sou⁵⁵ thə³³ puk³¹ sə⁵⁵pei⁵⁵ ŋjei⁵³　khau⁵⁵ pjam⁵³ pjɛ³³.
书　　那　本　别人　（施助）偷　掉　了
那本书被别人偷掉了。

khaʔ⁵⁵ tʃhə³³tʃuŋ³³ mo⁵⁵ sə⁵⁵pei⁵⁵　le⁵⁵ mjeːi³³.
不要　什么　　　事　别人　（宾助）问
不要什么事都问别人。

paːn⁵³ʃɔʔ⁵⁵paŋ³³ paːn⁵³ jɛː³³ ʃaŋ⁵³!　大家都去吧！
大家　　　　　全　去（语助）

naŋ⁵³ paːn⁵³ʃɔʔ⁵⁵paŋ³³ le⁵⁵ juːt⁵⁵ aʔ³¹!
你　大家　　　　　（宾助）叫（语助）
你叫大家吃饭吧！

xjɛ³³ ke³³ paːn⁵³ʃɔʔ⁵⁵paŋ³³ ta⁵⁵ mo⁵⁵.　这是大家的事。
这　（话助）大家　　　　　　的　事

（二）指示代词

指示代词起指示和代替的作用。按所指代对象和作用的不同，指示代词可分为两类：一类是指代事物方位的，称方位指代词；另一类是指代事物性状的，称性状指代词。

1．方位指代词

（1）方位指代词是指示代词中最常用的一类。这类指代词因所指事物与说话人、听话人的距离远近不同，以及双方所居地势高低的不同，可以细分为多种。其中，远近之分通过声调屈折来表示。见下表：

	最近	稍远	更远
这	xjɛ³³	xu³³	xu⁵⁵
那（前方）	xɛ³³	thə³³	thə⁵⁵
那（下方）	—	mɔ³³	mɔ⁵⁵

xjɛ³³ "这"、thə³³ "那" 与 pei⁵⁵ "些" 结合，构成复合代词 xjɛ³³pei⁵⁵ "这些"、thə³³pei⁵⁵ "那些"。例如：

naŋ⁵³ thə³³ pei⁵⁵ tsɔː³³, ŋo⁵³ xjɛ³³ pei⁵⁵ tsɔː³³.
你　那　些　吃　　我　这　些　吃
你吃那些，我吃这些。

(2) 方位指代词除了单用之外，还可以和多种方位名词搭配。例如：

xjɛ³³mo³³　这里　　　thə³³mo³³　　那里
xjɛ³³phjaŋ⁵⁵　这边　　thə³³phjaŋ⁵⁵　那边
xjɛ³³thɔʔ⁵⁵　这上面　thə³³thɔʔ⁵⁵　　那上面
xjɛ³³kjei⁵⁵　这下面　thə³³kjei⁵⁵　　那下面

带 mo³³ "里" 的方位指代词在句中可做主语、宾语、状语、定语。例如：

thə³³mo³³　ke³³　la³³mə⁵³. 那里是玉米。（主语）
那里　　　（话助）玉米

ŋjăŋ⁵⁵nuŋ⁵⁵　ta⁵⁵　wo⁵³　xjɛ³³mo³³　ŋjeːi⁵³.
我们　　　　的　　寨子　这　里　　　在
我们的寨子在这里。（宾语）

ɯi³³　thə³³mo³³　ŋjeːi⁵³　tɔ⁵⁵.
他　　那　里　　在　　　着
他在那里。（状语）

thə³³mo³³　ta⁵⁵　mou⁵³sou³³　ke³³　xaŋ⁵⁵　ta⁵⁵　la⁵³?
那　里　　的　书　　　　　（话助）谁　　的　（语助）

那里的书是谁的？（定语）

带 phjaŋ⁵⁵"边"的方位指代词在句中可做定语等句法成分。例如：

naŋ⁵³ xjɛ³³ phjaŋ⁵⁵ ta⁵⁵ sək⁵⁵ khəːŋ⁵³ aʔ³¹!
你 这 边 的 树 砍 （语助）

你砍这边的树吧！

（3）方位指代词可以单独做句子成分，也可与数量词一起共同做名词的后置定语。例如：

xjɛ̃³³ ke³³ paːn⁵³ ʃɔʔ⁵⁵ paŋ³³ ta⁵⁵ mo⁵⁵.
这 （话助）大家 的 事

这是大家的事。

ŋo⁵³ thə³³ tʃham⁵⁵ nɛː⁵³ tse⁵³ wɔː³³.
我 那 个 红 的 要

我要红的那个（果子）。

sək⁵⁵ xjɛ³³ kam⁵³ ŋo⁵³ njɛ⁵³ tuːn³³ ləŋ³³ pjɛ³³.
树 这 棵 我 （施助）推 倒 了

这棵树被我推倒了。

mo⁵⁵ thə³³ tʃuŋ³³ ŋjaŋ³³ tɔː⁵⁵mjiː⁵³ pjɛ³³.
事 那 件 他 忘记 了

那件事被他忘了。

khui⁵⁵ xjɛ³³ tu³³ ʃo⁵⁵ tsɔː³³ pjam⁵³ pjɛ³³.
狗 这 只 肉 吃 掉 了

这只狗把肉吃掉了。

ʃɿ⁵⁵saŋ⁵⁵ xjɛ³³ ŋ³³ tʃham⁵⁵ ŋjaŋ⁵³ ŋjei⁵³ sɔm⁵⁵ tʃham⁵⁵ tsoː³³
梨 这 五 个 他 （施助）三 个 吃

pjaŋ⁵³ pjɛ³³.
光 了

这五个梨被他吃了三个。

2. 性状指代词

常用的有 xjɛ³³su⁵⁵ "这样、这么"、thə³³su⁵⁵ "那样、那么"等。用在形容词、动词的前面指示性状。例如：

xjɛ³³su⁵⁵ kjiː³³ 这么大 thə³³su⁵⁵ kjiː³³ 那么大
这么 大 那么 大

xjɛ³³su⁵⁵ ŋɛː⁵³ 这么小　　　thə³³su⁵⁵ ŋɛː⁵³　　那么小
这么　小　　　　　　　　那么　小

xjɛ³³su⁵⁵ mjɔː³³ 这么多　　　thə³³su⁵⁵ mjɔː³³　那么多
这么　多　　　　　　　　那么　多

xjɛ³³su⁵⁵ ʃaːu⁵⁵ 这么少　　　thə³³su⁵⁵ ʃaːu⁵⁵　那么少
这么　少　　　　　　　　那么　少

xjɛ³³su⁵⁵ mjaːŋ³³ 这么高　　thə³³su⁵⁵ mjaːŋ³³　那么高
这么　高　　　　　　　　那么　高

xjɛ³³su⁵⁵ ŋjuːm³³ 这么矮　　thə³³su⁵⁵ ŋjuːm³³　那么矮
这么　矮　　　　　　　　那么　矮

这种结构在句中主要做状语。例如：

vuʔ³¹ thə³³ tuː³³ xjɛ³³su⁵⁵ kji³³ pjɛ³³. 那头猪这么大了。
猪　那　头　这么　大　了

a³³nɔʔ³¹ thə³³su⁵⁵ mjaːŋ³³ pjɛ³³. 弟弟那么高了。
弟弟　那么　高　了

ŋo⁵³ thə³³su⁵⁵ mjɔː³³ jo³³ pjɛ³³, pjeːi³³ ŋjaŋ³³ le³³ aʔ³¹!
我　那么　多　有了　给　他　（宾助）（语助）
我已经有那么多了，给他吧！

xjɛ³³su⁵⁵ pji³³ wuːt³¹ juːŋ⁵⁵. 这样穿衣服好看。
这样　衣服　穿　好看

xjɛ³³su⁵⁵ taːi⁵³ kɛː⁵³. 这样说（才）对。
这样　说　对

3．特殊指示代词

ko⁵⁵paŋ³³ "另外的、其他的"，专用于泛指人。ko⁵⁵jam⁵⁵ "另外的、其他的"，用于泛指物。

指示代词加后缀 pə⁵⁵、pəi⁵⁵、paŋ⁵⁵ 表复数 "些"。其中 pə⁵⁵、pəi⁵⁵ 用于指物；paŋ⁵⁵ 用于指人。例如：

xjɛ³³pə⁵⁵/xjɛ³³pəi⁵⁵　　　这些（指物）
xɛ³³pə⁵⁵/xɛ³³pəi⁵⁵　　　　那些（指物）
xjɛ³³paŋ⁵⁵　　　　　　　　这些（指人）
thə³³paŋ⁵⁵　　　　　　　　那些（指人）

（三）疑问代词

常用的疑问代词，按其疑问对象的不同可分为以下几组。

疑问对象	疑问代词
问人	xaŋ⁵⁵谁，xaŋ⁵⁵ta⁵⁵谁的，khã³³juʔ³¹哪个
问事物	xɛ̃⁵⁵tʃuŋ³³/xa⁵⁵tʃuŋ³³/tʃhɛ̃³³tʃuŋ³³什么，khã³³tʃham⁵⁵哪个（果子等）
问时间	khã³³khjəŋ³³几点，khã³³tʃhɔ³³什么时候
问处所	khã³³mɔ⁵³哪里
问数目	khã³³mjo⁵³多少（几）
问方式、性质等	khã³³su⁵⁵怎么（怎样）

例如：

naŋ⁵³ khã³³ tʃham⁵⁵ le⁵⁵ wɔː³³? 你要哪个？
你　　哪个　　　　（宾助）要

khã³³ tʃɔh³³ jɔːp⁵⁵? khã³³ tʃhɔ³³ tɔːʔ³¹ɔː⁵³?
什么　时候　睡　　什么　时候　起来
什么时候睡？什么时候起床？

二、代词的句法功能

代词在句中主要做主语、宾语和定语。

（一）代词做主语。例如：

ɲjaŋ³³ a³³khui⁵⁵ kuŋ⁵³ keː⁵³ la⁵³? 他现在身体好吗？
他　　现在　　身体　好　（语助）

ɲjaŋ³³ no⁵³ pjɛ³³. 他生病了。
他　　生病　了

ɲjaŋ³³ naŋ⁵³ le⁵⁵ lɔː⁵⁵ juːt³¹. 他回去叫你。
他　　你　（宾助）去　叫

ɲjãŋ³³ taŋ³³ ŋaːu⁵³ pjɛ³³. 他俩哭了。
他俩　　　　哭　　了

ɲjãŋ³³ taŋ³³ paːn⁵³ ʃɔ⁵⁵ paːn⁵³ lo⁵⁵ pjɛ³³. 他们全都去了。
他俩　　　全部　　　全　去　了

nã⁵³taŋ³³ ji³³ kɛʔ⁵⁵!   你俩去吧!
你俩 去（语助）

nã⁵³taŋ³³ ŋjăŋ³³taŋ³³ pa:n⁵³ ʃɔʔ⁵⁵ lɔ⁵⁵ kɛʔ⁵⁵!
你俩 他俩 全部 去（语助，祈使）

你俩、他俩全部都去!

ŋo⁵³ wɔm³³ tsɔ:³³.   我吃饭。
我 饭 吃

ŋo⁵³nuŋ⁵⁵ wɔm³³ tsɔ:³³ ji³³ ʃaŋ⁵³! 我们吃饭去吧!
我们 饭 吃 去（语助）

ŋa⁵⁵nɔʔ³¹mji³³ji³³nu⁵⁵ kjei⁵³ kɛ:⁵³. 我妹妹很好。
我的 妹妹 很 好

xje³³ ke³³ le⁵⁵ ta⁵⁵ mou⁵³sou⁵⁵ la⁵⁵? 这是你的书吗？
这（话助）你的 书 （语助）

(二) 代词做宾语。例如：

ŋjaŋ³³ ŋo⁵³le⁵⁵ pa:t³¹.   他打我。
他 我（宾助）打

naŋ⁵³ ŋjaŋ⁵³ le⁵⁵ mje:i³³ aʔ³¹! 你问他吧!
你 他 （宾助）问 （语助）

ŋjaŋ³³ ŋo⁵³taŋ³³ le⁵⁵ ta:i³³kjɔ:⁵⁵. 他告诉我俩。
他 我俩 （宾助）告诉

ŋjaŋ³³ nã⁵³taŋ³³ le⁵⁵ kə³³ʒum⁵⁵ ju⁵⁵. 他帮助过你俩。
他 你俩 （宾助）帮助 过

ŋjaŋ³³ ŋo⁵³nuŋ⁵⁵ le⁵⁵ pje:i³³. 他给我们。
他 我们 （宾助）给

kuk³¹ ɥjăŋ³³nuŋ⁵⁵ le⁵⁵ ka:m⁵³ pjei⁵³ kɛʔ⁵⁵!
谷子 他们 （宾助）分 给 （语助）

谷子分给他们吧!

ŋo⁵³ ŋjăŋ³³taŋ³³ le⁵⁵ pjei⁵³pjɛ³³. 我已给他俩了。
我 他俩 （宾助）给 了

naŋ⁵³ khǎ³³mɔ⁵³ jɛ⁵⁵ la⁵³? 你要去哪儿？
你   哪里   去 （语助）

a³³khaŋ³³ ŋo⁵³ ŋiaŋ³³ le⁵⁵ taːi⁵³kjɔ⁵⁵ pjɛ³³.
刚才   我 他 （宾助）告诉   了
刚才我已经告诉他了。

naŋ⁵³ xa⁵⁵tʃuŋ³³ taːi⁵³ tse⁵³? 你说的什么呀？
你   什么   说   的

（三）代词做定语。例如：

sə̃³³a³³ xjɛ³³   这老师
老师   这

ŋa⁵⁵ a³³pho⁵³   我的父亲
我的 父亲

ŋjaŋ³³ ta⁵⁵ pei⁵³ko⁵³/³¹   他的伞
他   的 伞

ŋjǎŋ³³nuŋ⁵⁵ ta⁵⁵ pɔm⁵³/³¹ jo⁵³/³¹ paːn⁵³ ʃo⁵⁵ pjɛ³³.
他们   的 旱地   全都 种 了
他们的旱地都种了。

ŋjǎŋ³³taŋ³³ ta⁵⁵ a⁵⁵pho⁵³ ke³³   ŋa⁵⁵ ju³¹pho⁵³.
他俩   的 父亲   （话助）我的 舅舅
他俩的父亲是我的舅舅。

ŋɔ̃⁵³taŋ³³ (ta⁵⁵) jɔm³³ kjɔp⁵⁵ pjɛ³³.
我俩   的   房子 坏   了
我俩的房子坏了。

nǎ⁵³taŋ³³ ta⁵⁵ tsə³³ʃaŋ³³ tʃaˀ³¹ tsiːn³³.
你俩 的 孩子   很 聪明
你俩的孩子很聪明。

ŋɔ̃⁵³n uŋ⁵⁵ (ta⁵⁵) kam⁵³ kjei⁵³ kɛː⁵³.
我们   的   运气 很   好
我们的运气很好。

ŋjaŋ³³ ke³³ ŋa⁵⁵ phou⁵⁵.
他 （话助）我的. 爷爷

他是我的爷爷。

第三节　数　　词

数词是表示数目的词。

一、数词的分类

数词可分为基数词、序数词、分数、倍数和概数词等五大类。分述如下：

（一）基数词

基数词可分为单纯数词和合成数词两种。

1. 单纯数词

基诺语数词的计算系统是十进位的。单纯数词包括 0、1 至 9 的个位数数词，以及表示百、千、万、亿等位数的数词。单纯数词都是单音节的。如：

lɔ³³	零	ȵiɛt⁵⁵	七
ta⁵³	一	ʃɛt⁵⁵	八
ək̚⁵⁵	二	kou³³	九
sɔm⁵⁵	三	ʃo³³	百
mji³³	四	toŋ³³	千
ŋ³³	五	mun⁵³	万
khjuk⁵⁵	六	ji³³	亿

有的数词是单纯数词和合成数词两种形式并用。如上例"亿"就有两种说法，除了说成单纯数词 ji³³ 之外，还可说成合成数词 mun⁵³mun⁵³ "（万万）"。

勒期语数词除个别的外，一般不能重叠。能重叠的，如 mun⁵³mun⁵³ "亿（万万）"。

2. 合成基数词

合成基数词均为双音节或多音节。包括以下几种：

（1）表示整数的，为几个数相连。例如：

ta⁵³tshe³³　　一十　　ta⁵³ʃo³³　　一百

ək⁵⁵tshe³³   二十   ək⁵⁵ʃo̱³³   二百
sɔm⁵⁵tshe³³   三十   sɔm⁵⁵ʃo̱³³   三百
mji³³tshe³³   四十   sɔm⁵⁵to̱ŋ³³   三千
ŋ³³tshe³³   五十   sɔm⁵⁵mun⁵³   三万
khjuk⁵⁵tshe³³ 六十   ta⁵³tshə³³mji³³mun⁵³ 十四万
ŋjɛt⁵⁵tshe³³   七十   ta⁵³ʃo̱³³mun⁵³   一百万
ʃɛt⁵⁵tshe³³   八十   ək⁵⁵ʃo̱³³mun⁵³   二百万
kou³³tshe³³   九十   sɔm⁵⁵ji³³/sɔm⁵⁵mun⁵³mun⁵³ 三亿

（2）表示整数带个数的，个数在整数之后，不用连词连接。其中的 tshe³³ "十"在非整数中的实际读音音变为 tshə³³（元音 e 读为弱化音 ə）。例如：

ta⁵³tshə³³ta⁵³   十一   ta⁵³tshə³³ŋjɛt⁵⁵   十七
ta⁵³tshə³³ək⁵⁵   十二   ta⁵³tshə³³ʃɛt⁵⁵   十八
ta⁵³tshə³³sɔm⁵⁵   十三   ta⁵³tshə³³kou³³   十九
ta⁵³tshə³³mji³³   十四   ək⁵⁵tshə³³ta⁵³   二十一
ta⁵³tshə³³ŋ³³   十五   ək⁵⁵tshə³³ək⁵⁵   二十二
ta⁵³tshə³³khjuk⁵⁵   十六

ʃɛt⁵⁵to̱ŋ³³sɔm⁵⁵ʃo̱³³ək⁵⁵tshə³³kou³³   八千三百二十九

表示"零"用 lə³³。但"零"必须与数词连用，而不能单独使用。例如：

sɔm⁵⁵ ʃo̱³³ lə³³ ʃɛt⁵⁵   三百零八
三   百   零   八

mji³³ ʃo̱³³ lə³³ ŋ³³   四百零五
四   百   零   五

ta⁵³ mun⁵³ sɔm⁵⁵ to̱ŋ³³ sɔm⁵⁵ ʃo̱³³ lə³³ ʃɛt⁵⁵
一   万   三   千   三   百   零   八
一万三千三百零八

基数词的运算法有"加"、"减"、"除"三种，无"乘"法。用"A+B+juː⁵³（拿）pjam⁵³（掉）"来表示"A 减 B"。例如：

ta⁵³ tshe³³ ŋ³³ juː⁵³ pjam⁵³   十减五（十拿掉五）
一   十   五   拿   掉

用"A+kja⁵⁵(加)+B"来表示"A加B"。kja⁵⁵"加"借自汉语。例如：

ŋ³³ kja⁵⁵ ta⁵³ tshe³³　五加十
五　加　一　十

用"A+mo³³(方所助词)+B+tʃhu⁵³(除以)"来表示"A除以B"。tʃhu⁵³"除"借自汉语。例如：

ta⁵³ tshe³³ mo³³　ŋ³³ tʃhu⁵³　十除以五
一　十　（方助）五　除

(二) 序数词

序数词表示次序的先后。包括一般次序、长幼排行、时间序列等类别。

1. 一般次序

用"nan³³ pat⁵⁵"第"+基数词"的格式来表示"第"。nan³³ pat⁵⁵"第"的语源是英语，从景颇语转借而来。例如：

nan³³ pat⁵⁵ ta⁵³　　　　　第一
nan³³ pat⁵⁵ ək⁵⁵　　　　　第二
nan³³ pat⁵⁵ sɔm⁵⁵　　　　第三
nan³³ pat⁵⁵ ta⁵³ tshe³³　　第十
nan³³ pat⁵⁵ ta⁵³ tshə³³ ta⁵³　第十一

若表示"第×个"，则用"nan³³ pat⁵⁵+基数词+量词"的格式来表示。例如：

nan³³ pat⁵⁵ ta⁵³ lɔm³³　　　第一个（指物）
nan³³ pat⁵⁵ ək⁵⁵ lɔm³³　　　第二个（指物）
nan³³ pat⁵⁵ ta⁵³ juʔ³¹　　　 第一个（指人）
nan³³ pat⁵⁵ ək⁵⁵ juʔ³¹　　　第二个（指人）

"第一个"还可有"tshaŋ³³ ʃei⁵⁵+量词"的格式来表示。例如：

tshaŋ³³ ʃei⁵⁵ juʔ³¹　　　第一个（人）
tshaŋ³³ ʃei⁵⁵ tʃham⁵⁵　　第一个（果子）

此外，用"tʃei⁵³(最) thaŋ³³(后) mɔ⁵³(从由助)+量词"来表示"最后一个"。例如：

tʃei⁵³ thaŋ³³ mɔ⁵³ juʔ³¹　　　　最后一个（人）

tʃei⁵³thaŋ³³mɔ⁵³tʃham⁵⁵　　最后一个（果子）

2. 长幼次序

有男性和女性的分别。具体如下表：

排行	男性（兄弟、男性）	女性（姐妹）	女性（孩儿）
老大	maŋ³³tsəŋ⁵³juʔ³¹	pŏ³³(姐)mən⁵³(源头)	tsŏ³³(儿)mən⁵³(源头)
老二	maŋ³³lat³¹juʔ³¹	pŏ³³lat³¹	tsŏ³³lat³¹
老三	maŋ³³kjɔ³³juʔ³¹	pŏ³³kjɔ³³	tsŏ³³kjɔ³³
老四	maŋ³³kuːn⁵³juʔ³¹		
老五	a³³kɔn⁵³/thaŋ³³kɔn⁵³		
老六		pŏ³³kuːn⁵³	tsŏ³³kuːn⁵³
老七			
老八	a³³thaŋ⁵³		
老九			
……			
老么	maŋ³³(哥)thaŋ⁵³	pŏ³³thaŋ⁵³	tsŏ³³thaŋ⁵³

此外，男性孩儿的"老大"还可称为tsŏ³³（儿）maŋ³³（哥）mo⁵⁵（大）juʔ³¹（个）"。

3. 时间次序

(1) 一周内各天次序

用"lə⁵⁵pan⁵³(星期)+基数词+ŋjei⁵⁵(天)"的格式来表示"周一"至"周六"的六天，"lə⁵⁵pan⁵³(星期)"借自景颇语。例如：

lə⁵⁵pan⁵³ta⁵³ŋjei⁵⁵　　　星期一
lə⁵⁵pan⁵³ək⁵⁵ŋjei⁵⁵　　　星期二
lə⁵⁵pan⁵³sɔm⁵⁵ŋjei⁵⁵　　星期三
lə⁵⁵pan⁵³mji³³ŋjei⁵⁵　　星期四
lə⁵⁵pan⁵³ŋ³³ŋjei⁵⁵　　　星期五
lə⁵⁵pan⁵³khjuk⁵⁵ŋjei⁵⁵　星期六

"星期天"则不加数词，直接称为lə⁵⁵pan⁵³ŋjei⁵⁵。

(2) 月份次序

用"lə̃⁵⁵mo⁵⁵（月）+基数词+khjap⁵⁵（片）"的格式来表示一年

中的十二个月份，例如：

lă^{55}mo^{55}ta^{53}khjap^{55}	一月
lă^{55}mo^{55}ək^{55}khjap^{55}	二月
lă^{55}mo^{55}səm^{55}khjap^{55}	三月
lă^{55}mo^{55}mji^{33}khjap^{55}	四月
lă^{55}mo^{55}ŋ^{33}khjap^{55}	五月
lă^{55}mo^{55}khjuk^{55}khjap^{55}	六月
lă^{55}mo^{55}ŋjɛt^{55}khjap^{55}	七月
lă^{55}mo^{55}ʃɛt^{55}khjap^{55}	八月
lă^{55}mo^{55}kou^{33}khjap^{55}	九月
lă^{55}mo^{55}tshe^{33}khjap^{55}	十月
lă^{55}mo^{55}ta^{53}tshə$^{-33}$ta^{53}khjap^{55}	十一月
lă^{55}mo^{55}ta^{53}tshə^{33}ək^{55}khjap^{55}	十二月

其中，"一月"还可说成"tsan^{53}（年）sə:k^{55}（新）khjap^{55}（片）"。

此外，还可用 lă^{55}tshan^{55} + 基数词 + ŋjei^{55}"来表示新年开初的几天"例如：

lă^{55}tshan^{55}ta^{53}ŋjei^{55}	初一
lă^{55}tshan^{55}ək^{55}ŋjei^{55}	初二
lă^{55}tshan^{55}səm^{55}ŋjei^{55}	初三
lă^{55}tshan^{55}mji^{33}ŋjei^{55}	初四

（三）分数词

分母和分子都用数量词组"基数词 + phən^{33}（份）"表示。分母居前、分子居后。表示"百分之几"则要在分母后加方所助词 mɔ^{53}。例如：

ək^{55} phən^{33} ta^{53} phən^{33}　　　　　　二分之一
二　份　　一　份

mji^{33} phən^{33} ta^{53} phən^{33}　　　　　　四分之
四　份　　一　份

ta^{53}tshe^{33} phən^{33} səm^{55} phən^{33}　　　　　十分之三
一　十　份　　三　份

ta⁵³ʃo̠³³ phən³³ mɔ⁵³　ŋ³³ phən³³　　百分之五
一百　份　（方助）五 份

ta⁵³ʃo̠³³ phən³³ mɔ⁵³　ək⁵⁵ tshe³³ phən³³　百分之二十
一百　份　（方助）二 十 份

（四）倍数词

用"基数词 + mjo⁵³（倍）/phən³³（份）"表示"……倍"。例如：

ək⁵⁵ mjo⁵³　　　　　两倍
两　倍

som⁵⁵ mjo⁵³　　　　三倍
三　倍

ta⁵³ tshe³³ mjo⁵³　　十倍
一 十　倍

ək⁵⁵ tshe³³ mjo⁵³　　二十倍
二 十　倍

例句：

kho⁵⁵ tsan⁵³ ta⁵⁵ kuk³¹ ke³³　a³³nək⁵⁵ thɔʔ⁵⁵ som⁵⁵ phən³³ mjo̠³³.
今年　　　的 谷子（话助）去年　比　三　份　多
今年的谷子是去年的三倍还多。

ŋa⁵⁵ ta⁵⁵ ke³³　lɛ⁵⁵ thɔʔ⁵⁵ ək⁵⁵ phən³³ mjo̠³³.
我 的（话助）你的比　两 份　多
我的（果子数目）是你的两倍。

ŋa⁵⁵ ta⁵⁵ ke³³　lɛ⁵⁵ thɔʔ⁵⁵ ək⁵⁵ phən³³ mjɛt⁵⁵ mjo̠³³.
我 的（话助）你的比　两 份　剩余 多
我的是你的两倍还多。

（五）概数词

1. 概数主要有两种表达方式。

（1）用数词与其它词的组合来表达。

表示"大约、大概、左右"义的，用"基数/概数 + 量词 + ku³³（大约、大概、左右）"来表示。例如：

ək⁵⁵ʃo̠³³ khuɛ⁵⁵ ku³³　　　二百元左右
二百　块，元 大概

ŋə⁵³ək⁵⁵səm⁵⁵khuɛ⁵⁵ku³³   大约二三百块钱
钱 两 三 块 大概

no³³ta⁵³tshe³³tu³³ku³³   大约十头牛
牛 一 十 头 大概

pju⁵³ŋ³³juʔ³¹ku³³   大约五个人
人 五 个 大概

pju⁵³ŋjɛt⁵⁵ʃɛt⁵⁵juʔ³¹ku³³   七八个人左右
人 七 八 个 左右

ʃo⁵⁵səm⁵⁵kjin⁵⁵ku³³   三斤肉左右
肉 三 斤 左右

tsan⁵³wɔt⁵⁵səm⁵⁵tshe³³ku³³   年纪三十左右
年龄 三 十 左右

表达 "……多" 时,用 "基数/数量词组/名数量词组 + mjɛt⁵⁵ (剩余)"。例如:

ŋə⁵³ək⁵⁵tshe³³khuɛ⁵⁵mjɛt⁵⁵   二十多元钱
钱 二 十 块 剩余

sə̃⁵⁵ʒa³³ta⁵³ʃo³³juʔ³¹mjɛt⁵⁵   一百多位老师
老师 一 百 个 剩余

vuʔ³¹ək⁵⁵tshe³³tu³³mjɛt⁵⁵   二十多头猪
猪 二 十 头 剩余

概数还可用 a³¹thɔʔ⁵⁵ku³³ "以上"、a³¹o̠³³ku³³ "以下"、a³³kjo³³ "中间(左右)" 加在基数词后面来表示。例如:

ta⁵³tshe³³ mɔ⁵³   a³¹thɔʔ⁵⁵ku³³   十以上
一 十 (方助) 以上

ək⁵⁵tshe³³ mɔ⁵³   a³¹ɔ³³ku³³   二十以下
二 十 (方助) 以下

səm⁵⁵tshe³³ a³³kjo³³   三十左右
三 十 中间

(2) 概数表示法还有一种是用两个或两个以上相邻的数字表示。用 "一" 至 "九" 中相邻的两个基数加 "十"、"百"、"千"、"万" 等来表示概数的,如:

mji:³³ŋ³³tshe³³   四五十
四 五 十

khjuk⁵⁵ŋjɛt⁵⁵tshe³³	六七十
六　七　十	
ʃɛt⁵⁵kou³³tshe³³	八九十
八　九　十	
ək⁵⁵səm⁵⁵ʃo̠³³	两三百
两　三　百	
səm⁵⁵mji³³ʃo̠³³	三四百
三　四　百	
mji³³ŋ³³ʃo̠³³	四五百
四　五　百	
ək⁵⁵səm⁵⁵to̠ŋ³³	两三千
两　三　千	
ŋ³³khjuk⁵⁵to̠ŋ³³	五六千
五　六　千	
ŋjɛt⁵⁵ʃɛt⁵⁵mun⁵³	七八万
七　八　万	

但"一"、"二"连用表概数时,"二"要居于"一"之前。例如:

ək⁵⁵ ta⁵³ tshe³³	一二十
二　一　十	
ək⁵⁵ ta⁵³ ʃo̠³³	一两百
二　一　百	
ək⁵⁵ ta⁵³ to̠ŋ³³	一两千
两　一　千	

两个以上的基数词连用也可以表示概数。例如:

| səm⁵⁵ mji³³ ŋ³³ ŋjei⁵⁵ | 三五天 |
| 三　四　五 天 | |

2. 概数可以和量词一起组成数量词组。例如:

mji³³ŋ³³mjo⁵³	四五倍
四　五　倍	
ək⁵⁵ta⁵³ʃo̠³³mjo⁵³	一两百倍
二　一　百　倍	

ək⁵⁵ ta⁵³ ləm³³   一两个（物）
二   一   个
ʃɛt⁵⁵ kou³³ tam⁵³   八九次
八   九   次

表概数的数量词组还能置于名词中心词之前做名词的定语。例如：

ək⁵⁵ som⁵⁵ juʔ³¹ pju⁵³   两三个人
两   三   个   人
ŋjɛt⁵⁵ ʃɛt⁵⁵ tu³³ no³³   七八头牛
七   八   头   牛
ək⁵⁵ ta⁵³ tʃham⁵⁵ ʃɿ⁵⁵   一两个果子
二   一   个   果子

二、数词的句法功能

1. 数词的主要功能是与量词连用置于名词之后做名词的定语。例如：

lə³¹ tʃhi⁵³ ta⁵³ juʔ³¹   一个勒期人
勒期   一   个
mjaŋ³³ ta⁵³ tu³³ le⁵⁵   m an⁵⁵ ək⁵⁵ khan⁵⁵ ts ɔ³³ aʔ³¹!
马   一   匹（宾助）草   两   捆   喂（语助）
一匹马喂两捆草！
ŋo⁵³ a³³ pho⁵³ le⁵⁵   pji³³ ta⁵³ khjap⁵⁵ ɣə⁵³ pjɛ³³.
我   爸爸（宾助）上衣 一   件   买了
我买了一件上衣给爸爸。

但计"十"以上的数量时，名词可以直接与数词结合而省去量词。例如：

kjɔʔ³¹ tsəŋ⁵³ tshe³³ khjuk⁵⁵   十六只鸡
鸡   母   十   六
lthjci³³/³¹ təuŋ⁵⁵ ʃɛt⁵⁵ tshe³³   八十双鞋
鞋   八十
ta⁵³ mun⁵³ ŋə⁵³ ~ ta⁵³ mun⁵³ ŋə⁵³   一万块钱
一   万   钱   一   万   钱

2. 数词一般是与量词一起做句子的主语或宾语。例如：
naŋ⁵³ ta⁵³ juʔ³¹ le³³ ᵊk⁵⁵ lɔm³³ ka:ŋ⁵³ pji³³ aʔ³¹！你分给每人两个吧！
你　一　（宾助）两　个　分　给（语助）

但有时在句中也可单独做主语或宾语。例如：
khjuk⁵⁵ mji³³ thɔʔ⁵⁵ ke:⁵³.　　　　　六比四好（吉利）
六　　四　比　好

ŋo⁵³ khjuk⁵⁵ le³³　　ŋə:⁵³, mji³³ le³³　　aʔ³³ ŋə⁵³.
我　六　　（宾助）喜欢　四　（宾助）不 喜欢
我喜欢六，不喜欢四。

ŋo⁵³ khjuk⁵⁵ le⁵⁵　　ŋə:⁵³, mji³³ le⁵⁵　　aʔ³³ ŋə⁵³.
我　六　　（宾助）喜欢　四　（宾助）不 喜欢
我喜欢六，不喜欢四。

第四节　量　　词

量词是表示人、事物或动作单位的词。在藏缅语族语言中，勒期语的量词属于比较丰富的一类。

一、量词的分类

勒期语的量词可分为名量词、动量词两类。名量词多，动量词少。

（一）名量词

名量词是表示事物数量单位的词。主要有个体量词、集体量词、兼用量词、度量衡量词、时间量词、不定量词等。名量词中有的来自名词，有的来自动词。

1. 个体量词

个体量词较多，可分为类别量词、性状量词、通用量词、反响型量词等类别。

（1）类别量词

类别量词是用于具有同类属性名词上的量词。常见的有：juʔ³¹

"个"、tu³³"只"、kam⁵³"棵"。

juʔ³¹表"个",用于人。例如:

pju⁵³ ta⁵³ juʔ³¹ 　　　一个人
人　　一　个

tʃuaŋ³³ tso³³ ta⁵³ juʔ³¹ 　一个学生
学生　　　一　个

tsə̃³³ nu⁵⁵ ta⁵³ juʔ³¹ 　　一个婴儿
婴儿　　一　个

maŋ³³ tso³³ ta⁵³ juʔ³¹ 　　一个老人
老人　　　一　个

mji³³ ji³³ ta⁵³ juʔ³¹ 　　一个妇女
妇女　　一　个

kji⁵³ ta⁵³ juʔ³¹ 　　　一个兵
兵　一　个

tu³³表"只、条、头",用于动物。例如:

ŋɔʔ⁵⁵ ə̱k⁵⁵ tu³³ 　　　两只鸟
鸟　两　只

vuʔ³¹ ta⁵³ tu³³ 　　　一口猪
猪　一　口

ŋə³¹ tso³³ ta⁵³ tu³³ 　　一条鱼
鱼　　一　条

no³³ ta⁵³ tu³³ 　　　一头牛
牛　一　头

kam⁵³表"棵",用于整棵或整株植物(包括树木、花草等)。例如:

sə̱k⁵⁵ ta⁵³ kam⁵³ 　　　　一棵树
树　一　棵

phəŋ⁵⁵ tʃhou³¹ ta⁵³ kam⁵³ 　一棵甘蔗
甘蔗　　　一　棵

sə̱k⁵⁵ kam⁵³ ta⁵³ kam⁵³ 　　一根树干
树干　　一　根

ʃɿ⁵⁵ xɔm⁵⁵ kam⁵³ ta⁵³ kam⁵³ 　一棵桃树
桃树　　　一　棵

ʃɿ⁵⁵khu⁵⁵kam⁵³ta⁵³kam⁵³ 李树　　　　一　棵	一棵李树
ʃɿ⁵⁵saŋ⁵⁵kam⁵³ta⁵³kam⁵³ 梨树　　　　一　棵	一棵梨树
wo³³ta⁵³kam⁵³ 竹子一　棵	一棵竹子
suŋ³³so̞³³ta⁵³kam⁵³ 小麦　一　棵	一棵小麦
la³³mə⁵³ta⁵³kam⁵³ 玉米　一　棵	一棵玉米
ŋaŋ⁵⁵ta⁵³kam⁵³ 菜　一　棵	一棵菜
la³¹sɔn³³ta⁵³kam⁵³ 青蒜　一　棵	一棵青蒜
tʃhaŋ⁵⁵kɔ̞⁵⁵ta⁵³kam⁵³ 姜　　　一　棵	一棵姜

（2）性状量词

性状量词用于具有同类性状的名词上。主要有以下几个：

tʃham⁵⁵表"颗"，用于米、鸡蛋，以及某些根、条状或近似圆形、球形的瓜果等事物名词上。例如：

a³³mjou³³ta⁵³tʃham⁵⁵ 种子　　　一　粒	一粒种子
kuk³¹ŋjaŋ³³tʃhen³³ta⁵³tʃham⁵⁵ 糯米　　　　　　一　颗	一颗糯米
tʃhen³³ta⁵³tʃham⁵⁵ 米　一　粒	一粒米
ʃɿ⁵⁵ ta⁵³tʃham⁵⁵ 水果一　个	一个水果
ʃɿ⁵⁵xɔm⁵⁵ta⁵³tʃham⁵⁵ 桃子　　　一　个	一个桃子
ʃɿ⁵⁵saŋ⁵⁵ta⁵³tʃham⁵⁵ 梨　　　一　个	一个梨
pu⁵³ᐟ³¹ʃɿ⁵⁵ta⁵³tʃham⁵⁵ 核桃　　　一　个	一个核桃

nuk³¹ta⁵³tʃham⁵⁵　　　　　一颗豆
豆　一　颗

kho⁵⁵lam⁵⁵ta⁵³tʃham⁵⁵　　　一个茄子
茄子　　一　个

lã³¹tsɿ⁵⁵ta⁵³tʃham⁵⁵　　　　一颗辣椒
辣椒　一　颗

u̠⁵³ta⁵³tʃham⁵⁵　　　　　　一个蛋
蛋一　个

la³¹sɔn³³ta⁵³tʃham⁵⁵　　　　一头大蒜
大蒜　一　头

jaŋ³¹ji³³ta⁵³tʃham⁵⁵　　　　一个马铃薯
马铃薯一　个

mjuʔ⁵⁵ne⁵³ta⁵³tʃham⁵⁵　　　一个红薯
红薯　　一　个

ʃɔŋ³³tʃaŋ⁵⁵ta⁵³tʃham⁵⁵　　　一个冬瓜
冬瓜　　一　个

tʃuŋ³³ku⁵³ta⁵³tʃham⁵⁵　　　一个南瓜
南瓜　　一　个

tuŋ³¹kho⁵⁵ta⁵³tʃham⁵⁵　　　一个黄瓜
黄瓜　　一　个

wɔm³³puŋ³³ta⁵³tʃham⁵⁵　　　一个葫芦
葫芦　　一　个

kji³³ ta⁵³tʃham⁵⁵　　　　　一颗星星
星星一　颗

luk³¹tsəŋ⁵³ta⁵³tʃham⁵⁵　　　一块石头
石头　　一　块

wo̠⁵⁵lɔm⁵³ta⁵³tʃham⁵⁵　　　一个头
头　　一　个

tʃap⁵⁵表"坨、粒"。例如：

ʃo⁵⁵ta⁵³tʃap⁵⁵　　　　　一小坨肉
肉　　坨

sə⁵⁵mui⁵³ta⁵³tʃap⁵⁵　　一粒沙子
沙子　一　坨

khat⁵⁵表"条、根、杆"（用于绳子、针、棍子、牙齿、笔、藤子等长条状物上）。例如：

khjəŋ³³ ta⁵³khat⁵⁵　　　一根线
线　　一根

pɔ̠ŋ³³ tin³³ ta⁵³khat⁵⁵　　一杆笔
笔　　　一杆

tə⁵⁵ ta⁵³khat⁵⁵　　　　一条绳子
绳子一条

ka̠n⁵⁵ ta̠ŋ³³ ta⁵³khat⁵⁵　　一根棍子
棍子　　一根

nə⁵³ tʃhəm³³ ta⁵³khat⁵⁵　　一根小藤条
藤条　　　一根

mjik³¹ ta⁵³khat⁵⁵　　　一根竹笋
竹笋一根

ma̠n⁵⁵ ta⁵³khat⁵⁵　　　一根草
草　一根

pan³³ ək⁵⁵khat⁵⁵　　　两枝花
花　两　枝

khuŋ³³ tsəŋ⁵³ ta⁵³khat⁵⁵　　一根柱子
柱子　　一根

khjaŋ³³ ta⁵³khat⁵⁵　　一根椽子
椽子　一根

u̠³³ ta⁵³khat⁵⁵　　　一根肠子
肠子一根

tsɿ⁵³ ta⁵³khat⁵⁵　　　一颗牙齿
牙齿一颗

khjo³³ ta⁵³khat⁵⁵　　　一条路
路　一条

mə³¹ khən⁵⁵ ta⁵³khat⁵⁵　　一首歌
歌　　　一首

xɔŋ⁵³ ta⁵³khat⁵⁵　　　一条沟
沟　一条

tsu³³ ta⁵³khat⁵⁵　　　一根刺儿
刺儿一根

tsham³³nək⁵⁵ ta⁵³khat⁵⁵ 　　一根辫子
辫子　　一　根

tsham³³ta⁵³khat⁵⁵ 　　　一根头发
发　一　根

khŭ⁵⁵xo³³ta⁵³khat⁵⁵ 　　　一根稻草
稻草　一　根

xo⁵⁵tsei⁵³ta⁵³khat⁵⁵ 　　　一根韭菜
韭菜　一　根

xo⁵⁵puŋ³³ta⁵³khat⁵⁵ 　　　一根葱
葱　　一　根

pi³¹tʃhy⁵⁵ta⁵³khat⁵⁵ 　　　一条腰带
腰带　一　条

ɣə³³ ta⁵³khat⁵⁵ 　　　一根项圈
项圈一　根

laŋ³³kap³¹ta⁵³khat⁵⁵ 　　　一根脚圈
脚圈　一　根

khjap⁵⁵表"片、张、面、页"用于薄片状、扁平状的事物名词上。例如：

pei⁵³ta⁵³khjap⁵⁵ 　　　一个太阳
太阳一　个

la⁵⁵mo⁵⁵ta⁵³khjap⁵⁵ 　　　一个月①
月　一　个

a³¹fu̯ʔ⁵⁵ta⁵³khjap⁵⁵ 　　　一片叶子
叶子　一　片

sək⁵⁵fu̯ʔ⁵⁵ta⁵³khjap⁵⁵ 　　　一片树叶
树叶　一　片

mou³¹sou⁵⁵ta⁵³khjap⁵⁵ 　　　一张纸
纸　一　张

ʃam³³ou⁵⁵ta⁵³khjap⁵⁵ 　　　一口锅
锅　一　口

pji⁵⁵ta⁵³khjap⁵⁵ 　　　一件衣服
衣服一　件

---

① la⁵⁵mo⁵⁵ta⁵³khjap⁵⁵既可指"一个月亮"，也可指"一个月"。

wa³³ ta⁵³ khjap⁵⁵　　　　一片瓦
瓦　一　片

khuʔ⁵⁵ ta⁵³ khjap⁵⁵　　　一个碗
碗　　一　个

mɔŋ⁵⁵ thɔŋ³¹ ta⁵³ khjap⁵⁵　一条裙子
裙子　　　一　条

muk³¹ kjɔp⁵⁵ ta⁵³ khjap⁵⁵　一个帽子
帽子　　　一　个

mei⁵³ ʃam⁵³ ta⁵³ khjap⁵⁵　一条围裙
围裙　　　一　条

wɔt³¹ mei⁵³ ta⁵³ khjap⁵⁵　一个被子
被子　　　一　个

lɔŋ³³表"块、扇"（地、石头、肉、布、木板、门）。例如：

sək⁵⁵ lɔŋ³³ ta⁵³ lɔŋ³³　　一块木板
木板　　一　块

ʃo⁵⁵ ta⁵³ lɔŋ³³　　　　一块肉
肉　一　块

pan³³ ta⁵³ lɔŋ³³　　　　一块布
布　一　块

khəm³³ tsəm³³ ta⁵³ lɔŋ³³　一扇门
门　　　　一　扇

jo³¹ ta⁵³ lɔŋ³³　　　　一块地
地　一　块

luk³¹ tsəŋ⁵³ ta⁵³ lɔŋ³³　一块石头
石头　　一　块

sui⁵⁵ ta⁵³ lɔŋ³³　　　一片血
血　一　片

thuŋ³³表"截、段、筒"（竹子、路等圆柱状物）。例如：

mjuk⁵⁵ ta⁵³ thuŋ³³　　一截山药
山药　一　截

wo³³ ta⁵³ thuŋ³³　　　一筒竹子
竹子　一　筒

khjo³³ ta⁵³ thuŋ³³　　一段路
路　一　段

第四章 词类 103

sək⁵⁵ ta⁵³ thuŋ³³　　　　一截树
树　一　截

tuŋ⁵⁵表"包、个"（玉米、辣椒、豆荚）。例如：

la³³mə⁵³ta⁵³tuŋ⁵⁵　　　　一包玉米
玉米　一　包

lã³¹tsɿ⁵⁵ta⁵³tuŋ⁵⁵　　　　一个辣椒
辣椒　一　包

khjam⁵⁵表"半"。例如：

jɔm³³ta⁵³khjam⁵⁵　　　　半壁房子
房子一　半

muŋ³¹tuŋ³¹ʃɿ⁵⁵ta⁵³khjam⁵⁵　一半牛肚子果
牛肚子果　　一　半

ʃam³³ta⁵³khjam⁵⁵　　　　一把刀
刀　一　把

wo⁵⁵ta⁵³khjam⁵⁵　　　　一半竹子。
竹子一　半

t̪i⁵⁵表"只"（成双成对物件其中之一）。例如：

khjei³³/³¹tsuŋ⁵⁵ta⁵³t̪i⁵⁵　　一只鞋
鞋　　一　只

mɔ³³tsa³³ta⁵³t̪i⁵⁵　　　　一只袜子
袜子　一　只

si⁵⁵ "瓣"。例如：

la³¹sɔn³³ta⁵³si⁵⁵　　　　一瓣大蒜
大蒜　一　瓣

khjuŋ³³表"根"（死藤子、柴等枯死物）。例如：

thaŋ⁵⁵ta⁵³khjuŋ³³　　　　一根柴
柴　一　根

tsaŋ⁵³表"层"。例如：

pan³³ta⁵³tsaŋ⁵³　　　　一层布
布　一　层

kɔk³¹表"间"。例如：

jɔm³³ta⁵³kɔk³¹　　　　一间房子
房子一　间

pja⁷³¹表"滩"（稀状）。例如：

thəm⁵⁵ pop³¹ ta⁵³ pja⁷³¹　　　　一摊泥
泥　　　　一　滩

（3）通用量词

通用量词是量词中使用频率最高、搭配最广泛的量词。如通用量词ləm³³"个"，适用范围很广，可对除人之外的很多事物名词称量，用于表示人体器官、农具、工具、建筑物、卧具、食物、首饰等名词上，甚至还使用在抽象概念的名词上。没有固定量词搭配的名词需要称量时，也都能使用通用量词ləm³³"个"。ləm³³"个"类似于汉语的泛指量词"个"。但二者在用法、使用范围上有着很大差异：汉语的"个"除了可以对事物进行称量之外，还能对包括人在内的生命体进行称量；而勒期语的ləm³³"个"尽管可以对很多个体事物称量，却不能表示"人"的数量。例如：

pon³³ ʃəm⁵⁵ ta⁵³ ləm³³　　　　一把扫帚
扫帚　　一　把

lə⁷³¹ tʃəp⁵⁵ ta⁵³ ləm³³　　　　一个戒指
戒指　　一　个

lə⁷³¹ thəŋ⁵⁵ ta⁵³ ləm³³　　　　一个手镯
手镯　　一　个

taŋ⁵⁵ khuk⁵⁵ ta⁵³ ləm³³　　　　一个椅子
椅子　　一　个

ku³³ ta⁵³ ləm³³　　　　一张床
床　一　张

wo⁵⁵ khuk⁵⁵ ta⁵³ ləm³³　　　　一个枕头
枕头　　一　个

tʃuan⁵⁵ ta⁵³ ləm³³　　　　一块砖
砖　一　个

tsot⁵⁵ ta⁵³ ləm³³　　　　一个肺
肺　一　个

səŋ⁵⁵ ta⁵³ ləm³³　　　　一个肝
肝　一　个

khjei⁵⁵ pham⁵⁵ ta⁵³ ləm³³　　　　一个胃
胃　　一　个

tʃɛʔ³¹ poŋ³³ ta⁵³ ləm³³ 膀胱　　　一　个	一个膀胱
wo̱⁵⁵ thəp⁵⁵ ta⁵³ ləm³³ 包头　　　一　个	一个包头
khjei³¹ thəp⁵⁵ ta⁵³ ləm³³ 裹腿　　　一　个	一个裹腿
mo⁵⁵ ta⁵³ ləm³³ 事　一　件	一件事
maŋ⁵³ ta⁵³ ləm³³ 尸体　一　个	一个尸体
khjei⁵⁵ thəŋ³³ ta⁵³ ləm³³ 厕所　　　一　个	一个厕所
nə̱³³ khəm³³ ta⁵³ ləm³³ 牛圈　　一　个	一个牛圈
vuʔ³¹ khəm³³ ta⁵³ ləm³³ 猪圈　　一　个	一个猪圈
mjaŋ³³ khəm³³ ta⁵³ ləm³³ 马圈　　一　个	一个马圈

有些名词，通用量词和性状量词能换用。例如：

khuʔ⁵⁵ ta⁵³ khjap⁵⁵ ~ khuʔ⁵⁵ ta⁵³ ləm³³ 碗　一　个　　　碗　一　个	一个碗
nə̱³³ khjap⁵⁵ ta⁵³ khjap⁵⁵ ~ nə̱³³ khjap⁵⁵ ta⁵³ ləm³³ 耳朵　　一　只　　　耳朵　　一　只	一只耳朵
thuŋ³³ khən³¹ ta⁵³ khjap⁵⁵ ~ thuŋ³³ khən³¹ ta⁵³ ləm³³ 背袋　　　一　个　　　背袋　　　一　个	一个背袋
wa³³ ta⁵³ khjap⁵⁵ ~ wa³³ ta⁵³ ləm³³ 瓦　一　片　　　瓦　一　片	一片瓦
mjɔʔ³¹ tʃhei⁵⁵ phã³¹ tʃat³¹　ta⁵³ khjap⁵⁵ ~ mjɔʔ³¹ tʃhei⁵⁵ phã³¹ tʃat³¹ ta⁵³ 毛巾　　　　　一　块　　　毛巾　　　　　一 ləm³³　一块毛巾 块	

（4）反响型量词

反响型量词是指量词与被限定的名词完全相同或部分相同。又称"专用量词"、"拷贝型量词"、"反身量词"或"临时量词"。勒期语的反响型量词很丰富，相当一部分名词都能用做反响型量词。反响型量词是勒期语量词中数量最多的一类。反响型量词来源于被称量的名词本身，同时又专用于对该名词的称量。

①反响型量词的分类

勒期语反响型量词具有单音节性的特点。若名词是单音节的，取整个音节；若名词是双音节的，则取后一音节。据此，可以把反响型量词分为整体反响与部分反响两类。整体反响型量词与被限定名词的语音形式完全相同，例如：

lɔʔ³¹ ta⁵³ lɔʔ³¹ 一只手
手 — 只

pəm⁵³ ta⁵³ pəm⁵³ 一座山
山 — 座

toŋ³³ ta⁵³ toŋ³³ 一个洞
洞 — 个

jɔm³³ ta⁵³ jɔm³³ 一家人
家 — 家

nɔŋ⁵⁵ ta⁵³ nɔŋ⁵⁵ 一个湖
湖 — 个

thəm⁵⁵ ta⁵³ thəm⁵⁵ 一个池塘
池塘 — 个

məŋ³³ ta⁵³ məŋ³³ 一个国家
国家 — 个

mjuʔ⁵⁵ ta⁵³ mjuʔ⁵⁵ 一个城市
城市 — 个

təm³¹ ta⁵³ təm³¹ 一个村子
村子 — 个

wo³¹ ta⁵³ wo³¹ 一个村子
村子 — 个

kuŋ⁵³ ta⁵³ kuŋ⁵³ 一个身体
身体 — 个

jo³³ ta⁵³ jo³³ 一个舌头
舌头 — 个

no³³ ta⁵³ no³³ 一个鼻子
鼻子 — 个

nuat⁵⁵ ta⁵³ nuat⁵⁵　　　　　　一个嘴巴
嘴巴　一　个

khjei³³ ta⁵³ khjei³³　　　　　　一只脚
脚　　一　只

khjam³³ ta⁵³ khjam³³　　　　　一个园子
园子　一　个

部分反响型量词与被限定名词的语音形式部分相同，多取自反响名词的词根，即名词的后一音节。例如：

pã⁵³laŋ⁵³ ta⁵³laŋ⁵³　　　　　　一口井
井　　一　口

tʃhei⁵⁵ ʒuŋ⁵⁵ ta⁵³ ʒuŋ⁵⁵　　　　一个医院
医院　　一　个

tam⁵³kho³³ ta⁵³kho³³　　　　　一个疤
疤　　一　个

kjei⁵³laŋ⁵³ ta⁵³laŋ⁵³　　　　　一条河
河　　一　条

a³¹fuʔ⁵⁵ ta⁵³fuʔ⁵⁵　　　　　　一片树叶
树叶　一　片

khjəŋ³³thə³³ ta⁵³thə³³　　　　一团线
线团　　一　团

təŋ³³khɔŋ⁵⁵ ta⁵³khɔŋ⁵⁵　　　一个坑
坑　　一　个

laŋ⁵³khɔŋ⁵⁵ ta⁵³khɔŋ⁵⁵　　　一个山洼子
山洼子　一　个

sək⁵⁵kam⁵³ ta⁵³kam⁵³　　　　一个树干
树干　　一　个

sək⁵⁵kɔʔ⁵⁵ ta⁵³kɔʔ⁵⁵　　　　一个树枝
树枝　　一　个

sək⁵⁵kuk⁵⁵ ta⁵³kuk⁵⁵　　　　一个树皮
树皮　　一　个

lə⁵⁵khjei³³/³¹ ta⁵³khjei³³/³¹　　一个裤腿儿
裤腿儿　　一　个

pji³³pei⁵⁵ ta⁵³pei⁵⁵　　　　　一个衣襟
衣襟　　一　个

pji³³lɔʔ³¹ ta⁵³lɔʔ³¹　　　　　　　　一个衣袖
衣袖　　一　个

nuat̠⁵⁵kuk⁵⁵ ta⁵³kuk⁵⁵　　　　　　一个嘴唇
嘴唇　　　一　个

ləŋ⁵³tsəŋ³³ ta⁵³tsəŋ³³　　　　　　　一个脖子
脖子　　　一　个

lɔʔ³¹sa̠n³³ ta⁵³san³³　　　　　　　一个肩膀
肩膀　　　一　个

nuŋ⁵⁵khuŋ³³ ta⁵³khuŋ³³　　　　　　一个背
背　　　　一　个

lɔʔ³¹ŋjou⁵⁵ ta⁵³ŋjou⁵⁵　　　　　　一个手指
手指　　　一　个

ŋjou⁵⁵sə̠ŋ⁵⁵ ta⁵³sə̠ŋ⁵⁵　　　　　　一个指甲
指甲　　　一　个

lɔʔ³¹tsɔ̠p⁵⁵ ta⁵³tsɔ̠p⁵⁵　　　　　　一个拳头
拳头　　　一　个

tam⁵³kho³³ ta⁵³kho³³　　　　　　　一个疤
疤　　　　一　个

mjɔʔ³¹tʃik⁵⁵ ta⁵³tʃik⁵⁵　　　　　　一只眼睛
眼睛　　　一　只

nə̠k⁵⁵ləm³³ ta⁵³ləm³³　　　　　　　一个心脏
心脏　　　一　个

tʃəŋ⁵⁵ləm³³ ta⁵³ləm³³　　　　　　　一个肾
肾　　　　一　个

lɔʔ³¹sə̠ŋ³³ ta⁵³sə̠ŋ³³　　　　　　　一只爪子
爪子　　　一　只

有些名词既可以有单音节的称法又有双音节的称法，但用于这些名词上的反响型量词也是取自该名词的第二音节。例如：

pan³³～pan³³po⁵⁵　　　　　　　　　花

pan³³ta⁵³po⁵⁵～pan³³po⁵⁵ta⁵³po⁵⁵　一朵花
花　一　朵　花　　一　朵

mjɔʔ³¹～mjɔʔ³¹tʃik⁵⁵　　　　　　　眼睛

mjɔʔ³¹ta⁵³tʃik⁵⁵～mjɔʔ³¹tʃik⁵⁵ta⁵³tʃik⁵⁵　一只眼睛
眼睛 一　只　　眼睛　一　只

②反响型量词的分布

反响型量词具有较强的开放性。主要用在表示自然物（如洞、湖、石）或人体器官（鼻子、耳朵、嘴巴、脖子、膝盖、脚手、指甲）的词项上。除此之外，少量表示植物的名词也能反响。表示人物身份及动物的名词则不反响。

反响型量词除了用在名词固有词的称量外，还可以用在外来借词的称量上。例如：

toŋ^{33} ta^{53} toŋ^{33} 　　　　　一个洞
洞（汉）一 个

məŋ^{33} ta^{53} məŋ^{33} 　　　　　一个国家
国（缅）一 个

mjuʔ^{55} ta^{53} mjuʔ^{55} 　　　　　一个城市
城（缅）一 个

③反响型量词和别的量词换用

用反响型量词称量的名词，有的还可以用别的个体量词。与泛指量词换用的如：

ləp^{31} ta^{53} ləp^{31} ~ ləp^{31} ta^{53} ləm^{33} 　　　　　一座坟
坟 一 座 坟 一 座

tsam^{53} ta^{53} tsam^{53} ~ tsam^{53} ta^{53} ləm^{33} 　　　　　一座桥
桥 一 座 桥 一 座

tsõ^{33} po^{55} ta^{53} po^{55} ~ tsõ^{33} po^{55} ta^{53} ləm^{33} 　　　　　一个桌子
桌子 一 个 桌子 一 个

jəm^{33} pa̱n^{53} ta^{53} pa̱n^{53} ~ jəm^{33} pa̱n^{53} ta^{53} ləm^{33} 　　　　　一个院子
院子 一 个 院子 一 个

与性状量词换用的如：

tsəm^{55} ta^{53} tsəm^{55} ~ tsəm^{55} ta^{53} khjam^{55} 　　　　　一个棚子
棚子 一 个 棚子 一 个

ʃõ^{55} mou^{55} ta^{53} mou^{55} ~ ʃõ^{55} mou^{55} ta^{53} khat^{55} 　　　　　一根汗毛
汗毛 一 根 汗毛 一 根

ʃõ^{55} mou^{55} ta^{53} mou^{55} ~ ʃõ^{55} mou^{55} ta^{53} khat^{55} 　　　　　一根羽毛
羽毛 一 根 羽毛 一 根

ʃõ^{55} jou^{33} ta^{53} jou^{33} ~ ʃõ^{55} jou^{33} ta^{53} thuŋ^{33} 　　　　　一截骨头
骨头 一 截 骨头 一 截

ŋaŋ⁵⁵khjei³³ ta⁵³ khjei³³ ~ ŋaŋ⁵⁵khjei³³ ta⁵³ pɔn³³　　一个萝卜
萝卜　　一个　　萝卜　　一个

一个名词表量时，既可用反响型量词又可用其他个体量词，反映了名词表量的不同需要。反响型量词是个体量词中最早出现的一类量词，它的出现是为了表达称量和适应语法格式的需要，但在语义表达上具有一定局限性。它取自要计量的个体名词本身，计量时无法表现名词中心词在性状、类别等方面的特征。因此，尽管反响型量词是适应语言内部表量需要大量应运而生的，但这种"一对一"的形式并不符合语言表达的经济原则和表义的进一步需要。因而随着量词的发展，某些反响型量词势必被语义高度泛化的通用量词、类别量词或表义更加生动、形象的性状量词所取代，或并存使用。勒期语反响型量词与其他个体量词可以换用的事实，反映了不同类型量词的竞争和使用量词的进一步完善。

④反响型量词的发展

有的反响型量词，已能扩大使用到别的名词上，成为性状量词或类别量词。例如：

pɔm⁵³　　山
　　pɔm⁵³ ta⁵³ pɔm⁵³　　　　一座山
　　山　一　座
　　khjei⁵⁵ ta⁵³ pɔm⁵³　　　　一堆粪
　　粪　一　堆
lɔŋ³³　　板
　　sək⁵⁵ lɔŋ³³ ta⁵³ lɔŋ³³　　一块木板
　　木板　　一　块
　　pan³³ ta⁵³ lɔŋ³³　　　　一块布
　　布　一　块
　　ʃo⁵⁵ ta⁵³ lɔŋ³³　　　　一块肉
　　肉　一　块
a³¹pɔn³³　根
　　sək⁵⁵ pɔn³³ ta⁵³ pɔn³³　　一个树根
　　树根　　一　个
　　ŋaŋ⁵⁵khjei³³ ta⁵³ pɔn³³　　一个萝卜
　　萝卜　　一　个

tʃhaŋ⁵⁵kɔʔ⁵⁵ ta⁵³pɔn³³	一个姜
姜　　　一　个	
mjuʔ⁵⁵ne⁵³ ta⁵³pɔn³³	一个红薯
红薯　　　一　个	

jɔm³³　家

jɔm³³ ta⁵³jɔm³³	一家人
家　一　家	
nə³³khəm³³ ta⁵³jɔm³³	一个牛圈
牛圈　　　一　个	

2. 集体量词

集体量词可分为定量集体量词和不定量集体量词两类。

定量集体量词只有一个 tsɔm³³"双、对、付"。不定量集体量词较多，常见的有 tʃɔm³³"群"、puŋ⁵³"丛、蓬"、jaŋ⁵⁵"行、排"、jo³¹"片"（树林）、tsaŋ⁵³"串"（干巴、珠子等穿成串状）、mji⁵⁵"柄"（芭蕉）、pjo³³"串"（一串芭蕉有若干柄）、təŋ³¹/tsɔp⁵⁵"把"（菜）、təŋ³³"捆"、wan⁵³"背"、khji⁵³"驮"等。

（1）tsɔm³³ "双、对、付"，表示成双成对物件。例如：

khjei³³/³¹tsuŋ⁵⁵ ta⁵³tsɔm³³	一双鞋
鞋　　　一　双	
nə³³thuŋ⁵⁵ ta⁵³tsɔm³³	一对耳环
耳环　一　对	
paŋ⁵⁵tei⁵⁵ ta⁵³tsɔm³³	一对兔子
兔子　一　对	

（2）tʃɔm⁵³ "群"，往往指动物。例如：

tʃhɔt⁵³pat³¹ ta⁵³tʃɔm⁵³	一群羊
羊　　　一　群	
khui⁵⁵ ta⁵³tʃɔm⁵³	一群狗
狗　一　群	

（3）puŋ⁵³ "丛、蓬"，往往指植物。例如：

| sək⁵⁵puŋ⁵³ ta⁵³puŋ⁵³～sək⁵⁵ ta⁵³puŋ⁵³ | 一丛树林 |
| 树林　一　丛　　树　一　丛 | |

(4) jan⁵⁵ "行、排"。例如：

suŋ³³ sɔ̱³³ ta⁵³ jan⁵⁵　　　　　一行麦子
麦子　一　行
jɔm³³ ta⁵³ jan⁵⁵　　　　　　　一排房子
房子 一　排
pju⁵³ ta⁵³ jan⁵⁵　　　　　　　一排人
人　 一　排

(5) jo³¹ "片"。例如：

sək⁵⁵ ta⁵³ jo³¹　　　　一片树林
树　一　片

(6) tsaŋ⁵³ "串"（干巴、珠子等穿成串状）。例如：

ʃə⁵⁵ ki̱ʔ⁵⁵ ta⁵³ tsaŋ⁵³　　一串干巴
干巴　 一　串

(7) mi̱⁵⁵ "柄"。例如：

ŋɔ̱ʔ⁵⁵ mju̱k⁵⁵ ta⁵³ mi̱⁵⁵　　一柄芭蕉
芭蕉　　一　柄

(8) pjo³³ "串"（一串芭蕉有若干柄）。例如：

ŋɔ̱ʔ⁵⁵ mju̱k⁵⁵ ta⁵³ pjo³³　　一串芭蕉
芭蕉　　一　串

(9) tsɵp⁵⁵ "把"。例如：

tshɔn⁵⁵ ta⁵³ tsɵp⁵⁵　　　一把菜
菜　　一　把
tʃhɛn³³ ta⁵³ tsɵp⁵⁵　　　一把米
米　　一　把

(10) təŋ³³ "捆"。例如：

thaŋ⁵⁵ ta⁵³ təŋ³³　　　一捆柴
柴　一　捆

(11) wan⁵³ "背"。例如：

mə⁵³ ta⁵³ wan⁵³　　　一背芋头
芋头一　背

(12) khji⁵³ "驮"。例如：

tʃhɛn³³ ta⁵³ khji⁵³   一驮米
米   一   驮

3. 兼用量词

主要有两种。

(1) 借用有关的器具名词来表量。例如：

pɔŋ⁵⁵ 桶   kjei⁵³ ta⁵³ pɔŋ⁵⁵   一桶水
                     水   一 桶

khuʔ⁵⁵ 碗   wɔm³³ ta⁵³ khuʔ⁵⁵   一碗饭
                     饭   一 碗

kɔk⁵⁵ 盒   tshei⁵⁵ ta⁵³ kɔk⁵⁵   一盒药
                     药   一 盒

tou³³ 瓶   kjei⁵³ ta⁵³ tou³³   一瓶水
                     水   一 瓶子

kɔm⁵³ 杯子   kjei⁵³ ta⁵³ kɔm⁵³   一杯水
                     水   一 杯

tʃɔm⁵⁵～pjap⁵⁵筐   tshɔn⁵⁵ ta⁵³ tʃɔm⁵⁵～tshɔn⁵⁵ ta⁵³ pjap⁵⁵
                     菜   一 筐   菜   一 筐
一筐菜

(2) 借用动词表量。例如：

kɔ:k⁵⁵ 包   tʃhɛn³³ ta⁵³ kɔk⁵⁵   一包米
                     米   一 包

tə:ŋ³³ 卷   pan³³ ta⁵³ təŋ³³   一卷布
                     布   一 卷

pu:n⁵⁵ 抱   maŋ⁵⁵ ta⁵³ pun⁵⁵   一抱茅草
                     草   一 抱

tsɔ:ʔ³¹ 滴   tshu³³ ta⁵³ tsɔʔ³¹   一滴油
                     油   一 滴

                   kjei⁵³ ta⁵³ tsɔʔ³¹   一滴水
                     水   一 滴

                   ŋan³³ tʃu⁵⁵ ta⁵³ tsɔʔ³¹   一滴露水
                     露水   一 滴

4. 度量衡量词

度量衡量词是用于度量衡和货币单位的量词。

(1) 度量衡量词有非标准的、标准的两类。

非标准度量衡量词多是本语词，主要有 lam³¹ "庹"（两臂左右平伸的距离）、tuŋ³³ "肘"、tho̠³³ "拃"（拇指与中指展开的距离）、pi⁵³ "步" 等。例如：

ta⁵³lam³¹　　　一庹
ta⁵³tuŋ³³　　　一肘
ta⁵³tho̠³³　　　一拃
ta⁵³pi⁵³　　　　一步

标准度量衡量词有 tʃhɿ⁵³ "尺"、tshun⁵³ "寸"、kji̠n⁵⁵ "斤"、ʒuŋ³¹ "两"、tʃhɿ⁵⁵ "钱"、puŋ⁵³ "斗"、ʃɛ̠n⁵⁵ "升" 等。其中，tʃhɿ⁵³ "尺"、tshun⁵³ "寸"、kji̠n⁵⁵ "斤"、ʃɛ̠n⁵⁵ "升" 均借自汉语。例如：

pa̠n³³ta³³tʃhɿ⁵³　　　　　一尺布
布　一　尺

tʃhɔt⁵⁵pat³¹ʃo⁵⁵ta³³kjin⁵⁵　　一斤羊肉
羊肉　　　一　斤

nam³¹man⁵⁵ta⁵³ʒuŋ³¹　　　一两香油
香油　　一　两

ʃə̠ŋ³³ta⁵³tʃhɿ⁵⁵　　　　　一钱金子
金子 一 钱

tʃhɛn³³ta⁵³puŋ⁵³　　　　　一斗米
米　　一　斗

nuk³¹tse̠i⁵³ta⁵³ʃɛ̠n⁵⁵　　　一升黄豆
黄豆　　一　升

(2) 表示货币单位的有：khuɛ⁵⁵ "元"、kjɔ⁵³ "角"、fun⁵⁵ "分" 等。例如：

ta⁵³khuɛ⁵⁵　　　一元
ta⁵³kjɔ⁵³　　　　一角
ta⁵³fun⁵⁵　　　　一分

5. 时间单位量词

用于计算时间单位。常用的有：khjəŋ³³ "点钟"、tsɔp³¹ "会儿"、

ŋjei⁵⁵ "天"、mjɛn⁵³ "夜"、khjap⁵⁵ "月"、tsan⁵³ "年"、pjat⁵⁵ "辈子" 等。时间量词 khjap⁵⁵ "月" 必须和数词、名词组合。例如：

 lã⁵⁵mo⁵⁵ ta⁵³khjap⁵⁵ 一个月
 月 一 个

 lã⁵⁵mo⁵⁵ ək⁵⁵khjap⁵⁵ 两个月
 月 两 个

其余时间量词则可以只和数词结合一起表时间量。例如：

 ta⁵³khjəŋ³³ 一点钟 ta⁵³tsɔp³¹ 一会儿
 ta⁵³ŋjei⁵⁵ 一天 ta⁵³tshe³³ŋjei⁵⁵ 十天
 sɔm⁵⁵mjɛn⁵³ 三晚 ta⁵³tsan⁵³ 一年
 ta⁵³pjat⁵⁵ 一辈子
 ta⁵³ŋjei⁵⁵ta⁵³mjɛn⁵³ 一昼夜（一天一夜）
 ŋ⁵⁵nap³¹sɔn⁵⁵ ~ nap³¹sɔn⁵⁵ŋ⁵⁵ 五个上午
 五 上午 上午 五

 ŋ⁵⁵ŋjei⁵⁵kuŋ⁵³ ~ ŋjei⁵⁵kuŋ⁵³ŋ⁵⁵ 五个中午
 五 中午 中午 五

 ŋ⁵⁵mjɛn⁵⁵thaŋ³³ ~ mjɛn⁵⁵thaŋ³³ŋ⁵⁵ 五个下午
 五 下午 下午 五

6. 不定量词

表示不定数量。主要有两个：jam⁵⁵ "些"、tʃik⁵⁵ "点儿"。只能与基数词 "一" 结合使用。例如：

 ta⁵³jam⁵⁵ 一些 ta⁵³tʃik⁵⁵ 一点儿

（二）动量词

动量词较少。常见的有 ləŋ³³ "次、回、趟、遍"、tam⁵³ "下"、ma⁵⁵ "顿"、khɔn⁵⁵ "声"、pi⁵³ "步" 等。例如：

 ta⁵³ləŋ³³jɛː³³ 去一趟 ta⁵³ləŋ³³lɔː⁵³ 来一回
 一 趟 去 一 回 来

 ta⁵³ləŋ³³ŋaːp⁵⁵ma³¹ 念一遍 ta⁵³khɔn⁵⁵juːt³¹ 喊一声
 一 遍 念 一 声 喊

 ta⁵³tam⁵³paːt³¹ 打一下 ta⁵³ma⁵⁵tsɔː³³ 吃一顿
 一 下 打 一 顿 吃

 ək⁵⁵pi⁵³sɔː⁵⁵ 走两步
 两 步 走

某些动量词来源于名词。例如：

nuat⁵⁵ 口、嘴　　　　ta⁵³ nuat⁵⁵ ŋaːt³¹　　　咬一口
　　　　　　　　　　　一　口　　咬

khjei³³ 脚　　　　　　ta⁵³ khjei³³/³¹ pəːk⁵⁵　　踢一脚
　　　　　　　　　　　一　脚　　　　踢

mjɔʔ³¹ 眼睛　　　　　ta⁵³ mjɔʔ³¹ juː⁵⁵　　　　看一眼
　　　　　　　　　　　一　眼　　看

有些动量词借自动词。例如：

ta⁵³ tsɔp⁵⁵ tsɔːp⁵⁵　　抓一把
一把　　　抓

二、量词的语法功能

（一）在句子中，量词一般不能单独使用。量词通常要和数词、名词或动词结合一起做句子成分，名量词有时还可与指示代词或疑问代词结合。

1. 名词计量时，通常在名词后加数量词组表示。数词在前，量词在后。例如：

pju⁵³ ta⁵³ juʔ³¹　　　　一个人
人　一　个

sək⁵⁵ ta⁵³ kam⁵³　　　　一棵树
树　一　棵

taŋ³³ ta⁵³ khuan⁵⁵　　　一句话
话　一　句

mou⁵³ sou⁵⁵ ək⁵⁵ puk³¹　两本书
书　　　　两　本

2. 动词计量时，量词与数词、动词结合的语序则是"数词＋动量词＋动词"。例如：

ək⁵⁵ ləŋ³³ jɛː³³　　　　两一趟
两　趟　去

ək⁵⁵ tam⁵³ paːt³¹　　　　打两下
两　下　打

ək⁵⁵ nuat⁵⁵ tʃəm⁵⁵　　　尝两口
两　口　尝

3. 名量词与指代词组合修饰名词时，基本语序是"名词+指示代词+数词+量词"。但出现"指代词+量词+名词"的语序。两种语序并存。数词为"一"时，常省略数词，有时也可省略量词。例如：

khui⁵⁵ xjɛ³³ tʃom⁵³　　　　　　　　　　这群狗
狗　　这　　群

no⁵³ xjɛ³³ ~ no⁵³ xjɛ³³ tʃuŋ³³ ~ xjɛ³³ tʃuŋ³³ no⁵³　这种病
病 这　　病 这　种　　这　种　病

pji³³ xjɛ³³ ~ pji³³ xjɛ³³ khjap⁵⁵ ~ xjɛ³³ khjap⁵⁵ pji³³　这件衣服
衣服 这　　衣服 这 件　　这　件　衣服

4. 量词还可与疑问代词结合

名量词与疑问代词结合时的语序为"名词+名量词+疑问代词"。例如：

naŋ⁵³ nuŋ⁵⁵ jom³³ pju⁵³ khã³³ mjo⁵³ ju³¹?　　你家有几个人？
你　们　家　人　　几　　个

naŋ⁵³ nuŋ⁵⁵ jom³³ vuʔ³¹ khã³³ mjo⁵³ tu³³ ŋjeːi⁵³?
你　们　家　猪　几　　头　在
你家有多少头猪？

动量词与疑问代词结合时的语序为"疑问代词+动量词+动词"。例如：

naŋ⁵³ khun⁵⁵ min³¹ khã³³ mjo⁵³ lən⁵⁵ ju⁵⁵?
你　昆　明　几　　次　去　过
你去过昆明几次了？

naŋ⁵³ nuŋ⁵⁵ khã³³ mjo⁵³ ŋjei⁵⁵ so⁵⁵ pjɛ³³?
你们　　几　　天　走　了
你们走了几天（才到昆明）？

5. 数词和量词一般要连用。但计"十"以上的数量时，可省去量词，名词直接与数词结合。例如：

kjɔʔ³¹ tsən⁵³ tshə³³ khjuk⁵⁵　　十六只母鸡
鸡　　　凡　　　十　六

khjei³³/³¹ tsuŋ⁵⁵ ʃɛt⁵⁵ tshe³³　　八十双鞋
鞋　　　　八　十

（二）量词不能单独充当句子成分，必须与数词、代词结合在一起做句子成分。

名量词与数词、代词结合在句中主要做主语、宾语、定语；动量词与数词结合，在句中主要充当状语。例如：

ək⁵⁵ tʃham⁵⁵ a³³ luʔ³¹ tso³³.　　（果子）两个不够吃。（做主语）
两　个　不　够　吃

ŋo⁵³ səm⁵⁵ tʃham⁵⁵ tso³³ pjɛ³³.　　我吃了三个（果子）。（做宾语）
我　三　个　吃了

tshən⁵⁵ xjɛ³³ ke³³ səm⁵⁵ juʔ³¹ ma⁵⁵ tuʔ³¹.
菜　这（话助）三　个　份儿
这是三个人的菜。（做定语）

xjɛ³³ ke³³ səm⁵⁵ juʔ³¹ ma⁵⁵ tuʔ³¹ tshən⁵⁵.
这（话助）三　个　份儿　菜
这是三个人的菜。（做定语）

ta⁵³ tʃik⁵³ tʃei⁵³ mjɔ³³ pjɛ³¹.　　多了一点。（做状语）
一点　更　多　了

ŋo⁵³ səm⁵⁵ mjɛn⁵³ jɔp⁵⁵ pjɛ³³.　　我住了三晚。（做状语）
我　三　晚上　睡了

a³³ nək⁵⁵ ŋo⁵³ jəm³³ ta⁵³ləŋ³³ tsa³³ lɔː⁵⁵ tse⁵³.
去年　我　家　一　次　仅　去　的
去年我只回了一次家。（做状语）

（三）量词的重叠

量词通常不能重叠。若要表"每"义，在量词后直接加 khaŋ³³ mo³³。例如：

juʔ³¹ khaŋ³³ mo³³ li⁵⁵ pjɛ³³.　　（人）每个都来了。
人　每　过来了

tʃham⁵⁵ khaŋ³³ mo³³ ŋaːm⁵⁵.　　（果子）每个都好吃。
颗　每　好吃

ŋo⁵³ nãŋ⁵³ taŋ³³ jəm³³ ŋei⁵⁵ khaŋ³³ mo³³ lɛː⁵⁵. 我天天都来你家。
我　你们　家　天　每　过来

表"依次（逐个）"，可用"一个个"（数词后加量词的重叠形式），也可用"一个一个"。例如：

nãŋ⁵³ nuŋ⁵⁵ ta⁵³ juʔ³¹ juʔ³¹ lɛ⁵³ so⁵⁵ kɛʔ⁵⁵!
你们　一　个　个　地　走（语助）

你们一个个地走（不要着急）！
năŋ⁵³ nuŋ⁵⁵ ta⁵³ juʔ³¹ ta⁵³ juʔ³¹ lɛ⁵³ so⁵⁵ kɛʔ⁵⁵！
你们　　一个一个　地走（语助）
你们一个一个地走（不要着急）！

第五节　形　容　词

形容词是表示事物的性质、状态的词。勒期语形容词以单音节的居多，多音节的较少。形容词有长元音和短元音两种形式，单独出现时都使用长元音形式，做谓语、补语时也多用长元音形式。但形容词做复合词的词素时都用短元音形式。带前缀或后缀的形容词，有的用长元音形式，有的用短元音形式。

表示性质的形容词如：

ŋaːm⁵⁵	冷	tʃiːn³³	酸
luːŋ⁵³	热	tʃhaːu³³	甜
kɛː⁵³	好	nəː⁵³	软
pjɔːʔ³¹	坏	kjuːŋ³³	硬

表示状态的形容词如：

maːŋ³³	老	kjiː³³	大
nuː⁵⁵	嫩	ŋɛː⁵³	小
səːk⁵⁵	新	nɔːʔ³¹	黑
tshaːu⁵⁵	旧	phjuː³³	白
ʃəːŋ³³	长	laːm⁵³	宽
tuːt⁵⁵	短	tʃaːp⁵⁵	窄

一、勒期语形容词的语法特点

（一）形容词的名物化

1. 形容词能带前缀 a³³ 和后缀 tse⁵³ 构成名物化。

形容词词根前加名物化前缀 a³³，用短元音形式。例如：

a³³ sək⁵⁵　　　　新的

a³³tshou⁵⁵　　　　旧的
a³³tʃɔm³³　　　　生的
a³³jiŋ³¹　　　　稀的
a³³lo³³　　　　公的
a³³tsəŋ⁵³　　　　母的

形容词词根后加名物化后缀 tse⁵³，用长元音形式。例如：

mja:ŋ³³tse⁵³　　高的　　ŋju:m³³tse⁵³　　矮的
nɔ:ʔ³¹tse⁵³　　黑的　　phju:³³tse⁵³　　白的
kji:³³tse⁵³　　大的　　ŋɛ:⁵³tse⁵³　　小的
kɛ:⁵³tse⁵³　　好的

2. 有的形容词可加助词 ta⁵⁵构成名物化。例如：

kɛ:⁵³ta⁵⁵　　好的

3. 有的形容词还可与量词结合，构成指人或指物的名词。与量词结合的形容词都用长元音形式。

与指人的类别量词结合的如：

kji:³³juʔ³¹　　大的　　ŋe:⁵³juʔ³¹　　小的
　大　个　　　　　　　小　个

与性状量词结合的如：

kji:³³tʃham⁵⁵　　大的　　ŋe:⁵³tʃham⁵⁵　　小的（指圆粒形物）
　大　颗　　　　　　　　小　颗

与通用量词结合的如：

kji:³³lɔm³³　　大的　　ŋe:⁵³lɔm³³　　小的（指杯子等器物）
　大　个　　　　　　　小　个

（二）形容词的否定式

形容词能受副词 a³³ "不"修饰，形容词用短元音形式。例如：

a³³kji³³　　不大　　　　a³³ŋe⁵³　　不小
a³³tsei⁵³　　不细　　　　a³³ŋjɔm³³　　不低
a³³phɔt⁵⁵　　不凸　　　　a³³tɔt⁵⁵　　不短
a³³ve⁵³　　不远　　　　a³³mju³³　　不多

（三）形容词的程度加深

可在形容词前或后加程度副词，表示形容词性质或程度的加深。

形容词受程度副词修饰时,用长元音形式。

前加的副词有 tʃaʔ³¹ "很"、tʃei⁵³ "更、比较、最"、sɔŋ⁵³ "太" 等。例如:

tʃaʔ³¹mjɔː³³	很多
ŋjaŋ³³ tʃaʔ³¹ kə³³ pu³³.	他很高兴。
他 很 高兴	
tʃei⁵³mjɔː³³	更多,比较多,最多
ta⁵³ tʃik⁵⁵ tʃei⁵³ mjɔː³³ pjɛ³¹.	多了一点。
一 点 更 多 了	
sɔŋ⁵³kjiː³³	太大

后加的副词有 tək⁵⁵/təːk⁵⁵ "极、得很" 等。例如:

mjɔː³³ tək⁵⁵	多极了,多得很
kɛː⁵³ tək⁵⁵	好极了,好得很
tshɔn⁵⁵ xjɛ³³ ŋaːm⁵⁵ tək⁵⁵ pjɛ³³.	这菜好吃极了。
菜 这 好吃 极 了	
pɔː⁵⁵ tək⁵⁵	便宜极了,便宜得很
kəːŋ³³ tək⁵⁵	结实极了,结实得很

形容词前面加叠音成分,也表示性质、状貌的程度加深。而且,叠音成分和名词之间须加助词 ta⁵⁵。例如:

tsam⁵³ tsam⁵³ nɛː⁵³ ta⁵⁵ pji³³	红红的衣服
殷 殷 红 的 衣服	
taŋ⁵⁵ taŋ⁵⁵ tʃiːn³³ ta⁵⁵ ʃ⁵⁵	酸溜溜的果子
溜 溜 酸 的 果子	
tʃhək⁵⁵ tʃhək⁵⁵ nɔːʔ³¹ ta⁵⁵ mou³³	黑压压的天
压 压 黑 的 天	

(四) 形容词的重叠

1. 重叠形容词的副词化

单音节形容词重叠后可做状语修饰动词;也可在重叠形式后加情态状语助词 lɛ⁵³ (相当于汉语的"地"),使该形容词变成副词。重叠的形容词用短元音。例如:

| tsɔ⁵⁵ tsɔ⁵⁵ lɛ⁵³ sɔː⁵⁵ aʔ³¹! | 悠悠地走! |
| 悠 悠 地 走 (语助) | |

mjap³¹ mjap³¹ lɛ⁵³ tso³³ aʔ³¹！　　快快吃！
　快　　快　　地　吃（语助）

tə:ŋ⁵³ tə:ŋ⁵³ tɕhy:⁵⁵ aʔ³¹！　　紧紧系（腰带）吧！
　紧　　紧　系（语助）

kəŋ³³ kəŋ³³ t ə:⁵⁵ tɔ³³．　　　牢牢拴着。
　牢　　牢　拴　着

tan³³ tan³³ ja:p³¹ tɔ³³．　　　直直站着。
　直　直　站　　着

nap³¹ nap³¹ ka:m⁵³．　　　　齐齐分了。
　齐　齐　分

2. 形容词重叠做定语

形容词重叠做定语，主要有两种重叠形式。

(1) 若为 AA 式重叠，前一音节读短元音，后一音节读长元音。例如：

mju³³ mjɔ:³³	多多
xə³³ xə:³³	黄黄
ʃy³³ ʃy:³³	松松
tʃei⁵⁵ tʃe:i⁵⁵	密密
pjɛn⁵⁵ pjɛ:n⁵⁵	扁扁
phjik⁵⁵ phji:k⁵⁵	辣辣
tʃɛʔ³¹ tʃɛ:ʔ³¹	破破
mjap³¹ mja:p³¹	快快
ŋjaʔ⁵⁵ ŋja:ʔ⁵⁵	稀稀
juŋ⁵⁵ ju:ŋ⁵⁵	美丽
nam⁵³ na:m⁵³	臭臭
nɔʔ⁵⁵ nɔ:ʔ⁵⁵	早早
kjuŋ³³ kju:ŋ³³	硬硬
xəm³³ xu:m³³	香香
ləŋ⁵⁵ lə:ŋ⁵⁵	圆圆

重叠后的形容词做定语须加助词 ta⁵⁵。例如：

ŋjaŋ⁵³ ŋja:ŋ⁵³ ta⁵⁵ khjo³³　　　直直的路
　直　　直　　的　路

ʃut⁵⁵ ʃuːt⁵⁵ ta⁵⁵ sək⁵⁵　　　　　直直的树
　直　直　的　树

kui⁵⁵ kuːi⁵⁵ ta⁵⁵ sək⁵⁵　　　　　弯弯的树
　弯　弯　的　树

pjiŋ⁵⁵ pjəːŋ⁵⁵ ta⁵⁵ kjei⁵³　　　　满满的水
　满　满　的　水

thu³³ thuː³³ ta⁵⁵ mou⁵³ sou³³　　厚厚的书
　厚　厚　的　书

ŋe⁵³ ŋɛː⁵³ ta⁵⁵ sɿ⁵⁵　　　　　　小小的果子
　小　小　的　果子

thu³³ thuː³³ ta⁵⁵ pji³³　　　　　厚厚的衣服
　厚　厚　的　衣服

tʃɔt⁵⁵ tʃɔːt⁵⁵ ta⁵⁵ tou³³．　　　滑滑的瓶子
　滑　滑　的　瓶子

san⁵⁵ saːn⁵⁵ ta⁵⁵ jɔm³³　　　　干干净净的房子
　干净干净　的　房子

ŋo⁵³ ləŋ⁵⁵ ləːŋ⁵⁵ ta⁵⁵ luk³¹ tsəŋ⁵³ wɔː³³．　我要圆圆的石头。
　我　圆　圆　的　石头　　要

ŋo⁵³ ne⁵³ nɛː⁵³ ta⁵⁵ pan³³　le⁵⁵ mjaːŋ³¹．　我看见红红的花。
　我　红　红　的　花　（宾助）看见

kui⁵⁵ kɔːi⁵⁵ ta⁵⁵ wo³³ ta³¹ kam⁵³ khəːŋ⁵³．砍一根弯弯的竹子。
　弯　弯　的　竹子　一　根　砍

（2）形容词前面还可以加重叠的藻饰成分构成 AAB 式状貌词，从而使形容词的性质、状貌更加形象、生动。AAB 式状貌词中，前两音节均为短元音，第三音节为长元音。例如：

xuk⁵⁵ xuk⁵⁵ muːi⁵⁵　　　　　灰扑扑
　扑　扑　灰

ʃəŋ⁵⁵ ʃəŋ⁵⁵ ŋjaːu⁵³　　　　　绿殷殷
　殷　殷　绿

ʃɔm⁵⁵ ʃɔm⁵⁵ ŋjaːu⁵³　　　　　绿油油、蓝莹莹
　油　油　绿

təŋ⁵³ təŋ⁵³ nɔːʔ³¹　　　　　黑漆漆
　漆　漆　黑

AAB 式状貌词做名词修饰语也要加助词 ta⁵⁵ "的"。例如：

tʃhək⁵⁵ tʃhək⁵⁵ nɔːʔ³¹ ta⁵⁵ mou³³　　黑压压的天
压　 压　 黑　 的 天

tsam³³ tsam³³ nɛː⁵³ ta⁵⁵ pji³³ wuːt³¹.　　穿红艳艳的衣服。
艳　 艳　 红　 的 衣服 穿

taŋ⁵⁵ taŋ⁵⁵ tʃiːn³³ ta⁵³ ʃɿ⁵⁵ tsɔː³³.　　吃酸溜溜的果子。
溜　 溜　 酸　 的 果子 吃

3. 形容词重叠还可以做状语，用短元音。例如：

kəŋ³³ kəŋ³³ tə̠⁵⁵ tɔ̠⁵⁵ pjɛ³³.　　牢牢地捆住了。
牢　 牢　 捆　 住 了

ŋap³¹ ŋap³¹ kaːm⁵³ pjɛ³³.　　分齐了。
齐　 齐　 分　 了

mjap⁵⁵ mjap⁵⁵ tso³³ aʔ³¹!　　快快吃吧！
快　 快　 吃 吧

naŋ⁵³ tan³³ tan³³ jaːp³¹ tɔ̠⁵⁵ aʔ³¹!　　你直直地站着吧！
你　 直　 直　 站　 着 吧

（五）形容词的态

某些形容词有自动、使动范畴的区别。主要语法形式是在形容词前加 lɔʔ⁵⁵ "使" 表示使动。例如：

thɔːʔ⁵⁵	锋利	lɔʔ⁵⁵thɔːʔ⁵⁵	使锋利
phjuː³³	白	lɔʔ⁵⁵phjuː³³	使白
ʃə̠ŋ³³	长	lɔʔ⁵⁵ʃə̠ŋ³³	弄长
tuːt⁵⁵	短	lɔʔ⁵⁵tuːt⁵⁵	弄短
tʃaːp⁵⁵	窄	lɔʔ⁵⁵tʃaːp⁵⁵	弄窄
thuː³³	厚	lɔʔ⁵⁵thuː³³	弄厚

但有的形容词则短、长元音两种形式均可。例如：

nɛː⁵³	红	lɔʔ⁵⁵nɛ⁵³ ~ lɔʔ⁵⁵nɛː⁵³	弄红
ŋjaːu⁵³	绿	lɔʔ⁵⁵ŋjou⁵³ ~ lɔʔ⁵⁵ŋjaːu⁵³	弄绿
ŋjuːm³³	矮	lɔʔ⁵⁵ŋjəm³³ ~ lɔʔ⁵⁵ŋjuːm³³	弄矮
vɛː³³	远	lɔʔ⁵⁵vɛ³³ ~ lɔʔ⁵⁵vɛː³³	弄远
tʃaːŋ⁵³	近	lɔʔ⁵⁵tʃaŋ⁵³ ~ lɔʔ⁵⁵tʃaːŋ⁵³	弄近
laːm⁵³	宽	lɔʔ⁵⁵lam⁵³ ~ lɔʔ⁵⁵laːm⁵³	弄宽

pɔ:⁵⁵	薄	lɔ⁵⁵pɔ⁵⁵～lɔ⁵⁵pɔ:⁵⁵	弄薄
phɔ:t⁵⁵	凸	lɔ⁵⁵phɔt⁵⁵～lɔ⁵⁵phɔ:t⁵⁵	弄凸
tsa:i⁵³	细	lɔ⁵⁵tsei⁵³～lɔ⁵⁵tsa:i⁵³	弄细
ŋɛ:⁵³	小	lɔ⁵⁵ŋe⁵³～lɔ⁵⁵ŋɛ:⁵³	弄小
nə:k³¹	深	lɔ⁵⁵nək³¹～lɔ⁵⁵nə:k³¹	弄深
pɔ:⁵⁵	浅	lɔ⁵⁵pɔ⁵⁵～lɔ⁵⁵pɔ:⁵⁵	弄浅

形容词后若跟了句末语气词 pjɛ³³ "了"，该形容词多读短元音。例如：

xə:³³ 黄	xə³³pjɛ³³ 黄了	lɔ⁵⁵xə³³pjɛ³³ 弄黄了
mɔ:i⁵⁵ 灰	mui⁵⁵pjɛ³³ 灰了	lɔ⁵⁵mui⁵⁵pjɛ³³ 弄灰了
pa:ŋ⁵³ 亮	paŋ⁵³pjɛ³³ 亮了	lɔ⁵⁵paŋ⁵³pjɛ³³ 弄亮了
thɔ:ʔ⁵⁵ 锋利	lɔ⁵⁵thɔʔ⁵⁵pjɛ³³ 弄锋利了

例句：

{sək⁵⁵kam⁵³ jə⁵⁵pjɛ³³ 树歪了。(自动)
 树   歪 了

{ŋo⁵³ sək⁵⁵kam⁵³ lɔ⁵⁵jə⁵⁵pjɛ³³. 我把树弄歪了。(使动)
 我 树   弄 歪 了

{sək⁵⁵kam⁵³ ŋuk⁵⁵pjɛ³³. 树弯了。(自动)
 树   弯 了

{ŋo⁵³ sək⁵⁵kam⁵³ lɔ⁵⁵ŋuk⁵⁵pjɛ³³. 我把树弄弯了。(使动)
 我 树   弄弯 了

{ŋa⁵⁵ mjɔ³¹tuaŋ³³ nɔ³¹pjɛ³³. 我的脸黑了。(自动)
 我的 脸   黑 了

{ŋo⁵³ ŋa⁵⁵ mjɔ³¹tuaŋ³³ lɔ⁵⁵nɔ³¹pjɛ³³. 我把我的脸弄黑了。(使动)
 我 我的 脸   弄黑 了

(六) 形容词重叠表选择疑问

形容词以短元音形式重叠后可在中间嵌入否定副词 a³³ "不" 表示选择疑问。例如：

kji³³ a³³kji³³   大不大
大   不 大

juŋ³³ a³³ juŋ³³　　　　　好看不好看
美　不美

（七）形容词构成的四音格词

1. 形容词重叠后构成四音格词，表示程度、性质的加深。常见的构成形式有 AABB 式。例如：

kui⁵⁵ kui⁵⁵ ko³³ ko³³　　　弯弯曲曲
弯　弯　曲　曲

san⁵⁵ san⁵⁵ səŋ⁵⁵ səŋ⁵⁵　　干干净净
干　干　净　净

kji³³ kji³³ ŋɛ⁵³ ŋɛ⁵³　　　　老老少少
大　大　小　小

2. 形容词还可与其他词类（如名词、副词等）或配音音节组合成四音格词。这类四音格词主要有两种构成形式。

（1）ABAC 式。例如：

sək⁵⁵ mo⁵⁵ sək⁵⁵ tso³³　　　大树小树
树　大　树　小

khjo³³ tso³³ khjo³³ mo⁵⁵　　大路小路
路　小　路　大

ŋaŋ⁵⁵ phju³³ ŋaŋ⁵⁵ nɔʔ³¹　　白菜青菜
菜　白　菜　黑

nuk³¹ tsei³³ nuk³¹ nɔʔ³¹　　黄豆黑豆
豆　小　豆　黑

kjɔʔ³¹ pho⁵³ kjɔʔ³¹ mji⁵³　　公鸡母鸡
鸡　公　鸡　母

a³³ tou⁵⁵ a³³ fu³³　　　　横七竖八
不　倒　不　顺

kə³³ pu³³ kə³³ ʒa³³　　　　高高兴兴
高兴　　配音

（4）ABCB 式。例如：

nɔʔ³¹ səŋ³³ maŋ³³ səŋ³³　　嫡亲兄弟
弟　亲　兄　亲

khjei³³ mjap⁵⁵ lɔʔ³¹ mjap⁵⁵　手勤脚快
脚　快　手　快

mjaŋ³³ tse⁵³ ŋjɔ̠m³³ tse⁵³　　高的低的
高　的　矮　的
ʃə̠ŋ³³ tse⁵³ tɔ̠t⁵⁵ tse⁵³　　长的短的
长　的　短　的

二、形容词的句法功能

形容词可以做定语、谓语、补语等多种句法成分。

（一）做定语

形容词修饰名词时，通常位于名词之后。例如：

sə̠k⁵⁵ kjiː³³　　大树　　mjaŋ³³ kɛː⁵³　　好马
树　大　　　　　　　　马　好

pan³³ ne⁵³　　红花 [复合词"红花"的 ne⁵³ "红"用短元音]
花　红

也有位于名词之前的。例如：

pju⁵³ kɛː⁵³ ~ kɛː⁵³ pju⁵³　　好人
人　好　　好　人

若形容词提至名词前修饰名词，则要在形容词后加助词 ta⁵⁵（相当于汉语"的"）。例如：

kɛː⁵³ ta⁵⁵ mjaŋ³³　　　　好马
好　的　马

kjiː³³　ta⁵⁵　sə̠k⁵⁵　　　大的树
大　（定助）树

kɛː⁵³　ta⁵⁵　mjaŋ³³　　　好的马
好　（定助）马

ne⁵³　ta⁵⁵　pan³³　　　　红的花
红　（定助）花

ju̠ŋ⁵⁵　ta⁵⁵　pji³³mei⁵³　漂亮的衣服
漂亮（定助）衣服

（二）做谓语

形容词做谓语时，多用长元音。但在句中若跟了句末语气词 pjɛ³³ "了"时，形容词变为短元音。例如：

tshɔn⁵⁵ xjɛ³³ ŋa̠ːm⁵⁵ tə̠k⁵⁵ pjɛ³³. 这菜好吃极了。
菜　这　好吃　极　了

kuk³¹ kam⁵³ ŋuk⁵⁵ pje³³. 谷子弯了。
谷子　　　弯　了

(三) 做补语

形容词做动词补语时多用长元音。例如：

tʃheːi⁵⁵ juːŋ⁵⁵　洗干净　　paːt³¹ tʃuː²⁵⁵　淋湿
洗　干净　　　　　　　　淋　湿

(四) 形容词加助词 ta⁵⁵ "的" 还可做句子的主语、宾语，或做句子的话题成分。例如：

laːi³³ ta (ŋ)⁵⁵ ŋo⁵³ a³³ wo³³. 重的我不要。(主语兼话题)
重　的　　我　不要
xje³³　ke³³　nɛ⁵³ ta⁵⁵.　　这是红的。(宾语)
这　(话助) 红 的

形容词单独做话题时用短元音形式，谓语则用长元音形式。例如：

ne⁵³　ke³³　nɛː⁵³　　红倒是红
红　(话助) 红
tsen³³　ke³³　tsiːn³³　　聪明倒是聪明
聪明　(话助) 聪明
tso³³ le³³ ŋam⁵⁵　ke³³　ŋaːm⁵⁵, tsɔ³³ mju⁵⁵ tʃaŋ³³ kuŋ⁵³ ŋe⁵⁵.
吃　着 好吃 (话助) 好吃　吃　多　的话 身体 热
吃倒是好吃，就是吃了上火。

话题助词后的形容词虽用长元音形式，但韵母的主要元音在有的词上会有变化。例如：

laːi³³　重　　lei³³ ke³³　leːi³³　　重倒是重
　　　　　　　重 (话助) 重
kɛː⁵³　好　　ke⁵³ ke³³　keː⁵³　　好倒是好
　　　　　　　好 (话助) 好
tʃhaːu³³　甜　tʃhou³³ ke³³　tʃhoːu³³　甜倒是甜
　　　　　　　甜 (话助) 甜

第六节　动　　词

动词是表示动作行为、思想活动、发展变化、存在等意义的词。

动词有元音的长短对立，表示不同的语法意义。动词单独出现时，都是长元音形式，例如：

lɔː⁵³	来	lɔː⁵⁵, jɛː³³	去
wuːt⁵⁵	穿（衣）	paːt³¹	打（人）
tsɔː³³	吃	ʃuːk⁵⁵	喝
thuːn³³	捡	nɛː⁵⁵	嚼
juː⁵⁵	看	ŋaːu⁵³	哭
ɣɤː⁵³	买	ɔːŋ⁵⁵	卖
ŋɛː⁵³	爱	sɛː⁵³	懂
jɔː⁵⁵	有（钱）	ŋjɛːi⁵³	在，有（人）

一、动词的语法特点

动词和形容词在词类划分上有交叉特点。二者的共同点有：主要做谓语，能受副词修饰，能做补语，有使动范畴等。但还有一些不同的特点：形容词有构词前缀，动词没有；动词能带宾语，形容词不能带宾语；动词能受动量词修饰，形容词则不能等。

动词的主要语法特点如下：

（一）动词的元音长短表示不同的语法意义

动词通过元音长短对立表示不同的语法意义。（详见第二章第四节）长短元音的出现条件还有以下几点要提及。

动词作为复合词的词素时都读短元音。例如：

tʃɔʔ³¹tɔʔ⁵⁵ paʔ³¹su⁵⁵　　铁匠　　khjei³³kui⁵⁵　　跛子
铁　　打者　　　　　　　　脚　跛

动词单独做陈述句谓语时，用长元音。例如：

ŋjaŋ³³kɛː⁵³　　　　　他好。
他　好

a³³nɔʔ³¹ŋaːu⁵³.　　　弟弟哭。
弟弟　哭

当祈使句中的动词后跟 aʔ³¹ 等句尾助词时，多用短元音形式。例如：

liʔ⁵⁵aʔ³¹!　　　　　来吧！
来吧

lo⁵⁵ aʔ³¹！　　　　　　　去吧！
去　吧

naŋ³¹ tsan³³(n)aʔ³¹！　　你砍吧！
你　砍　　　　吧

naŋ⁵³ kɔ̠t⁵⁵ aʔ³¹！　　　做吧！
你　做　　吧

(二) 动词的使动态

勒期语的动词有自动态和使动态的区别。自动态大多指某种动作行为并非外力引起，而是行为本身所发出的；使动态则是指某种动作行为由外力引起的。

1. 表达使动范畴的语法形式有屈折式和分析式两种。

(1) 屈折式

屈折式通过语音变化来体现，形式较为丰富。语音变化有不同的元音交替、不同的辅音（声母中的辅音）交替，二者交替时常伴随声调的不同。主要有四种表现形式。

①元音松紧交替。松元音表自动，紧元音表使动。例如：

ta:p³¹　　贴　　　　ta̠:p⁵⁵　　使贴
kju:k³¹　　害怕　　　kju̠:k⁵⁵　　吓唬
pu:k³¹　　炸　　　　pu̠:k⁵⁵　　使炸
nu:n⁵⁵　　摆动　　　nu̠:n⁵³　　使摆动

②辅音送气不送气交替。不送气表自动，送气表使动。例如：

pjɔ:ʔ³¹　　塌　　　　phjɔ:ʔ⁵⁵　　拆
pju:k³¹　　消失　　　phju:k⁵⁵　　使消失
kju:t³¹　　(鞋)脱落　khju:t⁵⁵　　使(鞋)脱

③辅音（半元音和清擦音）、元音交替。半元音表自动，清擦音表使动。例如：

wu:t³¹　　穿　　　　xu̠:t⁵⁵　　使穿

(2) 分析式是以在自动词前加使动前缀 lɔʔ⁵⁵ 的形式来表示使动范畴。例如：

lə:k⁵⁵　　混合　　　lɔʔ⁵⁵lə:k⁵⁵　　使混合
tə̠:ŋ⁵³　　紧　　　　lɔʔ⁵⁵tə̠:ŋ⁵³　　使紧

ŋaːu⁵³　　　　　哭　　　　　lɔʔ⁵⁵ŋaːu⁵³　　　弄哭
khjuːp³³　　　（碗）碎　　　lɔʔ⁵⁵khjɔp³³　　使(碗)碎
有的词项在用屈折形式的同时还兼用分析形式。例如：
pjiːt³¹　　　　（线）断　　　lɔʔ⁵⁵phjit⁵⁵　　　弄断(线)
kjaːu³³　　　（棍子）断　　 lɔʔ⁵⁵kjaːu⁵⁵　　 弄断(棍子)
puːn³³　　　　醒　　　　　 lɔʔ⁵⁵pɔn³³　　　 弄醒
taːp³¹　　　　贴　　　　　 lɔʔ⁵⁵taːp⁵⁵　　　 使贴

2. 使动词和自动词的基本句法功能相同，在句中主要做谓语。例如：

{ a³³pho⁵³pɔn³³pjɛ³³. 爸爸醒了。　　　　　　　　　　　（自动）
　爸爸　醒　了

{ ŋo⁵³a³³pho⁵³ le⁵⁵ lɔʔ⁵⁵pɔn³³pjɛ³³. 我把爸爸弄醒了。　（使动）
　我　爸爸　（宾助）弄醒　了

{ jɔm³³pjɔːʔ³¹pjɛ³³. 房子塌了。　　　　　　　　　　　　（自动）
　房子 塌 了

{ naŋ⁵³jɔm³³phjɔːʔ⁵⁵pjam⁵³(m)aʔ³¹! 你把房子拆掉吧！（使动）
　你　房子　拆　　掉　吧

{ khjei³¹tsu̱ŋ⁵⁵kjuːt³¹pjɛ³³. 鞋掉了。　　　　　　　　　（自动）
　鞋　脱　　　了

{ naŋ⁵³khjei³¹tsu̱ŋ⁵⁵khjuːt⁵⁵(n)aʔ³¹! 你把鞋脱掉吧！（使动）
　你　鞋　　　使脱　吧

{ pji³³mo³³ nɛː⁵³tse⁵⁵taːp³¹tɔ³³ŋjaŋ³³pou⁵⁵pjuːk³¹pjɛ³³.
　衣(方所助)红的　　贴着 他 自己 消失 了
贴在衣服上的红色物没有了。　　　　　　　　　　　　（自动）

{ naŋ⁵³mjɔʔ³¹tʃam⁵⁵khaʔ⁵⁵ɛ⁵³sɔt⁵⁵, sɔːi⁵³tɔ³³ta⁵⁵puŋ⁵³lo³³tsaŋ³³suːt⁵⁵
　你　玻璃　　　不要　擦　画着的　画 当心 擦
phjuk⁵⁵ɛ⁵³!
使消掉(助)　　　　　　　　　　　　　　　　　　　　（使动）
你不要擦玻璃，当心把画着的画擦掉！

$\begin{cases} \text{tshə}^{53/31} \text{ jam}^{53} \text{mo}^{33} \text{ mou}^{53} \text{sou}^{55} \text{ ta:p}^{31} \text{ tɔ}^{33}. \text{ 墙上贴着纸。} \\ \text{墙 (方所助)纸 贴 着} \end{cases}$ （自动）

$\begin{cases} \text{khjei}^{55} \text{ kha}^{55} \text{ lɔ}^{55} \text{ ta:p}^{55} \text{ tu}^{33}! \text{ 不要让屎粘着!} \\ \text{屎 不要 使粘 着} \end{cases}$ （使动）

$\begin{cases} \text{mji}^{53} \text{nuk}^{31} \text{ pu:k}^{31} \text{ pjɛ}^{33}. \text{ 花生炸了。} \\ \text{花生 炸 了} \end{cases}$ （自动）

$\begin{cases} \text{ŋo}^{53} \text{ mji}^{53} \text{nuk}^{31} \text{ pu:k}^{55} \text{ tsɔ:}^{33}. \text{ 我炸花生吃。} \\ \text{我 花生 使炸 吃} \end{cases}$ （使动）

$\begin{cases} \text{ŋo}^{53} \text{ pji}^{33} \text{ wu:t}^{31}. \text{ 我穿衣服。} \\ \text{我 衣服 穿} \end{cases}$ （自动）

$\begin{cases} \text{ŋo}^{53} \text{ a}^{33} \text{nɔ}^{31} \text{ mji}^{33} \text{ji}^{33} \text{ nu}^{55} \text{ le}^{55} \text{ pji}^{33} \text{ xu:t}^{55}. \\ \text{我 妹妹 (宾助)衣 使穿} \\ \text{我给妹妹穿衣。} \end{cases}$ （使动）

$\begin{cases} \text{tsə}^{33} \text{ʃaŋ}^{33} \text{ wɔm}^{33} \text{ tsɔ}^{33} \text{ pjɛ}^{33}. \text{ 小孩吃饭了。} \\ \text{小孩 饭 吃 了} \end{cases}$ （自动）

$\begin{cases} \text{tsə}^{33} \text{ʃaŋ}^{33} \text{ le}^{55} \text{ wɔm}^{33} \text{ tsɔ:}^{55}. \text{ 喂小孩饭。} \\ \text{小孩 (宾助)饭 喂} \end{cases}$ （使动）

$\begin{cases} \text{ŋo}^{53} \text{ kju:k}^{31}. \text{ 我害怕。} \\ \text{我 害怕} \end{cases}$ （自动）

$\begin{cases} \text{njaŋ}^{33} \text{ ŋo}^{55} \text{le}^{33} \text{ kju:k}^{31}. \text{ 他吓唬我。} \\ \text{他 我(宾助) 吓唬} \end{cases}$ （使动）

$\begin{cases} \text{naŋ}^{53} \text{ təŋ}^{33} \text{mo}^{33} \text{ mji}^{53} \text{ tsei}^{55} \text{ na:ŋ}^{33} \text{ tə:ŋ}^{53} \text{ a}^{31}! \\ \text{你 洞(方所助)土 踩 紧 (助)} \\ \text{你把洞上的土踩紧!} \end{cases}$ （自动）

$\begin{cases} \text{tə}^{55} \text{ lɔ}^{55} \text{tə:ŋ}^{53} \text{ a}^{31}! \text{ 把绳子弄紧!} \\ \text{绳子 使紧 (助)} \end{cases}$ （使动）

$\begin{cases} \text{sək}^{55} \text{kɔ}^{55} \text{ kja:u}^{33} \text{ pjɛ}^{33}. \text{ 树枝断了。} \\ \text{树枝 断 了} \end{cases}$ （自动）

$\begin{cases} \text{sək}^{55} \text{kɔ}^{55} \text{ lɔ}^{55} \text{ kja:u}^{55} \text{ pjɛ}^{33}. \text{ 把树枝弄断了。} \\ \text{树枝 使断 了} \end{cases}$ （使动）

$\begin{cases} \text{ŋjaŋ}^{33} \text{ŋa:u}^{53} \text{pjɛ}^{33}. \text{他哭了。} \\ \text{他} \quad \text{哭} \quad \text{了} \end{cases}$ （自动）

$\begin{cases} \text{ŋo}^{53} \text{ŋjaŋ}^{33} \text{le}^{55} \text{lɔʔ}^{55} \text{ŋa:u}^{53}. \text{我把他弄哭了。} \\ \text{我} \quad \text{他} \quad \text{(宾助)} \quad \text{使哭} \end{cases}$ （使动）

$\begin{cases} \text{mji}^{33} \text{ta:p}^{55} \text{pjɛ}^{33}. \text{火着了。} \\ \text{火} \quad \text{着} \quad \text{了} \end{cases}$ （自动）

$\begin{cases} \text{naŋ}^{53} \text{mji}^{33} \text{ta:p}^{55} \text{kat}^{55} \quad \text{aʔ}^{31}! \text{你把火生着吧!} \\ \text{你} \quad \text{火} \quad \text{使燃} \text{(助动)} \text{(语助)} \end{cases}$ （使动）

$\begin{cases} \text{khuʔ}^{55} \text{khjup}^{33} \text{pjɛ}^{33}. \text{碗碎了。} \\ \text{碗} \quad \text{碎} \quad \text{了} \end{cases}$ （自动）

$\begin{cases} \text{ŋo}^{53} \text{khuʔ}^{55} \text{lɔʔ}^{55} \text{khjɔp}^{33} \text{pjɛ}^{33}. \text{我把碗弄碎了。} \\ \text{我} \quad \text{碗} \quad \text{弄碎} \quad \text{了} \end{cases}$ （使动）

$\begin{cases} \text{khuʔ}^{55} \text{ŋo}^{53} \quad \text{ŋ}^{53} \quad \text{lɔʔ}^{55} \text{khjɔp}^{33} \text{pjɛ}^{33}. \text{碗被我弄碎了。} \\ \text{碗} \quad \text{我} \quad \text{(施助)} \text{弄碎} \quad \text{了} \end{cases}$ （使动）

(三)动词的体

主要有将行体、进行体和完成体。

1. 将行体

在动词后加 aʔ³¹ŋ⁵³ "将、将要"表示动作行为即将进行。例如：

naŋ⁵³ mjɛn⁵⁵ thaŋ³³ tʃhə³³ tʃuŋ³³ kɔt⁵⁵ aʔ³¹ ŋ⁵³? 你下午要做什么？
你　下午　　什么　　　做　将要

ŋo⁵³ nap³¹ jɔ⁵³ ŋjei⁵⁵ pə³¹ kjin⁵⁵ lo⁵⁵ aʔ³¹ ŋ⁵³. 我明天将去北京。
我　明天　　北京　　去　将要

ŋo⁵³ nap³¹ jɔ⁵³ ŋjei⁵⁵ lo⁵⁵ aʔ³¹ ŋ⁵³.　　　我明天将走。
我　明天　　去　将要

2. 进行体

进行体是在动词后加 ŋjeːi⁵³ "正在"表示动作正在进行（ŋjeːi⁵³ 来自表"存在"的实义动词）。例如：

tsɔː³³ ŋjeːi⁵³　　正在吃　　　juːp⁵⁵ ŋjeːi⁵³　　正在睡
吃　正在　　　　　　　　　　睡　正在

mjiːt³¹ ŋjeːi⁵³　　正在想　　　jiː⁵³ ŋjeːi⁵³　　正在笑
想　正在　　　　　　　　　　　笑 正在

ŋo⁵³ wɔm³³ tsɔ³³ ɲjeːi⁵³.　　　我正在吃饭。
我　饭　吃　正在

naŋ⁵³ xɛ⁵⁵ tʃuŋ³³ kuːt⁵⁵ ɲjeːi⁵³?　　你在做什么?
你　什么　　做　正在

3. 完成体(已行体)

完成体也有两种表达方式。一种是在动词后加 pjɛ³³"了"，表示动作行为已经进行或客观现象已经出现。例如:

tsɔ³³ pjɛ³³　吃了　　　　tuːt³¹ pjɛ³³　成了
puːk³¹ pjɛ³³　炸了　　　kjuːt³¹ pjɛ³³　脱落掉了
pɔn³³ pjɛ³³　醒了　　　pjɔː?³¹ pjɛ³³　塌了

另一种是在动词后加 ju⁵⁵"过"表示动作已经完成。例如:

lɔː⁵⁵ ju⁵⁵　去过　　　　juː⁵⁵ ju⁵⁵　看过
pə³¹ kjin⁵⁵ ŋo⁵³ lɔː⁵⁵ ju⁵⁵ pjɛ³³.　我去过北京了。
北京　我　去　过　了

ŋo⁵³ kji⁵³ kuːt⁵⁵ ju⁵⁵.　　我当过兵。
我　兵　做　过

ŋo⁵³ sə-³³ ʑa³³ kuːt⁵⁵ ju⁵⁵.　我当过老师。
我　老师　做　过

(四)动词的疑问式和命令式

动词在疑问句和祈使句中做谓语时须带句尾语气助词。(详见第五章·第二节"句子类型")例如:

naŋ⁵³ mjɛn⁵⁵ than³³ tʃhə³³ tʃuŋ³³ kɔt⁵⁵ a?³¹ ŋ⁵³?
你　下午　　什么　做　将要
你下午要做什么?

naŋ⁵³ ɲjaŋ³³ le⁵⁵　pjeːi³³ a?³¹!　　　你给他吧!
你　他　(宾助)　给(语助)

naŋ⁵³ thə³³ phjaŋ⁵⁵ sɔ⁵⁵ a?³¹!　　　你往那儿走吧!
你　那边　　走(语助)

naŋ⁵³ tshɔn⁵⁵ tʃə:m⁵⁵ tʃə:m⁵⁵ ju⁵⁵ a?³¹!　(你)尝尝菜!
你　菜　尝　尝　看(语助)

但也有不加句尾语气助词的情况。例如:

naŋ⁵³nuŋ⁵⁵khã³³mjɔ⁵³ŋjei⁵⁵sɔ:⁵⁵?   你们走了几天(才到昆明)?
你们 几   天 走

naŋ⁵³nuŋ⁵⁵khã³³mjɔ⁵³ŋjei⁵⁵sɔ⁵⁵pjɛ³³?   你们走了几天(才到昆明)?
你们 几   天 走 了

xjɛ³³ su⁵⁵ khaˑ⁵⁵ kɔt⁵⁵!   不要这么做!
这 样 不要 做

(五) 动词的趋向

勒期语中的方向动词 lɔ:⁵³ (回来) /ɛ:⁵⁵ (过来) "来"、lɔ:⁵⁵ (回去) /jɛ³³ (过去) "去",均可直接加在动词后面,表示动作的趋向。例如:

thu:ʔ⁵⁵ lɔ:⁵³   出来   thu:ʔ⁵⁵ lɔ:⁵⁵   出去
出 来   出 去

tɔ:ʔ³¹ lɔ:⁵³ /tɔ:ʔ³¹ li⁵⁵   上来   tɔ:ʔ³¹ lɔ:⁵⁵   上去
上 来 上 来   上 去

kjɔ:⁵⁵ lɔ:⁵³   下来   kjɔ:⁵⁵ lɔ:⁵⁵   下去
下 来   下 去

ta:u⁵⁵ lɔ:⁵³   回来   ta:u⁵⁵ lɔ:⁵⁵   回去
回 来   回 去

ju:⁵³ tɔ:ʔ³¹ lɔ:⁵³   拿上来,拿起来
拿 起 来

kjɔ:⁵⁵ li⁵⁵ aʔ³¹!   下来吧!
下 来 吧

ta:u⁵⁵ lɔ:⁵⁵ aʔ³¹!   (你) 回去吧
回 去 吧

ta:u⁵⁵ lo⁵⁵ ʃaŋ⁵³!   (我们) 回去吧!
回 去 吧!

ta:u⁵⁵ lo⁵⁵ pjɛ³³.   (自己) 回去了。
回 去 了

ta:u⁵⁵ lo⁵⁵ pjɛ³³.   (他) 回去了。
回 去 了

(六) 动词的重叠

大多数动词不能重叠,但也有少量动词可以重叠,表示该动作

次数、频率的增加。例如：

mjɔʔ³¹ lap³¹ lap³¹　　　　眨眼睛
眼睛　眨　眨

mi⁵³ nuan⁵⁵ nuan⁵⁵　　　　地震
地　震　震

ji⁵³ ji̠⁵³ tsa³³　　　　　　微笑
笑　笑　(助)

thu⁵⁵ thu⁵⁵ vaŋ⁵³ vaŋ⁵³　　出出进进
出　出　进　进

lo⁵³ lo⁵³ ji̠³³ ji̠³³　　　　来来去去
来　来　去　去

tʃhuːn³³ tʃhuːn³³ ʃaːp⁵⁵(m) aʔ³¹ !　　（你把铅笔）削细吧！
砍削　砍削　削　（语助）

ŋjaŋ³³ no⁵³ kjə̠ŋ⁵⁵ kjə̠ŋ⁵⁵.　　　他哼哼着。
他　病　哼　哼

naŋ⁵³ mou⁵³ sou⁵⁵ xje³³ puk³¹ ju⁵⁵ ju⁵⁵ aʔ³¹ !
你　书　　这　本　看　看　吧
你看看这本书吧！

（七）动词的否定式

动词能受否定副词的修饰。否定副词主要有 a³³ "不、没" 和 khaʔ⁵⁵ "勿、别、不要" 两个。例如：

ŋo⁵³ wəm³³ a³³ tso³³ ʃɿ⁵⁵.　　　我还没吃饭。
我　饭　没　吃　还

ŋo⁵³ ŋjaŋ³³ le⁵⁵ a³³ paːt³¹.　　我没打他。
我　他　(宾助)　没打

khaʔ⁵⁵ kɔ̠t⁵⁵ !　　　别做！
别　做

khaʔ⁵⁵ tso³³ !　　　别吃！
别　吃

khaʔ⁵⁵ li⁵⁵ !　　　别来！
别　来

naŋ⁵³ jei³³ phei⁵⁵ khaʔ⁵⁵ ʃuk⁵⁵ !　　你不要喝酒！
你　酒　　不要　喝

naŋ⁵³ ŋjaŋ³³　le⁵⁵　khaʔ⁵⁵ pat³¹！你别打他！
你　他　（宾助）不要　打

被否定的动词用短元音形式，而且有的动词在主要元音上会有变化。（详见第二章第四节）例如：

ŋɛː³¹　　　靠　　　　　a³³ŋe³³　　不靠
tuːn³³　　　按　　　　　a³³tɔn³³　　不按
thuːt⁵⁵　　搬（家）　　a³³thɔt⁵⁵　　不搬
saːi⁵³　　编（篮子）　 a³³sei⁵³　　不编
tsɔː³³　　　吃　　　　　a³³tso³³　　不吃
ʃɛː⁵³　　　抽（出）　　a³³ʃe³³　　不抽
tʃaːu⁵⁵　　穿（针）　　a³³tʃou⁵⁵　不穿
thaːu⁵⁵　　戳　　　　　a³³thou⁵⁵　不戳

（八）动名同形现象

有的动词来自名词的后一音节，取长元音形式。（详见第二章第四节）例如：

wɔm³³ŋjaʔ⁵⁵ŋjaːʔ⁵⁵　熬粥　　əŋ³³thə⁵⁵thəː⁵⁵　绕线团
粥　　　熬　　　　　　　　　线团　　绕

tə⁵⁵thɔm⁵⁵thuːm⁵⁵　打结子　　kji⁵³pək⁵⁵pəːk⁵⁵　打仗
结子　　打　　　　　　　　仗　　打

pji³³kjɛn⁵⁵kjiːn⁵⁵　扣扣子　　mɔ³³phi³³phiː³³　当乞丐
扣子　　扣　　　　　　　　乞丐　　当

mã³³khɔn⁵⁵khuːn⁵⁵　唱歌　　wo⁵⁵thɔp⁵⁵thɔːp⁵⁵　戴包头
歌　　唱　　　　　　　　　包头　　戴

（九）动词的名物化

动词可加名物化后缀 tse⁵³ 构成名词性成分。例如：

tsɔː³³ tse⁵³　　吃的　　tʃhn̩ː³³ tse⁵³　　用的
吃　的　　　　　　　　用　的

taːi⁵³ tse⁵³　　说的　　ɣə⁵³ tse⁵³　　买的
说　的　　　　　　　　买　的

二、动词的语法功能

动词在句中主要做谓语,此外还能做主语、状语、补语、定语等。

做主语的如:

ta:i⁵³ tʃaŋ⁵⁵ tə³¹ lɛː⁵³, kɔt⁵⁵ tʃaŋ⁵⁵ ja:u³³.
说 的话 容易   做 的话 难

说起来容易,做起来难。

做谓语的如:

khəm⁵⁵ phaŋ⁵³ pjɛ³³.   门开了。
门   开   了

ŋjaŋ³³ ju:p⁵⁵ tɔ³³.   他正在睡觉。
他   睡觉 (助动)

做状语的如:

ŋjaŋ³³ khjo³³ tʃaːŋ⁵⁵ sɔː⁵⁵.   他绕路走。
他   路   绕   走

做补语的如:

a³³ pho⁵³ sək⁵⁵ kam⁵³ le⁵⁵ tʃu:n³³ ləŋ⁵⁵ pjɛ³³.
爸爸 树   (宾助) 推   倒   了

爸爸把树推倒了。

做定语的如:

naŋ⁵³ ʃɔː³³ ta⁵⁵ pju⁵³ ke³³ xjɛ³³ juʔ³¹ khai⁵³?
你   找 的 人 (话助) 这 个 (语助)

你要找的是这个人吧?

由定语动词和中心语组成的结构,定语动词是前置的,而且要在动词之后加结构助词 ta⁵⁵ "的"。例如:

ʃɔː⁵⁵ ta⁵⁵ ŋaŋ⁵⁵   种的菜
种   的 菜

ɣə⁵³ lɔ⁵³ ta⁵⁵ tshɔn⁵⁵   买来的葱
买 来 的 葱

tʃeːi⁵⁵ lɔː⁵³ ta⁵⁵ ŋə⁵³   借来的钱
借   来   的 钱

mju:³³ ta⁵⁵ vuʔ³¹　　　　　养的猪
养　　的　猪

第七节　助　动　词

助动词是用在动词或兼有动词性质的形容词后面的词，表示动作行为的势态、性质等，对动词起辅助作用。助动词在语义和语法特征上不同于一般的动词。

勒期语常见的助动词主要有三个。

1. kat⁵⁵

助动词 kat⁵⁵ 由动词 ka:t⁵⁵ "放（进）" 虚化而来，放在动词后表示动作行为的"搁置"。它单独当动词用的如：

kat⁵⁵(n)aʔ³¹！　　　　　　　装吧！（放进去吧！）
装　（语助）

kjei⁵³ kat⁵⁵　aʔ³¹！　　　　　（把杯子）装上水吧！
水　装　（语助）

khu:⁵⁵ kat⁵⁵(n)aʔ³¹！　　　　放碗吧（在桌子上）！
碗　　（语助）

当助动词用的如：

naŋ⁵³ tsɔ:ŋ³³ kat⁵⁵ (n)aʔ³¹！　你坐吧！
你　坐　（助动）（语助）

tɔ:ʔ³¹ kat⁵⁵ (n)aʔ³¹！　　　　摆上吧！
摆　（助动）（语助）

naŋ⁵³ pji³³ tshə⁵³/³¹ jam⁵³ la:ŋ⁵⁵ kat⁵⁵　aʔ³¹！你把衣服挂在墙上吧！
你　衣服　墙　挂　（助动）（语助）

ta⁵³ tsɔp³¹ la:ŋ⁵⁵ kat⁵⁵ (n)aʔ³¹！　等一会儿！
一　下　等　（助动）（语助）

naŋ⁵³ ta⁵³ tsɔp³¹ nɔ:³³ kat⁵⁵ (n)aʔ³¹！你休息一会儿吧！
你　一会儿　休息（助动）（语助）

kha:t⁵⁵ thu:ʔ⁵⁵ ka:t⁵⁵！　　　赶出去！
赶　出　（助动）

tsɔː³³ kat⁵⁵ (n)aʔ³¹! 吃 （助动）(语助)	吃吧！
juː⁵⁵ kat⁵⁵ (n)aʔ³¹! 看 （助动）(语助)	看吧！
kjɔː³³ kat⁵⁵ (n)aʔ³¹! 听 （助动）(语助)	听吧！
a³³phou⁵⁵ le⁵⁵ tu³³tɔ⁵³ kat⁵⁵! 爷爷 （宾助）扶起 （助动）	把爷爷扶起来！
ə³³xə⁵⁵! lɔ⁵⁵ lai⁵⁵ kat⁵⁵ pjɛ³³! 哎呀 弄 过去(助动) 了	哎呀！被弄跑了！

2. tə³³/tu³³

动词后加助动词 tə³³/tu³³ "着"表示动作状态正在持续之中。只有带持续语义的动词才能受 tə³³/tu³³ "着"标注。常带 tə³³/tu³³ "着"的动词，是表示人体姿态和物体位置的动词。tə³³/tu³³ "着"起了凸现空间概念或状态持续的作用。例如：

tɔː⁵⁵tə³³/tɔː⁵⁵tu³³ 摆 着	摆放着
laːŋ⁵⁵tə³³ 等 着	等着
taːp³¹tə³³ 贴 着	贴着
jaːp³¹tə³³ 站 着	站着
tɔː⁵⁵tu³³ aʔ³¹! 放 着 (语助)	放着！
khuʔ⁵⁵ thə³³mo³³ tɔː⁵⁵tu³³. 碗 那里 放着	碗在那里放着。
khuʔ⁵⁵ thə³³mo³³ tɔː⁵⁵tu³³ aʔ³¹! 碗 那里 放着 (语助)	请（你）把碗放那儿！
a³³pho⁵³a³³khui³³ jɯːp⁵⁵tə³³. 爸爸 现在 睡 着	爸爸正在睡觉。
ŋjaŋ³³jɔm³³ pan⁵³ mo³³ laːŋ⁵⁵tə³³. 他 屋 外 (方所助) 等 着	他在屋外等着。

3. pjam⁵³

助动词 pjam⁵³ 跟在动词后表示"掉、丢掉、失掉"义。例如：

naŋ⁵³ jɵm³³ phjɔː⁵⁵ pjam⁵³ (m) aʔ³¹! 你把房子拆掉吧！
你　房子拆　　掉　　吧

tuŋ³¹ khɔ⁵⁵ ke³³ ŋjaŋ³³ ŋjei⁵³ tsɔː³³ pjam⁵³ pjɛ³³. 黄瓜被他吃掉了。
黄瓜　（话助）他（施助）吃　掉　了

khuɪ⁵⁵ xjɛ³³ tu³³ ʃo⁵⁵ tsɔː³³ pjam⁵³ pjɛ³³. 这只狗把肉吃掉了。
狗　这只肉　吃掉　了

a³³ tʃhaʔ⁵⁵ ɛ⁵³! jaːu³¹ thuʔ⁵⁵ pjam⁵³ pjɛ³³!
哎！　　　流　出　丢掉　了
哎！（袋子里的水）流掉了！

mou⁵³ sou⁵⁵ thə³³ puk³¹ sə⁵⁵ pei⁵⁵ ŋjei⁵³ khau⁵⁵ pjam⁵³ pjɛ³³.
书　那　本　别人　（施助）偷　掉　了
那本书被别人偷掉了。

ŋjaŋ³³ no⁵³ juː⁵⁵ a⁵³ ka³³ ŋ⁵³ kjɔʔ³¹ mo⁵⁵ tsəŋ⁵³ ɔːŋ⁵⁵ pjam⁵³.
他　病　看　为了　鸡　大　母　卖掉
为了看病，他把老母鸡卖了。

第八节　副　　词

副词表示动作、行为或性质、状态在程度、范围、时间、频率、语气等方面的不同状况。副词的语法特点和语法功能主要是：1. 副词的基本功能是充当谓词性结构中的修饰成分，不能单独使用。2. 副词一般不受其他词类的修饰或限制，其后面也不能加结构助词或句尾助词。3. 副词的主要语法功能是做状语。它能修饰形容词、动词或者整个句子。4. 副词的位置大多放在被修饰、限制语的前面，但也有少数程度副词（如 tək⁵⁵ "极"）、时间副词（如 ʃɿ⁵⁵ "还"）等可放在谓语的后面。5. 有的副词（如 tʃei⁵³ "越"等）在句中能起关联作用，且常用两个相同的副词分别连接两个动词。例如：

tʃei⁵³ tso³³ tʃei⁵³ tso³³ naːu⁵³.　　　越吃越想吃。
越　吃　越　吃想

ŋo⁵³ tʃei⁵³ tsuŋ³³ tʃei⁵³ mjɔŋ³³.　　　　我越坐越累。
我　越　　坐　越　累

muŋ⁵³ tuŋ³³ ʃn⁵⁵ tʃei⁵³ kji³³ tʃei⁵³ ŋam⁵⁵.　牛肚子果越大越好吃。
牛肚子果　越　大　越　好吃

naŋ⁵³ nɛ:³³ ta⁵⁵ tshɔn⁵⁵ tʃei⁵³ tso³³ tʃei⁵³ ŋam⁵⁵.
你　炒　的菜　　越　吃　越　好吃
你炒的菜（让人）越吃越好吃。

副词大致可分为可分为程度副词、范围副词、时间副词、否定副词、语气副词、情状方式副词等类。下面分别举例说明：

一、程度副词

程度副词主要表示性质状态的程度。常见的有：

1. kjei⁵³/tʃaˀ³¹ "很"。例如：

tʃaˀ³¹ mjo:³³　　　　　　　　　很多
很　多

tʃaˀ³¹ pha:u⁵⁵　　　　　　　　很贵
很　贵

ŋjaŋ³³ tʃaˀ³¹ kji:n⁵⁵　　　　　　他很忙。
他　很　忙

ʃɪ⁵⁵ xjɛ³³ tʃaˀ³¹ tʃa:u³³.　　　　 这果子很甜。
果子这　很　甜

2. tʃei⁵³ "更、最、越"。例如：

tʃei⁵³ ʃə:ŋ³³　　　　　　　　　更长
更　长

tʃei⁵³ mjo:³³　　　　　　　　　更多
更　多

tʃei⁵³ pjɛ:n⁵⁵　　　　　　　　　更扁
更　扁

xjɛ³³ tʃei⁵³ kɛ:⁵³.　　　　　　　这更好。
这　更　好

ŋjaŋ³³ jɔm³³ tʃei⁵³ pɔ:⁵³, ŋo⁵³ jɔm³³ tʃei⁵³ nɛ:⁵³.　他力气大，我力气小。
他　力气　更　大　我　力气　更　小

ŋo⁵³ nuŋ⁵⁵ jɔm³³ tʃei⁵³ kji:³³.　　我家房子最大。
我们　家　最　大

naŋ⁵³nuŋ⁵⁵sɔm⁵⁵juʔ³¹kha³³juʔ³¹tʃei⁵³kji:³³?
你们 三 个 哪个 最大
你们三个哪个（年龄）最大？

naŋ⁵³a³³ji³³tʃaŋ⁵⁵ŋo⁵³tʃei⁵³a³³kam³³ji³³.
你 不去 的话 我 更 不愿 去
你不去的话我更不愿意去。

naŋ⁵³nɛ:³³ta⁵⁵tshɔn⁵⁵tʃei⁵³tso³³tʃei⁵³ŋam⁵⁵.
你 炒 的 菜 越 吃 越 好吃
你炒的菜（让人）越吃越好吃。

tʃei⁵³tso³³tʃei⁵³tso³³na:u⁵³.　　　越吃越想吃。
越 吃越 吃想

ŋo⁵³tʃei⁵³tsuŋ³³tʃei⁵³mjɔŋ³³.　　　我越坐越累。
我 越 坐越 累

muŋ⁵³tuŋ³³ʃɿ⁵⁵tʃei⁵³kji³³tʃei⁵³ŋam⁵⁵.　　牛肚子果越大越好吃。
牛肚子果 越 大 越 好吃

3. ta⁵³tʃik⁵⁵kjei⁵³ "稍微"。例如：

ta⁵³tʃik⁵⁵kjei⁵³kɛ:⁵³　　　　　稍好
稍　　　　　好

ta⁵³tʃik⁵⁵kjei⁵³khɔ:⁵⁵　　　　　稍咸
稍　　　　　咸

4. tək⁵⁵/tə:k⁵⁵ "极（了）、……得很"。例如：

mjɔ:³³tək⁵⁵.　　　　　多得很。
多　　很

jɔ:ŋ⁵⁵tək⁵⁵pijɛ³³.　　　　　好看极了。
好看 极 了

ʃɿ⁵⁵thə³³ŋa:m⁵⁵tək⁵⁵pjɛ³³.　　那果子好吃极了。
果子 那 好吃 极 了

ŋo⁵³nuŋ⁵⁵mən³³kji:³³tə:k⁵⁵!　　我们的国家大极了！
我们　　国家 大 极

5. sɔŋ⁵³ "太"。例如：

sɔŋ⁵³mjɔ:³³, a³³pa:n⁵³tso³³lo³³!　　太多了，吃不完啦！
太 多 不全部 吃 啦

sɔŋ⁵³ɲɛ:⁵⁵, ta:u⁵⁵lo⁵⁵aʔ³¹!　　　太热了,(你)回去吧！
太 热 回去 （语助）

sɔŋ⁵³ve³³!　　　　　　　　　　　　太远了!
太　远

二、范围副词

范围副词主要表示事物或性质状态的范围。常见的有:

1. paːn⁵³/paːn⁵³ʃɔʔ⁵⁵ "全、都、统统"。例如:

paːn⁵³ tso³³ pjɛ³³.　　　　　　　　　全吃了。
全部　吃　了

paːn⁵³ ʃo⁵⁵ pjɛ³³.　　　　　　　　　全栽了。
全部　栽　了

ŋjãŋ³³ nuŋ⁵⁵ paːn⁵³ a³³kam³³ jɛː³³.　　他们全都不愿意去。
他们　　全　　不愿意 去

mo⁵⁵ xjɛ³³ pei⁵⁵ ŋo⁵³ paːn⁵³ʃɔʔ⁵⁵ paːn⁵³ tsɿ³³ pjɛ³³.
活儿 这 些　我　全部　　　全　做　了
这些活儿我全都干完了。

a³³pho⁵³ ɣɛʔ⁵⁵ a³³mji⁵³ paːn⁵³ʃɔʔ⁵⁵ lo⁵³ pjɛ³³.
父亲　　和　　母亲　　全部　　　来 了
父亲和母亲都来了。

ŋa⁵⁵mji⁵³ ŋa⁵⁵pho⁵³ a⁵⁵pei³³ a³³nɔʔ³¹ paːn⁵³ʃɔʔ⁵⁵ khun⁵⁵min³¹ lo⁵⁵ pjɛ³³.
我妈　　　我爸　　 姐姐　　弟弟　　全部　　　昆明　　　去 了
我父亲、母亲、姐姐、弟弟都去昆明了。

2. laŋ⁵⁵ "都"。例如:

a³³pho⁵³ jɔ⁵⁵/ɣɛʔ⁵⁵ a³³mji⁵³ laŋ⁵⁵lo⁵³ pjɛ³³.
父亲　　和　　　　 母亲　都来　 了
父亲和母亲都来了。

ŋa⁵⁵mji⁵³ ŋa⁵⁵pho⁵³ a⁵⁵pei³³ a³³nɔʔ³¹ laŋ⁵⁵khun⁵⁵ min³¹ lo⁵⁵ pjɛ³³.
我妈　　　我爸　　 姐姐　　弟弟　都　昆明　　　去　　 了
我父亲、母亲、姐姐、弟弟都去昆明了。

3. lou⁵³ "也都"。例如:

khã³³ juʔ³¹ li⁵⁵ lou⁵³ kɛː⁵³.　　　　哪个来都行。
哪　 个　来 也都　可以

vuʔ³¹ʃo⁵⁵ jɔ⁵⁵ nə³³ʃo⁵⁵ khã³³ tʃu⁵⁵ ɣə⁵³ lou⁵³ kɛː⁵³.
猪肉　　 或者 牛肉　　哪种　　买　也都　好, 可以买猪肉或者牛肉都可以。

4. tsa³³ "仅、只"。在位置上，tsa³³放在谓语之前，但在语义关系上则与前面的主语和宾语密切。例如：

jɔm³³ mo³³ ŋjaŋ³³ pou³³ tsa³³ ŋjeːi⁵³.　　家里只有他在。
家里　　他　单　只　在

ŋo⁵³ wɔm³³ tsa³³ tsɔ³³ tshɔn⁵⁵ a³³ tso³³.　　我只吃饭不吃菜。
我　饭　只　吃　菜　不吃

ʃo⁵⁵ tsa³³ tsɔ³³ ke³³ a³³ ke⁵³.　　只吃肉不好。
肉　只　吃　(话助) 不　好

pju⁵³ ŋ³³ juʔ³¹ tsa³³ ³³luʔ³¹.　　五个人不够。
人　五　个　只　不够

mou⁵³ sou⁵⁵ xjɛ³³ pukʔ³¹ ŋo⁵³ ju⁵⁵ pjɛ³³, juː⁵⁵ tse⁵³ ta⁵³ tam⁵³ tsa³³ aʔ³³ ŋɔt⁵⁵.
书　这　本　我　看　了　看的　一　次　只　不是
这本书我看过了，而且看了不止一次。

5. ɣɛʔ⁵⁵ "也"，表类同。例如：

ŋjaŋ³³ ɣɛʔ⁵⁵ lo⁵⁵ pjɛ³³.　　他也去了。
他　也　去　了

ŋo⁵³ ɣɛʔ⁵⁵ tso³³ naːu⁵³.　　我也想吃。
我　也　吃　想

naŋ⁵³ tso³³ ŋo⁵³ ɣɛʔ⁵⁵ tsɔ³³.　　你吃我也吃。
你　吃　我　也　吃

ŋo⁵³ ɣɛʔ⁵⁵ tso³³ naːu⁵³!　　我也吃！
我　也　吃　(语助)

naŋ⁵³ ɣɛʔ⁵⁵ jiˑ³³ aʔ³¹!　　你也去！
你　也　去 (语助)

ŋo⁵³ ɣɛʔ⁵⁵ lo⁵⁵ ʃaŋ⁵³!　　和我一起去吧！
我　也　去 (语助)

ŋo⁵³ ɣɛʔ⁵⁵ a³ se⁵³.　　我也不知道。
我　也　不知道

ŋjaŋ³³ kɛn⁵⁵ aʔ³³ paʔ⁵⁵, jei³³ phei⁵⁵ ɣɛʔ⁵⁵ aʔ³³ ʃukʔ⁵⁵. 我不抽烟，也不喝酒。
我　烟　不　抽　酒　也　不　喝

三、时间副词

大多数用在谓语之前，只有少数居后。常见的时间副词有：

1. a³³khaŋ³³ "刚才"。例如：

a³³khaŋ³³ŋjaŋ³³ ta⁵³lǝŋ³³ ji³³ pjɛ³³.   刚才他已经去过一次了。
刚才   他   一次   去 了

a³³khaŋ³³ŋjaŋ³³ tei⁵³ pjɛ³³.   刚才他说了。
刚才   他   说 了

2. a³³khaŋ³³tsa³³ "刚刚"。例如：

ŋo⁵³a³³khaŋ³³tsa³³tsɔ³³ pjɛ³³.   我刚吃过了。
我 刚刚   吃 了

ŋjaŋ³³ a³³khaŋ³³tsa³³jɛ³³.   我刚刚过去。
他 刚刚   过去

3. ʃǝk⁵⁵ "先"，thaŋ³³ "后"。例如：

naŋ⁵³ ʃǝk⁵⁵ tso³³ aʔ³¹!   你先吃！
你 先 吃（语助）

naŋ⁵³ ʃǝk⁵⁵ tʃhei³³ aʔ³¹!   你先洗！
你 先 洗（语助）

naŋ⁵³ ʃǝk⁵⁵ tsuŋ³³ aʔ³¹!   你先坐！
你 先 坐（语助）

ŋo⁵³ thaŋ³³ tso³³!   我后吃！
我 后 吃

naŋ⁵³ ʃǝk⁵⁵ ji⁵⁵ aʔ³¹!   你先回去吧！
你 先 回去（语助）

naŋ⁵³ ʃǝk⁵⁵ lo⁵⁵ aʔ³¹!   你先过去吧！
你 先 过去（语助）

4. a³³khui⁵⁵ "立刻，马上"。例如：

a³³khui⁵⁵ŋjaŋ³³ji³³ aʔ³¹!   （你）马上去！
立刻   亲自 去（语助）

a³³khui⁵⁵ŋjaŋ³³ lo⁵³ aʔ³¹!   （你）马上回来！
马上   亲自 回来（语助）

5. nɔːʔ⁵⁵lɛ⁵³ "早已"。例如：

ŋo⁵³ nɔːʔ⁵⁵ lɛ⁵³ si⁵³pjɛ³³.   我早就知道了。
我 早已（状助）知道了

ŋo⁵³ nɔːʔ⁵⁵lɛ⁵³ tso³³ pjɛ³³.   我早就吃了。
我 早已（状助）吃 了

6. kjɛn⁵⁵ "快, 赶紧"。例如:

kjɛn⁵⁵ji³³ aʔ³¹!　　　　　　　　　快去!
快　去 (语助)

naŋ⁵³ kjɛn⁵⁵tei⁵³ aʔ³¹!　　　　　　你快说!
你　快　说 (语助)

7. a³³thəŋ³³ "经常"。例如:

ŋo⁵³ ŋjaŋ³³ nuŋ⁵⁵ jəm³³mo³³ a³³thəŋ³³ jɛ·³³. 我经常去他家。
我　他们　家 (方所助)　经常　去

ŋjaŋ³³ a³³thəŋ³³ naŋ⁵³le⁵⁵ ta:i⁵³.　　他经常提起你。
他　常常　你 (宾助)　说

8. tum⁵³ "又"。用在谓语之前, 也可与ʃ₁⁵⁵ "再"搭配使用, 前后呼应。例如:

naŋ⁵³ tum⁵³ kɔt⁵⁵ (n)aʔ³¹!　　　　你又做吧!
你　又　做 (语助)

ta⁵³ləŋ³³ (tum⁵³) tei⁵³ ʃ₁⁵⁵aʔ³¹!　　再说一遍!
一　次　(又)　说　再 (语助)

9. ʃ₁⁵⁵、a³³ʃ₁⁵⁵ "再、还、仍然"。用于谓语之后。例如:

wɔm³³ ta⁵³ nuat⁵⁵ tsɔ·³³ ʃ₁⁵⁵aʔ³¹!　　再吃一口饭!
饭　一　口　吃　再 (语助)

naŋ⁵³ ta⁵³ lɔm³³ tsɔ·³³ ʃ₁⁵⁵aʔ³¹!　　你再吃一个吧!
你　一　个　吃　再 (语助)

naŋ⁵³ ta⁵³ khuʔ⁵⁵ tsɔ·³³ ʃ₁⁵⁵aʔ³¹!　　你再吃一碗吧!
你　一　碗　吃　再 (语助)

ŋo⁵³ wɔm³³ a³³ tso³³ ʃ₁⁵⁵.　　　　　我还没吃饭。
我　饭　没　吃　还

ŋo⁵³ a³³ pa:n⁵³ kɔt⁵⁵ ʃ₁⁵⁵.　　　　　我还没做完。
我　没　完全　做　还

tso³³ kɔm³³ tsɔ·³³ pjɛ³³ tsa³³ a³³kji³³ ʃ₁⁵⁵.
吃　倒是　吃　了　但　没跑　还
吃倒是吃了点, 但没吃饱。

ŋo⁵³ nuŋ⁵⁵ mo⁵⁵ xjɛ³¹ ta⁵³ tsəp³¹ tsã³¹ ʒə³³ a³³ tei⁵³ ʃ₁⁵⁵.
我们　事　这　一下子　　　不说　还
我们暂还不说这事。

ŋo⁵³ nuŋ⁵⁵ laːŋ⁵⁵ tɔ⁵⁵ ʃɿ⁵⁵ ʃaŋ⁵³!　　　　我们暂且等着吧!
 我们　　等　着还（语助）

ŋo⁵³ nuŋ⁵⁵ ŋjaŋ³³ nuŋ⁵⁵ taːi⁵³ tse⁵³ ʃɿ⁵⁵ kjɔː³³ ju⁵⁵ ʃaŋ⁵³!
 我们　　他们　　　　说的　暂且　听　看（语助）
我们暂且先听他们说的!

ŋo⁵³ xjɛ³³ mo³³ juːp⁵⁵ ŋjeːi⁵³ a³³ ʃɿ⁵⁵.　　　我仍然在这住。
 我　这里　睡　　在 仍然

ŋo⁵³ ŋjaŋ³³ le⁵⁵ ju⁵⁵ naːu⁵³ a³³ ʃɿ⁵⁵.　　　我仍然喜欢他。
 我　他（宾助）看　想　仍然

mou³³ wɔː⁵³ a³³ ʃɿ⁵⁵.　　　　　　　　雨仍然在下。
 天　　下 仍然

ŋo⁵³ nuŋ⁵⁵ wəm³³ tsɔː³³ ŋjeːi⁵³ a³³ ʃɿ⁵⁵.　　我们仍然在吃饭。
 我们　　饭　　吃　在　仍然

ŋo⁵³ tso³³ a³³ ʃɿ⁵⁵.　　　　　　　　我还要吃。
 我　吃 仍然

10. jau⁵⁵ "快要"，例如：

mou³³ jau⁵⁵ wo⁵³ pjɛ³³.　　　　　　　天就要下雨了。
 天 快要　下雨了

mou³³ jau⁵⁵ phaŋ⁵⁵ pjɛ³³.　　　　　　天快要晴了。
 天 快要　晴　了

khui⁵⁵ xjɛ³³ tu³³ jau⁵⁵ ʃei³³ pjɛ³³.　　　这只狗快死了。
 狗　这　只 快要　死 了

11. khã³³ su⁵⁵ e³¹ "怎么"。例如：

pju⁵³ khã³³ su⁵⁵ e³¹ taːt³¹ ʃeːi³³.　　　　人终究会死。
 人 怎么　也　　会　死

12. lɔː⁵⁵ thaːŋ⁵³ tək⁵⁵ "终究"（原意为"到极"）。例如：

lɔː⁵⁵ thaːŋ⁵³ tək⁵⁵ khã³³ su⁵ a³³ tat³¹ kɔt⁵⁵.　　最终不知怎么办。
终究　　　　　怎么　不会　做

13. ta⁵³ tsɔp³¹ tsã³¹ ʒə³³ "一下子、忽然"。例如：

khəm⁵⁵ ta⁵³ tsɔp³¹ tsã³¹ ʒə³³ phaːŋ⁵³ kat⁵⁵.　门一下子开了。
 门　　一下子　　　　　开（助动）

ta⁵³ tsɔp³¹ tsã³¹ ʒə³³ pju⁵³ ta⁵³ ju³¹ vaːŋ⁵³ lɔː⁵³.　忽然进来一个人。
忽然　　　　　人 一个　进来

14. a³³thəŋ³³ "随时"(原意为"不停")。例如：

a³³thəŋ³³li⁵⁵ a²³¹!　　　　　　随时来！
随时　　来(语助)

15. ta⁵³ɲjei⁵⁵ "迟早"，表不定时（原意为"一天"）。例如：

naŋ⁵³ta⁵³ɲjei⁵⁵ ke³³ ta:t³¹ lɔ:⁵⁵.
你　迟早　（话助）会　回去

你迟早会离开（回去）的。

ŋa⁵⁵nɔʔ³¹　ta⁵³ɲjei⁵⁵　ke³³　laŋ⁵³ tɔʔ³¹ ta:t³¹ lɔ:⁵⁵.
我的妹妹迟早　（话助）丈夫 上　会 去

妹妹迟早（总有一天）要嫁人的。

16. a³³nam³³ "往往、经常"，表频率。例如：

ŋjaŋ³³ ɲjei⁵⁵kuŋ⁵³a³³nam³³kjei⁵³kji:n⁵⁵.
他　　白天 经常　　很 忙

他白天往往很忙。

17. a³³nam³³lɛ⁵³ "一直、一向、向来"，表持续、时长。例如：

ŋo⁵³a³³nam³³lɛ⁵³ta³⁵ʃɔʔ³¹ tɔʔ³¹ na:u⁵³.　　我一直想上大学。
我 一直　　　大学 上　想

18. tsɔ⁵⁵lɛ⁵³ "渐渐"，表逐渐。例如：

mou³³ tsɔ⁵⁵lɛ⁵³ nɔʔ³¹ lɔ:⁵³. ～ mou³³ tsɔ⁵⁵lɛ⁵³ nɔʔ³¹ lo⁵³ pjɛ³³.
天　渐渐　黑 下来　天　渐渐　黑 下来了

天渐渐黑下来。

a³³phji⁵⁵ tsɔ⁵⁵lɛ⁵³ ma:ŋ³³ lo⁵⁵ pjɛ³³.
奶奶　 渐渐　 老 去 了

奶奶渐渐老去了。

19. a³¹pɔn³³mɔ⁵³/tshaŋ³³ʃi⁵⁵mɔ⁵³ "重新"。例如：

naŋ⁵³a³¹pɔn³³mɔ⁵³ ta⁵³tam⁵³(tum⁵³) tɛi⁵³ʃi⁵⁵ aʔ³¹!
你　重新　　　　一遍　（又）说 再(语助)

你重新说一遍！

ŋo⁵³nuŋ⁵⁵ pju⁵³tshaŋ³³ʃi⁵⁵mɔ⁵³ tum⁵³ tsɛ⁵³ ʃaŋ⁵³!
我们　　人 重新　　　　又　的(语助)

我们重新过生活吧！

四、否定副词

表否定的副词有两个。一个是 a³³ "不、没"。被否定的形容词、动词用短元音形式。用在叙述句和疑问句里。例如：

a³³kji³³	不大	a³³ve³³	不远
不 大		不 远	
a³³tʃhɛn⁵⁵	不小气	a³³kjɛt⁵⁵	不勤快
不 小气		不 勤快	
a³³thɔt⁵⁵	不搬	a³³pou³³	不背（孩子）
不 搬		不 背	
a³³nou⁵³	不想	a³³tʃiŋ⁵⁵	不相信
不 想		不 相信	

ŋo⁵³ a³³ tso³³.　　　　　　　我不吃。
我　不 吃

ŋo⁵³ a³³ tat⁵⁵ kjo³³.　　　　我没听懂。
我　不 会　听

ʃɿ⁵⁵ xjɛ³³ a³³ tʃou³³.　　　这果子不甜。
果子 这　不 甜

naŋ⁵³ ŋo²⁵⁵ mju̱k⁵⁵ a³³ tso³³ la⁵³?　你不吃香蕉吗？
你　香蕉　　　不吃　（语助）

另一个是居于动词前的 khaʔ⁵⁵ "勿、别、不要"。被否定的动词用短元音形式。用在命令句、祈使句里。例如：

khaʔ⁵⁵ kɔ̱t⁵⁵!　　　　　　别做!
别　做

khaʔ⁵⁵ tso³³!　　　　　　别吃!
别　吃

khaʔ⁵⁵ li⁵⁵!　　　　　　　别来!
别　来

khaʔ⁵⁵ lo⁵⁵!　　　　　　　别去!
别　去

khaʔ⁵⁵ tə⁵³!　　　　　　　别动!
别　动

khaʔ⁵⁵ kjɛ̱n⁵⁵ ku⁵⁵!　　　　不要忙!
不要　忙　（语助）

kha↗55 xan33 ku55！　　　　　　不要急！
不要　急（语助）

naŋ53 kha↗55 ji33！　　　　　　你不要去！
你　不要　去

ɔ55e53/31！kha↗55 tʃɔp31 ku↗55！　喂！不要出声！
喂！　别　乱作声（语助）

xɔ33su55（xjɛ33su55）kha↗55 tei53 mai53！不要那么（这么）说嘛！
那么　（这么）　不要　说（语助）

ŋa55 khjei33 mo33 kha↗55 tsaŋ55！别碰我的脚！
我的　脚　（方所助）．别　碰

五、语气副词

语气副词主要修饰动词或形容词，表示不同的语气和感情。常见的语气副词有：

1. ŋjaŋ33 "确实"。用在重叠的形容词之间（前一形容词用短元音，后一形容词用长元音原形）。例如：

mjaŋ33 ŋjaŋ33 mja:ŋ33　　　　　确实高
高　确实　高

ʃəŋ33 ŋjaŋ33 ʃə:ŋ33　　　　　　确实长
长　确实　长

phjik55 ŋjaŋ33 phjə:k55　　　　确实辣
辣　确实　辣

ŋjaŋ33 kjɛn55 ŋjaŋ33 kji:n55．　　他确实忙。
他　忙　确实　忙

jo53mo33　kji31 nɔ31 mju33 ŋjaŋ33 mjɔ:33．地里的老鼠确实多。
地（方所助）　老鼠　多　确实　多

2. jo55…ʃɔ↗55～ʃɔ↗55 "一定"。例如：

nap31jɔ53 ŋjei55 naŋ53 jo55 li55 ʃɔ↗55 a↗31！明天你一定要来啊！
明天　你一定　来一定（语助）

naŋ53 jo55 ma33 tɕəŋ33 ʃɔ↗55！　你一定记住啊！
你一定记住　一定

naŋ53 tsɿ33　mo53　ke33　ke53 ʃɔ↗55 tsɿ33 a↗31！
你　做（从格助）（话助）好　一定　做（语助）

你做就一定要做好!

3. $ta^{53}ko^{55}$ "一定"，例如：

naŋ^{53} lɛ^{55} lo^{53} tʃaŋ^{55}　ke^{33}　mo^{55} ta^{53} ko^{55} tsɿ^{33}　aʔ^{31}!
你　过来　的话（话助）事　一定　　做（语助）
你来的话就安心工作吧!

naŋ^{53} tsɿ^{33}　mo^{53}　　ke^{33}　ta^{53} ko^{55} tsɿ^{33}　aʔ^{31}!
你　做（从格助）（话助）一定　　做（语助）
你做就一定要做好!

4. $ke^{53}kɛ:^{53}$ "真……"。例如：

ŋjaŋ^{33}　ke^{53} kɛ:^{53} no^{53} pjɛ^{33}.　　　他真病了。
他　　真　　病　了

ŋo^{53}　ke^{53} kɛ:^{53} ɬi^{55}　lo^{53}　aʔ^{31}!　　我真要过来!
我　真　　过来回来（语助）

naŋ^{53} ke^{53} kɛ:^{53} la^{53}?　　　　　你真（要那么做）吗?
你　真　　（语助）

5. $a^{33}pɛ^{53}$ "可能"，表推测，置于句中。例如：

ŋjaŋ^{33} a^{33} pɛ^{53} no^{53} pjɛ^{33}.　　　他可能病了。
他　可能　病　了

ŋjaŋ^{33} nap^{31} jɔ^{53} ŋjei^{55} a^{33} pɛ^{53} a^{33} li^{55}　lo^{53}.　他明天可能不来了。
他　　明天　　　可能　不过来回来

ŋjaŋ^{33} jɔm^{33}　mo^{33}　　a^{33} pɛ^{53} a^{33} ŋjei^{53}.　他可能不在家。
他　　家（方所助）可能　　不在

6. $a^{33}khai^{53}/khai^{53}$ "可能"，表推测，置于句末。例如：

(问) naŋ^{53} a^{33}　lo^{55} la^{53}?　　　　你去吗?
　　你不去（语助）

(答) lɔ^{55} a^{33} khai^{53}可能去。~ a^{33} lo^{55} khai^{53}可能不去。
　　去可能　　　　　　　不去可能

ŋjaŋ^{33} no^{53} pjɛ^{33} khai^{53}.　　　　他可能病了。
他　病　了可能

ŋjaŋ^{33} nap^{31} jɔ^{53} ŋjei^{55} a^{33} li^{55}　lo^{53}　khai^{53}.他明天可能不来了。
他　　明天　　　不过来回来可能

7. $a^{33}luk^{31}ʃuɛ^{55}$ "差不多"。例如：

a^{33} pho^{53} a^{33} luk^{31} ʃuɛ^{55} ke^{53} pjɛ^{33}.　　爸爸（的病）差不
爸爸　差不多　　好　了　　　　多好了。

第四章 词类　153

8.tʃhə³³mɔ⁵³/tʃhə³³mo⁵³ "怎么、为什么"，表反问。例如：

naŋ⁵³ wəm³³ tʃhə³³m⁵³ a³³tsɔ³³?　　你怎么不吃饭呢？
你　饭　怎么　不吃

ŋjaŋ³³ tʃhə³³mo⁵³ a³³li⁵⁵lo⁵³?　　他为什么不来？
他　为什么　不来了

六、情状方式副词

常见的表情态、方式的副词有：

1.a³³tɔː⁵⁵nɔː³³lo³³ "不停地"。例如：

ŋo⁵³ a³³tɔː⁵⁵nɔː³³lo³³ jɛn⁵⁵ paːʔ⁵⁵.　　我不停地吸烟。
我　不停地　　烟　吸

jɛn⁵⁵ a³³tɔː⁵⁵nɔː³³lo³³ paːʔ⁵⁵.　　不停地吸烟。
烟　不停地　　吸

ŋo⁵³ a³³tɔː⁵⁵nɔː³³lo³³ tsɔː³³.　　我不停地吃。
我　不停地　　吃

2.ta⁵³kei⁵⁵ "一起"。例如：

ŋjăŋ⁵⁵nuŋ⁵⁵ ta⁵³kei⁵⁵ jɛː³³.　　我们一起去。
我们　　一起　去

ŋjăŋ⁵⁵nuŋ⁵⁵ ta⁵³kei⁵⁵ lo⁵⁵pjɛ³³!　　我们一起去吧！
我们　　一起　去了

3.təŋ⁵³saŋ³³ "故意"，借自景颇语。例如：

ŋo⁵³ təŋ⁵³saŋ³³ paːt³¹.　　我故意打。
我　故意　打

ŋo⁵³ ŋjaŋ³³ le⁵⁵ təŋ⁵³saŋ³³ ta⁵³tam⁵³ pat³¹pjɛ³³.
我　他（宾助）故意　一下　打了
我故意打了他一下。

4.ŋjaŋ³³/ŋjaŋ³³ŋjaŋ³³ "亲自、亲眼"。由 ŋjaŋ³³ "他" 虚化而成。例如：

ŋo⁵³ ŋjaŋ³³ lo⁵⁵.　　我自己亲自去。
我　亲自　去

ŋo⁵³ ŋjaŋ³³ lo⁵⁵paʔ³¹!　　我自己亲自去！
我　亲自　去（语助）

ŋo⁵³ ɲjaŋ³³ kɔt⁵⁵ pa⁵³¹!   我自己亲自做（你们
我 亲自 做（语助）   别插手）！
ɲjaŋ³³ vaːŋ⁵³ lɔː⁵⁵ tse⁵³ ŋo⁵³ ɲjaŋ³³ mjaːŋ⁵³.   我亲眼看见他进去
他   进去   的 我 亲眼 看见   的。
naŋ⁵³ ɲjaŋ³³ ji⁵⁵ kɔt⁵⁵ aʔ³¹!   你亲自去做！
你 亲自 去 做（语助）
a³³ ŋjei⁵⁵ nap³¹ ɲjaŋ³³ ɲjaŋ³³ jɛː⁵⁵ tse⁵³.   （他）昨天亲自去的。
昨天   他 亲自去 的
a³³ phou⁵⁵ ɲjaŋ³³ ɲjaŋ³³ li³³ lo⁵³.   爷爷亲自来。
爷爷   他 亲自 过来

第九节 连 词

连词是起连接作用的词，可以连接词、词组或者句子，表示所连接的成分存在着某种语法关系。

一、连词的语法特征

连词的虚词。连词的语法特征主要有：不能单独用来回答问题；不表示实在的词汇意义，只表示语法意义和语法关系，不能充当句子成分；大多不能重叠使用。

勒期语连词表示的语法关系有并列、承接、选择、递进、因果、假设、条件、让步、转折等。

有的连词可以用于表示多种语法关系。如：tum⁵³…tum⁵³…，既能表示并列关系的"又……又……"义，又能表示递进关系的"不仅……而且……"义。jo⁵⁵/ɣɛʔ⁵⁵，既能表示并列关系"和"，又能表示选择关系"或者"；tsa³³既能表示转折关系"但"，也能表示假设关系"假如、如果"，还能表示条件关系"只要"；tɕaŋ⁵⁵"的话"既能表示假设关系，又能表示条件关系。

二、连词用法举例

1.jo⁵⁵、ɣɛʔ⁵⁵ "和"（ɣɛʔ⁵⁵借自载瓦语）

表示并列关系。只能用来连接并列的词,不能用于连接分句。例如:

a³³pho⁵³jɔ⁵⁵/ɣɛʔ⁵⁵a³³mji⁵³ paːn³³ʃɔʔ⁵⁵lo⁵³pjɛ³³.
父亲　和　　　母亲　全部　　来了
父亲和母亲都来了。

khə̃⁵⁵ŋjei⁵⁵jɔ⁵³nap³¹jɔ⁵³ŋjei⁵⁵ ŋo⁵³jɔm³³ a³³ŋjei⁵³.
今天　　和明天　　　我　家　不在
今天和明天我都不在家。

2. jɔ⁵⁵ "或者"

用来连接并列的词,表示选择关系。例如:

vu³¹ʃo⁵⁵jɔ⁵⁵ nə̃³³ʃo⁵⁵khã³³tʃu⁵⁵ɣəː⁵³lou⁵³keː⁵³.
猪肉　或者牛肉　哪种　　买　都　好,可以
买猪肉或者牛肉都可以。

ʃɿ⁵⁵saŋ⁵⁵jɔ⁵⁵ ʃɿ⁵⁵xɔm⁵⁵ju⁵³kat⁵⁵aʔ³¹!　　把梨或桃拿来!
梨　　或者桃子　　拿（助）(语助)

ʃɿ⁵⁵saŋ⁵⁵jɔ⁵⁵ ʃɿ⁵⁵xɔm⁵⁵ju⁵³li⁵⁵　aʔ³¹!　　把梨或桃拿来!
梨　　或者桃子　　拿　过来(语助)

3. tum⁵³……tum⁵³…… "又……又……"

用于连接形容词或动词,表示并列关系。前一个 tum⁵³ 后的形容词、动词用短元音、长元音均可,后一个 tum⁵³ 后的形容词、动词用短元音。用例如下:

ʃɿ⁵⁵xɔm⁵⁵ʃɿ⁵⁵xjɛ³³tum⁵³kji³³tum⁵³ȵam⁵⁵.
桃子　果这　又　大　又　好吃
这桃子又大又好吃。

tshɔn⁵⁵tum⁵³mju³³tum⁵³ȵam⁵⁵.　　　菜又多又好吃。
菜　又　多　又　好吃

muŋ⁵³tuŋ³³ʃɿ⁵⁵xjɛ³³tʃham⁵⁵(ke³³) tum⁵³kji³³tum⁵³tʃhou³³.
牛肚子果　这个　　(话助)又　大　又　甜
这个牛肚子果又大又甜。

ȵiaŋ³³tum⁵³ȵjɔm³³tum⁵³tshu³³.　　　他又矮又胖。
他　又　矮　又　胖

maŋ⁵³ʃɿ⁵³tum⁵³ȵe⁵⁵tum⁵³tʃu⁵⁵.　　　芒市又热又潮湿。
芒市　又　热又　湿

ŋiaŋ³³ tum⁵³ ji⁵³ tum⁵³ tei⁵³.
他　又　笑　又　说
他又说又笑。

ŋa⁵⁵ nɔʔ³¹ ŋjei⁵⁵ ŋjei⁵⁵ tum⁵³ ŋaːu⁵³ tum⁵³ ji⁵³.
我妹妹　天天　　又　哭　又　笑
妹妹每天又哭又笑。

ʃɿ⁵⁵kjɔʔ³¹ xje³³ ʧham⁵⁵ tum⁵³ ke⁵³ tso³³ tum⁵³ ke⁵³ ʧhɿ³³kuaŋ⁵³.
芒果　这个　　又　可以吃　又　可以玩
这个芒果又可以吃又可以玩。

tum⁵³…tum⁵³…还可以表"不仅……而且……"。tum⁵³前后配合使用，表示对程度的强调、语气的递进。例如：

ŋjaŋ³³　jɔm³³səŋ³³　(ke³³)　tum⁵³a³³jɔp⁵⁵　pjɛn³¹ʧhaŋ⁵⁵　le⁵⁵
他　　自己　　（话助）　不仅不睡觉　伙伴　　（宾助）
tum⁵³lɔʔ⁵⁵ pɔn³³. 他自己不仅不睡觉而且还把伙伴弄醒。
而且弄醒

ʃɿ⁵⁵ xɔm⁵⁵ ʃɿ⁵⁵ xje³³ tum⁵³ juŋ⁵⁵ tum⁵³ ŋam⁵⁵.
桃子　果这　不仅 好看而且 好吃
这个桃子不仅好看而且好吃。

4. tsa³³a³³ŋɔt⁵⁵ tum⁵³……"不仅又……"（原意为"仅+不+是+又"）表递进。例如：

a³³nɔʔ³¹ tsiːn³³ tsa³³a³³ŋɔt⁵⁵ tum⁵³ kjiːt⁵⁵.
弟弟　聪明 不仅　　又　勤快
弟弟不仅聪明，而且还勤快。

5. tsa³³a³³ŋɔt⁵⁵……ɣɛʔ⁵⁵……"不仅……也……"表递进（原意为"仅+不+是+也"）。

例如：

ŋjaŋ³³ mǎ³³khɔn⁵⁵ tsa³³ taːt³¹ khuːn⁵⁵ a³³ŋɔt⁵⁵, mǎ³³khɔn⁵⁵ ɣɛʔ⁵⁵ tum⁵³
他　歌　　仅 会 唱 不是 　舞　也 又
taːt³¹ kɔ⁵⁵. 他不仅会唱歌，也会跳舞。
会 跳

ŋə⁵³ a³³jo⁵⁵ tsa³³a³³ŋɔt⁵⁵, wɔm³³ ɣɛʔ⁵⁵ a³³jo⁵⁵ lo⁵³.
钱 没有 仅 不是 　饭 也 没有 了
不仅没钱，连吃的都没有了。

6. tum^{53}ŋɔt^{55} "再说"

表示递进关系。由 tum^{53} "又、再"和 ŋɔt^{55} "是"合成。主要连接分句或句子。进一步说明原因或理由。例如：

kha^{55} ju^{55} lo^{53} ! tum^{53} ŋɔt^{55} lɛ^{55} ju^{55} ŋɔt^{55} lou^{53} a^{33} ju^{55} sɛ^{53} !
别　看　了　再说　　了看是　也　不看　懂

别看了，再说（你）看了也看不懂。

7. …a^{33}no^{33}… "一边……一边……"

表示并列关系。主要用在动词前连接两个动词或动宾词组，表示一个动作行为与另一个动作行为同时进行。例如：

ŋjaŋ^{33} a^{33} no^{33} ji^{53} a^{33} no^{33} tei^{53}.　　　　他一边笑一边说。
他　一边　笑一边　说

8. …u^{55}… "……同时又……"

表示伴随。例如：

ŋŏ^{53} nuŋ^{55} wɔm^{33} tsɔː^{33} u^{55}　　lɛ^{53}　mo^{55} e^{53} phji^{53}.
我们　饭　吃　同时又（助)事　也 商量

我们边吃饭边商量。

ŋo^{53} wɔm^{33} tsɔː^{33} u^{55}　　tjɛn^{33} ʃɿ^{33} juː^{55}.
我 饭　吃　同时又　电视 看

我吃饭的同时又看电视。

ŋo^{53} khjo^{33} sɔ^{55} u^{55}　　ŋɔʔ^{55} pəːk^{55}.
我　路　走 同时又　鸟　打

我走路的同时又打鸟。

9. thaŋ^{33} "之后，然后"

表承接关系。主要用来连接两个动宾短语或分句。用在前一个动宾短语或分句的后面，表示后一个动作行为紧跟前一个动作行为而发生。例如：

ŋŏ^{53} nuŋ^{55} wɔm^{33} tsɔː^{33} kji^{33} thaŋ^{33} ʃɿ^{55}　tum^{53} tso^{33} ʃaŋ^{53} !
我们　饭　吃 饱 后　水果又　吃（语助）

我们吃饱饭后再吃水果！

naŋ^{53} jɔm^{33} ta^{53} tsop^{31} lɔː^{55} thaŋ^{33} tum^{53} li^{55}　aʔ^{31} !
你　家　一下　回去后　又　过来(语助)

你回家休息一下然后再来！

10. lɔ̰³³ "之后"

表承接关系。主要用来连接两个动词词组或分句。用在前一个动宾短语或分句的后面，表示后一个动作行为紧跟前一个动作行为而发生。例如：

naŋ⁵³ tɔː⁵³ jaːp³¹ lɔ̰³³ tei⁵³ a̰³¹!　　你站起来说吧！
你　起来　站　之后　说（语助）

naŋ⁵³ tsɔːŋ³³ kjoː⁵⁵ lɔ̰³³ tei⁵³ a̰³¹!　　你坐下来说吧！
你　坐　下来 之后 说　吧

ŋjaŋ³³ wɔm³³ paːn⁵³ tsɔː³³ lɔ̰³³ mo⁵⁵ jɛː³³ tsɿ³³ pjɛ³³.
他　饭　全　吃　之后 事　去　做　了
他吃完饭后就去干活了。

ʃɿ⁵⁵ nək⁵⁵ joː³³ lɔ̰³³ tum⁵³ paːt³¹.　　先是骂，后是打。
先　骂　　后　又　打

11. a³³ ŋɔt⁵⁵ tʃaŋ⁵⁵ "不然（不是的话）"

表示条件和选择关系。用来连接词组或句子，引进表示相反结果的话。例如：

naŋ⁵³ taŋ³³ kjo³³ a̰³¹! a³³ ŋɔt⁵⁵ tʃaŋ⁵⁵ ŋə⁵³ a³³ pjei³³.
你　话　听　(语助)不然　　钱　不给
你要听话！不然的话（我就）不给（你）钱。

12. tʃaŋ⁵⁵ "的话"

tʃaŋ⁵⁵ "的话" 用来连接句子。主要有两个功能：一是表示假设关系。例如：

naŋ⁵³ wɔm³³ a³³ tso³³ tʃaŋ⁵⁵ taːt³¹ kjiː⁵⁵ lɔː⁵⁵.
你　饭　不吃　的话 会　瘦　来
你不吃饭的话呢，就会瘦。

mou³³ wo⁵³ tʃaŋ⁵⁵ jɔɔ³³ pjɔː̰³¹ e⁵³ tuːt³¹.
下雨　　的话 房子 倒塌 （助）成
如果下雨的话，房子会倒塌的。

a³³ kɔt⁵⁵ tʃaŋ⁵⁵ a³³ kɔt⁵⁵, kuːt⁵⁵ tʃaŋ⁵⁵ ta⁵³ ku³³ kuːt⁵⁵ kɛː⁵³.
不做　的话 不做　　做　的话 努力　做　好
不做就不做，要做就做好。

no⁵³ tʃaŋ⁵⁵ ke³³　no⁵³ jiː³³ juː⁵⁵ a̰³¹!
病　的话 (话助) 病　去　看（语助）

（你）如果病了的话就去看病！
mou⁵³ sou⁵⁵ leːi⁵⁵ mju³³ tʃaŋ⁵⁵ lɔʔ³¹ taːt³¹ nɔ⁵³.
字　　写　多　的话手　会　疼
如果字写多了的话，手就会疼。

naŋ⁵³ li⁵⁵ tsʅ³³ tʃaŋ⁵⁵ ŋo⁵³ a³³ li⁵⁵ tsʅ³³ lo⁵³.
你　来 做　的话我　不来 做　了
你来做的话我就不来做了。

naŋ⁵³ a³³ jiː³³ tʃaŋ⁵⁵ ŋo⁵³ tʃei⁵³ a³³ kam³³ jiː³³.
你　不去 的话我 更　不愿　去
你不去的话我更不愿意去。

naŋ⁵³ mo⁵⁵ paːn⁵³ tsʅ⁵⁵ tʃaŋ⁵⁵ tum⁵³ jiː³³ aʔ³¹！
你　事　全　做　的话再　去（语助）
你做完事再去！

laːi³³ aŋ⁵³ tʃaŋ⁵⁵ kɔm⁵⁵ ta⁵³ lɔm³³ pɔ⁵³ ɣɤː⁵³ lo⁵³ aʔ³¹！
经过　的话杯子 一　个　帮　买来（语助）
顺路的话就帮我买个杯子来吧！

mou³³ wɔ⁵³ lo⁵³ tʃaŋ⁵⁵ ŋo⁵³ a³³ li⁵⁵ lo⁵³. 下雨的话我就不来了。
雨　　来 的话我 不过来了

naŋ⁵³ le⁵⁵ lo⁵³ tʃaŋ⁵⁵ ke³³　　mo⁵⁵ ta⁵³ ko⁵⁵ tsʅ³³ aʔ³¹！
你　过来 的话（话助）事 一　定 做（语助）
你来的话就安心工作吧！

naŋ⁵³ xjɛ³³ juʔ³¹ le⁵⁵　　a³³ juʔ⁵⁵ nou⁵³ tʃaŋ⁵⁵ ŋjaŋ³³ le⁵⁵　　khaʔ⁵⁵ jiː³³ ʃo³³
你　这 个（宾助）不看 想　的话 他（宾助）不要 去 找
lo⁵³. 如果你不喜欢这个人，那就不要去找他了。
了

naŋ⁵³ sɤ̃³³ ʐa³³ a³³ ŋot⁵⁵ tʃaŋ⁵⁵ ke³³　　tʃuan³³ nu⁵⁵.
你　老师 不是　的话（话助）学生
你不是老师的话就是学生。

二是表示条件关系。例如：

ŋjaŋ³³ le⁵⁵　laːi³³ puːn³³ kat⁵⁵　tʃaŋ⁵⁵ ŋo⁵³ taːt³¹ ŋou⁵³ naːŋ⁵³.
他（宾助）说 醒（助动）的话我 会 哭 想
只要一说起他，我就想哭。

a³³nɔʔ³¹ tse⁵³jɔm³³ ŋjeːi⁵³ tʃaŋ⁵⁵ ta⁵³jɔm³³ paŋ³³kə̃³³pu³³.
弟弟　的　家　在　的话一　家　些人高兴
只要弟弟在，全家就会高兴。

mjɛn⁵⁵than³³ ŋo⁵³a³³khjiŋ³³ po⁵³ tʃaŋ⁵⁵ ŋo⁵³naŋ⁵³ le⁵⁵　ʃɔ³³a ʔ³¹!
下午　　我　时间　有　的话我　你　(宾助)找 (语助)
下午我有空的话我就去找你！

13. tʃaŋ⁵⁵ʃɛʔ⁵⁵……təʔ³¹…… "的话只……才"

表示条件。例如：

naŋ⁵³ji³³ tʃaŋ⁵⁵ʃɛʔ⁵⁵ ŋo⁵³ təʔ³¹je.³³.
你　去 的话只　我　才去
除非你去我才去。

mou⁵³sou⁵⁵ ta⁵³ku³³ mɔːʔ⁵⁵ tʃaŋ⁵⁵ʃɛʔ⁵⁵ kuŋ⁵⁵tsɔ⁵³ kɛː⁵³ tsʅ⁵⁵ təʔ³¹ mjaːŋ⁵³
书　　　好好　学　的话只　工作　　好 做　才　找
ʃɔ³³. 只有好好念书才能找到好工作。
到

tsɔː³³kjiː³³ tʃaŋ⁵⁵ʃɛʔ⁵⁵ təʔ³¹ ŋjeːi⁵³ŋuːn⁵⁵.
吃　饱　的话只才　在　舒服
只有吃饱了才舒服。

ka⁵⁵mjo⁵³mjo⁵³ tsɔ⁵³ tʃaŋ⁵⁵ʃɛʔ⁵⁵ təʔ³¹ kjiː³³ lə.⁵³.
多多　　　吃　的话只　才 大　容易
只有多吃才长得快。

14. mɔ⁵³ke³³ "一旦" (由 "从由助词+话题助词" 组成)

表示条件。例如：

taːu⁵⁵lo⁵⁵　mɔ⁵³ke³³ a³³liː⁵⁵lo⁵³.
掉头回去一旦　　不来咯
一旦回去就不来了。

vaːŋ⁵³lo⁵⁵ mɔ⁵³ke³³ thuʔ⁵⁵lo⁵³ tum⁵³jou³³pjɛ³³.
进去　　一旦　　出　来再　难　了
一旦进去就很难再出来。

juː⁵³lo⁵⁵ mɔ⁵³ke³³ naŋ⁵³le⁵⁵　a³³pjei³³lo⁵³.
拿去　一旦　　你　(宾助)不　给　咯

一旦拿走了就不还给你了。

15．(ta^{55}) mə^{33}tʃɔ^{33}…… "（由于）……的原因"

表示因果关系。例如：

naŋ^{53}(ta^{55}) mə^{33}tʃɔ^{33} ŋo^{53} mjaŋ^{53} nək^{55} lo^{53}.
你　（的）原因　　我　挨骂　　咯

由于你的原因，我挨骂了。

16．mə^{33}tʃɔ^{33}……xa^{33}su^{55}mo^{33}…… "因为……所以……"

表示因果关系。可用在词、词组的后面，也可用在两个分句或句子之间。mə^{33}tʃɔ^{33}说明原因，xa^{33}su^{55}mo^{33}说明结果。在语用中 xa^{33}su^{55}mo^{33}常省略不用，但并不影响因果语义表达。例如：

ŋo^{53} nɔː^{53} mə^{33}tʃɔ^{33}, xa^{33}su^{55}mo^{33} a^{33}jɔ^{55}lɛː^{55}lo^{53}.
我　生病　因为　　所以　　　不能　过来　咯

我因为生病了，所以来不了了。

khjuŋ^{55}tsou^{55}tsaːu^{55} mə^{33}tʃɔ^{33}, xa^{33}su^{55}mo^{33} jɛm^{55} ku^{55} a^{33}ke^{53} paʔ^{55}
咳嗽　　　　　因为　　　所以　　烟　　　不能　抽

lo^{53}. 因为咳嗽，所以不能抽烟了。
咯

tsɔː^{33} mjɔː^{33} mə^{33}tʃɔ^{33}, xa^{33}su^{55}mo^{33} wɔm^{33} tou^{33} nɔː^{53}.
吃　多　因为　　　所以　　　肚子　　疼

因为吃多了，所以肚子疼。

ŋaːm^{55} mə^{33}tʃɔ^{33}, xa^{33}su^{55}mo^{33} paːn^{53} tso^{33} pje^{33}.
好吃　因为　　　所以　　　全　吃　了

17．kəm^{53} "倒是"

表示让步关系。例如：

kji^{33} kəm^{53} kjiː^{33} tsa^{33} a^{33}ŋam^{55}.
大　倒是　大　但　不好吃

大倒是大，但不好吃。

tʃhou^{33} kəm^{53} tʃhaːu^{33} tsa^{33} a^{33}ŋam^{55}.
甜　倒是　甜　但　不好吃

甜倒是甜，但不好吃。

18．tsa^{33} "但是"

表示转折关系。例如：

tso³³ kɔm⁵³ tsɔː³³ pjɛ³³ , tsa³³ a³³ kjiː³³ ʃʅ⁵⁵ .
吃　倒是　吃　了　　但　没饱　还
吃倒是吃了，但没吃饱。

19. tsa³³……tʃaŋ⁵⁵……
可以表示"如果……的话就……"假设关系。例如：
naŋ⁵³ tsa³³ a³³ kə̃³³ ʒum⁵⁵ tʃaŋ⁵⁵ mo⁵⁵ xjɛ³³ paːn⁵³ tsʅ³³ lo⁵³ .
你　如果不帮　　的话事　这　不完　做　了
如果你不帮忙的话，工作就做不完了。

也可以表示"只要……的话就……"条件关系。例如：
mou³³ tsa³³ phaːŋ⁵⁵ tʃaŋ⁵⁵ ŋo⁵³ nuŋ⁵⁵ pɔm⁵³ tɔʔ³¹ ʃaŋ⁵³ !
天　只要晴　的话我们　山　上　（语助）
只要天晴，我们就上山！

ŋə⁵³ tsa³³ jɔː⁵⁵ tʃaŋ⁵⁵ naŋ⁵³ le⁵⁵ tshap⁵⁵ (m) aʔ³¹ !
钱　只要有　的话你　（宾助）还　　（语助）
只要有钱就还给你！

tsa³³ kjɛt⁵⁵ tʃaŋ⁵⁵ wɔm³³ a³³ tat³¹ mət⁵⁵ .
只要勤快　的话饭　　不会　饿
只要勤快就不会饿肚子。

ŋjaŋ³³ jei³³ phei⁵⁵ (tsa³³) ʃuk⁵⁵ tʃaŋ⁵⁵ taːt³¹ jiːt³¹ .
他　酒　　只要　喝　的话会　醉
他只要一喝酒就醉。

ŋo⁵³ nap³¹ jɔ⁵³ ŋjei⁵⁵ mjɔʔ³¹ tsa³³ mjaŋ⁵³ tʃaŋ⁵⁵ le⁵⁵ lo⁵³ aʔ³¹ .
我　明天　　眼　只要见　的话过来来（语助）
我明天只要天一亮就来。

mou⁵³ sou³³ xjɛ³³ tʃuŋ⁵⁵ tsa³³ ju⁵⁵ ɣɛʔ⁵⁵ tʃaŋ⁵⁵ se⁵³ pjɛ³³ .
书　　这　种　只要看也　的话懂　了
这种书只要一看就懂。

naŋ⁵³ tsa³³ jiː³³ tʃaŋ⁵⁵ ŋo⁵³ ɣɛʔ⁵⁵ jɛː³³ .
你　只要去的话我　也　去
只要你去我就去。

ŋjaŋ³³ ŋo⁵³ le³³ 　tsa³³ mjaŋ³³ ɣɛʔ⁵⁵ (tʃaŋ⁵⁵) phaːŋ³³ .
他　我（宾助）只要见　也　的话逃跑
他只要一看见我就跑。

ŋjaŋ³³ jei³³ phei⁵⁵ tsa³³ ʃuk⁵⁵ ɣɛʔ⁵⁵ (tʃaŋ⁵⁵) wɔm³³ tou³³ nɔ:⁵³.
他　酒　　　只要喝　也　的话　肚子　　疼
他只要一喝酒就肚子疼。

20. n̠ot⁵⁵lou⁵³…a⁵³ "即使……也……"

表示让步关系，连接两个分句，放在前一个表示让步的分句后面，引出后一个表示正意的分句。例如：

mou³³ wo̠⁵³ n̠ot⁵⁵lou⁵³, ŋo⁵³ (e⁵³) lɛ⁵⁵lo⁵³ a⁵³.
雨　　即使　我　（也）过来也
即使下雨，我也要来。

ŋa:m⁵⁵ n̠ot⁵⁵lou⁵³, ŋo⁵³ lɛ⁵⁵lo⁵³ a⁵³.
冷　　即使　　我　过来　也
即使冷，我也要来。

21. xau⁵⁵tse⁵³ "但是、不过"

表示转折。例如：

ʃam³³ xjɛ³³ khjam⁵⁵ juŋ⁵⁵ kɔm⁵³ ju:ŋ⁵⁵ xau⁵⁵tse⁵³ ŋo⁵³ a³³ wo̠³³ nou⁵³.
刀　这　把　　好看　倒是　好看　但是　　我　不要　想
这把刀好看倒是好看，但我不喜欢。

22. kɔm⁵³……xau⁵⁵tse⁵³…… "虽然（倒是）……但是……"

表示转折。例如：

a³³ phou⁵⁵ maŋ³³ kɔm⁵³ ma:ŋ³³ pjɛ³³, xau⁵⁵tse⁵³ kuŋ⁵³ tu³³ tʃaʔ³¹ kɛ:⁵³.
爷爷　　老　倒是　老　了　但是　　身体　很好
爷爷虽然老了，但身体很好。

ŋa⁵⁵ ta⁵⁵ tse⁵³ kɔm⁵³ a³³ n̠ot⁵⁵, xau⁵⁵tse⁵³ naŋ⁵³ lɛ⁵⁵　tʃei⁵⁵ pjɛ³³.
我的　的　倒是　不是　但是　　你　（宾助）给　了
虽然不是我的，但是我可以给你。

khuʔ⁵⁵ xjɛ³³ lɔm³³ ŋe⁵³ kɔm⁵³ ŋɛ:⁵³ xau⁵⁵tse⁵³ tʃaʔ³¹ ju:ŋ⁵⁵.
碗　　这　个　小　倒是　小　但是　　很　好看
这个碗虽然很小但很好看。

ŋjaŋ³³ a³³ sak⁵⁵ kɔm⁵³ ŋɛ:⁵³, xau⁵⁵tse⁵³ tʃaʔ³¹ kji.ʟ⁵⁵.
他　年纪　　倒是　小　但是　　很　勤快
他年纪虽小，却很勤快。

23. mə⁵⁵ʃ¹³³/mə⁵⁵ke³³ "还是"

表示选择。例如：

naŋ⁵³ke³³ sə³³ʑa³³la⁵³ mə⁵⁵ʃɿ³³tʃuaŋ³³nu⁵⁵la⁵³?
你（话助）老师 （语助）还是 学生 （语助）
你是老师还是学生？

24．(a⁵³) ma⁵⁵to³³ "为了"

表示目的关系。例如：

kuŋ⁵³tu³³ke⁵³a⁵³ ma⁵⁵to³³ka⁵³ ŋjaŋ³³ pei⁵³pei⁵³ nŏ³³nou⁵⁵ʃuːk⁵⁵.
身体 好（助）为了 （助）他 天天 牛奶 喝
为了身体健康，他每天都喝牛奶。

lɛ⁵⁵ma⁵⁵to³³ŋ³³ ŋo⁵³ pei⁵³pei⁵³ mo⁵⁵tsɿ³³.
你 为了 （助）我 天天 事 做
为了你，我天天劳动。

第十节 助 词

助词是起语法作用的虚词。在勒期语里，助词的语法作用非常重要，许多语法范畴要靠助词来体现。助词只表示语法意义，没有实在的词汇意义；大多都附在实词、词组或句子的后面，不能单独使用；它有着稳定、独立的语音形式。

助词存在不同的类别，大致可分为结构助词、体助词、语气助词、谓语助词等四类。分述如下：

一、结构助词

结构助词的作用主要是指明其前面的实词在句中充当什么句子成分，帮助其前后的句子成分组成各种结构关系。

勒期语的结构助词可以从语法作用的不同分为话题助词、宾语助词、施事工具助词、定语助词、方所状语助词、情态状语助词、从由格助词等不同小类。

（一）话题助词 ke³³

用在话题成分后面，表明前面的成分是话题。例如：

tə⁵⁵ ke³³　ʃə:ŋ³³ tse⁵³ wɔ:³³.　　　要长长的绳子。
绳子(话助)长的　要

ŋo⁵³ pɔm⁵³ ke³³　mja:ŋ³³ tse⁵³ mja:ŋ⁵³.　我看见高高的山。
我　山　(话助)　高的　　看见

tsɔ³³ le³³ ŋam⁵⁵ ke³³　ŋa:m⁵⁵, tsː ɔ³³ mju⁵⁵ tʃaŋ³³ kuŋ⁵³ ŋe⁵⁵.
吃　着　好吃 (话助) 好吃　吃　多　的话 身体 热
吃倒是好吃，就是吃了上火。

tso³³ ke³³　　tsɔː³³ pjɛ³³, tsa³³ a³³ kjiɛ³³ ʃ ŋ⁵⁵.
吃 (话助) 吃　了　但　没饱　还
吃倒是吃了，但没吃饱。

kji³³ ke³³　　kji:³³ tsa³³ a³³ juŋ⁵⁵.
大 (话助) 大　但　不好看
大倒是大，就是不好看。

muŋ⁵³ tuŋ³³ ʃ ŋ⁵⁵ xjɛ³³ tʃham⁵⁵ ke³³　　tum⁵³ kji³³ tum⁵³ tʃhou³³.
牛肚子果　这　个　　(话助) 又　大　又　甜
这个牛肚子果又大又甜。

ŋjaŋ³³　jɔm³³　sɛŋ³³ ke³³　　tum⁵³　a³³　jɔp⁵⁵　pjɛn³¹ tʃhaŋ⁵⁵ le⁵⁵ tum⁵³
他　　自己　(话助) 不仅　不　睡觉　伙伴　(宾助) 而且
lɔʔ⁵⁵ pɔn³³.　他自己不仅不睡觉而且还把伙伴弄醒。
弄醒

由于话题和主语在许多句子里重合一起，这时 ke³³ 既表示话题又表示主语。例如：

xjɛ³³ ke³³　pa:n⁵³ ʃɔʔ⁵⁵ paŋ³³ ta⁵⁵ mo⁵⁵.　这是大家的事。
这 (话助) 大家　　　的　事

xjɛ³³ ke³³　ʃu:k⁵⁵ ta⁵⁵　kjei⁵³.　　　这是喝的水。
这 (话助) 喝　(定助) 水

xjɛ³³ tʃham⁵⁵ (ke³³) kɛː⁵³, thə³³ tʃham⁵⁵ (ke³³) a³³ ke⁵³.
这　个　(话助) 好　那　个　(话助) 不好
这个 (果子) 是好的，那个是坏的。

xjɛ³³ ke³³　xa⁵⁵ ʃuŋ³³ la³³ʔ?　　这是什么呀？
这 (话助) 什么　(语助)

(二) 宾语助词 le⁵⁵

宾语助词 le⁵⁵ 又称受事格助词，可变读为 ʒe⁵⁵。它用在宾语的后面，表示前面的成分是宾语。例如：

ŋo⁵³ ŋŏ⁵³nuŋ⁵⁵ jɔm³³ le⁵⁵   ŋɚ.⁵³.
我   我们   家 （宾助）爱

我热爱我的家。

thə³³ le⁵⁵   juː⁵⁵jo.⁵⁵, xjɛ³³ le⁵⁵   juː⁵⁵jo.⁵⁵.
那 （宾助）看 看   这 （宾助）看 看

看看那，看看这。

ŋjaŋ³³ jɔm³³sən³³ ke³³   a³³ jɔp⁵⁵ pjɛn³¹tʃhaŋ⁵⁵ le⁵⁵   tum⁵³lɔ?⁵⁵
他   自己   （话助）不 睡觉 伙伴   （宾助）而且

pɔn³³. 他自己不仅不睡觉而且还把伙伴弄醒。
弄醒

ʃam³³ le⁵⁵   suː⁵⁵thɔː?⁵⁵!   把刀磨锋利！
刀 （宾助）磨 锋利

ŋo⁵³ ŋjaŋ³³ le⁵⁵   ta⁵³ tam⁵³ pat³¹ pjɛ³³. 我打了他一下。
我 他 （宾助）一 下   打 了

ŋo⁵³ ŋjaŋ³³ le⁵⁵   ju⁵⁵na:u⁵³ a³³ʃɿ⁵⁵.   我仍然喜欢他。
我 他 （宾助）看 想   仍然

ŋŏ⁵³nuŋ⁵⁵ sə̆³³ʒa³³ le⁵⁵   tʃiː⁵³.   我们敬爱我们的老师。
我们   老师 （宾助）敬爱

ŋjaŋ³³ mji⁵³ pho⁵³ le⁵⁵   kjei⁵⁵ mjiːt³¹.
他   母   父 （宾助）很   想

他很想念他的父亲和母亲。

宾语助词 le⁵⁵ 用与不用，主要由施受关系是否发生混淆而定。语义不会发生混淆的可以不加。要加的如：

naŋ⁵³ ŋo⁵³ le⁵⁵   kə̆³³ʒum⁵⁵ ju⁵⁵.   你帮助过我。
你 我 （宾助）帮助   过

khui⁵⁵ lo³³khui⁵⁵ tsəŋ³³ le⁵⁵   nuat⁵⁵.   公狗咬母狗。
狗   公狗   母 （宾助）咬

ŋo⁵³ ŋjaŋ³³ le⁵⁵   taːi⁵³kjɔ³³ ju⁵⁵ pjɛ³³.   我已经告诉过他了。
我 他 （宾助）告诉   过 了

ŋŏ⁵³nuŋ⁵⁵ nă⁵³nuŋ⁵⁵   le⁵⁵   kə̆³³ʒum⁵⁵.   我们帮助你们。
我们   你们   （宾助）帮助

ŋjaŋ^{33}nuŋ^{55}　le^{55}　ma:u^{53} pjɛ^{33}.　　　他们被骗了。
他们　　（宾助）欺骗　了

ŋjaŋ^{33}　le^{55}　ŋo^{53} kha:t^{55} thuʔ^{55} pjɛ^{33}.　　他被我赶出去了。
他　（宾助）我　赶　　出　了

ŋo^{53} ŋjaŋ^{33}　le^{55}　pa:t^{31} pjɛ^{33}.　　　我把他打了。
我　他　（宾助）打　了

不加的如：

ŋjaŋ^{33} ŋa^{55}　mɔ^{33} tɔ^{33} ku:n^{33} lo^{55} pjɛ^{33}.　他把我的车开走了。
他　我的汽车　　开　走　了

ŋjaŋ^{33} pju^{53} ʃɔ:^{33} jɛ^{33}.　　　　他去找人。
他　人　找　去

ŋo^{53} wɔm^{33} tsɔ:^{33}.　　　　　　我吃饭。
我　饭　吃

ŋo^{53} wɔm^{33} tsɔ:^{33} kji:^{33} pjɛ^{33}.　　　我吃饱饭了。
我　饭　吃　饱　了

ŋo^{53} jei^{33} phei^{55} ʃu:k^{55}.　　　　我喝酒。
我　酒　　喝

a^{33} pho^{53} khuʔ^{55} lɔ:ʔ^{55} khjɔp^{55} pjɛ^{33}.　　爸爸把碗摔碎了。
爸爸　碗　　摔　碎　了

勒期语的受事者可以放在句首，即位于施事者前面。此时为了标明受事，就要在受事者后加助词 le^{55}（详见第五章·第四节）。例如：

ŋjaŋ^{33}　le^{55}　a^{33} pho^{53} ŋjei^{53} pa:t^{31} pjɛ^{33}.
他　（宾助）爸爸　（施助）打　了
他被爸爸打了。

mji^{33} ji^{33} tsɔ^{33}　le^{55}　pei^{53}　ŋjei^{53} la:p^{55} nɔʔ^{31} pjɛ^{33}.
姑娘　　（宾助）太阳（施助）晒　　黑　了
姑娘被太阳晒黑了。

ŋv^{53}　le^{55}　ŋjaŋ^{33} nuŋ^{55} ŋjei^{53} ma:u^{53} pjɛ^{33}.
我　（宾助）他们　　（施助）骗　了
我被他们骗了。

（三）施事、工具格助词 ŋjei^{53}（ŋ^{53}）

ŋjei^{53}可变读为 ŋ^{53}，是一个多功能的结构助词。它有两个主要功能。

1. 施事格助词。用在充当施事者的名词、代词后面，表示或强调动作行为是由该施事者发出的。这种结构多与汉语的被动句结构对应。例如：

ŋŏ⁵³ nuŋ⁵⁵ ŋjei⁵³ khou⁵⁵sou⁵⁵ le⁵⁵ khaːt⁵⁵ thuʔ⁵⁵pjɛ³³.
我们　（施助）小偷　（宾助）赶　　出　　了
我们赶走了小偷。

a⁵⁵maŋ³³ ŋjei⁵³ a³³nɔʔ³¹ le⁵⁵ lɔʔ⁵⁵pɔn³³ pjɛ³³.
哥哥　（施助）弟弟　（宾助）使醒　　了
哥哥把弟弟弄醒了。

kji³¹nɔʔ³¹ ŋjei⁵³ tʃhen³³ paːnʃɔʔ⁵⁵ le⁵⁵ khou⁵⁵ tsɔː³³ pjaŋ⁵³ pjɛ³³.
老鼠　（施助）米　全部　　（宾助）偷　吃　完　了
老鼠把米偷吃光了。

sək⁵⁵ xjɛ³³ kam⁵³ ŋo⁵³ ŋjei⁵³ tuːn³³ ləŋ³³ pjɛ³³.
树　这　棵　我（施助）推　倒　了
这棵树被我推倒了。

ŋjaŋ³³ ŋjei⁵³ tsɔː³³ pjam⁵³ pjɛ³³.　　　　被他吃掉了。
他　（施助）吃　掉　了

ŋjaŋ³³ ŋ⁵³ tsɔː³³ pjam⁵³ pjɛ³³.　　　　　被他吃掉了。
他　（施助）吃　掉　了

mo⁵⁵ xjɛ³³ lɔm³³ ŋjaŋ³³ nuŋ⁵⁵ ŋjei⁵³ taːi⁵³ thuk⁵⁵ pjɛ³³.
事　这　件　他们　（施助）说　出　　了
这件事被他们说出去了。

ŋjaŋ³³ ta⁵⁵ ŋə⁵³ khou⁵⁵ xɔp⁵⁵ ŋjei⁵³ khaːu⁵⁵ pjɛ³³.
他　的　钱　小偷　（施助）偷　了
他的钱被贼偷了。

a⁵⁵pei³³ ŋ⁵³ ɣəː⁵³lɔː⁵³　　　　　　　　由姐姐买来
姐姐　（施助）买来

mo⁵⁵ xjɛ³³ tse⁵³ ŋjăŋ³³ taŋ³³ ŋ⁵³ lɛː⁵⁵ tsʅ³³.
事　这　的　他俩　（施助）来　做
这事由他俩做。

2. 工具格助词。用在作为工具的名词后面，表示动作行为是由该名词做所凭借的工具进行的。例如：

lɔʔ³¹ ŋjei⁵³ paːt³¹   用手打
手   （工具助）打

khuʔ⁵⁵ ŋjei⁵³ kjei⁵³khuː⁵⁵   用碗舀水
碗   （工具助）水   舀

nuat⁵⁵ ŋjei⁵³ mji³³ muːt³¹   用嘴巴吹火
嘴巴   （工具助）火   吹

wo³³tsuŋ³³ ŋjei⁵³ sək⁵⁵kam⁵³ khəːŋ⁵³   用斧子砍树
斧子   （工具助）树干   砍

pɔŋ³³tin³³ ŋjei⁵³ mou⁵³sou⁵⁵ le̠i⁵⁵   用笔写字
笔   （工具助）书   写

tsə̄³³ŋjam⁵⁵ ŋjei⁵³ wəm³³ tsɔː³³   用筷子吃饭
筷子   （工具助）饭   吃

mji³³ɔ̠m³³ ŋjei⁵³ ŋɔʔ⁵⁵ pək³¹   用枪打鸟
枪   （工具助）鸟   打

ŋjaŋ³³ le⁵⁵ ŋɔ⁵³ ŋjei⁵³ vu³¹si⁵⁵ ŋjei⁵³ paːt³¹.
他   （受助）我 （施助）棍子   （工助）打
他被我用棍子打。

（四）定语助词、名物化助词 ta⁵⁵

ta⁵⁵有两个主要功能。分述如下：

1. 一是做定语助词，用在做定语的名词、代词、形容词、动词或动宾词组等后面，表示前面的成分是定语。

（1）ta⁵⁵用在名词定语和名词中心语之间的。例如：

sə̄³³ʒa³³ ta⁵⁵ mou⁵³sou⁵⁵   老师的书
老师   的 书

khõ⁵⁵tsan⁵³ ta⁵⁵ kuk³¹   今年的谷子
今年   （定助）谷子

tʃuŋ⁵⁵kɔ⁵³ mo³³ ta⁵⁵ pju⁵³   中国人
中国   （方所助）（定助）人

mjɛŋ³³məŋ³³ mo³³ ta⁵⁵ pju⁵³   缅甸人
缅甸   （方所助）（定助）人

a⁵⁵maŋ³³ ta⁵⁵ mo³³tɔ³³   哥哥的汽车
哥哥   （定助）汽车

a³³nɔʔ³¹ ta⁵⁵ mou⁵³sou³³   弟弟的书
弟弟   (定助) 书

ŋjăŋ³³nuŋ⁵⁵ jɔm³³mo³³ (ta⁵⁵) pju⁵³   他家的人
他们   家 (方所助)(定助) 人

phuk⁵⁵wo⁵³ ta⁵⁵ mou⁵³sou⁵⁵   景颇文
景颇族   (定助) 书， 文

khə⁵⁵ŋjei⁵⁵ ta⁵⁵ mo⁵⁵   今天的事情
今天   (定助) 事

jɔm³³ mo³³ ta⁵⁵ pju⁵³   家里的人
家 (方所助)(定助) 人

(2) ta⁵⁵ 用在代词定语和名词中心语之间的，如：

ŋja³³ ta⁵⁵ mjɔʔ³¹tʃik⁵⁵   他的眼睛
他 (定助) 眼睛

ŋŏ⁵³nuŋ⁵⁵ ta⁵⁵ jɔm³³   我们的房子
我们   (定助) 房子

ŋjăŋ⁵⁵nuŋ⁵⁵ ta⁵⁵ wo⁵³ xjɛ³³ mo³³ ŋjei⁵³.
我们   (定助) 寨子 这 里 在
我们的寨子在这里。

jɔm³³səŋ³³ ta⁵⁵ mo⁵⁵jɔm³³səŋ³³ tsɿ³³.
自己   (定助) 事 自己   做
自己的事情自己做。

xjɛ³³ ke³³ paːn⁵³ ʃɔʔ⁵⁵ paŋ³³ta⁵⁵ mo⁵⁵. 这是大家的事。
这 (话助) 大家   (定助) 事

thə³³ mo³³ ta⁵⁵ mou⁵³sou³³ ke³³ xaŋ⁵⁵ ta⁵⁵ la⁵³?
那 里 (定助) 书   (话助) 谁 的 (语助)
那里的书是谁的？

naŋ⁵³xjɛ³³phjaŋ⁵⁵ ta⁵⁵ sək⁵⁵khəːŋ⁵³ aʔ³¹!
你 这 边   (定助) 树 砍   (语助)
你砍这边的树吧！

naŋ⁵³(ke³³) khǎ³³mo⁵³ ta⁵⁵ pju⁵³?
你 (话助) 哪儿   (定助) 人
你是哪儿的人？

代词领格做名词定语时，也可再加定语助词 ta⁵⁵。例如：

ŋa⁵⁵ pji³³ ~ ŋa⁵⁵　ta⁵⁵　pji³³　　　我的衣服
我的衣服　我的(定助)衣服
ŋa⁵⁵ jɔm³³ ~ ŋa⁵⁵　ta⁵⁵　jɔm³³　　　我的家
我的家　　我的(定助)家
ŋa⁵⁵ tsɜ³³ʃaŋ³³ ~ ŋa⁵⁵　ta⁵⁵　tsɜ³³ʃaŋ³³　我的孩子
我的孩子　　　我的(定助)孩子
lɛ⁵⁵　pji³³mei⁵³ ~ lɛ⁵⁵　ta⁵⁵　pji³³mei⁵³　你的上衣
你的上衣　　　你的(定助)上衣
pji³³ xjɛ³³ ke³³　lɛ⁵⁵　ta⁵⁵　la⁵³?
衣　这　(话助)你的(定助)(语助)
这衣服是你的吗?

(3) ta⁵⁵还常用在形容词定语和名词中心语之间。

形容词修饰名词时，通常位于名词之后。若形容词提至名词前修饰名词，则须在形容词后加助词 ta⁵⁵。例如：

kji:³³　ta⁵⁵　sək⁵⁵　　　　　大的树
大　(定助)树

kɛ:⁵³　ta⁵⁵　mjaŋ³³　　　　　好的马
好　(定助)马

nɛ:⁵³　ta⁵⁵　pan³³　　　　　红的花
红　(定助)花

ju:ŋ⁵⁵　ta⁵⁵　pji³³mei⁵³　　　漂亮的衣服
漂亮(定助)衣服

kui⁵⁵ ku:i⁵⁵　ta⁵⁵　sək⁵⁵　　　弯弯的树
弯弯　(定助)树

pjiŋ⁵⁵ pjə:ŋ⁵⁵　ta⁵⁵　kjei⁵³　　满满的水
满　满　(定助)水

tsam⁵³ tsam⁵³ nɛ:⁵³　ta⁵⁵　pji³³　红红的衣服
殷　殷　红　(定助)衣服

taŋ⁵⁵ taŋ⁵⁵ tʃi:n³³　ta⁵⁵　ʃ¹⁵⁵　　酸溜溜的果子
溜　溜　酸　(定助)果子

tʃhək⁵⁵ tʃhək⁵⁵ nɔ:ʔ³¹　ta⁵⁵　mou³³　黑压压的天
压　压　黑　(定助)天

xjɛ³³ ke³³　sɔm⁵⁵ su:m⁵⁵　ta⁵⁵　sək⁵⁵fu⁵⁵ ta⁵³ khjap⁵⁵.
这 (话助)轻　轻　(定助)树叶　一　片

这是一片轻飘飘的树叶。

kji:³³ ta⁵⁵ sək⁵⁵kam⁵³khəŋ⁵³aʔ³¹! 　　把大的树干砍掉!
大　(定助)树干　　砍　(语助)

xjɛ³³i⁵³kji:³³ ta⁵⁵　mak³¹tʃɔk⁵⁵!　　这么大的橘子!
这么　大　(定助)橘子

(4) ta⁵⁵用在动词定语和名词中心语之间的,如:

ʃɔ:⁵⁵　ta⁵⁵　ŋaŋ⁵⁵　　　　　种的菜
种　(定助)菜

ɣə:⁵³lɔ:⁵³ ta⁵⁵ tshɔn⁵⁵　　　买来的菜
买　来　(定助)菜

tʃei⁵⁵lɔ:⁵³ ta⁵⁵ ŋə⁵³　　　　借来的钱
借　来　(定助)钱

mju:³³　ta⁵⁵　vuʔ³¹　　　　养的猪
养　(定助)猪

nɛ³³　ta⁵⁵　tshɔn⁵⁵　　　　炒的菜
炒　(定助)菜

jɛn⁵⁵　ta⁵⁵　pjɛt⁵⁵u⁵³　　　腌的鸭蛋
腌　(定助)鸭蛋

xjɛ³³ ke³³ ʃu:k⁵⁵ ta⁵⁵ kjei⁵³.　这是喝的水。
这　(话助)喝　(定助)水

xjɛ³³ ke³³ ŋjaŋ³³ tʃa:u⁵³ ta⁵⁵ wɔm³³. 这是他煮的饭。
这　(话助)他　煮　(定助)饭

sɔ:i⁵³ tɔ³³　ta⁵⁵　puŋ⁵³lɔ³³tsaŋ³³su:t⁵⁵phjuk⁵⁵ ɛ⁵³!
画　着(定助)画　当心　　擦　使消掉(语助)
你不要擦玻璃,当心把画着的画擦掉!

(5) ta⁵⁵还可以加在动词词组和被限定的名词之间。例如:

a³³tsəŋ⁵⁵ɣə:⁵³ ta⁵⁵ pju⁵³　　买东西的人
东西　买　的　人

ŋɔ̃⁵³nuŋ⁵⁵sə³³ʒa³³ta:i³³ ta⁵⁵ taŋ³³kjɔ:³³a⁵³tu³³!
我们　老师　说　的　话　听　(语助)
我们要听老师的话。

2. 助词 ta⁵⁵还可构成名物化。

名词、形容词、动词、代词、动词词组可加助词 ta⁵⁵构成名物化。

(1) 名词加 ta^{55} 构成名物化的如：

ʃəŋ^{33} ta^{55}　金的　　　ŋə^{53} ta^{55}　银的

ta^{53} lɔm^{33}　ke^{33}　ʃəŋ^{33} ta^{55}, ta^{53} lɔm^{33}　ke^{33}　ŋə^{53} ta^{55}.
一个　（话助）金的　　一个　（话助）银的

(我有两个手镯) 一个是金的，一个是银的。

ta^{53} lɔm^{33}　ke^{33}　a^{33} pho^{53} ta^{55}, ta^{53} lɔm^{33}　ke^{33}　a^{33} mji^{53}　ta^{55}
一个　（话助）爸爸的　　一个　（话助）妈妈　的

tʃhɿ^{33} tse^{53}.
用的

一个是爸爸的，一个是妈妈用的。

(2) 形容词加 ta^{55} 构成名物化的如：

kɛː^{53} ta^{55}　　好的
好　的

laːi^{33} ta (ŋ)^{55} ŋo^{53} a^{33} wo^{33}.　　　重的我不要。
重　的　　我　不要

xjɛ^{33}　ke^{33}　nɛː^{53} ta^{55}.　　　　　这是红的。
这 （话助）红　的

(3) 动词加 ta^{55} 构成名物化的如：

taːi^{53} ta^{55}　说的
说　的

xjɛ^{33} ke^{33}　tsɔː^{33} tse^{53}, thə^{33}　ke^{33}　tʃhɿ^{33} tse^{53} ŋuːt^{55}.
这（话助）吃的　　那（话助）用的　　是

这是吃的，那是用的。

(4) 代词加 ta^{55} 构成名物化的如：

ŋa^{55} ta^{55}　我的　　　　lɛ^{55} ta^{55}　你的

ŋja^{33} ta^{55}　他的　　　　ŋjǎn^{33} tǎn^{33} ta^{55}　咱俩的

ŋa^{55} ta^{55} səːk^{55}, lɛ^{55} ta^{55} tshaːu^{55}.　　我的新，你的旧。
我的　新　　你的　旧

ŋa^{55} ta^{55}　ke^{33}　nɛː^{53} tse^{53}, lɛ^{55} ta^{55}　ke^{33}　ŋjaːu^{53} tse^{53}.
我的 （话助）红的　　你的 （话助）绿的

我的是红的，你的是绿的。

ŋa⁵⁵ ta⁵⁵ pa:n⁵³ ʃɔʔ⁵⁵ ŋjaŋ³³　le⁵⁵　pjei³³ pjɛ³³. 我的全给他了。
我的　全部　　他　（宾助）给　了

pji³³ xjɛ³³　ke³³　lɛ⁵⁵　ta⁵⁵　la⁵³ʔ？　这衣服是你的吗？
衣　这　（话助）你的(定助)(语助)

（五）状态状语助词 tsa³³

tsa³³放在形容词重叠式或副词后做状语助词。例如：

naŋ⁵³ mjap⁵⁵ mjap⁵⁵　tsa³³　ji³³　aʔ³¹！　你快快去！
你　快　快　（状助）去　（语助）

naŋ⁵³ kji³³ kji³³　tsa³³　tso³³　aʔ³¹！　你饱饱吃！
你　饱　饱　（状助）吃　（语助）

naŋ⁵³ ta⁵³ ku⁵⁵　tsa³³　kɔt⁵⁵　aʔ³¹！　你好好做！
你　好好　（状助）做　（语助）

（六）状态状语助词 lɛ⁵³

lɛ⁵³用在形容词或重叠式形容词之后做状语助词。例如：

ŋo⁵³ nɔːʔ⁵⁵　lɛ⁵³　sï⁵³　pjɛ³³.　　我早就知道了。
我　早　（状助）知道 了

ŋo⁵³ nɔːʔ⁵⁵　lɛ⁵³　tso³³ pjɛ³³.　　我早就吃了。
我　早　（状助）吃　了

tsɔ⁵⁵ tsɔ⁵⁵　lɛ⁵³　sɔ̱⁵⁵　aʔ³¹！　悠悠地走！
悠　悠　（状助）走　（语助）

mjap³¹ mjap³¹　lɛ⁵³　tso³³　aʔ³¹！　快快吃！
快　快　（状助）吃　（语助）

naŋ⁵³ nu̱ŋ⁵⁵ tsɔ³³ tsɔ³³　lɛ⁵³　sɔ̱⁵⁵　aʔ³¹！你们慢慢走！
你们　慢　慢　（状助）走　（语助）

（七）方所状语助词、时间状语助词

mo³³做方所状语助词，用在地点或时间等名词后面，表示动作行为是在某个地点、处所、时间里发生或完成的。例如：

ŋo⁵³ maŋ⁵³ ʃɿ⁵³　mo³³　lɔ̱⁵⁵.　　我去芒市。
我　芒市　（方所助）去

ŋo⁵³ maŋ⁵³ ʃɿ⁵³　mo³³　ŋjeːi⁵³.　　我在芒市。
我　芒市　（方所助）在

ŋjaŋ³³ maŋ⁵³ ʃɿ⁵³　mo³³　tsou³³ kuːt⁵⁵.　他在芒市做官。
他　芒市　（方所助）官　做

ŋa^{55} jəm^{33} ke^{33}　　lu^{33}ʃi^{55}　　mo^{33}　ȵu:t^{55}. 我的家乡在潞西。
我的家　（话助）潞　西　（方所助）是

jəm^{33}pan^{53}　　mo^{33}　　sək^{55}kam^{53} ta^{53}kam^{53}. 院子里有一棵树。
院子　　（方所助）树　　　　一　　棵

tshə$^{53/31}$jam^{53}　mo^{33}　pji^{33} la:ŋ^{55} tɔ^{33}. 墙上挂着衣服。
墙　　　（方所助）上衣挂　着

sək^{55}kam^{53}　　mo^{33}　　ȵɔʔ^{55}tsɔ:ŋ^{33} tɔ^{33}. 树上坐着鸟。
树干　　（方所助）鸟　　坐　着

tsö^{33}po^{55}　mo^{33}　khuʔ^{55}ək^{55}khjap^{55}. 饭桌上有两个碗。
饭桌　　（方所助）碗　两　个

khuʔ^{55}mi^{53}tʃaŋ^{53}　mo^{33}　ləʔ^{55}khjo^{53}pjɛ^{33}.
碗　地上　（方所助）使　掉　了
碗掉到地上了。

ŋo^{53}ŋjaŋ^{33}nuŋ^{55}jəm^{33}　mo^{33}　a^{3}thəŋ^{33}jɛ:^{33}. 我经常去他家。
我　他们　家　（方所助）经常　去

ŋjaŋ^{33}jəm^{33}　pan^{53}　mo^{33}　la:ŋ^{55} tɔ^{33}. 他在屋外等着。
他　屋　外　（方所助）等　着

le^{55}　pji^{33}　　mo^{33}　　kjei^{53} ta^{53} pɔʔ^{55}.
你的衣服（方所助）水　一　滴
你的衣服上有一滴水。

pəm^{53}khjei^{33}　mo^{33}　kjei^{53} tʃɔ:^{31}.
山　脚　（方所助）水　有　　　　山下有水。

ŋo^{53}jəm^{33}　mo^{33}　kjɔʔ^{31} ta^{53} tu^{33} ŋje:i^{53}. 我家有一只鸡。
我　家　（方所助）鸡　一　只　在

ŋa^{55}jəm^{33}səŋ^{33}jəm^{33}　mo^{33}　wəm^{33} tsɔ^{33}.
我　自己　　家　（方所助）饭　吃
（我）在我自己家吃饭。

naŋ^{53}ək^{55}khjəŋ^{33}ku^{33}　mo^{33}　li^{55} aʔ^{31}!
你　两　点　左右（时助）来（语助）
你两点左右来吧！

ŋo⁵³ ʃɛt⁵⁵ khjəŋ³³ mo³³ nap³¹ tshe⁵⁵ tsɔ:³³.
我 八 点钟 （时助）早饭 吃
我八点钟吃早饭。

a⁵⁵ʑə⁵³! ŋa⁵⁵ khjei³³ mo³³ khaʔ⁵⁵ tsaŋ⁵⁵!
哎哟 我的脚 （方所助）别 碰
哎哟！别碰我的脚！（脚已有病痛）。

（八）从由格助词

mɔ⁵³用在名词、代词或形容词等后面，表示动作行为发起于某个时间点、某段时间、某个地点方位。例如：

ŋɛ:⁵³ mɔ⁵³ a³³tsəŋ⁵⁵ tat⁵⁵ tsɿ³³ pje³³.
小 （从由助）事情 会 做 了
从小就会做事情了。

ŋjaŋ³³ ke³³ fuʔ³¹kjɛn⁵⁵ mɔ⁵³ pju⁵³.
他 （话助）福建 （从由助）人　　他是福建人。

khun⁵⁵min³¹ mɔ⁵³ pə³¹kjin⁵⁵ tʃy³³.　　从昆明到北京。
昆明 （从由助） 北京 到

jɔm³³mɔ⁵³ thu:ʔ⁵⁵lɔ⁵⁵　　　　从家里出去。
家（从由助） 出 去

ŋo⁵³ pə³¹kjin⁵⁵mɔ⁵³ lɔ:⁵³.　　　我从北京来。
我 北京 （从由助）来

pə³¹kjin⁵⁵mɔ⁵³ tshən⁵⁵ tʃei⁵³ pha:u⁵⁵.　北京菜最贵。
北京 （从由助） 菜 最 贵

ŋo⁵³ jɔm³³mɔ⁵³ lɛ:⁵⁵.　　　　　我从家里来。
我 家 （从由助）来

ŋo⁵³ jɔm³³mɔ⁵³ ta⁵⁵ kjɔʔ³¹.　　　我家的鸡。
我 家 （从由助） 的 鸡

ŋo⁵³ pei⁵³ thuʔ⁵⁵mɔ⁵³ li⁵⁵.　　　我是从东边来的。
我 东边（从由助） 来

a³³khui⁵⁵mɔ⁵³ ta⁵³ku⁵⁵mɔ:ʔ⁵⁵.　　从现在起努力学习。
现在 （从由助）努力 学习

nap³¹jɔ⁵³ŋjei⁵⁵ mɔ⁵³ ŋo⁵³ke³³ sə̆³³ʑa³³ ŋɔt⁵⁵ pjɛ³³.
明天 （从由助）我 （话助）老师 是 了

从明天起我就是老师了。

ŋo⁵³ a³³ŋjei⁵⁵nap³¹ mɔ⁵³ khə⁵⁵ŋjei⁵⁵ tʃy⁵⁵ʃɔʔ⁵⁵ ŋjeːi⁵³.
我　昨天　（从由助）　今天　到　全　在
从昨天到今天我一直都在。

tʃuaŋ³³mɔ⁵³ jɔm³³ ~ tʃuaŋ³³mɔ⁵³ ta⁵⁵jɔm³³
学校（从由助）房子　　学校（从由助）的房子
学校的房子。

二、体助词

体助词用在动词或兼有动词性质的形容词后面，表示动作行为的将行、进行或已行体。

1. 将行体助词

aʔ³¹ŋ⁵³ "将、将要"表示动作行为即将进行。例如：

naŋ⁵³ mjɛn⁵⁵thaŋ³³ tʃhə³³tʃuŋ³³ kɔt⁵⁵ aʔ³¹ŋ⁵³?
你　下午　　什么　　做　将要
你下午要做什么？

ŋo⁵³ nap³¹jɔ⁵³ŋjei⁵⁵ pə³¹kjin⁵⁵ lo⁵⁵aʔ³¹ŋ⁵³.
我　明天　　　北京　　去　将
我明天将去北京。

ŋo⁵³ nap³¹jɔ⁵³ŋjei⁵⁵lo⁵⁵aʔ³¹ŋ⁵³.　我将明天走。
我　明天　　　去　将

2. 进行体助词

进行体助词 ŋjeːi⁵³ "正在"，表示动作正在进行。例如：

tsɔː³³ŋjeːi⁵³　　　正在吃　　　juːp⁵⁵ŋjeːi⁵³　　　正在睡
mjiːt³¹ŋjeːi⁵³　　　正在想　　　ji⁵³ŋjeːi⁵³　　　正在笑

ŋo⁵³ wɔm³³ tsɔː³³ŋjeːi⁵³.　　　　　　我正在吃饭。
我　饭　　吃　正在

a³³phoˑ⁵³a³³khui⁵⁵jo⁵³ mo³³　juːp⁵⁵ŋjeːi⁵³.
爸爸　　现在　　田地(方所助)睡　正在

爸爸正在地里睡觉。

a³³pho⁵³jəm³³pan⁵³mo³³　　jei³³phei⁵⁵ʃuːk⁵⁵ŋjeːi⁵³.
爸爸　家　外面（方所助）酒　　喝　正在
爸爸正在附近喝酒。

a³³mji⁵³jəm³³mo³³　　wɔm³³tʃaːu⁵³ ŋjeːi⁵³.
妈妈　家（方所助）饭　煮　正在
妈妈正在家里做饭。

sə³³ʒa⁵³jəm³³khou³³mo³³　　ʃu⁵⁵ʃɔ⁵⁵mɔːɔ⁵⁵ ŋjeːi⁵³.
老师　房子 里　（方所助）数学　教　正在
老师正在房子里教数学。

naŋ⁵³kjiːn⁵⁵ ŋjeːi⁵³lɛ⁵³?　　你正在忙吗？
你　忙　正在（语助）

ŋjăŋ³³nuŋ⁵⁵mo⁵⁵tsɿ³³ŋjei⁵³lɛ⁵³?　　他们正在做事吗？
他　们　事　做　正在（语助）

表"正在"的体助词ŋjeːi⁵³来自表"在，存在"的实义动词。例如：

ŋjaŋ³³jəm³³mo³³　　ŋjeːi⁵³.　他在家里。
他　家（方所助）在

3. 已行体（完成体）

已行体助词ju⁵⁵"过"表示动作已经完成。例如：

lɔː⁵⁵ju⁵⁵　去过。

juː⁵⁵ju⁵⁵　看过。

a³³tso³³ju⁵⁵.　　　没吃过。
没吃　过

a³³juː⁵⁵ju⁵⁵.　　　没看过。
没看　过

a³³ɣə⁵³ju⁵⁵.　　　没买过。
没买　过

a³³kjɔ³³ju⁵⁵.　　　没听过。
没听　过

a³³mjaŋ³¹ju⁵⁵.　　　　　　没见过。
没见　过

pə³¹kjin⁵⁵ ŋo⁵³lɔ⁵⁵ju⁵⁵pjɛ³³.　　我去过北京了。
北京　　我　去过　了

ŋo⁵³kji⁵³kuːt⁵⁵ju⁵⁵.　　　　　我当过兵。
我　兵　做　过

ŋo⁵³sə³³ʑa³³kuːt⁵⁵ju⁵⁵.　　　　我当过老师。
我　老师　　做　过

ŋo⁵³ŋɔʔ⁵⁵mjuk⁵⁵tsɔː³³ju⁵⁵pjɛ³³.　　我吃过芭蕉了。
我　芭蕉　　　吃　过　了

ŋo⁵³juː⁵⁵(ju⁵⁵)pjɛ³³.　　　　我已经看过了。
我　看过　　了

ŋjaŋ³³kji⁵³kuːt⁵⁵ju⁵⁵pjɛ³³.　　他已经当过兵了。
他　兵　做　过　了

三、语气助词

语气助词 在句子里表示说话的语气、感情色彩。大多放在句尾。语气助词不表示句子的人称、数、方向，仅表示语气。常见的语气助词有：

（一）pjɛ³³

pjɛ³³虽然表示完成体（见动词部分），但用在句尾时表示叙述语气，相当于汉语的"了"，指事件的"已然"（包括将来"已然"和现时"已然"）。pjɛ³³，有时也可用于语气助词前，除了可用在陈述句中还可以用在疑问句中。用于陈述句的如：

mou³³jau⁵⁵phaːŋ⁵⁵pjɛ³³.　　　天要晴了。
天　要　晴　了

ŋo⁵³lo⁵³ pjɛ³³.　　　　　　我回来了。
我　回来　了

ŋo⁵³li⁵⁵ pjɛ³³.　　　　　　我过来了。
我　过来　了

ŋo⁵³ke⁵³lo⁵⁵pjɛ³³.　　　　　我已经好了。
我　好　去　了

ŋo⁵³ pə³¹ kjin⁵⁵ lɔː⁵⁵ ju⁵⁵ pjɛ³³.　　我去过北京了。
我　北京　　去　过　了

mjɔʔ³¹ tuaŋ³³ nɛː⁵³ pjɛ³³.　　　　　脸红了。
脸　　　红了

sək⁵⁵ fuʔ⁵⁵ ŋjaːu⁵³ pjɛ³³.　　　　　树叶绿了。
树叶　　　绿了

tsham³³ tshaːu⁵⁵ nɛː⁵³ pjɛ³³.　　　把头发染红了。
头发　　染　红了

ŋo⁵³ mou⁵³ sou³³ ta³³ puk³¹ ɣə⁵³ pjɛ³³.　我买了一本书。
我　书　　一本　　买了

a³³ pho⁵³ khuʔ⁵⁵ lɔːʔ⁵⁵ khjɔp⁵⁵ pjɛ³³.　爸爸把碗摔碎了。
爸爸　碗　　摔　碎　了

ŋjãŋ³³ nuŋ⁵⁵ paːn³³ ʃɔʔ⁵⁵ ji³³ pjɛ³³.　他们都去了。
他们　　全部　　去　了

mo⁵⁵ xjɛ³³ tse⁵³ a³³ nək⁵⁵ lɛ⁵³ taːi⁵³ kɛ³³ tɔ³³ pjɛ³³.
事　这件　去年　　就　说　好　着了
这件事是去年说定了的。

用于疑问句中的如：

naŋ⁵³ khə⁵⁵ ŋjei⁵⁵ xa⁵⁵ tʃuŋ³³ mo⁵⁵ tsɿ⁵³ pjɛ³³?　你今天做什么了？
你　今天　　什么　　事　做了

naŋ⁵³ mut⁵⁵ pjɛ³³ la⁵⁵?　　　　　　你饿了吗？
你　饿　了（语助）

naŋ⁵³ tʃhə³³ tɔt³¹ a³³ pjɛ³³?　　　　你怎么了？
你　什么　成　了

naŋ⁵³ xa⁵⁵ tʃuŋ³³ tɔt³¹ pjɛ³³?　　　你怎么了？
你　什么　　成　了

（二）la⁵³

la⁵³表示一般疑问语气。例如：

naŋ⁵³ kɛ⁵³ la⁵³?　　　　　　　　　你好吗？
你　好（语助）

xjɛ³³ kɛ³³　xa⁵⁵ tʃuŋ³³ la⁵³?　　　这是什么呀？
这（话助）什么　　（语助）

naŋ⁵³ ji³³ pjɛ³³ la⁵³? 你去了吗？
你 去 了（语助）
naŋ⁵³ wɔm³³ tso³³ pjɛ³³ la⁵³? 你吃饭了吗？
你 饭 吃 了（语助）
naŋ⁵³ ŋjaŋ³³ le⁵⁵ mja:ŋ⁵³/³¹ pjɛ³³ la⁵³? 你见到他了吗？
你 他 （宾助）看见 了（语助）
naŋ⁵³ a³³ khui⁵⁵ khun⁵⁵ min³¹ lo⁵⁵ la⁵³? 你要去昆明吗？
你 现在 昆明 去（语助）
pji³³ xjɛ³³ ke³³ le⁵⁵ ta⁵⁵ la⁵³? 这衣服是你的吗？
衣 这 （话助）你的（定助）（语助）

也可以直接用动词否定式加疑问助词 la⁵³ 的方式构成这个选择疑问句。例如：

naŋ⁵³ a³³ lo⁵⁵ la⁵³? 你去吗？（你不去吗？）
你 不去（语助）
naŋ⁵³ a³³ ke⁵³ ʃɿ⁵⁵ la⁵³? 你好了吗？（你还没好吗？）
你 没好 还（语助）
naŋ⁵³ wɔm³³ a³³ mɔt⁵⁵ ʃɿ⁵⁵ la⁵³? 你饿了吗？（你还不饿吗？）
你 饭 不饿 还（语助）
pji³³ xjɛ³³ khjap⁵⁵ a³³ tʃhei⁵⁵ ju:ŋ⁵⁵ ʃɿ⁵⁵ la⁵³?
衣 这 件 没洗 干净 还（语助）
这件衣服洗干净了吗？（还没洗干净吗）
naŋ⁵³ ʃɔ:³³ ta⁵⁵ pju⁵³ xjɛ³³ juʔ³¹ a³³ ŋɔt⁵⁵ la⁵³?
你 找 的 人 这 个 不是（语助）
你要找的（人）是不是这个人？

naŋ⁵³ a³lo⁵⁵ la⁵³?
你 不去（语助）
你是否去？（你去不去？）

naŋ⁵³ ŋɔʔ⁵⁵ mjuk⁵⁵ a³³ tso³³ la⁵³?
你 香蕉 不吃（语助）
你是否吃香蕉？（你吃不吃香蕉？）

nã⁵³ nuŋ⁵⁵ jɔm³³ kjɔʔ³¹ a³³ ju⁵⁵ kə⁵³ la⁵³?
你们 家 鸡 没有（语助）

（你家）有没有鸡？

tʃaŋ³³ lau⁵³ sɿ³³ no⁵³ a³³ kɛː⁵³ ʃɿ⁵⁵ la⁵³?
张　老师　　病　没好　还　（语助）
张老师病好了吗？（病还没好吗？）

la⁵³变读为 la⁵⁵时，表示提问人内心对所问事件已有肯定性的答案猜测。例如：

naŋ⁵³ ke⁵³ la⁵⁵?　　　　你好吗？
你　好　（语助）

naŋ⁵³ mət⁵⁵ la⁵⁵?　　　　你饿吗？
你　饿　（语助）

naŋ⁵³ mət⁵⁵ a³³ ʃɿ⁵⁵ la⁵⁵?　你还饿吗？
你　饿　还　　（语助）

naŋ⁵³ mət⁵⁵ pjɛ³³ . la⁵⁵?　你饿了吗？
你　饿　　了　（语助）

la⁵³可以用于构成正反疑问句上；也可分别用在两个分句上。例如：

naŋ⁵³ ji³³ a³³ ji³³ la⁵⁵?　　　　　你去不去？
你　去 不去（语助）

naŋ⁵³ ləːŋ³¹ paːt³¹ nɔː⁵³ a³³ no⁵³ la⁵³?　你摔跤疼不疼？
你　摔跤　　疼　不疼　（语助）

ŋo⁵³ suːt⁵⁵ ta⁵⁵ juːŋ⁵⁵ a³³ juŋ⁵⁵ la⁵³?　我擦的干不干净？
我　擦　的 干净 不干净（语助）

ŋo⁵³ lɛːi⁵⁵ mou⁵³ sou⁵⁵ juːŋ⁵⁵ a³³ juŋ⁵⁵ la⁵³?　我写得好不好？
我　写　字　　好看　不好看（语助）

pji³³ xjɛ³³ khjap⁵⁵ jɔː⁵⁵ tʃheːi⁵⁵ juːŋ⁵⁵ a³³ jɔ⁵⁵ tʃheːi⁵⁵ juŋ⁵⁵ la⁵³?
衣 这 件　　能　洗　　干净 不能 洗　　干净（语助）
这件衣服能不能洗干净？

ŋo⁵³ taːi⁵⁵ ta⁵⁵ tse⁵³ ke⁵³ a³³ ke⁵³ la⁵³?　我说的对还是不对呢？
我　说的　　的　对　不对　（语助）

ke⁵³ la⁵³/³¹, a³³ ke⁵³ la⁵³/³¹, ŋo⁵³ ɣɛ⁵⁵ a³ se⁵³?
对　（语助）不对　（语助）我　也　　不知道
是对呢，还是错呢，我也不知道。

naŋ⁵³ji³³la⁵³, a³³ji³³la⁵³?　　我去不去？
你　去（语助）不去（语助）

naŋ⁵³jɔː⁵⁵mɔʔ⁵⁵se⁵³la⁵³, a³³jɔ⁵⁵mɔʔ⁵⁵se⁵³la⁵³?
你　能　学　会（语助）不能　学　会（语助）
你能学会不能学会？

naŋ⁵³ke³³　lə³¹tʃhi⁵³nu⁵⁵　la⁵³, pə⁵⁵lo⁵³nu⁵⁵　la⁵³?
你（话助）勒期　小（谦称）（语助）波拉　小（谦称）（语助）
你是勒期人呢还是波拉人？

wɔm³³tsɔ³³aʔ³¹　la⁵³, mjɛn³³thiau⁵³tsɔ³³aʔ³¹　la⁵³?
饭　吃（语助）（语助）面条　吃（语助）（语助）
吃饭呢还是吃面条？

naŋ⁵³ke³³　sə³³ʒa³³la⁵³, mə⁵⁵ʃʅ³³tʃuaŋ³³nu⁵⁵la⁵³?
你（话助）老师（语助）还是　学生　（语助）
你是老师还是学生？

（三）lɛ³³

lɛ³³做反意疑问句的语气助词。例如：

ŋjaŋ³³ŋjeːi⁵³tɔ³³a³³ŋɔt⁵⁵lɛ³³?
他　在　着不是（语助）
他难道不是在家吗？（怎么还没来）

ŋjaŋ³³ke⁵³pjɛ³³a³³ŋɔt⁵⁵lɛ³³?　　他难道不是好了吗？
他　好　了　不是（语助）

ŋjaŋ³³a³³li⁵⁵　lɛ³³?　　　　他不来吗？
他　不过来（语助）

ŋjaŋ³³a³³lo⁵³　lɛ³³?　　　　他不回来吗？
他　不回来（语助）

（四）a⁵³ka³³

a⁵³ka³³表"究竟"。例如：

ɯaŋ³³khĩ³³nam⁵³ʃɛ⁵⁵li⁵⁵a⁵³ka³³ 他究竟什么时候才来呢？
他　什么时候　才　来（语助）

xa⁵⁵tʃuŋ³³kɔt⁵⁵(n) a⁵³ka³³?　（你）究竟要做什么？
什么　做（语助）

（五）khai⁵³

khai⁵³在陈述句中做表"可能"义的副词，还能在疑问句中做疑问语气助词，表示揣测、推测的语气。例如：

naŋ⁵³ mɔt⁵⁵ pjɛ³³ khai⁵³?　你饿了吧？
你　饿　了　（语助）

naŋ⁵³ ji³³ pjɛ³³ khai⁵³?　你去了吧？
你　去　了　（语助）

naŋ⁵³ ʃɔ³³ ta⁵⁵ pju⁵³ kɛ³³　xjɛ³³ juʔ³¹ khai⁵³?
你　找　的　人　（话助）这　个　（语助）
你要找的是这个人吧？

ta⁵³ tshe³³ək⁵⁵ khjəŋ³³ ku³³ pjɛ³³ khai⁵³?　12点了吧？
一　十　二　点　左右　了　（语助）

lɛ⁵⁵　ta⁵⁵ tshaːm³³ mjei⁵⁵ kɛ⁵³ lo⁵⁵ pjɛ³³ khai⁵³?　你的感冒好了吧？
你的的 感冒　　好 去 了 （语助）

naŋ⁵³ kɛ⁵³ kɛː⁵³ tsa³³ khai⁵³?　　你好好的吗？
你　好　好　的　（语助）

naŋ⁵³ no⁵³ pjɛ³³ khai⁵³?　　你病了吗？
你　病　了　（语助）

ŋjaŋ³³ ta⁵⁵ no⁵³ kɛ⁵³ pjɛ³³ khai⁵³?　他的病好了吗？
他　的　病　好　了　（语助）

（六）a³³khai⁵³

a³³khai⁵³用于疑问句，表关心、尊敬，亲切度比 la⁵³强。例如：

naŋ⁵³ kɛ⁵³ a³³khai⁵³?　　　　你好吗？
你　好　（语助）

naŋ⁵³ kuŋ⁵³ tu⁵⁵ jaŋ⁵⁵ tsan³³ a³³khai⁵³?　你身体好吗？
你　身体　健康　（语助）

lɛ⁵⁵　mji⁵³ pho⁵³ jaŋ⁵⁵ tsan³³ kɛː⁵³ a³³khai⁵³?　你的父母都好吗？
你的母父　　健康　好 （语助）

naŋ⁵³ jɔm³³ mo³³　ŋjeːi⁵³ a³³khai⁵³?　你在家吗？
你　家（方所助）在　（语助）

（七）mai⁵³

用于答句，表示肯定语气，相当于汉语的"呀"。

ŋjaŋ³³ jɔm³³ mo³³　ŋjeːi⁵³ a³³ khai⁵³?　　他在家吗?
他　家（方所助）在　（语助）

ŋjaŋ³³ ŋjeːi⁵³ mai⁵³?　　　　　　他在呀?
他　在　呀

ŋjaŋ³³ a³³ ŋjeːi⁵³ mai⁵³?　　　　他不在呀?
他　不　在　呀

ŋjaŋ³³ a³³ khui⁵⁵ ŋjeːi⁵³ tɔ³³ mai⁵³?　他现在在呀?
他　现在　在　着呀

a³³ si⁵³ mai⁵³?　　　　　　　　不知道呀?
不知道呀

（八）lo⁵³

lo⁵³ 是表示感叹语气的语气助词。例如：

a³³ kjɛn⁵⁵ lo⁵³!　　不忙咯!
不忙　（语助）

ŋo⁵³ a³³ tso³³ lo⁵³,　naŋ⁵³ tso³³ aʔ³¹!　我不吃咯, 你吃吧!
我　不吃（语助）你　吃（语助）

（九）ku⁵⁵

ku⁵⁵ 用于否定祈使句。例如：

khaʔ⁵⁵ kjɛn⁵⁵ ku⁵⁵!　　　　不要忙!
不要　忙　（语助）

khaʔ⁵⁵ xan³³ ku⁵⁵!　　　　　不要急!
不要　急　（语助）

khaʔ⁵⁵ pjɔːʔ³¹ ku⁵⁵ ku⁵⁵!!　　不要吵架!
不要　吵架（语助）

ɔ⁵⁵ e⁵³/³¹! khaʔ⁵⁵ tʃɔp³¹　kuʔ⁵⁵!　喂! 不要出声!
喂!　别　乱作声（语助）

（十）a³¹ ɔ⁵³

a³¹ ɔ⁵³ 表祝愿、祝贺。例如：

naŋ⁵³ jaŋ³³ tsan³³（n）a³¹ ɔ⁵³!　祝你健康!
你　健康　（语助）

naŋ⁵³ phu⁵⁵ vaŋ⁵⁵ ke⁵³ a³¹ ɔ⁵³!　祝你好运!
你　运气　好（语助）

（十一）e⁵³

表停顿。例如：

khun⁵⁵min³¹lo⁵⁵e⁵³ paŋ³³mɔ³³tɔ³³mjaːp³¹tɔʔ³¹kɛʔ⁵⁵!
昆明   去（助）些人车   快   上（语助）
去昆明的请快上车！

ŋo⁵³mou⁵³sou⁵⁵ɤə̆⁵³e⁵³ ŋə⁵³a³³ju⁵⁵. 我没有钱买书。
我 书   买（助）钱 没有

ŋo⁵³vuʔ³¹ʃo⁵⁵e⁵³ nə³³ʃo⁵⁵e⁵³ tʃu⁵⁵tʃu⁵⁵tso³³pjɛ³³.
我 猪肉 （助）牛肉（助）种 种 吃 了
我吃了猪肉呀牛肉呀各种东西。

mou³³wɔ⁵³ŋə̆t⁵⁵lou⁵³, ŋo⁵³(e⁵³)lɛ⁵⁵lo⁵³a⁵³.
天 下 即使   我（助）过来 也
即使下雨，我也要来。

（十二）ka³³

ka³³用在陈述句句末，表示说话人对所述事件的陈述和肯定。例如：

a³³lo⁵⁵ka³³.   不去。
不去（语助）

ŋjaŋ³³tso³³pjɛ³³ka³³. 他吃了。
他 吃 了（语助）

ŋjaŋ³³ŋo⁵³lɛ⁵⁵ taːi⁵³kjɔː⁵⁵ŋjaŋ³³pə³¹kjin⁵⁵a³³lo⁵⁵ju⁵⁵ʃɿ⁵⁵ka³³.
他 我（宾助）告诉 他 北京 没去 过 还（语助）
他告诉我他没去过北京。

kjɔː³³lɛ³³sə̆³³ʑa³³kɔt⁵⁵pjɛ³³ka³³. 听说（他）当老师了。
听说 老师 做 了（语助）

kjɔː³³lɛ³³ŋjaŋ³³nɔː⁵³ka³³. ～ kjɔː³³lɛ³³ŋjaŋ³³no⁵³pjɛ³³ka³³.
听说 他 病（语助） 听说 他 病 了（语助）
听说他生病了。

kjɔː³³lɛ³³ŋjaŋ³³pə³¹kjin⁵⁵lo⁵⁵pjɛ³³ka³³, jɔm³³a³³ŋjei⁵³
听说 他 北京 去 了（语助）家 不在
听说他去北京了，不在家。

四、谓语助词

谓语助词用在谓语之后，既表句子的式，又能指明谓语的人称、数。常见的有：

(一) $aʔ^{31}$

表祈使、命令，主语是第二人称单数。例如：

naŋ^{53} kjɛn^{55} tsɔ^{33} aʔ^{31}! ～naŋ^{53} mjap^{31} tsɔ^{33} aʔ^{31}!
你　忙　吃（语助）　你　快　吃（语助）
你快吃吧！

tsɔ^{55} tsɔ^{55} lɛ^{53} sɔ^{55} aʔ^{31}!　　　　　（你）慢慢走吧！
慢　慢　地　走（语助）

naŋ^{53} kɔt^{55} (n) aʔ^{31}!　　　　　你做吧！
你　做　（语助）

naŋ^{53} tsɔ^{55} tsɔ^{55} lɛ^{53} sɔ^{55} aʔ^{31}!　　　你慢慢走吧！
你　慢　慢　地　走（语助）

mo^{55} ta^{33} ko^{55} tsʅ^{33} aʔ^{31}!　　　　（你）好好做事吧！
事　好好　做（语助）

mou^{53} sou^{33} ta^{33} ko^{55} mɔ^{55} aʔ^{31}!　　（你）好好学习吧！
书　　好好　学（语助）

lɔʔ^{31} mo^{55} ta^{33} ko^{55} tsʅ^{33} aʔ^{31}!　　　（你）努力工作吧！
工作　好好　做（语助）

kji:^{33} ta^{55}　sək^{55} kam^{53} khən^{53} aʔ^{31}!　（你）把大树干砍掉！
大　（定助）树干　砍　（语助）

naŋ^{53} nap^{31} jɔ^{53} ŋjei^{55} nap^{31} sən^{55} li^{55}　aʔ^{31}!　你明天早上来吧！
你　明天　　　早上　过来（语助）

ŋo^{53} a^{33} tsɔ^{33} lo^{53},　naŋ^{53} tsɔ^{33} aʔ^{31}!　我不吃了，你吃吧！
我　不　吃（语助）你　吃（语助）

naŋ^{53} ək^{55} khjəŋ^{33} ku^{33} mo^{33}　li^{55} aʔ^{31}!　你两点左右来吧！
你　两点　左右（方所助）来（语助）

khuʔ^{55} thə^{33} mo^{33}　　tɔ:^{55} tu^{33} aʔ^{31}!
碗　那（方所助）摆着　（语助）

请（你）把那碗（从这儿拿走）放在那儿！

（二）kɛʔ⁵⁵

表祈使、命令，主语是第二人称复数。相当于汉语的"请"。例如：

nǎ⁵³nuŋ⁵⁵kɔt⁵⁵kɛʔ⁵⁵！　请你们做吧！
你们　做　（谓助）

nǎ⁵³nuŋ⁵⁵tso³³kɛʔ⁵⁵！　你们吃吧！
你们　吃　（谓助）

si⁵³ pje³³paŋ³³lɔʔ³¹tu³³kɛʔ⁵⁵！
知道 了 些　手　举　（谓助）
（你们中）知道的人请举手！

nǎŋ⁵³taŋ³³tso³³tso³³lɛ⁵³sɔ⁵⁵kɛʔ⁵⁵！　你俩慢慢走！
你俩　　慢　慢　地　走（谓助）

khaʔ⁵⁵kjɛn⁵⁵kɛʔ⁵⁵！　（你们）不要忙！
不要 忙　（谓助）

ɔ⁵⁵e⁵³ʼ³¹！kjɛn⁵⁵kɔt⁵⁵kɛʔ⁵⁵！　喂！你们快点！
喂　忙 做　（谓助）

nǎŋ⁵³nuŋ⁵⁵ta⁵³juʔ³¹juʔ³¹lɛ⁵³sɔ⁵⁵kɛʔ⁵⁵！
你们　　一　个　个　地　走（谓助）
你们一个一个地走（不要着急）！

khun⁵⁵min³¹lo⁵⁵e⁵³ paŋ³³mɔ³³tɔ³³mjaːp³¹tɔʔ³¹kɛʔ⁵⁵！
昆明　　去（助）些人车　快　上　（谓助）
去昆明的请快上车！

（三）tʃa⁵⁵

表祈使、请求，主语是第三人称单数、复数。例如：

ŋjaŋ³³lɛ⁵⁵　kɔt⁵⁵tʃa⁵⁵！　　让（给）他做吧！
他 （宾助）做 （语助）

ŋjǎŋ³³nuŋ³³ lɛ⁵⁵ kɔt⁵⁵tʃa⁵⁵！　让他们做吧！
他们　　（宾助）做 （语助）

（四）paʔ⁵³

用于第一人称单数、复数，表示请求语气。例如：

ŋo⁵³ le⁵⁵ kət⁵⁵ pa⁵³!　　　　让我做吧!
我 (宾助) 做 (语助)

ŋö⁵³nuŋ⁵⁵ le⁵⁵ kət⁵⁵ pa⁵³!　　　让我们做吧!
我们 (宾助) 做 (语助)

ŋo⁵³ naŋ⁵³ le⁵⁵ ta⁵³ tʃuŋ³³ ta:i⁵³kjɔ:⁵⁵ pa⁵³!
我 你 (宾助) 一 件 告诉 (语助)
请让我告诉你一件事吧!

(五) ʃaŋ⁵³

用于第一人称复数。例如：

ŋo⁵³ ɣɛʔ⁵⁵ lo⁵⁵ ʃaŋ⁵³!　　和我一起去吧!(我们一起去吧!)
我 也 去 (语助)

ŋö⁵³nuŋ⁵⁵ ŋjăn³³nuŋ⁵⁵ ta:i⁵³ tse⁵⁵ ʃɿ⁵⁵ kjɔ:³³ ju⁵⁵ ʃaŋ⁵³!
我们 他们 说的 暂且 听 看 (语助)
我们暂且先听他们说的!

ŋö⁵³nuŋ⁵⁵ pju⁵³ tshaŋ³³ ʃi⁵⁵ mɔ⁵³ tum⁵³ tse⁵³ ʃaŋ⁵³!
我们 人 重新 又 的 (语助)
我们重新过生活吧!

ŋö⁵³nuŋ⁵⁵ wɔm³³ tsɔ:³³ kji:³³ thaŋ³³ ʃɿ⁵⁵ tum⁵³ tsɔ³³ ʃaŋ⁵³!
我们 饭 吃 饱 后 水果 再 吃 (语助)
我们吃饱饭后再吃水果!

mou³³ tsa³³ pha:ŋ⁵⁵ tʃaŋ⁵⁵ ŋö⁵³nuŋ⁵⁵ pɔm⁵³ tɔʔ³¹ ʃaŋ⁵³!
天 只要 晴 的话 我们 山 上 (语助)
只要天晴，我们就上山!

第十一节 叹 词

感叹词是说话时表示招呼、呼唤、应答的词。它通常居于句首。

一、感叹词的特征

感叹词是词类中比较特殊的一类。在词义上，大多没有比较具体、实在的词汇意义，只表示某种感叹和呼应的声音。在结构上，感叹词在句中和其他句子成分没有结构上的关系，是游离于句法结构之外的独立成分。勒期语的感叹词较丰富，可以表达喜悦、赞美、悲伤、惊讶等各种情感，在日常口语中很常用。

同一个感叹词可表示不同的感情。例如：ɔ^{55}e$^{53/31}$、ɛ^{53}可表示呼叫、催促"喂"，还可表示应答"哎"。

少数感叹词可以重叠使用，重叠后表示语气的加重。例如：ɛ^{55}ɛ^{55}"嘿"（表呼叫、提醒）、a^{55}thɛʔ^{55}thɛʔ^{55}"啊哟"（表痛楚）、a^{55}tshə^{33}tshə^{33}"哎哟"（表痛楚）、a^{55}ka^{33}ka^{33}"啊"（表赞叹）、ɛ^{55}ɛ^{33}/ə^{55}ə^{33}"哎"（表遗憾）、a^{33}tʃhaʔ^{55}ɛ^{55}"啊"（表遗憾、后悔）等。

二、感叹词分类

根据意义的异同，勒期语常见的感叹词有四类。

（一）表示呼叫、催促

1. ɔ^{55}e$^{53/31}$ "喂"

ɔ^{55}e$^{53/31}$！lɛ^{55} lo^{53} aʔ^{31}！　　喂！（你）过来！
喂　　　过来来（语助）

ɔ^{55}e$^{53/31}$！kjɛn^{55} kɔt^{55} kɛʔ^{55}！　　喂！你们快点！
喂　　　忙　做　（语助）

ɔ^{55}e$^{53/31}$！khaʔ^{55} tʃop^{31} kuʔ^{55}！　　喂！不要出声！
喂　　　别　乱作声（语助）

2. ɛ^{55}ɛ^{55}"嘿"，表呼叫、提醒。

ɛ^{55}ɛ^{55}！khaʔ^{55} tə^{53}！　哎！别动！（看到听话人身上有虫子）
哎　　别　动

3. ɛ^{53}"嘿"

ɛ^{53}！kjɛn^{55} so^{55} aʔ^{31}！　　喂！快走！
嘿　忙　走（语助）

（二）表示应答

1. ɔ⁵⁵e⁵³/³¹ "哎",能单独用来回答问题。例如:
tuŋ⁵⁵wei³³min³¹ 董卫明! (呼)
ɔ⁵⁵e⁵³/³¹! 哎! (应)

ɔ⁵⁵e⁵³/³¹! a³³khui⁵⁵lo⁵³ a⁵³ pjɛ³³! 唉!我马上就来!
唉 现在 回来(助) 了

2. ɛ⁵³ "哎",应答。
ɛ⁵³! ŋo⁵³ji³³ a⁵³ pjɛ³³! 哎!我一定去!
唉 我 去(助) 了

(三) 表示痛楚、感叹、叹气、不满、遗憾

1. a⁵⁵ka⁵³ "哎哟",表痛楚。
a⁵⁵ka⁵³! ŋa⁵⁵ khjei³³ nɔ:⁵³ tək⁵⁵! 哎哟!我的脚疼死了!
哎哟 我的脚 疼 极 了

2. a⁵⁵ʒə⁵³ "哎哟",表痛楚。
a⁵⁵ʒə⁵³! ŋa⁵⁵ khjei³³ mo³³ khaʔ⁵⁵tsaŋ⁵⁵!
哎哟 我的脚 (方所助) 别 碰
哎哟!别碰我的脚!(脚已有病痛)。

3. a⁵⁵thɛʔ⁵⁵thɛʔ⁵⁵ "啊哟",表痛楚。
a⁵⁵thɛʔ⁵⁵thɛʔ⁵⁵! ŋɛ:⁵³ tək³¹ pjɛ³³! 啊,热(烫)啦!
哎哟 热 极 了

4. a⁵⁵tshə³³tshə³³ "哎哟",表痛楚。
a⁵⁵tshə³³tshə³³! ŋa:m⁵⁵ tək³¹ pjɛ³³! 啊,冷极啦!
哎哟 冷 极 了

5. a³³jə⁵⁵/a³³ka⁵⁵ "啊",表感叹。
a³³jə⁵⁵/a³³ka⁵⁵! jəm³³ xjɛ³³mja:ŋ³³ tək⁵⁵! 啊!这房子真高!
啊 房子 这 高 极

6. a⁵⁵ka³³ka³³ "啊",表感叹、赞叹。
a⁵⁵ka³³ka³³! mjɔ³³ tək⁵⁵ pjɛ³³! 啊!多极了
啊 多 极 了

7. a³³jə³³ə⁵⁵ "啊哟",表感叹、惊叹。
a³³jə³³ə⁵⁵! ta³³khuŋ⁵⁵ pju⁵³ pou⁵⁵ tsa³³! 啊哟!到处都是人!
啊哟 到处 人 都 (助)

8. ɛ⁵⁵tʃhɛʔ⁵⁵ "哎呀",表叹气。

ε⁵⁵tʃhɛʔ⁵⁵! xə³³su⁵⁵khaʔ⁵⁵kɔt⁵⁵! 哎呀！别那么做！
哎呀　　那么　别　做

9. ε⁵⁵ɛ³³/ə⁵⁵ə³³ "哎"，表遗憾、叹气。

ε⁵⁵ɛ³³! khuʔ⁵⁵kjɔp³¹pjɛ³³! 哎！碗碎了！
哎　碗　碎　了

ə⁵⁵ə³³! khuʔ⁵⁵ləʔ⁵⁵khjɔp⁵⁵pjɛ³³! 哎！碗弄碎了！
哎　碗　弄碎　了

10. a³³tʃhaʔ⁵⁵ɛ⁵⁵ "啊"，表遗憾、后悔。

a³³tʃhaʔ⁵⁵ɛ⁵⁵! tɔ:⁵⁵mjei⁵³pjɛ³³! 啊！忘记掉了！
啊　　　　忘记　了

11. a³³tʃhaʔ⁵⁵ɛ⁵³ "哎"，表遗憾、不满。

a³³tʃhaʔ⁵⁵ɛ⁵³! ja:u³¹thuʔ⁵⁵pjam⁵³pjɛ³³!
哎　　　　　流　出　掉　了
哎！（袋子里的水）流掉了！

12. ə³³xə⁵⁵ "哎呀"，表不满、叹气。

ə³³xə⁵⁵! lɔʔ⁵⁵lai⁵⁵kat⁵⁵ pjɛ³³!
哎呀　弄　过去(助动)了
（打麂子时麂子跑了）哎呀！被弄跑了！

13. ε⁵⁵ʒa⁵³ "嗯"，表肯定、认定。

ε⁵⁵ʒa⁵³! xə³³ su⁵⁵ kɔt⁵⁵aʔ³¹! 嗯，就那么做！
嗯　就　那么做　（语助）

(四) 表示惊惧、惊奇

1. a³³ka⁵⁵ "啊"

a³³ka⁵⁵! laŋ³³mju⁵³ta⁵³tu³³la:i³³lo⁵⁵ pjɛ³³!
啊　蛇　　一条　过去　了
啊！一条蛇过去了！

2. a³³tʃhaʔ⁵⁵ɛ⁵³ "咦"

a³³tʃhaʔ⁵⁵ɛ⁵³! khai³³lo⁵⁵pjɛ³³la⁵³?
咦　　　哪里　去　了　（语助）
咦？（放在抽屉里的东西不知）去哪儿了？

第五章 句 法

勒期语的句子成分可分为主语、谓语、宾语、定语、状语和补语等六种。组词造句，靠的是六种成分的组合。其中，主语、谓语是主要成分，一般不能缺少；宾语、定语、状语、补语是次要成分，有时可以不出现。

句法是由句子成分按一定的规则组合成句的。句中最小的是词组，其次是单句，最大的是复句。下面分词组、单句、复句三个部分，分别介绍勒期语的句法特点。

第一节 词 组

词和词可以按照一定的规则构成词组。词组中词与词之间的结构关系，属句法结构关系。词组又称短语，它是大于词、小于句子的语法单位。按词与词之间的结构关系，可以把勒期语的词组分为主谓词组、支配词组、修饰词组、补充词组、并列词组、同位（复指）词组、连动词组、兼语词组、名物化词组等九种主要类型。

一、主谓词组

主谓词组由主语和谓语组成。充当主语的多是名词、代词，充当谓语的多是动词、形容词。例如：

khui^{55}mjəːŋ^{53} 狗叫　　　lə^{31}ŋou^{33}kjaːp^{31} 猫叫
狗　　叫　　　　　　　猫　　　　叫

kjɔ^{31}pho^{53}tuːn^{44} 公鸡叫　　kjɔ^{31}tɜəŋ^{53}phaːu^{33} 母鸡叫
公鸡　　　叫　　　　　　母鸡　　　叫

ŋjaŋ^{33}kə^{31} 他跑　　　　ŋo^{53}lɛː^{55} 我来
他　跑　　　　　　　　我　来

kaŋ³³ tuːt⁵⁵ 命短
命　短

kaŋ³³ ʃəːŋ³³ 命长
命　长

mjɔʔ³¹ nɛː⁵³ 眼睛红
眼睛　红

kam⁵³ kɛː⁵³ 运气好
运气　好

tsɔː³³ nuat⁵⁵ ȵaːm⁵⁵ 胃口好
胃口　　好

khjuŋ⁵⁵ nɔː⁵³ 喉咙疼
喉咙　疼

pju⁵³ ək⁵⁵ juʔ⁵⁵ lɛː⁵⁵ lɔ⁵³.
人　两个　来　（助）

两个人来了。

pan³³ po⁵⁵ po⁵⁵ pjɛ³³.
花　开　了

花开了。

nuat⁵⁵ kɔːʔ³¹ pjɛ³³.
嘴　裂　了

嘴裂了。

tʃəm⁵⁵ mou⁵⁵ pjo³¹ pjɛ³³.
云　散　　　了

云散了。

pei⁵³ thu⁵⁵ pjɛ³³.
太阳　出　了

太阳出了。

pei⁵³ vaŋ⁵³ pjɛ³³.
太阳落下　了

太阳下山了。

naŋ⁵³ jɛː³³ lɛʔ⁵⁵ kɛː⁵³, ŋɔ⁵³ jɛː³³ lɛʔ⁵⁵ kɛː³³. 也许你去，也许我去。
你去也好　　　我　去　也好

vuʔ³¹ nɔː⁵³ nɔː⁵³ e³³　ŋɔ⁵³ kjuːk³¹ tək³¹.
猪　病　病（助）我　害怕　极

猪病是我发愁的事情。

ŋɔ⁵³ vuʔ³¹ nɛː⁵³　e³³　　kjuːk³¹. 我担心猪生病。
我猪　生病（助）　　　害怕

ŋɔ⁵³ nɔ⁵³ pjɛ³³.
我　病　了

我病了。

ȵjaŋ³³ ȵaːu⁵³ ȵjei⁵³ mjɔʔ³¹ tʃik⁵⁵ nɛ⁵³ pjɛ³³. 她哭得眼睛红了。
她　哭　得　眼睛　红　了

二、支配词组

支配词组由动词和被支配成分组成。动词均在被支配成分的后面。能做被支配成分的有名词、代词、数量词组、主谓词组和名物化的动词、形容词等。被支配成分即宾语，大多是动作行为承受的对象。语义易发生混淆的情况下，则要在被支配成分和动词之间加宾格助词 le^{55}，以标明被支配对象。

（一）名词做宾语的如：

wɔm^{33} tsɔ:^{33}	吃饭	wɔm^{33} pɔ:ŋ^{33}	蒸饭
饭　吃		饭　蒸	
jei^{33}phei^{55}ʃu:k^{55}	喝酒	mjaŋ^{33} tʃy:^{33}	骑马
酒　　喝		马　骑	
toŋ^{33} tu:^{33}	挖洞	mo^{33}mji^{33} ta:i^{53}	讲故事
洞　挖		故事　　讲	
thaŋ^{55} tsa:n^{33}	砍柴	sək^{55} thuk^{55}	砍树
柴　　砍		树　　砍	
jɔm^{33}phjaŋ^{55}mji:t^{31}	想家	pju^{53} pa:t^{31}	打人
家　　想念		人　打	
sə^{33}ʒa^{33} ku:t^{55}	当老师	mji^{33} mu:t^{31}	吹火
老师　做		火　吹	
sɔʔ^{55}ʃɛ:^{33}	吸气	khjo^{33}sɔ:^{55}	走路
气　吸		路　走	
khe^{53} tɔʔ^{31}	上坡	mji^{53} tsei^{55} tu^{33}	挖土
坡　上		土　　挖	
ji$^{53/31}$thuŋ^{55}ʃɔ:^{55}	种水田	ji$^{53/31}$ thuŋ^{55} phu:^{55}	犁田
水田　　种		水田　　犁	
pəm^{53} tɔ:ʔ^{31}	上山	pəm^{53} kjɔ:^{55}	下山
山　上		山　下	
kji^{53} khu:^{55}	舀水	tʃɔʔ^{31} tə^{55} pa:t^{31}	打铁
水　舀		铁　　打	
mji^{33}ky^{33} phɔ:t^{55}	烧炭	lɔp^{31} tu:^{33}	造坟
炭　　烧		坟　造	
ŋjaŋ^{55}ta:i^{53}kjɔ:^{55}	告诉他	ŋo^{53} kə^{33} ʒum^{55}	帮助我
他　　告诉		我　帮助	
pə^{31}kjin^{55} lɔ:^{55}	去北京		
北京　　去			

ŋjaŋ³³ ŋə⁵³ jɔː⁵⁵.　　　　　他有钱。
他　钱　有

a⁵⁵maŋ³³ ŋɐŋ⁵³ ɔːŋ⁵⁵.　　　哥哥卖菜。
哥哥　菜　卖

ŋjaŋ³³ tʃuaŋ³³ tɔʔ³¹.　　　　他上学。
他　学　上

ŋjaŋ³³ək⁵⁵ tshe³³ tsan⁵³ ku³³ pɔː⁵³lo⁵⁵ pjɛ³³.
他　二十　岁　左右有（助）了
他大概有二十岁。

ŋjaŋ³³ a³³ nɔʔ³¹ mji³³ji³³ nu⁵⁵ ta⁵³ juʔ³¹ tsa³³ tə⁵⁵ jɔː⁵⁵.
他　妹妹　　　一个　只　有
他只有一个妹妹。

支配结构有一部分是动词和名词同形，这类结构动词和名词结合得比其他支配结构紧。例如：

ŋui⁵⁵ ŋɔːi⁵⁵ 钩子钩	钩钩子	khjei³³ tsu̱ŋ⁵⁵ tsɔːŋ⁵⁵ 鞋　穿	穿鞋
ŋjap³¹ ŋjaːp³¹ 钳子夹	夹钳子	mɔ³³ tsa³³ tsaː³³ 袜子　穿	穿袜子
wo⁵⁵khuk⁵⁵ khuːk⁵⁵ 枕头　枕	枕枕头	a⁵⁵ tʃhou⁵³ tʃhoːu⁵³ 喷嚏　打	打喷嚏
tsham³³ nək⁵⁵ nəːk⁵⁵ 辫子　编	编辫子	jɔp⁵⁵ ŋui⁵⁵ ŋɔːi⁵⁵ 瞌睡　打	打瞌睡
a³¹ xam⁵⁵ xaːm⁵⁵ 呵欠　打	打呵欠	muk³¹ kjɔp⁵⁵ kjɔːp⁵⁵ 帽子　戴	戴帽子
wo⁵⁵ thɔp⁵⁵ thuːp⁵⁵ 包头　戴	戴包头	jɔp⁵⁵ khu⁵³ khuː⁵³ 鼾　打	打鼾
mei⁵³ ʃam⁵³ ʃaːm⁵³ 围裙　围	围围裙	jɔʔ⁵⁵ mɔʔ³¹ mɔː³¹ 梦　做	做梦
khjei³¹ thɔp⁵⁵ thuːp⁵⁵ 裹腿　裹	裹裹腿	mǎ³³ khɔn⁵⁵ khuːn⁵⁵ 歌　唱	唱歌
lɔʔ³¹ thəŋ⁵⁵ thəːŋ⁵⁵ 手镯　戴	戴手镯	tsəŋ⁵³ ko⁵⁵ kɔː⁵⁵ 象脚鼓舞跳	跳象脚鼓舞

than³³mju⁵⁵mju:⁵⁵　　垫席子　　lɔ⁰³¹tu⁵³tu:⁵³　　　打手势
席子　　垫　　　　　　　　　　手势　打
wɔm³³ŋjaʔ⁵⁵ŋja:ʔ⁵⁵　熬粥　　lã⁵³phɔʔ⁵⁵phɔ:ʔ⁵⁵　煮稀饭
粥　　　熬　　　　　　　　　　稀饭　煮
tə⁵⁵thəm⁵⁵thu:m⁵⁵　打结子　kji⁵³pək⁵⁵pə:k⁵⁵　　打仗
结子　　打　　　　　　　　　　　仗　打
pji³³kjɛn⁵⁵kji:n⁵⁵　扣扣子　mɔ³³phi³³phi:³³　　当乞丐
扣子　　扣　　　　　　　　　　乞丐　当
khjəŋ³³thə⁵⁵thə:⁵⁵　绕线团　pi³¹tʃhy⁵⁵tʃhy:⁵⁵　系腰带
线团　　绕　　　　　　　　　　腰带　系
pju⁵³pja:ʔ⁵⁵pja:ʔ⁵⁵　演戏
戏　　　演
a⁵⁵mji⁵³than³³mju⁵⁵mju:⁵⁵.　妈妈垫席子。
妈妈　　席子　　垫

（二）代词做宾语的如：

ŋo⁵³ŋjaŋ³³le⁵⁵　　pa:t³¹pjɛ³³.　　　我把他打了。
我　他　（受助）打　了
naŋ⁵³thə³³pei⁵⁵tsɔ:³³, ŋo⁵³xjɛ³³pei⁵⁵tsɔ:³³.
你　那　些　吃　　我　这　些　吃
你吃那些，我吃这些。

xa⁵⁵tʃuŋ³³kət⁵⁵(n) a⁵³ka³³?　　（你）究竟要做什么。
什么　　做　（语助）
naŋ⁵³khã³³tʃham⁵⁵le⁵⁵　wɔ:³³?　你要哪个？
你　哪个　　　（宾助）要
naŋ⁵³khã³³mɔ⁵³jɛ⁵⁵la⁵⁵?　　　　你要去哪儿？
你　哪里　去（语助）
a³³khaŋ³³ŋo⁵³ŋjaŋ³³le⁵⁵　ta:i⁵³kjɔ⁵⁵pjɛ³³.
刚才　我　他　（宾助）告诉　　了
刚才我已经告诉他了。
naŋ⁵³xa⁵⁵tʃuŋ³³ta:i⁵³tse⁵³?　　你说的什么呀？
你　什么　　说　的

（三）数量词组做宾语的如：

ək^{55}khjap^{55}wu:t^{55}　穿两件（衣）
两件　　穿

sɔm^{55}tʃham^{55}tsɔ:^{33}
三　　个　　吃
吃三个（鸡蛋）

ta^{53}tu^{33}ɣə:^{53}
一　条　买
买一条（鱼）

ta^{53}khuan^{55}ta:i^{53}
一　　句　　说
说一句（话）

ək^{55}puk^{31}pje:i^{33}
两本　给
给两本

ək^{55}kjin^{55}ɣə:^{53}
两　斤　买
买两斤

ta^{53}tou^{33}ʃu:k^{55}
一　瓶　喝
喝一瓶

（四）主谓词组做宾语

ŋjaŋ^{33}ŋo^{53}le^{55}　　ta:i^{53}kjɔ:^{55}ŋjaŋ^{33}pə^{31}kjin^{55}a^{33}lo^{55}ju^{55}ʃʅ^{55}ka^{33}.
他　我　(宾助)　告诉　　他　　北京　没 去 过 还（语助）
他告诉我他没去过北京。

（五）动词、形容词组成的名物化成分做宾语：

phju:^{33}tse^{53}ŋə:^{53}　　　　　喜欢白的
白的　　喜欢

la:i^{33}ta^{55}ŋo^{53}a^{33}wo^{33}.　　　　重的我不要。
重的　我　不要

tsɔːˀ³³ tse⁵³ ŋo⁵³ wɔːˀ³³.　　　　我要吃的。
吃的　　我 要

ŋo⁵³ thə³³ tʃham⁵⁵ nɛː⁵³ tse⁵³ wɔːˀ³³. 我要红的那个（果子）。
我　那 个　　红 的 要

（六）宾语可以有两个（即双宾语），在前的是间接宾语，在后的是直接宾语。两个宾语，通常一个指人，一个指物。例如：

ŋo⁵³ le⁵⁵　　ŋə⁵³ pjeːi³³ aˀ³¹!
我（宾助）钱 给　（语助）

（你）给我钱！

a⁵⁵maŋ³³ ŋo⁵³ le⁵⁵　 mou⁵³ sou⁵⁵ ək⁵⁵ puk³¹ pjeːi³³
哥哥　我（宾助）书　　两　本　给

哥哥给了我两本书。

ŋjaŋ³³ ŋo⁵³ nuŋ⁵⁵　le⁵⁵　kjei⁵⁵ a³³ kam³³ ji³³ la⁵³　　mjeːi³³
他　我们　（宾助）街　不愿　去（语助）问

他问我们愿不愿意赶集。

ŋjaŋ³³ ŋo⁵³　le⁵⁵　ʃɿ⁵⁵ xɔm⁵⁵ ta⁵³ tʃham⁵⁵ juː⁵³ pjeːi³³.
他　我（宾助）桃子　　一　个　　拿 给

他拿给我一个桃子。

ŋo⁵³ ŋjaŋ³³　le⁵⁵　khɔp⁵⁵ ta⁵³ khjam⁵⁵ pjeːi³³
我 他　（宾助）锄头 一　把　　给

我给了他一把锄头。

ŋjaŋ³³ ŋo⁵³　le⁵⁵　ŋə⁵³ ta⁵³ ʃo³³ tʃeːi⁵⁵ pjeːi³³
他　我（宾助）钱 一 百 借　　给

他借给我一百元钱。

ŋo⁵³ naŋ⁵³　le⁵⁵　ta⁵³ tʃuŋ³³ taːi⁵³ kjɔː⁵⁵　pa⁵³!
我 你（宾助）一 件 事 告诉　　（语助）

请让我告诉你一件事吧！

a³³ mji⁵³ ŋo⁵³　le⁵⁵　mo³³ mjiː³³ mɔːˀ⁵⁵ pjeːi³³.
母亲　我（宾助）故事　　教　 给

母亲教给我故事。

sə³³ʒa³³ ŋo̍⁵³ nuŋ⁵⁵　le⁵⁵　ʃu⁵⁵ʃɔ²⁵⁵ mɔːʔ⁵⁵
老师　我们　　（宾助）数学　　教．
老师教我们数学。

paːn⁵³ʃɔ⁵⁵paŋ³³ ŋo⁵³　le⁵⁵　ju³¹khɔ⁵⁵la̍³¹kui³¹ tsuŋ⁵⁵ ka³³　　juːt³¹．
大家　　　　我（宾助）赵　　　　　勒宗（语助）叫
大家叫我赵勒宗。

ŋo⁵³ ŋjaŋ³³　le⁵⁵　ək⁵⁵ ta⁵³ khən⁵⁵ nək⁵⁵ jɔː³³．　我骂了他几句。
我　他　（宾助）两　一　句　　骂

naŋ⁵³ nuŋ⁵⁵　le⁵⁵　mo⁵⁵ ta⁵³ tʃuŋ³³ taːi⁵³kjɔː⁵⁵．　告诉你们一件事。
你们　　（宾助）事　一　件　告诉

ŋo⁵³ naŋ⁵³　le⁵⁵　ta⁵³ tʃuŋ³³ mjeːi³³ ju⁵⁵ pa⁵³！
我　你　（宾助）一　件事　问　看（语助）
请让我问你一件事吧！

三、修饰词组

修饰词组由中心成分加修饰成分组合而成。名词，动词、形容词都能做中心成分受修饰。修饰词组可分为以下类型：

（一）名词中心词加修饰成分

名词的修饰成分有名词、代词、形容词、动词、数量词等。

1. 名词修饰名词时，修饰成分在前，中心成分在后，二者之间可以加格助词 ta⁵⁵ "的"，结合较紧的，可以不加。

sə³³ʒa³³ ta⁵⁵　　mou⁵³sou⁵⁵
老师　（定助）书　　　　　老师的书

khɔ̍⁵⁵ tsa⁵³ ta⁵⁵　　la⁵³mə⁵³
今年　（定助）玉米　　　　今年的玉米

khɔ̍⁵⁵tsan⁵³ ta⁵⁵　　kuk³¹
今年　（定助）谷子　　　　今年的谷子

a⁵⁵maŋ³³ ta⁵⁵　　mɔ³³tɔ³³
哥哥　（定助）汽车　　　　哥哥的汽车

a³³nɔʔ³¹ ta⁵⁵　　mou⁵³sou³³
弟弟　（定助）书　　　　　弟弟的书

khə⁵⁵ŋjei⁵⁵ ta⁵⁵　　mo⁵⁵　　　今天的事情
今天　　（定助）事

jɔm³³mo³³ ta⁵⁵　　pju⁵³
家（方所）(定助) 人　　　家里的人

tʃuŋ⁵⁵kɔ⁵³　mo³³　　ta⁵⁵　pju⁵³
中国　　（方所助）(定助) 人

~lə̃³³xei³³mən³³　ta⁵⁵　pju⁵³　中国的人
中国　　　　　　（定助）人

mjeŋ³³mən³³　mo³³　　ta⁵⁵　pju⁵³　缅甸人
缅甸　　　（方所助）(定助) 人

ʃə̃ŋ³³ nə̃³¹laŋ³⁵　　金耳坠
金　耳坠

sək⁵⁵jɔm³³　　　木房子
木　房子

lə³¹tʃhi⁵³lo⁵⁵　　勒期裤子
勒期　裤子

2. 做名词定语的代词包括人称代词、指示代词、疑问代词。

（1）人称代词修饰名词，修饰成分在前。一般情况下，人称代词和所修饰的名词之间通常要加助词 ta⁵⁵ "的"。例如：

ŋõ⁵³nuŋ⁵⁵ ta⁵⁵jɔm³³　我们的房子
我们　　的 房子

ŋjã⁵⁵nuŋ⁵⁵　ta⁵⁵　wo⁵³ xje³³mo³³ ŋjeːi⁵³. 我们的寨子在这里。
我们　　（定助）寨子 这　里　在

jɔm³³sə̃ŋ³³　ta⁵⁵　　mo⁵⁵jɔm³³sə̃ŋ³³　tsɿ³³.
自己　　（定助）事　自己　　　做
自己的事情自己做。

xje³³　ke³³　paːn⁵³ʃɔʔ⁵⁵ ʔan³³ta⁵⁵mo⁵⁵. 这是大家的事。
这　（话助）大家　　（定助）事

领格代词和所修饰的名词之间助词 ta⁵⁵ "的" 可加可不加。例如：

ŋja³³ mjɔʔ³¹tʃik⁵⁵ ~ ŋja³³（ta⁵⁵）mjɔʔ³¹tʃik⁵⁵　他的眼睛
他的眼睛　　　　他的(定助)眼睛

ŋa⁵⁵ pji³³ ~ ŋa⁵⁵ ta⁵⁵ pji³³   我的衣服
我的衣服   我的(定助)衣服

ŋa⁵⁵ jɔm³³ ~ ŋa⁵⁵ ta⁵⁵ jɔm³³   我的家
我的 家   我的(定助) 家

ŋa⁵⁵ tsɚ³³ ʃaŋ³³ ~ ŋa⁵⁵ ta⁵⁵ tsɚ³³ ʃaŋ³³   我的孩子
我的 孩子   我的(定助) 孩子

lɛ⁵⁵ pji³³ mei⁵³ ~ lɛ⁵⁵ ta⁵⁵ pji³³ mei⁵³   你的上衣
你的 上衣   你的(定助) 上衣

意义结合较紧的,领格人称代词和名词之间以不加助词 ta⁵⁵ 的情况为常用。例如:

ŋa⁵⁵ pho⁵³   我父亲
我的父亲

ŋa⁵⁵ juʔ³¹ pho⁵³   我岳父
我的岳父

ŋa⁵⁵ juʔ³¹ mji⁵³   我岳母
我的岳母

ŋjaŋ³³ ke³³ ŋa⁵⁵ phou⁵⁵.   他是我爷爷。
他 (话助)我的爷爷

ŋa⁵⁵ jɔm³³   我家
我的家

lɛ⁵⁵ jɔm³³   你家
你的家

ŋja³³ jɔm³³   他家
他的家

ŋo⁵³ nuŋ⁵⁵ jɔm³³   我家、我们家
我们的 家

naŋ⁵³ nuŋ⁵⁵ jɔm³³   你们家
你们的 家

ŋjăŋ³³ nuŋ⁵⁵ jɔm³³   他们家
他们的 家

(2) 指示代词直接修饰名称时,常居于名词之后,但也有居前

的情况出现。例如：

sə̃³³ʑa³³ xjɛ³³　这老师
老师　这

sək⁵⁵ xjɛ³³　这树
树　这

jəm³³ xjɛ³³ ~ xjɛ³³ jəm³³　　这房子
房子 这　　这　房子

mo⁵⁵ xjɛ³³ ~ xjɛ³³ mo⁵⁵　　这事
事 这　　这 事

thə³³ pju⁵³　那人
那　人

mjaŋ³³ xjɛ³³　这匹马
马　这

no⁵³ xjɛ³³　这种病
病 这

pji³³ xjɛ³³　这件衣服
衣服 这

指示代词加量词一同修饰名词，置于名词前后的情况都有，但以置于名词后为常用。例如：

mo⁵⁵ xjɛ³³ ləm³³ ~ xjɛ³³ ləm³³ mo⁵⁵　　　　这件事
事　这　件　　这　件　事

maŋ³³ tso³³ thə³³ juʔ³¹ ~ thə³³ juʔ³¹ maŋ³³ tso³³　那个老头
老头　那　个　　那　个　老头

pju⁵³ thə³³ juʔ³¹ ~ thə³³ juʔ³¹ pju⁵³　那个人
人　那　个　　那　个　人

pju⁵³ xjɛ³³ ək⁵⁵ juʔ³¹ ~ xjɛ³³ ək⁵⁵ juʔ³¹ pju⁵³　这两个人
人　这　两　个　　这　两　个　人

pju⁵³ xjɛ³³ paŋ⁵⁵ ~ xjɛ³³ paŋ⁵⁵ pju⁵³　这些人
人 这些　　这些 人

sək⁵⁵ xjɛ³³ pə³³ ~ xjɛ³³ pə³³ sək⁵⁵　这些树
树 这些　　这些 树

pju⁵³ ta⁵³ tshe³³ juʔ³¹ ~ ta⁵³ tshe³³ juʔ³¹ pju⁵³　十个人
人　十　个　　十　个　人

təm³¹ək⁵⁵təm³¹ ~ wo³¹ək⁵⁵wo³¹   两个寨子
寨子 两个   寨子 两个

sək⁵⁵xjɛ³³kam⁵³   这棵树
树 这 棵

mjaŋ³³xjɛ³³tu³³   这匹马
马 这 匹

no⁵³xjɛ³³tʃuŋ³³   这种病
病 这 种

pji³³xjɛ³³khjap⁵⁵ ~ xjɛ³³khjap⁵⁵pji³³   这件衣服
衣服 这 件   这 件 衣服

sə̃³³ʒa³³xjɛ³³juʔ³¹ ~ xjɛ³³juʔ³¹sə̃³³ʒa³³   这个老师
老师 这 个   这 个 老师

mo⁵⁵thə³³tʃuŋ³³ŋjaŋ³³tɔː⁵⁵mjiː⁵³pjɛ³³.   那件事被他忘了。
事 那 件 他 忘记 了

khui⁵⁵xjɛ³³tu³³ʃo⁵⁵tsɔː³³pjam⁵³pjɛ³³.   这只狗把肉吃掉了。
狗 这 只 肉 吃 掉 了

xjɛ³³tʃuŋ³³no⁵³   这种病
这 种 病

(3) 疑问代词修饰名词，通常要在疑问代词和名词之间加助词 ta⁵⁵ "的"。例如：

naŋ⁵³ (ke³³) khã³³mɔ⁵³ ta⁵⁵ pju⁵³   你是哪儿的人？
你 (话助) 哪儿   (定助) 人

3. 形容词修饰名词时，通常位于名词之后，有时也可位于名词之前。例如：

pju⁵³mjɔːŋ⁵³   穷人
人 穷

sək⁵⁵kjiː³³   大树
树 大

mjaŋ³³kɛː⁵³   好马
马 好

kjei⁵³muːi⁵³   浑水
水 浑

pju⁵³kɛː⁵³～kɛː⁵³pju⁵³　　好人
　人　好　　好　人

若形容词提至名词前修饰名词,则须在形容词后加助词 ta⁵⁵。例如:

kɛː⁵³　ta⁵⁵　mjaŋ³³　　　　　　好的马
好　(定助)　马

kjiː³³　ta⁵⁵　sək⁵⁵　　　　　　大的树
大　(定助)树

nɛː⁵³　ta⁵⁵　pan³³　　　　　　红的花
红　(定助)花

juːŋ⁵⁵　ta⁵⁵　pji³³mei⁵³　　　　漂亮的衣服
漂亮(定助)　衣服

kui⁵⁵kuːi⁵⁵　ta⁵⁵　sək⁵⁵　　　　弯弯的树
弯　弯　(定助)树

pjiŋ⁵⁵pjəːŋ⁵⁵　ta⁵⁵　kjei⁵³　　　满满的水
满　满　(定助)水

tsam⁵³tsam⁵³nɛː⁵³　ta⁵⁵　pji³³　红红的衣服
殷　殷　红　(定助)衣服

taŋ⁵⁵taŋ⁵⁵tʃiːn³³　ta⁵⁵　ʃɿ⁵⁵　　酸溜溜的果子
溜　溜　酸　(定助)果子

tʃhək⁵⁵tʃhək⁵⁵nɔːʔ³¹　ta⁵⁵　mou³³　黑压压的天
压　压　黑　(定助)天

kjiː³³　ta⁵⁵　sək⁵⁵kam⁵³　khəŋ⁵³　aʔ³¹!　把大的树干砍掉!
大　(定助)树干　　砍　(语助)

xjɛ³³iː⁵³kjiː³³　ta⁵⁵　mak³¹tʂok⁵⁵!　这么大的橘子!
这么　大　(定助)橘子

4.动词修饰名词时位于名词之前,中间通常要加助词 ta⁵⁵ "的"。例如:

jɔː⁵⁵　ta⁵⁵　ɥaŋ⁵⁵　　　　　　种的菜
种　(定助)菜

ʃam³³　wun³¹ta⁵⁵pju⁵³　　　　　挎刀的人
刀　　挎　　的　人

tʃhɿ:³³ ta⁵⁵ ʃam³³　　　　　用的刀
用　的　刀

ɣə:⁵³ lɔ:⁵³　ta⁵⁵　tshɔn⁵⁵　　买来的菜
买　来（定助）菜

tʃe:i⁵⁵ lɔ:⁵³　ta⁵⁵　ŋə⁵³　　借来的钱
借　来（定助）钱

mju:³³　ta⁵⁵　vuʔ³¹　　　　　养的猪
养　　（定助）猪

nɛ:³³　ta⁵⁵　tshɔn⁵⁵　　　　 炒的菜
炒　（定助）菜

ŋa:p⁵⁵ ta⁵⁵　mou⁵³sou⁵⁵　　 读的书
读　（定助）书

jɛ:n⁵⁵　ta⁵⁵　pjɛt⁵⁵u⁵³　　 腌的鸭蛋
腌　（定助）鸭蛋

sɔ:i⁵³ tɔ³³　ta⁵⁵　puŋ⁵³　　 画着的画
画　着（定助）画

xjɛ³³　ke³³　tʃe:i⁵⁵ ta⁵⁵ ŋə⁵³.　 这是借的钱。
这（话助）借　的　钱

xjɛ³³·ke³³　ʃu:k⁵⁵ ta⁵⁵　kjei⁵³.　这是喝的水。
这（话助）喝　（定助）水

xjɛ³³　ke³³　ŋjaŋ³³tʃa:u⁵³ ta⁵⁵　wɔm³³. 这是他煮的饭。
这（话助）他　煮　（定助）饭

助词 ta⁵⁵ "的"有时也可省略。这种情况较少见。例如：

tʃy³³ mjaŋ³³　　　　　　　　骑的马
骑　马

tʃhɿ:³³ tʃuŋ³³　　　　　　　 用的东西
用　东西

5. 数词或数量词组修饰名词

（1）数量词组修饰名词时，通常居于名词之后。例如：

pju⁵³ ta⁵³ juʔ³¹　　　　　　 一个人
人　一　个

pju⁵³ mji³³ tshe³³ juʔ³¹　　 四十个人
人　四　十　个

mou⁵³sou⁵⁵ ta⁵³khjap⁵⁵　　一张纸
纸　　　一　张

sək⁵⁵ ta⁵³ kam⁵³　　　　一棵树
树　一　棵

taŋ³³ ta⁵³ khuan⁵⁵　　　一句话
话　一　句

mou⁵³sou⁵⁵ ək⁵⁵puk³¹　　两本书
书　　　两　本

ŋo⁵³ wɔm³³ ək⁵⁵ khuʔ⁵⁵ tso³³ pje³³． 我吃了两碗饭。
我　饭　两　碗　吃了

表概数的数量词组能置于名词中心词之前做名词的定语。例如：

ək⁵⁵ səm⁵⁵ juʔ³¹ pju⁵³　两三个人
两　三　个　人

ŋjɛt⁵⁵ ʃɛt⁵⁵ tu³³ no³³　七八头牛
七　八　头　牛

ək⁵⁵ ta⁵³ tʃham⁵⁵ ʃŋ⁵⁵　一两个果子
二　一　个　　果子

(2) 数词修饰名词

计"十"以上的数量时，名词可以直接与数词结合而省去量词。例如：

kjɔʔ³¹ tsəŋ⁵³ tshe³³ khjuk⁵⁵　十六只鸡
鸡　母　十　六

khjei³³ᐟ³¹ tsuŋ⁵⁵ ʃɛt⁵⁵ tshe³³　八十双鞋
鞋　　　八　十

数词做"夜"、"年"、"天"等名词的定语时，在名词之前。例如：

ta⁵³ ŋjei⁵⁵　一天
一　天

ta⁵³ mjɛn⁵³　一夜
一　夜

ta⁵³ tsan⁵³　一年
一　年

6. 词组修饰名词时均在名词之前，中间要加助词"的"。

a³³tsəŋ⁵⁵ɣə:⁵³ta⁵⁵pju⁵³ 买东西的人
东西   买 的 人

ŋɔ̃⁵³nuŋ⁵⁵sə̃³³ʑa³³tɑ:i⁵³ta⁵⁵taŋ³³kjɔ⁵³a⁵³tu³³!
我们   老师   说 的 话 听 （语助）
我们要听老师的话。

7. 名词、形容词等可组成名词中心词的多项定语。例如：

xjɛ³³ ke³³ ŋɔ̃⁵³nuŋ⁵⁵lə̃⁵³tʃhi⁵³ji³¹ta⁵⁵pji³³ jɔ:ŋ⁵⁵.
这 （话助）我们   勒期   人 的 衣服 漂亮
这是我们勒期人的漂亮衣服。

ŋjaŋ³³ ke³³ ŋa⁵⁵mji⁵³ta⁵⁵pei⁵³nəm⁵³/³¹kɛ:⁵³.
他 （话助）我 母亲 的 朋友   好
他是母亲的好朋友。

（二）动词中心词加修饰成分

动词的修饰成分有名词、代词、形容词、副词、动词、数量词等。除个别副词（如 tək⁵⁵ "极"、ʃʅ⁵⁵ "还"）在动词之后外，大多都在动词之前。例如：

1. 名词做动词状语时，表示动作行为的范围、处所、时间、工具等。

如果表示动作行为存在于某个地点或时间的，要在名词后加方所助词 mo³³。例如：

jəm³³pan⁵³   mo³³   sək⁵⁵kam⁵³ta⁵³kam⁵³.
院子   （方所助）树   一   棵
院子里有一棵树。

ŋɔ⁵³ŋjaŋ³³nuŋ⁵⁵jəm³³ mo³³   a³thəŋ³³jɛ:³³. 我经常去他家。
我 他们   家 （方所助）经常 去

ŋjaŋ³³jəm³³pan⁵³ mo³³ la:ŋ⁵⁵tɔ³³. 他在屋外等着。
他 屋 外 （方所助）等 着

naŋ⁵³ək⁵⁵khjəŋ³³ku³³ mo³³ li⁵⁵aʔ³¹!
你   两 点   左右（方所助）来 （语助）
你两点左右来吧！

a⁵⁵ʒə⁵³! ŋa⁵⁵ khjei³³ mo³³ khaʔ⁵⁵ tsaŋ⁵⁵!
哎哟 我的脚 （方所助）别   碰
哎哟！别碰我的脚！（脚已有病痛）。

如果表示动作行为的起始地点或时间，要在状语成分后加表从由的助词 mɔ⁵³。例如：

khun⁵⁵min³¹ mɔ⁵³ pə³¹kjin⁵⁵tʃyː³³   从昆明到北京
昆明   （从由助）北京   到

ŋɛː⁵³ mɔ⁵³ a³³tsaŋ⁵⁵ tat⁵⁵tsɿ³³ pjɛ³³. 从小就会做事情了。
小   （从由助）事情   会   做 了

如果表示动作行为凭借的工具，要在名词后加工具格助词 ŋjei⁵³。例如：

lɔʔ³¹ ŋjei⁵³ paːt³¹   用手打
手 （工具助）打

khuʔ⁵⁵ ŋjei⁵³ kjei⁵³khuː⁵⁵   用碗舀水
碗   （工具助）水 舀

nuat⁵⁵ ŋjei⁵³ mji³³muːt³¹   用嘴巴吹火
嘴巴 （工具助）火 吹

wo³³tsuŋ³³ ŋjei⁵³ sək⁵⁵kam⁵³ khəːŋ⁵³ 用斧子砍树
斧子   （工具助）树干   砍

pɔŋ³³tin³³ ŋjei⁵³ mou⁵³sou⁵⁵lɛːi⁵⁵   用笔写字
笔   （工具助）书   写

tsə̃³³ŋjam⁵⁵ ŋjei⁵³ wɔm³³tsɔː³³   用筷子吃饭
筷子   （工具助）饭   吃

mji³³mɔ³³ ŋjei⁵³ ŋɔʔ⁵⁵pəːk³¹   用枪打鸟
枪   （工具助）鸟   打

2. 代词做动词状语的如：

naŋ⁵³khã³³tʃhoː³³lɔ⁵³?   你从哪里来？
你 哪里   来

khã³³su⁵⁵jɛː⁵⁵   怎么去
怎么   去

ŋjaŋ³³khã³³nam⁵³ʃɛʔ⁵⁵li⁵⁵a⁵³ka³³?
他 什么时候 才 来 （语助）

他究竟什么时候才来呢？

3. 形容词做动词状语。例如：

mjap⁵⁵ mjap⁵⁵ jɛː³³　　　　快快去！
快　快　去

mjap³¹ mjap³¹ lɛ⁵³ tso³³ aʔ³¹!　　快快吃！
快　快（状助）吃（语助）

tso⁵⁵ tso⁵⁵ lɛ⁵³　soː⁵⁵ aʔ³¹!　　悠悠地走！
悠 悠（状助） 走（语助）

naŋ⁵³ tan³³ tan³³ jaːp³¹ tɔ⁵⁵ aʔ³¹!　你直直地站着吧！
你　直　直　站　着　吧

kəŋ³³ kəŋ³³ təː⁵⁵ tɔ⁵⁵ pjɛ³³.　　牢牢地捆住了。
牢　牢　捆　住　了

ŋap³¹ ŋap³¹ kaːm⁵³ pjɛ³³.　　分齐了。
齐　齐　分　了

4. 副词做动词状语主要表示动作行为的程度、范围、否定、语气等。例如：

paːn⁵³ taːi⁵³　　说完　　　　paːn⁵³ kuːt⁵⁵　　做完
全　说　　　　　　　　　　全　做

paːn⁵³ tsoː³³　　吃完　　　　paːn⁵³ ʃuːk⁵⁵　　喝完
全　吃　　　　　　　　　　全　喝

pjəːŋ⁵⁵ ʃɔ⁵⁵ khuː⁵⁵　舀满
满　全　舀

ta³¹ kɛ⁵⁵ jɛː³³　一起去　　　ta³¹ kɛ⁵⁵ tsoː³³　一起吃
一起　去　　　　　　　　　一起　吃

a³³ thəŋ³³ jɛː³³　经常去　　　khã³³ su⁵⁵ kuːt⁵⁵　怎么做
经常　去　　　　　　　　　怎么　做

a³³ po⁵⁵　　不敷　　　　　　a³³ kuŋ³³　　不拱
不敷　　　　　　　　　　　不拱

a³³ ŋui⁵⁵　　不钩　　　　　　a³³ kaŋ³³　　不烘
不钩　　　　　　　　　　　不烘

a³³ taːt³¹ kɔt⁵⁵　不会做　　　a³³ kɛ⁵³ tsoː³³　不能吃
不会　做　　　　　　　　　不可以　吃

a³³thɔt⁵⁵　没搬　　a³³pou³³　没背（孩子）
没　搬　　　　　没　背

a³³nou⁵³　没想　　a³³tʃiŋ⁵⁵　没相信
没　想　　　　　没　相　信

ŋo⁵³wɔm³³a³³tso³³ʃɿ⁵⁵.　我还没吃饭。
我　饭　没　吃　还

ŋo⁵³a³³pa:n⁵³kɔt⁵⁵ʃɿ⁵⁵　我还没做完。
我　没　完全　做　还

5. 动词修饰动词。例如：

tʃhu:n³³tʃhu:n³³ʃa:p⁵⁵maʔ³¹!（你把铅笔）削细吧！
砍削　砍削　削（语助）

6. 数量词做动词的状语。例如：

ək⁵⁵ləŋ³³jɛ:³³	去两趟	ək⁵⁵tam⁵³pa:t³¹	打两下
两 趟 去		两 下 打	
ək⁵⁵nuat⁵⁵tʃəm⁵⁵	尝两口	ta⁵³ləŋ³³lɔ:⁵³	来一回
两 口 尝		一 回 来	
ta⁵³ləŋ³³ŋa:p⁵⁵ma³¹	念一遍	ta⁵³ma⁵⁵tsɔ:³³	吃一顿
一 遍 念		一 顿 吃	
ta⁵³khɔn⁵⁵ju:t³¹	喊一声	ək⁵⁵pi⁵³sɔ:⁵⁵	走两步
一 声 喊		两 步 走	
ta⁵³nuat⁵⁵ŋa:t³¹	咬一口	ta⁵³khjei³³/³¹pək⁵⁵	踢一脚
一 口 咬		一 脚 踢	
ta⁵³mjɔʔ³¹ju:⁵⁵	看一眼	ta⁵³tsɔp⁵⁵tsɔ:p⁵⁵	抓一把
一 眼 看		一 把 抓	

（三）形容词中心词加修饰成分

充当形容词修饰成分的，主要是副词、代词、数量词。例如：

a³³juŋ⁵⁵　不好看　　a³³ŋam⁵⁵　不好吃
不好看　　　　　不好吃

a³³ŋon⁵⁵　不好听　　a³³mjuŋ⁵³　不穷
不好听　　　　　不穷

a³³tʃɛn³³　不酸　　　a³³tʃhou³³　不甜
不酸　　　　　　不甜

tʃaʔ³¹ mjɔː³³	很多	tʃaʔ³¹ phaːu⁵⁵	很贵
很 多		很 贵	
tʃaʔ³¹ xuːm³³	很香	tʃaʔ³¹ naːm³³	很臭
很 香		很 臭	
tʃei⁵³ ʃəːŋ³³	更长	tʃei⁵³ mjɔː³³	更多
更 长		更 多	
tʃei⁵³ pjɛːn⁵⁵	更扁	tʃei⁵³ kɛː⁵³	更好
更 扁		更 好	
tʃei⁵³ kjiː³³	最大	tʃei⁵³ juːŋ⁵⁵	最美
最 大		最 美	
sɔŋ⁵³ mjɔː³³	太多	sɔŋ⁵³ ŋɛː⁵⁵	太热
太 多		太 热	
sɔŋ⁵³ phaːu⁵⁵	太贵	sɔŋ⁵³ tshaːu⁵⁵	太旧
太 贵		太 旧	
tă⁵³ tʃik⁵⁵ kjei⁵³ phaːu⁵⁵ 稍微贵	tă⁵³ tʃik⁵⁵ kjei⁵³ kjuːŋ³³ 稍微硬
一 点 更 贵	一 点 更 硬
ta⁵³ tʃhŋ⁵³ ʃəːŋ³³ 一尺长	ta⁵³ kjin⁵⁵ laː³³ 一斤重
一 尺 长	一 斤 重
xie³³ su⁵⁵ mjɔː³³ 这么多	thə³³ su⁵⁵ mjɔː³³ 那么多
这 么 多	那 么 多
xie³³ su⁵⁵ ʃaːu⁵⁵ 这么少	thə³³ su⁵⁵ ʃaːu⁵⁵ 那么少
这 么 少	那 么 少
xje³³ su⁵⁵ ʃəːŋ³³ 这么长	thə³³ su⁵⁵ ʃəːŋ³³ 那么长
这 么 长	那 么 长
xje³³ su⁵⁵ vɛː³³ 这么远	thə³³ su⁵⁵ vɛː³³ 那么远
这 么 远	那 么 远
vuʔ³¹ thə³³ tu³³ xje³³ su⁵⁵ kjiː³³ piɛ³³. 那头猪这么大了。
猪 那 头 这 么 大 了
a³³ nɔʔ³¹ thə³³ su⁵⁵ mjaːŋ³³ pjɛ³³. 弟弟那么高了。
弟弟 那么 高 了

（四）量词中心词加修饰成分

量词的修饰成分主要有数词、指示代词等，其位置都在量词之前。例如：

ta⁵³ lɔm³³	一个	ta⁵³ khjap⁵⁵	一片
	一个		一片
ək⁵⁵ khat⁵⁵	两根	ta⁵³ tʃham⁵⁵	一颗
	两根		一颗
ək⁵⁵ kam⁵³	两棵	ta⁵³ tʃap⁵⁵	一坨
	两棵		一坨
ta⁵³ tsɔm³³	一对	ək⁵⁵ jan⁵⁵	两排
	一对		两排
ta⁵³ lam³¹	一庹	ta⁵³ tuŋ³³	一肘
	一庹		一肘
xjɛ³³ lɔm³³	这个	xjɛ³³ lɔm³³	这个
	这个		这个
thə³³ khat⁵⁵	那根	thə³³ khjap⁵⁵	那张（纸）
	那根		那张

四、补充词组

补充词组由中心成分和补充成分组成。补语位于中心成分的后面。

（一）动补词组

补语补充说明动作行为的结果、趋向、状态等。做动词补语的主要是动词、形容词、助动词、体助词等。

1. 动词做补语的如：

paːt³¹ khjuːp⁵⁵	敲碎	muːt⁵⁵ ʃeː³³	饿死
	打碎		饿死
thuŋ⁵⁵ khjuːp⁵⁵	舂碎	paːt³¹ pjɔː³³	打散
	舂碎		打散
paːt³¹ pluː³³	（把豆子）捣碎	tham⁵⁵ phaːŋ⁵³	戳破
	打碎		戳破
taːi⁵³ kjɔː⁵⁵	告诉	ʃɛ⁵³ thuʔ⁵⁵	抽出
	说听		抽出

ŋjaŋ³³taŋ⁵⁵khuk⁵⁵tsɔ:ŋ³³kju:p³³pjɛ³³. 他坐坏了凳子。
他　凳子　　坐　　碎　了

ŋo⁵³tə⁵⁵ja:m⁵⁵phji:t⁵⁵.　　　　　我割断绳子
我　绳子　割　断

ŋo⁵³wo⁵⁵khuk⁵⁵lɛ⁵⁵nɛ:⁵³pjɛn⁵⁵pjɛ³³. 我把枕头压扁了
我　枕头（宾助）压　扁　了

thu:ʔ⁵⁵lɔ:⁵³　出来　　　thu:ʔ⁵⁵lɔ:⁵⁵　出去
出　来　　　　　　　　　出　去

tɔ:ʔ³¹lɔ:⁵³/tɔ:ʔ³¹li⁵⁵　上来　tɔ:ʔ³¹lɔ:⁵⁵　上去
上　来　　　　　　　　　上　去

kjɔ:⁵⁵lɔ:⁵³　下来　　　kjɔ:⁵⁵lɔ:⁵⁵　下去
下　来　　　　　　　　　下　去

ta:u⁵⁵lɔ:⁵³　回来　　　ta:u⁵⁵lɔ:⁵⁵　回去
回　来　　　　　　　　　回　去

ju:⁵³tɔ:ʔ³¹lɔ:⁵³　拿上来，拿起来
拿　上　来

ja:u⁵³kji:³³lɔ:⁵³　淌下来　ta:i⁵³kji:³³lo⁵⁵　讲下去
淌　下　来　　　　　　　讲　下　去

ju:⁵³li⁵⁵aʔ³¹!　拿来!　　ju:⁵³lo⁵⁵aʔ³¹!　拿去!
拿来（语助）　　　　　　拿去（语助）

tɔ:ʔ³¹lo⁵⁵aʔ³¹!　推上去　sɔ:⁵⁵va:ŋ⁵³lɔ:⁵³　走进来
推　上去（语助）　　　　走　进　来

kha:t⁵⁵thu:ʔ⁵⁵lo⁵⁵　追出去　vu:ʔ³¹li⁵⁵aʔ³¹!　抬过来!
追　出　去　　　　　　　抬　过　来（语助）

kə:⁵³va:ŋ⁵³lo⁵⁵　跑出去　kha:t⁵⁵thu:ʔ⁵⁵lɔ:⁵³　赶出来
跑　出　去　　　　　　　赶　出　来

ta:ŋ³³lɔ:⁵³　飞来　　　ta:ŋ³³lɔ:⁵⁵　飞走
飞　来　　　　　　　　　飞　去

nji:n⁵⁵va:ŋ⁵³　挤进去
挤　进

2. 形容词做动词补语的如：

tsɔ:³³kji:³³　吃饱　　　pa:t³¹tʃu:ʔ⁵⁵　淋湿
吃　饱　　　　　　　　　淋　湿

ta:i⁵³xɔ⁵³　　说对　　　　la:p⁵⁵xɔ⁵³　　　晒干（衣服）
说　对，合　　　　　　晒　干

la:p⁵⁵kjə:ʔ⁵⁵　晒干（笋）　nɛ⁵⁵nɛ:⁵³　　　　染红
晒　干　　　　　　　　染　红

ka:³³ʃu:t⁵⁵　　抄错　　　sa:i⁵³kɛ:⁵³　　　　修好
抄　错　　　　　　　　修　好

kja:ʔ⁵⁵tə:ŋ⁵³　抓紧　　　tʃa:u⁵³tsu:³³　　　（把水）烧开
抓　紧　　　　　　　　烧　开

sɿ:⁵⁵thɔ:ʔ⁵⁵　磨锋利　　tu:n³³m（o）u:k⁵⁵　推翻(杯子里的水)
磨　锋利　　　　　　　推　泼

ku:t⁵⁵ʃɔt⁵⁵pjɛ³³做错了　tʃɿ:³³tsə:⁵³　　　　抓住
做　错　了　　　　　　抓　紧

tʃhe:i⁵⁵ʃa:n⁵³（菜）～tʃhe:i⁵⁵ju:ŋ⁵⁵（衣物）洗干净
洗　干净　　　　洗　干净

pan³³tsha:u⁵⁵nɛ⁵³pjɛ³³．布染红了。
布　染　红　了

3．助动词做动词补语的如：

tɔ:⁵⁵tɔ³³/tɔ:⁵⁵tu³³　摆放着（用具）　　ta:p³¹tɔ³³　贴着
la:ŋ⁵⁵tɔ³³　　　　等着　　　　　　　　ja:p³¹tɔ³³　站着
ka:m⁵³pjam⁵³　　　分掉

naŋ⁵³jəm³³phjɔ:ʔ⁵⁵pjam⁵³（m）aʔ³¹! 你把房子拆掉吧！
你　房子　拆　掉　吧

khui⁵⁵xjɛ³³tu³³ʃo⁵⁵tsɔ:³³pjam⁵³pjɛ³³．这只狗把肉吃掉了
狗　这　只　肉　吃　掉　了

a³³tʃhaʔ⁵⁵ɛ³³! ja:u³¹thu⁵⁵pjam⁵³pjɛ³³!
哎　　　　　流出　丢掉了
哎！(袋子里的水)流掉了！

mou⁵³sou⁵⁵thə³³puk³¹sə⁵⁵pei⁵⁵ȵjei⁵⁵khau⁵⁵pjam⁵³pjɛ³³．
书　　那　本　别人　(施助)　偷　掉　了
那本书被别人偷掉了。

4．体助词做动词补语的如：

lɔː⁵⁵juː⁵⁵　　　去过　　　　juː⁵⁵juː⁵⁵　　　看过
去　过　　　　　　　　　　　看　过

a³³tso³³juː⁵⁵.　　没吃过。
没 吃 过

ŋo⁵³sə³³ʒa³³kuːt⁵⁵juː⁵⁵.　　　　我当过老师。
我　老师　做过

ŋo⁵³ŋɔʔ⁵⁵mjuk⁵⁵tsɔː³³juː⁵⁵pjɛ³³.　　我吃过芭蕉了。
我　芭蕉　　吃 过 了

（二）形补词组

形容词的补语表示性质状态的趋势和状态，对形容词起补充、说明的作用。做形容词补语的有副词、动词等。例如：

tʃiːn³³tək⁵⁵　　酸极（了）　　mjɔː³³tək⁵⁵　　多极（了）
酸　极　　　　　　　　　　　多　极

jɔːŋ⁵⁵tək⁵⁵　　好看极（了）　tʃhaːu⁵⁵tək⁵⁵　甜极（了）
好看 极　　　　　　　　　　甜　极

kɛː⁵³tək⁵⁵　　　好极（了）　　kɛː⁵³tək⁵⁵　　　高兴极（了）
好　极　　　　　　　　　　　高兴　极

mɛː³³tək⁵⁵　　　气极（了）　　mjɔːŋ³³tək⁵⁵　　穷极（了）
气　极　　　　　　　　　　　穷　极

nɛː⁵³lɔː⁵³　　　红起来（了）　kɛː⁵³lɔː⁵³　　　好起来（了）
红　起来　　　　　　　　　　好 起来

mjɔːŋ⁵³lɔː⁵³　　穷起来　　　　ŋuːn⁵⁵lɔː⁵³　　好听起来
穷　起来　　　　　　　　　　好听 起来

五、并列词组

并列词组由两个或两个以上的实词并列组成。

（一）名词与名词并列或代词与代词并列的，中间一般要加连词 jɔ⁵⁵/ɣɛʔ⁵⁵ "和"。例如：

mji³³jɔ⁵⁵laŋ⁵³　　　　夫妻
妻子 和 丈夫

a³³pho⁵³jɔ⁵⁵a³³mji⁵³　父母
父亲 和 母亲

sə̃³³ʒa³³jɔ⁵⁵tʃuaŋ³³tsɔ³³　老师和学生
老师 和 学生

ŋo⁵³jɔ⁵⁵naŋ⁵³　　　　我和你
我 和 你

a³³phou⁵⁵jɔ⁵⁵a³³phji⁵⁵　爷爷和奶奶
爷爷　和　奶奶

no³³jɔ⁵⁵mjaŋ³³　　　　牛马
牛 和 马

nə̃³³ʃo⁵⁵ɣɛʔ⁵tʃhɔt⁵⁵pat³¹ʃo⁵⁵　　牛肉和羊肉
牛肉　和　羊肉

vuʔ³¹ʃo⁵⁵ɣɛʔ⁵⁵nə̃³³ʃo⁵⁵　　　猪肉和牛肉
猪肉　和　牛肉

a³³pho⁵³jɔ⁵⁵/ɣɛʔ⁵⁵a³³mji⁵³pa:n⁵³ʃɔ⁵⁵lo⁵³pjɛ³³.
父亲　　和　　母亲　全部　　来 了
父亲和母亲都来了。

ŋo⁵³juʔ³¹pho⁵³jɔ⁵⁵juʔ³¹mji⁵³jəm³³mo³³wəm³³tsɔ:³³.
我　岳父　和　岳母　　家（方所助）饭 吃
我要去岳父岳母家吃饭。

khə̃⁵⁵ŋjei⁵⁵jɔ⁵⁵nap³¹jɔ⁵⁵ŋjei⁵⁵ŋo⁵³jəm³³a³³ŋjei⁵³.
今天　　和 明天　　　我　家 不 在
今天和明天我都不在家。

ŋo⁵³jɔ⁵⁵ŋjaŋ³³ke³³lə³³tʃhi⁵³ŋu:t⁵⁵.　我和他都是勒期人。
我 和 他（话助）勒期人 是

ŋo⁵³kjei⁵³tsɔ:³³na:u⁵³tse⁵³vuʔ³¹ʃo⁵⁵jɔ⁵⁵kjɔʔ³¹ʃo⁵⁵.
我 更 吃 想 的 猪肉 和 鸡肉
我爱吃猪肉和鸡肉。

vuʔ³¹ʃo⁵⁵jɔ⁵⁵nə̃³³ʃo⁵⁵khã³³tʃu⁵⁵ɣə.⁵³lou⁵³kɛ:⁵³.
猪肉　和 牛肉　　哪种　买 都 可以
猪肉和牛肉买哪种都可以。

ʃɿ⁵⁵saŋ²⁵⁵jɔ⁵⁵ʃɿ⁵xəm⁵⁵juʔ³³kat⁵⁵aʔ³¹!　　把梨和桃拿来!
梨　 或者 桃子　拿（助）（语助）

两个或两个以上同属性名词并列的，若意义整体性较强，则不加连词。例如：

vuʔ³¹khui⁵⁵　　　　猪和狗
猪　狗

khui⁵⁵vuʔ³¹kjɔʔ³¹　　狗和猪和鸡
狗　猪　鸡

a³³phou⁵⁵a³³phji⁵⁵a³³pho⁵³a³³mji⁵³paːn⁵³ʃɔ⁵⁵kjei⁵⁵vaŋ³¹ji³³pjɛ³³.
爷爷　奶奶　父亲　母亲　全部　街　赶　去　了
爷爷、奶奶、父亲、母亲全部都去赶集了。

（二）动词与动词、形容词与形容词并列的，主要靠连词 tum⁵³ "又"来连接。例如：

ʃɿ⁵⁵xəm⁵⁵ʃɿ⁵⁵xjɛ³³tum⁵³kji³³tum⁵³ŋam⁵⁵.　这桃子又大又好吃。
桃子　果　这　又　大　又　好吃

nuk³¹pjɛn⁵⁵xjɛ³³tum⁵³pjɛn⁵⁵tum⁵³ʃəŋ³³.　这扁豆又扁又长。
扁豆　这　又　扁　又　长

muŋ⁵³tuŋ⁵³ʃɿ⁵⁵xjɛ³³tʃham⁵⁵（ke³³）tum⁵³kji³³tum⁵³tʃhou³³.
牛肚子果　这　个　（话助）又　大　又　甜
这个牛肚子果又大又甜。

ŋjaŋ³³tum⁵³ŋjəm³³tum⁵³tshu̱³³.　　他又矮又胖。
他　又　矮　又　胖

ŋa⁵⁵nɔʔ³¹nək⁵⁵tum⁵³kjəŋ³³tum⁵³juŋ⁵⁵.　我妹妹又聪明又漂亮。
我　妹妹　心　又　聪明　又　漂亮

maŋ⁵³ʃɿ⁵³tum⁵³ŋe⁵⁵tum⁵³tʃu⁵⁵.　　芒市又热又潮湿。
芒市　又　热　又　湿

ŋjaŋ³³tum⁵³ji⁵³tum⁵³tei⁵³.　　他又说又笑。
他　又　笑　又　说

ŋa⁵⁵nɔʔ³¹ŋjei⁵⁵ŋjei⁵⁵tum⁵³ŋaːu⁵³tum⁵³ji⁵³.我妹妹每天又哭又笑。
我妹妹　天　天　又　哭　又　笑

（三）数词或量词一般不能并列使用。量词必须先同数词或指示代词结合后才能组成并列词组。相并列的两个成分之间也要加连词。例如：

xjɛ³³ləm³³ɣɛʔ⁵⁵thə³³ləm³³　　　这个和那个
这　个　和　那　个

ək⁵⁵juʔ³¹jɔ⁵⁵sɔm⁵⁵juʔ³¹　　　　两个或者三个
两 个 或者 三 个

（四）名物化成分之间加并列连词构成并列词组。例如：

kɛ⁵³tse⁵³ɣɛʔ⁵⁵aʔ³³kɛ⁵³tse⁵³　　好的和坏的
好 的 和 坏 的

mjaː.ŋ³³tse⁵³ɣɛʔ⁵⁵ŋjuːm³³tse⁵³　高的和矮的
高 的 和 矮 的

nɔːʔ³¹tse⁵³ɣɛʔ⁵⁵phjuː³³tse⁵³　　黑的和白的
黑 的 和 白 的

kjiː³³tse⁵³ɣɛʔ⁵⁵ŋɛː⁵³tse⁵³　　大的和小的
大 的 和 小 的

phjuː³³tse⁵³ɣɛʔ⁵⁵ŋɛː⁵³tse⁵³　　白的和红的
白 的 和 红 的

laːi³³ta⁵⁵ɣɛʔ⁵⁵suːm⁵⁵ta⁵⁵　　重的和轻的
重 的 和 轻 的

tsɔː³³tse⁵³ɣɛʔ⁵⁵wuːt⁵⁵tse⁵³　　吃的和穿的
吃的 和 穿 的

taːi⁵³tse⁵³ ɣɛʔ⁵⁵ kuːt⁵⁵tse⁵³　　说的和做的
说 的 和 做 的

ŋa⁵⁵ta⁵⁵ɣɛʔ⁵⁵lɛ⁵⁵ta⁵⁵　　　　我的和你的
我 的 和 你 的

六、同位（复指）词组

同位词组（又叫"复指词组"），由同指一事物、具有相同语法地位的两个成分组成，两个成分之间不必加别的词连接。例如：

lã³¹kuːi³¹tsuŋ⁵⁵sə̃³³ʒa³³　赵勒宗教师
赵　　勒宗 老师

ŋa⁵⁵ maŋ³³lã³¹ yɔŋ³¹tʃhɔŋ³¹tʃhɔʔ⁵⁵ khõ⁵⁵pɔm⁵³　董卫明
我的 哥哥 董　　　　　　　卫明

ŋɤ̃⁵³ mɯ⁵⁵jɯɯɯ³³ mɔŋ³³kjei³¹Iɯ³³ʃi⁵⁵　　我的家乡潞西
我们的　家 地方　　潞西

ŋa⁵⁵ tsə̃³³ʃaŋ³³ tsuŋ³³pɔm⁵³ aʔ³³khui⁵⁵ tʃuan³³ tʃɔʔ³¹ ŋjeːi⁵³.
我的儿子　宗崩　　　现在　学校　上　正在

我的儿子宗崩现在在上学。

ŋo⁵³ ŋa⁵⁵ tsɜ̃³³ ʃaŋ³³ tsuŋ³³ pɔm⁵³   le⁵⁵   ŋəː⁵³ tək⁵⁵pjɛ³³.
我   我的儿子   宗崩   （宾助）喜欢极了
我很喜欢我的儿子宗崩。

njaŋ⁵⁵ sɔm⁵⁵ juʔ³¹ kjeiː⁵⁵ jɛː³³ lam⁵⁵ ʃaŋ⁵³!   咱们三个去逛街吧！
咱们   三   个   街   去 逛 （语助）

七、连动词组

连动词组是由同一主语发出的不同动作行为连用而组成的词组。以动作行为间关系的不同，可把连动词组分为两类：

1. 并列关系的连动，两个动作互为平等关系。这种连动又有两种不同的情况。

一种是连续动作，表示动作行为是一先一后的。前一个动作表示先进行的动作行为，后一个动作表示随后进行的动作行为。这种关系的连动词组，如果结合较紧的话，不加连词。例如：

lɔː⁵⁵ tsɔː³³   去吃
去 吃

lɔː⁵⁵ juːp⁵⁵   去睡觉
去 睡觉

sɔ⁵⁵ vaːŋ⁵³ lɔː⁵³   走进来
走 进   来

tuŋ³¹ kho⁵⁵ le⁵⁵   tsɔːt⁵⁵ tsɔː³³   削吃黄瓜
黄瓜   （宾助）削 吃

ŋjãŋ³³ nuŋ⁵⁵ le⁵⁵   lɔː⁵⁵ juːt³¹   去叫他们
他们   （宾助）去 叫

ŋjaŋ³³ ɳaŋ⁵⁵ nɔʔ³¹ lɔː⁵⁵ ɣəː⁵³.   他去买菜了。
他   菜 青 去 买

ŋo⁵³ khun⁵⁵ min³¹ mo³³   lɔː⁵⁵ lam⁵⁵ naːu⁵³. 我想去昆明玩。
我   昆明   （方所助）去 玩   想

如果结合松的话，则要加表承接关系的连词 thaŋ³³ "之后"、lɔ³³ "然后"。例如：

ŋo⁵³ nuŋ⁵⁵ wɔm³³ tsɔː³³ kjiː³³ thaŋ³³ ʃŋ⁵⁵ tum⁵³ tso³³ ʃaŋ⁵³!
我们 饭 吃 饱 后 水果 再 吃（语助）
我们吃饱饭后再吃水果！

naŋ⁵³ jɔm³³ taː⁵³ tsɔp³¹ lɔː⁵⁵ thaŋ³³ tum⁵³ li⁵⁵ aʔ³¹!
你 家 一下 回去 后 再 过来（语助）
你回家休息一下然后再来！

pɔŋ³³ tin³³ juː⁵³ lɔ³³ leːi⁵⁵ 拿着笔写
笔 拿 后 写

jiː⁵³ lɔ³³ taːi⁵³ 笑着说
笑 后 说

ŋauː⁵³ lɔ³³ taːi⁵³ 哭着说
哭 后 说

tsɔːŋ³³ tɔ³³ lɔ³³ tsɔː³³ 坐着吃
坐 着 后 吃

ŋjaŋ³³ khɔm⁵⁵ tuːn³³ phaːŋ⁵³ lɔ³³ tsɔ⁵⁵ tso⁵⁵ le⁵⁵ sɔː⁵⁵ vaːŋ⁵³ jɛ³³.
他 门 推 开 后 慢 慢 地 走 进 去
他推开门，慢慢走了进去。

naŋ⁵³ tʃhɛn³³ tʃheːi³³ lɔ³³ wɔm³³ tʃau⁵³ aʔ³¹! 你淘米煮饭吧！
你 米 洗 之后 饭 煮（语助）

naŋ⁵³ ʃam³³ juː⁵³ lɔ³³ tuŋ³¹ kho⁵⁵ le⁵⁵ khɔ⁵⁵ aʔ³¹!
你 刀 拿 之后 黄瓜（宾助）剖（语助）
你拿刀来切瓜吧！

naŋ⁵³ tɔː⁵³ jaːp³¹ lɔ³³ teːi⁵³ aʔ³¹! 你站起来说吧！
你 起来 站 之后 说（语助）

naŋ⁵³ tsɔːŋ³³ kjɔː⁵⁵ lɔ³³ teːi⁵³ aʔ³¹! 你坐下来说吧！
你 坐 下来 之后 说 吧

ŋo⁵³ nuŋ⁵⁵ klɔː⁵⁵ tʃhou³³ khɔː⁵⁵ lɔ³³ tsɔː³³ ʃaŋ⁵³!
我们 西瓜 剖 之后 吃（语助）
我们剖西瓜吃吧！

加一种是动作同时发生、进行的。这种词组有时要加连词…a³³

no³³…"一边……一边……"搭配使用,表示两个动作行为同时进行,但语义上又分一主一次。例如:

ŋjaŋ³³ a³³no³³ ji⁵³ a³³no³³ tɕei⁵³. 他一边笑一边说。
他　一边　笑一边　说

2. 补充关系的连动,后一个动作是前一个动作的结果。这种连动往往要加副词 tʃei⁵³ "越……" 前后配合使用。例如:

naŋ⁵³ nɛ:³³ ta⁵⁵ tshən⁵⁵ tʃei⁵³ tso³³ tʃei⁵³ ŋam⁵⁵.
你　炒的菜　越　吃越　好吃
你炒的菜(让人)越吃越好吃。

tʃei⁵³ tso³³ tʃei⁵³ tso³³ na:u⁵⁵.　　　　越吃越想吃。
越　吃越　吃想

ŋo⁵³ tʃei⁵³ tsuŋ³³ tʃei⁵³ mjəŋ³³.　　　　我越坐越累。
我越　坐　越　累

muŋ⁵³ tuŋ³³ ʃi⁵⁵ tʃei⁵³ kji³³ tʃei⁵³ ŋam⁵⁵. 牛肚子果越大越好吃。
牛肚子果　越　大　越　好吃

八、兼语词组

主语发出的动作常常表"使令"意义,主语指向的宾语同时又是下一个动作的发出者。这种结构大多要在动词后加 na:ŋ³³ "让"。例如:

a³³ pho⁵³ ŋo⁵³ le⁵⁵ wəm³³ tso³³ na:ŋ³³. 父亲让我吃饭。
爸　我(宾助)饭　吃　让

ŋjaŋ³³ ŋo⁵³ le⁵⁵ naŋ⁵³ le⁵⁵ pat³¹ na:ŋ³³. 他让我打你。
他　我(宾助)你(宾助)打　让

wo³³ tsou³³ ŋo⁵³ le⁵⁵ tʃuaŋ⁵³ məʔ⁵⁵ na:ŋ³³. 村长让我教书。
寨官　我(宾助)学校　教　让

ŋo⁵³ ŋjaŋ³³ le⁵⁵ mji:t⁵⁵ ʃəʔŋ³³ na:ŋ³³. 我让他想开些。
我　他(宾助)想　长　让

ŋjaŋ³³ ŋo⁵³ le⁵⁵ ŋo⁵³ thu⁵⁵ na:ŋ³³. 他让我交出钱。
他　我(宾助)钱　出　让

ŋo⁵³a³³nɔ̝ʔ³¹　le⁵⁵　taŋ³³kjo³³naːŋ³³.　　我让妹妹听话。
我　妹妹　（宾助）话　听　让

ŋo⁵³a³³phji⁵⁵　le⁵⁵　ta⁵³tsəp³¹ nɔ̝³³　kat⁵⁵　naːŋ³³.
我　奶奶　（宾助）一　下　　停止（助动）让
我让奶奶休息一会儿。

a³³pho⁵³ŋo⁵³　le⁵⁵　sək⁵⁵khəŋ⁵³naːŋ³³.　　爸爸让我砍树。
爸爸　我（宾助）树　砍　　让

sə̄³³ʒa³³ŋo⁵³　le⁵⁵　taŋ³³tei⁵³naːŋ³³.　　老师让我回答。
老师　我（宾助）话　讲　让

ŋo⁵³ɲjaŋ³³　le⁵⁵　khjo³³tso³³　sɔ̝⁵⁵aʔ³¹　taːi⁵³.
我　他　（宾助）小路　　走（语助）　叫
我叫他走小路。

ŋo⁵³ɲjaŋ³³le⁵⁵　mă³³khən⁵⁵khuːn⁵⁵mɔ̝ʔ⁵⁵pjɛ³³.　我教他唱歌。
我　他（宾助）歌　　唱　　教　了

ŋo⁵³ɲjaŋ³³　le⁵⁵　pan³³faʔ³¹mjap³¹mjap³¹mjiːt³¹ ju⁵⁵kat⁵⁵　naːŋ³³.
我　他　（宾助）办法　快　　快　　想　　看（助动）让
我让他赶紧想办法。

九、名物化词组

某些实词或实词词组可加助词 ta⁵⁵ 或名物化后缀 tse⁵³ 构成名物化词组。例如：

（一）加助词 ta⁵⁵　（详见第四章第十节）
ʃəŋ³³ta⁵⁵　　金的　　　　　ŋə⁵³ta⁵⁵　银的
ta⁵³ləm³³ke³³　a³³pho⁵³ta⁵⁵, ta⁵³ləm³³ke³³　　a³³mji⁵³　ta⁵⁵
一　个　（话助）爸爸　的　一　个　（话助）妈妈　　的
tʃʰɿ³³tse⁵³.　一个是爸爸的，一个是妈妈用的。
用　的
　kɛ⁵³ta⁵³　　好的
　xje³³ke³³ nɛ⁵³ta⁵⁵.　　　　　　　这是红的。
　这（话助）红　的
　taːi⁵³ta⁵⁵　说的

xjɛ³³ ke³³ tsːɔ³³tse⁵³ , thə³³ke³³ tʃhɿ³³tse⁵³ ŋuːt⁵⁵.
这 （话助）吃的 ， 那（话助）用的 是
这是吃的，那是用的。
ŋa⁵⁵ta⁵⁵ 我的 lɛ⁵⁵ta⁵⁵ 你的
ŋja³³ta⁵⁵ 他的 ŋjãŋ³³taŋ³³ta⁵⁵ 他俩的
ŋa⁵⁵ta⁵⁵səːk⁵⁵, lɛ⁵⁵ta⁵⁵tshaːu⁵⁵. 我的新，你的旧。
我的 新 你的 旧
ŋa⁵⁵ta⁵⁵ke³³nɛː⁵³tse⁵³, lɛ⁵⁵ta⁵⁵ke³³ŋjaːu⁵³tse⁵³.
我的 （话助）红的 你的 （话助）绿的
我的是红的，你的是绿的。
khun⁵⁵min³¹ loː⁵⁵e⁵³ paŋ³³mə³³tə³³mjaːp³¹tɔʔ³¹kɛʔ⁵⁵!
昆明 去（助）些人 车 快 上（语助）
去昆明的请上车!

(二) 加后缀 tse⁵³ 的如：
taːi⁵³ta⁵⁵/taːi⁵³tse⁵³ 说的
ŋjaŋ³³taːi⁵³tse⁵³kɛː⁵³. 他说的好。
他 说 的 好
xjɛ³³khjap⁵⁵pji³³nɛ⁵³xaŋ⁵⁵su³³ta⁵⁵tse⁵³?
这 件 上衣 红 谁 位 的 的
这件红上衣是谁的?
ŋa⁵⁵ta⁵⁵ ke³³ nɛː⁵³tse⁵³, lɛ⁵⁵ta⁵⁵ ke³³ ŋjaːu⁵³tse⁵³.
我的（话助） 红的 你的（话助）绿的
我的是红的，你的是绿的。
naŋ⁵³nɛː⁵³tse⁵³wɔː³³ laʔ⁵³ nɔːʔ³¹tse⁵³wɔː³³ laʔ⁵³?
你 红的 要 （语助）黑的 要 （语助）
你是要红的呢，还是黑的呢？
ŋjãŋ³³nuŋ⁵⁵jəm³³pju⁵³tʃaʔ³¹mjɔː³³, mo⁵⁵tsɿ³³tse⁵³, tsou³³kuːt⁵⁵
他们 家 人 很 多 事 做 的 官当
tse⁵³. 他们家人很多，有劳动的，有当官的。
的

(三) 定语助词 ta⁵⁵ 和名物化后缀 tse⁵³ 连用时，表示特指、强调。

例如：
　　nɛː⁵³ ta⁵⁵ tse⁵³ a³³ ke⁵³.　　　红的不好。
　　红　的　的　不好

　　xjɛ³³ ke³³ nɛː⁵³ ta⁵⁵ tse⁵³.　　这是红的。
　　这（话助）　红的

第二节　句子类型

勒期语的句子根据结构可分为单句和复句两大类。

一、单句

单句同复句相对，是不能分析成两个或两个以上分句的句子。它常由一个主谓短语结构构成，也可由一个词或其他短语构成。单句可以从结构、语义、语用等不同角度再做分类。

（一）根据句子成分完整与否，单句又可分为主谓句和非主谓句两类。

1. 主谓句

主谓句由主语和谓语两部分构成。根据谓语的性质又可将主谓句分为动词性谓语句、形容词性谓语句、名词性谓语句、主谓谓语句等类。

（1）动词性谓语句

又可分以下六类。

①动词谓语句

以动词或动词短语充当谓语主要部分的句子叫动词谓语句。这种句子主要是用来叙述人或事物的动作行为、发展变化、心理活动等。例如：

　　ŋjaŋ³³ no⁵³ pjɛ³³.　　　　　　他病了。
　　他　病　了

　　a³³ phou⁵⁵ wɔm³³ tsɔː³³ ŋjei⁵³.　　爷爷在吃饭。
　　爷　　　饭　吃　正在

pan³³ po⁵⁵ po⁵⁵ pjɛ³³.　　　　　　花开了。
　花　　开　了

sək⁵⁵ kam⁵³ ləŋ⁵³ pjɛ³³.　　　　　树倒了。
　树　　　倒　了

②述宾谓语句。由述语和宾语构成。例如：

a³³mji⁵³ tshɔn⁵⁵ nɛː³³ ŋjeːi⁵³.　　　　妈妈在炒菜。
　妈　　菜　炒　正在

a³³mji⁵³ a³³pho⁵³jəm³³　mo³³ ŋjeːi⁵³.　父亲母亲都在家。
　母亲　父亲　家（方所助）在

ŋjăŋ³³ nuŋ⁵⁵ wɔm³³ tso³³ pjɛ³³.　　　他们吃过饭了。
　他们　　饭　吃　了

ŋjăŋ³³ nuŋ⁵⁵ a³³tsaŋ⁵⁵ tʃa³¹ mjɔː³³ ʃɔ⁵⁵ ɣəː⁵³.
　他们　　　东西　很　多　的　买
他们买了很多东西。

比较句和存现句是述宾谓语句中的两种常用句型。

A、表示差比关系的比较句

这种句子的肯定式常用动词 thɔʔ⁵⁵ "上" 来构成。thɔʔ⁵⁵ 的作用相当于汉语的 "比"，但用在被比对象的后面。例如：

khjo³³ xjɛ³³ khat⁵⁵ sɔː⁵⁵le⁵⁵　thə³³ khat⁵⁵ sɔː⁵⁵ thɔʔ⁵⁵ tʃaːŋ⁵³.
　路　这　条　走（宾助）那　条　走　比　近
走这条路比走那条路近。

ŋaŋ⁵⁵ nɔ³¹ tsɔː³³le⁵⁵ ʃo⁵⁵ tsɔː³³ thɔʔ⁵⁵ kɛː⁵³.
　菜　青　吃（宾助）肉　吃　比　好
吃青菜比吃肉好。

maŋ⁵³ʃɿ⁵³　khun⁵⁵　min³¹ thɔʔ⁵⁵ ŋɛː⁵³.　芒市比昆明热。
　芒市　　昆明　　比　热

pji³³ xjɛ³³ khjap⁵⁵ thə³³ khjap⁵⁵ thɔʔ⁵⁵ phaːu⁵⁵.
　衣　这　件　那　件　比　贵
这件衣服比那件贵。

xjɛ³³ ləm³³ thə³³ ləm³³ thɔʔ⁵⁵ juːŋ⁵⁵.
　这　个　那　个　比　好看
这个（碗）比那个漂亮。

khõ⁵⁵ tsan⁵³ ta⁵⁵ la³³ mə⁵³ a³³ nək⁵⁵ thɔʔ⁵⁵ kɛː⁵³, a³³ ŋɔt⁵⁵ la⁵³?
今年　　　的　包谷　去年　比　好　　不是（语助）

今年的包谷比去年好，不是吗？

naŋ⁵³ ŋja³³ thɔʔ⁵⁵ mjaːŋ³³.　　　　你比他高。
　你　他　比　高

ŋo⁵³ ŋja³³ thɔʔ⁵⁵ (tʃei⁵³) tshuː³³.　　我比她胖。
　我　她　比　　　　　更　胖

ŋo⁵³ lɛ⁵⁵ thɔʔ⁵⁵ mjaːŋ³³.　　　　　我比你高。
　我　你　比　高

naŋ⁵³ ŋa⁵⁵ thɔʔ⁵⁵ mjaːŋ³³.　　　　你比我高。
　你　我　比　高

ŋjaŋ³³ lɛ⁵⁵ thɔʔ⁵⁵ (tʃei⁵³) tshuː³³.　　他比你胖。
　他　你　比　　　　　更　胖

naŋ⁵³ ŋa⁵⁵ thɔʔ⁵⁵ tsan⁵³ wət⁵⁵ kjiː³³.　你比我年长。
　你　我　比　年龄　　　大

ŋo⁵³ lɛ⁵⁵ thɔʔ⁵⁵ək⁵⁵ tsan⁵³ kjiː³³.　　我比你大两岁。
　我　你　比　两　岁　大

否定式比较句的人称代词，a³³ thɔʔ⁵⁵"不比"居于宾语之前，人称代词用领格形式。例如：

ŋjaŋ³³ a³³ thɔʔ⁵⁵ ŋa⁵⁵ tshuː³³.　　　她不比我胖。
　她　不　比　我　胖

ŋjaŋ³³ a³³ thɔʔ⁵⁵ ŋa⁵⁵ mjaːŋ³³.　　他不比我高。
　他　不　比　我　高

此外，否定式比较句还有另外两种表示方法。一种是句末加 a³³ po⁵³ "没有"。另一种是在宾语后加 ji⁵³ a³³ "如不（不如）"。这两种句式，若代词做动词宾语仍用主格。例如：

ŋo⁵⁵ naŋ⁵³ mjaːŋ³³ a³³ po⁵³.　　　　我没你高。
　我　你　高　没有

naŋ⁵⁵ ŋo⁵³ mjaːŋ³³ a³³ po⁵³.　　　　你没我高。
　你　我　高　没有

ŋjaŋ³³ ŋo⁵³ ji⁵³ a³³ mja:ŋ³³   他不如我高。
　他　我　如　不　高
ŋjaŋ³³ ŋo⁵³ ji⁵³ a³³ tshu:³³.   他不如我胖。
　他　我　如　不　胖
khjo³³ xjɛ³³ khat⁵⁵ sɔ:⁵⁵le⁵⁵   thə³³ khat⁵⁵ ji⁵³ a³³ tʃaŋ⁵³.
　路　这　条　走（宾助）　那　条　如不　近
走这条路不如走那条路近。
xjɛ³³ tʃham⁵⁵ ke³³   thə³³ tʃham⁵⁵ ji⁵³ a³³ po⁵³.
　这　个　（话助）　那　个　如　没有
这个不如那个大。

ʃo⁵⁵ tsɔ:³³ le⁵⁵   ŋaŋ⁵⁵ nɔʔ³¹ tsɔ:³³ ji⁵³ a³³ ke⁵³.
　肉　吃（宾助）　菜　青　吃　如不　好
吃肉不如吃青菜好。

B. 存现句
由表示存现意义的动词充当谓语动词时，构成存现句。表示存现意义的谓语动词有 tʃɔ:³³ "有"、ŋjeːi⁵³ "在"、po:⁵³ "内在"、jɔ:⁵⁵ "有"、tɔ:⁵⁵ "摆" 等。例如：

ŋõ⁵³ nuŋ⁵⁵ jəm³³ nam⁵³ mo³³   kjei⁵³ laŋ⁵³ ta⁵³ laŋ⁵³ tʃɔ:³³.
　我们　家　旁边（方所助）　河　一　条　有
我家旁边有条河。

a³³ nam⁵³ sək⁵⁵ kam⁵³ ta⁵³ kam⁵³ tʃɔ:³³.   附近有一棵树。
　附近　树　　一　棵　有
pəm⁵³ mo³³   noʔ³³ ta⁵³ tu³³ ŋjeːi⁵³ tɔ³³.   山上有一头牛。
山（方所助）牛　一　头　在　着
ŋa⁵⁵ lɔʔ³¹ pei⁵⁵ khjam⁵⁵ pju⁵³ ta⁵³ juʔ³¹ ŋjeːi⁵³. 我左边有一个人。
　我的　左　半　人　一　个　在
tsõ³³ po⁵⁵ mo³³   khuʔ⁵⁵ ta⁵³ khjap⁵⁵ tʃɔ:⁵³ tɔ³³. 桌子上有一个碗。
桌子（方所助）碗　一　个　在　着
jəm³³ pan⁵³ mo³³ khui⁵⁵ ta⁵³ tu³³ ŋjeːi⁵³ tɔ³³.   后院有一只狗。
后院（方所助）狗　一　只　在　着
jəm³³ kho³³ mo³³ tʃhuaŋ⁵³ək⁵⁵ lom³³ tɔ:⁵⁵ tɔ³³.
屋子里（方所助）　床　两　张　摆　着

屋子里放着两张床。
lɛ⁵⁵ pji³³ləŋ⁵³　moˉ³³　paŋ³³ pɔ⁵⁵ ta⁵³ pɔ⁵⁵ tap³¹ tɔˉ³³.
你的　衣领（方所助）花　　一　朵　贴　着
你的衣领上绣着一朵花。

pji³³ mei⁵³ pɔn³³　　moˉ³³　　pɔˉ⁵³ tɔˉ³³.　　衣服在柜子里。
衣服　　柜子（方所助）在　着

ŋjaŋ³³ ŋə⁵³ pɔˉ⁵³ tək³¹ pjɛ³³.　　　　　　　他有钱极了。
他　钱　有　极　了

pɔn³³　moˉ³³　pji³³ək⁵⁵ khjap⁵⁵ tsa³³ pɔˉ⁵³.
柜子(方所助)上衣　两　　件　　只　有
柜子里只有两件衣服。

ŋo⁵³ mo⁵⁵ pɔˉ⁵³.　　　　　　　　　　　我有事。
我　事　有

ŋjaŋ³³ jɔm³³ pɔˉ⁵³ tək³¹ pjɛ³³.　　　　　　他有力气极了。
他　力气　有　极　了

ŋo⁵³ ŋə⁵³ jɔˉ⁵⁵.　　　　　　　　　　　我有钱。
我　钱　有

ŋo⁵³ kjɔ³¹uˉ⁵³ ta⁵³ tʃham⁵⁵ jɔˉ⁵⁵.　　　　　我有一个鸡蛋。
我　鸡蛋一　个　有

ŋo⁵³ nuŋ⁵⁵ jɔm³³ mjaŋ³³ək⁵⁵ tu³³ jɔˉ⁵⁵.　　　我们家有两匹马。
我们　　家　马　两　匹有

ŋo⁵³ mji³³ ji³³ nu⁵⁵ ta⁵³ juˉ³¹ jɔˉ⁵⁵.　　　　我有一个女儿。
我　女儿　　一　个　有

③述补谓语句

由述补词组充当谓语。例如：

ŋo⁵³ thaŋ³³ lɛ⁵⁵ kjo⁵⁵ pjɛ³³.　　　　　　　我来迟了。
我　后　来　掉　了

taŋ⁵⁵ khuk⁵⁵ tsɔˉŋ³³ kjuːp³³ pjɛ³³.　　　　　凳子坐坏了。
凳了　　坐　碎　了

tə⁵⁵ jɑːm⁵⁵ phjiˑuˉ⁵⁵.　　　　　　　　　　绳了割断。
绳子　割　断

wo⁵⁵ khuk⁵⁵ lɛ⁵⁵ nɛˉ⁵³ pjɛn⁵⁵ pjɛ³³.　　　　枕头压扁了。
枕头　（宾助）压　扁　了

paŋ³³ tshaːu⁵⁵ ne⁵³ pje³³.　　　　布染红了。
　布　　染　红 了

④兼语谓语句

主语指向的宾语同时又是下一个动作的发出者。例如：

a³³ pho⁵³ ŋo⁵³　le⁵⁵　wom³³ tso³³ naːŋ³³.　　父亲让我吃饭。
　爸　　我（宾助）饭　　吃　　让

ŋjaŋ³³ ŋo⁵³　le⁵⁵　naŋ⁵³　le⁵⁵　pat³¹ naːŋ³³.　　他让我打你。
　他　我（宾助）你（宾助）打　 让

wo³³ tsou³³ ŋo⁵³　le⁵⁵　tʃuaŋ³³ mɔ⁵⁵ naːŋ³³.　　村长让我教书。
寨官　　我（宾助）学校　教　让

ŋo⁵³ ŋjaŋ³³　le⁵⁵　mjiːt⁵⁵ ʃəːŋ³³ naːŋ³³.　　我让他想开些。
　我　他（宾助）想　　长　 让

ŋjaŋ³³ ŋo⁵³　le⁵⁵　ŋə⁵³ thuʔ⁵⁵ naːŋ³³.　　他让我交出钱。
　他　我（宾助）钱　　出　 让

ŋo⁵³ a³³ nɔʔ³¹　le⁵⁵　taŋ³³ kjo³³ naːŋ³³.　　我让妹妹听话。
　我　妹妹（宾助）话　听　 让

ŋo⁵³ a³³ phjiː⁵⁵　le⁵⁵　ta⁵³ tsɔp³¹ nɔː³³　kat⁵⁵　naːŋ³³.
　我　奶奶（宾助）一　下　停止（助动）让
我让奶奶休息一会儿。

a³³ pho⁵³ ŋo⁵³　le⁵⁵　sək⁵⁵ khəŋ⁵³ naːŋ³³.　　爸爸让我砍树。
　爸爸　我（宾助）树　　砍　 让

sə³³ ʑa³³ ŋo⁵³　le⁵⁵　taŋ³³ tei⁵³ naːŋ³³.　　老师让我回答。
　老师　我（宾助）话　讲　 让

ŋo⁵³ ŋjaŋ³³　le⁵⁵　paŋ³³ faʔ³¹ mjap³¹ mjap³¹ mjiːt³¹ ju⁵⁵　kat⁵⁵　naːŋ³³.
　我　他（宾助）办法　　快　 快　 想　看（助动）让
我让他赶紧想办法。

⑤连谓谓语句。

由一个以上（大多是两个）的动词谓语连用而成。例如：

ŋjaŋ³³ nuŋ⁵⁵ kjei⁵⁵　mo³³　a³³ tsəŋ⁵⁵ ɣəː³¹ jɛ³³.
　他们　　街（方所助）东西　买　去

他们上街买东西。
a³³phou⁵⁵khəm⁵⁵tɔʔ³¹phaːŋ⁵³.　　　爷爷站起来开门。
　爷爷　　门　起来　　开
ŋo⁵³ji³³luʴ³³kuːn⁵⁵.　　　　　　　我出去玩。
　我　去　玩耍
ŋjaŋ³³pɔm⁵³kjɔː⁵⁵tʃhei⁵⁵sə³³ʒa³³lɔː⁵⁵juːt³¹.
　他　山　下　去　医生　　去　叫
他下山叫医生。
ŋjaŋ³³xjɛ³³　le⁵⁵　a³³naŋ³³　kat⁵⁵lɔʔ³¹tsɿ³³tsəŋ⁵³　tɔ³³.
　他　这（宾助）不　让（助动）手　抓　　（助动）
他抓住这个东西不放。
ŋjaŋ³³paːn⁵³tei̯⁵³　eʔ⁵⁵　lo⁵⁵pjɛ³³.　　他说完就走了。
　他　完　说（助）回去　了
ŋo⁵³sɔʴ⁵⁵vaːŋ⁵³lɔ⁵³.　　　　　　我走进来。
　我　走　进　来
ŋo⁵³khun⁵⁵min³¹　mo³³　lɔː⁵⁵lam⁵⁵naːu⁵³.
　我　昆明　（方所助）去　玩　想
我想去昆明玩。
ŋo⁵³ŋjaŋ³³　le⁵⁵　lɔʔ⁵⁵mɛ³³ŋaːu⁵³lo⁵⁵pjɛ³³.
　我　她（宾助）使气　　哭　去　了
我把她气得哭着跑出去了。
naŋ⁵³jɔm³³taʴ⁵³tsɔp³¹lɔː⁵⁵thaŋ³³tum⁵³li⁵⁵aʔ³¹!
　你　家　一　下　回去　后　再　过来（语助）
你回家休息一下然后再来!
naŋ⁵³tɔː⁵³jaːp³¹lə⁵⁵tei⁵³aʔ³¹!　　你站起来说吧!
　你　起来　站　之后　说（语助）
naŋ⁵³tsɔːŋ³³kjɔː⁵⁵lə⁵⁵tei⁵³aʔ³¹!　　你坐下来说吧!
　你　坐　下来之后　说　吧

(2) 形容词性谓语句

由形容词或形容词短语充当谓语的句子叫形容词性谓语句。主要是对人或事物的性状加以描写，有时说明事物的变化。

①形容词谓语句。例如：

pom⁵³ pa:n⁵³ ŋjou⁵³ pje³³.　　　　　山绿了。
　山　　全　　绿　　了

ŋjaŋ³³ tʃaʔ³¹ ju:ŋ⁵⁵.　　　　　　　她非常漂亮。
　她　很　漂亮

ŋa⁵⁵ maŋ³³ tʃaʔ³¹ kɛ:⁵³.　　　　　　哥哥很好。
　我哥哥　很　好

pei⁵³ ni⁵³ kɛ:⁵³.　　　　　　　　　天气好。
　天气　好

khə⁵⁵ ŋjei⁵⁵ soŋ⁵³ ŋɛ:⁵⁵.　　　　　今天太热。
　今天　　太　热

②形补谓语句。例如：

khə⁵⁵ ŋjei⁵⁵ ŋa:m⁵⁵ tək⁵⁵.　　　　今天冷极了。
　今天　　冷　极

ŋjaŋ³³ ju:ŋ⁵⁵ tək⁵⁵.　　　　　　　她非常漂亮。
　她　漂亮　极

khjo³³ xjɛ³³ khat⁵⁵ ku:i⁵⁵ tək⁵⁵ pje³³.　这条路弯极了。
　路　这　条　弯　极　了

ʃɿ⁵⁵ thə³³ ŋa:m⁵⁵ tək⁵⁵ pje³³.　　　那果子好吃极了。
　果子　那　好吃　极　了

ŋö⁵³ nuŋ⁵⁵ məŋ³³ kji:³³ tək⁵⁵!　　　我们的国家大极了！
　我们　国家　大　极

(3) 名词性谓语句

指由名词或名词性短语充当谓语的句子。名词性谓语句的主语表示确定的事物，谓语对主语表示的事物进行判断、说明或描写。这类句子一般只有主谓两部分。主谓内部构造比较简单，谓语部分通常没有状语或补语。这种句子主要有以下三小类：

①名词谓语句。主语和谓语之间的关系是判断关系。这类句子多是话题句。(详见第五章第四节) 例如：

khə⁵⁵ ŋjei⁵⁵ (kɛ³³) lã⁵⁵ pan⁵³ ŋjei⁵⁵.　　今天是星期天。
　今天　　(话助)　　星期天

nap³¹ jɔ⁵³ ŋjei⁵⁵ (kɛ³³) tshin⁵⁵ min³¹ tsɛ³¹.　明天清明节。
　明天　　(话助)　清明节

ŋjaŋ³³（ke³³）mjɛŋ³³ məŋ³³ pju⁵³.　　　他是缅甸人。
　他　（话助）缅甸　　　人

xjɛ³³ke³³　ʃəŋ³³ nə³¹ laŋ³⁵.　　　这是金耳坠。
　这（话助）金　　耳坠

xjɛ³³　　ke³³khɔ̃⁵⁵ tsan⁵³（ta⁵⁵）kuk³¹.　　这是今年的谷子。
　这（话助）今年　　　（定助）谷子

②数量谓语句。例如：

ŋo⁵³ək⁵⁵ tshe³³ tsan⁵³ mjɛt³¹ pjɛ³³.　　我二十多岁。
　我　二　十　岁　剩　了

ŋŏ⁵³nṵŋ⁵⁵ jəm³³ pju⁵³ mji³³ ju³¹.　　我家共四个人。
　我家　　　　人　四　个

tsŏ³³ po⁵⁵ ta⁵³ ləm³³ khjei³³ mji³³ khjei³³.　　一张桌子四条腿。
　桌子　一　张　腿　四　条

③偏正谓语句。例如：

ŋo⁵³ jin³¹ nan³¹　mo⁵³　pju⁵³.　　我是云南人。
　我　云南　（从由助）人

(4) 主谓谓语句

主谓谓语句是指由主谓词组充当谓语的句子。这类句子的谓语主要是说明或者描写主语的。从语义上来看，一般的主谓句是陈述性的，而主谓谓语句则是说明性或判断性的。

a³³phji⁵⁵ khjei³³ nɔ̠⁵³.　　奶奶脚疼。
　奶奶　　脚　疼

a³³mji⁵³ i⁵⁵ mjɛ⁵³ kɛ⁵³.　　妈妈心好。
　妈妈　心思　好

mou⁵³ sou⁵⁵ xjɛ³³ puk³¹ ŋo⁵³ ju⁵⁵ pjɛ³³.　　这本书我看过。
　书　　这　本　我　看过

mo⁵⁵ ŋo⁵³ tsi̠⁵³ pjam⁵³ pjɛ³³.　　事情我做完了。
　事情 我　做　掉　了

ŋjaŋ³³a³¹kjəŋ⁵⁵ kɛ̠³³.　　她脾气好。
　她　脾气　好

ŋo⁵³wo⁵⁵ləm⁵³ nɔ̠⁵³.　　我头疼。
　我　头　疼

ŋjaŋ³³ (ke³³) mjɔʔ³¹ tʃik⁵⁵ kji:³³.   他大眼睛。
　他　（话助）眼睛　　大

ŋo⁵³ (ke³³) mjɔʔ³¹ tʃik⁵⁵ ŋɛ:⁵³.   我眼睛小。
　我　（话助）眼睛　　小

mo⁵⁵ xjɛ³³ si⁵³ ta⁵⁵ pju⁵³ a³³ mjo³³.   这件事知道的人不多。
　事　这　知道　的　人　不　多

a³³phi⁵⁵ mou⁵³ sou⁵³ ta⁵³ tʃam⁵⁵ a³³ si³³.   奶奶一个字也不认识。
　奶奶　　字　　一　个　不　知道

a³³phou⁵⁵ kjei⁵⁵ lɔ⁵⁵ tʃaʔ³¹ tsan⁵³ a³³ ʃɿ⁵⁵.   爷爷手脚还很灵活。
　爷爷　　脚　手　很　灵巧　还

wɔm³³ ke³³ tsɔ:³³ pa:n⁵³ pjɛ³³, tshɔn⁵⁵ ke³³ a³³pan⁵³ tso³³ ʃɿ⁵⁵.
　饭　（话助）吃　全　了　　菜　（话助）没完　吃　还
饭吃完了，菜还没吃完。

2. 非主谓句

非主谓句与主谓句相对。单句中不包含主语或谓语的句子叫非主谓句。常见的非主谓句又可分为无主句、省略句和独词句三种。

（1）无主句

无主句是没有主语的句子，它不同于主谓句中省略主语的句子。无主句补不出确定的主语。这类句子数量较少。例如：

jɛn⁵⁵ khaʔ⁵⁵ pa:ʔ⁵⁵!   不要抽烟！
　烟　不要　抽

jɛn⁵⁵ ko⁵⁵ a³³ke⁵³ pa:ʔ⁵⁵!   禁止抽烟！
　烟　　不可以　　抽

kɛ:⁵³ tək³¹!   好极了！
　好　极了

sɔŋ⁵³ kɛ:⁵³!   太好了！
　太　好

tsɔ:⁵⁵ lɛ⁵³!   慢走！
　悠　啊

（2）省略句

主谓句中省略了主语或谓语的句子称省略句。省略的主语或谓语可以依靠上下文、句尾词或问答等语言环境给予补出。例如：

kha?⁵⁵ tə⁵³!　　　　　　　　别动！
　别　动

tsɔː³³ ka̠t⁵⁵ na?³¹!　　　　　吃吧！
　吃（助动）(语助)

ka̠t⁵⁵ na?³¹!　　　　　　　　装吧！（放进去吧！）
　装（语助）

a³³ mjaŋ³¹ ju⁵⁵.　　　　　　　没见过。
　没 见 过

mou⁵³ sou³³ ta³³ko⁵⁵ mɐ?⁵⁵a?³¹!　（你）好好学习！
　书　　好好　学（语助）

kjiː³³ ta⁵⁵ sək⁵⁵kam⁵³ khəŋ⁵³a?³¹!　（你）把大树干砍掉！
　大（定助）树干　砍（语助）

mjap³¹ mjap³¹ lɛ⁵³ tso³³ a?³¹!　　（你）快快吃！
　快　快　（状助）吃（语助）

kjɔː³³lɛ³³sə³³ʒa³³kɔt⁵⁵ pjɛ³³ ka³³.　听说（他）当老师了。
　听说　老师　做　了（语助）

a³³ tʃha?⁵⁵ɛ⁵³! jaːu³¹ thu?⁵⁵pjam⁵³pjɛ³³!
　哎　　　　流　出　丢掉　了
哎！（袋子里的水）流掉了！

khai³³lo⁵⁵pjɛ³³ la⁵³?
　哪里　去　了（语助）
（放在抽屉里的东西不知）去哪儿了？

khə⁵⁵ŋei⁵⁵ŋo⁵³, nap³¹jo⁵³ŋei⁵⁵ŋjaŋ³³.
　今天　我　　明天　　他
今天我（去），明天他（去）。

(3) 独词句

由一个词或作用相当于一个词的短语构成的句子叫独词句。它一般只在特定的语言环境下使用，具有特殊的语用意义。独词句通常由名词（包括名词性短语）、感叹词、代词等构成。例如：

lɔ⁵⁵. 去。（问句是 naŋ⁵³a³³lo⁵⁵la⁵³? "你去吗？"）

tuŋ⁵⁵wei³³min³¹!　董卫明！（叫人）

khã³³mjo⁵³? 多少？
kɛː⁵³! 对！
ɛ⁵³! 嘿！（快走！）
a⁵⁵ka⁵³! 哎哟！（我的脚疼死了！）
a³³jə³³ə⁵⁵! 啊哟！（到处都是人！）
a³³tʃha⁵⁵ɛ⁵³? 咻？（放在抽屉里的东西不知去哪儿了？）

二、复句

复句相对于单句而言。由两个或两个以上的分句构成的句子叫复句。分句与分句之间在语音上有较短的停顿，在意义上必须互相关联，即同一复句里的分句，说的是有关系的事。分句之间通常要用关联的词语来连接，用来连接的关联词，多数是连词，有时也用副词。也有一些复句不用关联词。根据各分句之间的语义关系可以把复句分为并列、承接、递进、解说、选择、转折、假设、条件、因果、目的、连锁复句等十一种。

（一）联合复句

联合复句的各个分句之间关系平等，不分主次，互相不修饰、限制或说明。按分句之间的意义关系，联合复句还可再分为以下五种。

1. 并列关系

（1）并举并列

常用的关联词语有…a³³no³³…"一边……一边……"、ɣɛʔ⁵⁵"也"等。例如：

ŋjaŋ³³ a³³no³³ ji⁵³a³³ no³³ tei⁵³.　　　　他一边笑一边说。
　他　一边　笑　一边　说

ŋo⁵³jɛn⁵⁵a³³pa⁵⁵, jei³³phei⁵⁵ɣɛʔ⁵⁵a³³ʃuk⁵⁵. 我不抽烟也不喝酒。
　我　烟　不抽　　酒　也　不　喝

ŋjaŋ³³ wɔm³¹ a³³tso³³, jəp⁵⁵ (m)ɛ⁵⁵a³³jəp⁵⁵.
　他　饭　不吃　觉　也　　不睡
他不吃饭，也不睡觉。

ŋjaŋ³³ lə³¹ tʃhi⁵³ mjiŋ³³ taːt³¹ taːi⁵³, ʃə⁵⁵ tuŋ³³ mjiŋ³³ ɣɛʔ⁵⁵ taːt³¹ taːi⁵³.
 他　　勒期　语　会　说　　载瓦　语　也　会　说
他勒期语也会说，载瓦语也会说。

(2) 对举并列

常用关联词 a³³ŋət⁵⁵……mau⁵³ŋuːt⁵⁵ 或 a³³ŋət⁵⁵……təʔ³¹ŋuːt⁵⁵ "不是……而是"。例如：

ŋjaŋ³³ paːm³³ a³³ŋət⁵⁵, paːm³³ mou⁵³ mau⁵³ŋuːt⁵⁵.
 他　傻　不是　　傻　假装　而是
他不是傻，而是装傻。

ŋjaŋ³³ sə³³ ʒa³³ a³³ŋət⁵⁵, tʃuaŋ³³ nu⁵⁵ təʔ³¹ŋuːt⁵⁵。
 他　老师　不是　　学生　　而是
他不是老师，而是学生。

ŋo⁵³ jin³¹ kjaŋ⁵⁵ lɔ⁵⁵ su³³ a³³ŋət⁵⁵, ləŋ⁵³ tʃhuan³³ lɔ⁵⁵ su³³ təʔ³¹ŋuːt⁵⁵。
 我　盈江　去　者　不是　　陇川　去　者　而是
我不是去盈江，而是去陇川。

也有不用关联词的。例如：

khə⁵⁵ ŋjei⁵⁵ ŋo⁵³ jɛː³³, nap³¹ jɔ⁵³ ŋjei⁵⁵ naŋ⁵³ ji³³ aʔ³¹!
 今天　　我　去　明天　　你　去（语助）
今天我去，明天你去!

2. 承接关系

各分句依次叙述连续发生的几个动作或一件事情。分句间的先后次序是固定的，不能颠倒。常用的关联词语是 lɔ³³ "之后"。例如：

ŋjaŋ³³ sɔː⁵⁵ jɛː³³　lə³³ ŋja³³ phi⁵⁵　le⁵⁵　ji³³ tu³³.
 他　走　过去　之后他　奶奶（宾助）过去　扶
他走过去扶起了奶奶。

ŋjaŋ³³ pən³³ tin³³ juː⁵³ lə³³ leːi⁵⁵.　　　他拿了笔写。
 他　笔　拿　后　写

a³³ pho⁵³ wɔm³³ khuː⁵⁵ lə³³ vu³³ jɛː³³ lə³³ tsɔ³³ po⁵⁵　mo³³　lɔ⁵⁵ tɔː⁵⁵.
 爸爸　饭　舀　后　端　去　后　桌子（方所助）去　摆放
爸爸舀了饭，端过去，放在饭桌上。

naŋ⁵³ ta⁵³ tsɔp³¹ nɔː³³ kat⁵⁵ lɔ³³ tum⁵³ lo⁵⁵ aʔ³¹!
　你　一　下　休息（助动）后　又　去（语助）
你休息一下再走！

ŋjaŋ³³ mjiːt³¹ ju⁵⁵ lɔ³³ tum⁵³ leːi⁵⁵.
　他　想　过　后　又　写
他思考了一会儿，然后又接着写。

ta⁵³ tsɔp³¹ tɔː⁵⁵ nɔː³³ kat⁵⁵ lɔ³³ tum⁵³ tei⁵³ aʔ³¹!
　一　下　摆放 停（助动）后　又　说（语助）
先停一下，然后又说！

jei³³ ʃək⁵⁵ paːn⁵³ ʃuːk⁵⁵ lɔ³³ wɔm³³ tum⁵³ tso³³ ʃaŋ⁵³!
　酒　先　全　喝　后　饭　又　吃（语助）
先喝完酒然后又吃饭！

ŋjaŋ³³ khɔm⁵⁵ tuːn³³ phaːŋ⁵³ lɔ³³ tsɔ⁵⁵ tsɔ⁵⁵ lɛ⁵³ sɔ.⁵⁵ vaːŋ⁵³ jɛː³³.
　他　们　推　开　后　慢　慢　地　走　进　去
他推开门，慢慢走了进去。

ŋjaŋ³³ mǎ³³ khɔn⁵⁵ paːn⁵³ khuːn⁵⁵ lɔ³³ mǎ³³ khɔn⁵⁵ tum⁵³ kɔː⁵⁵.
　他　歌　全　唱　后　舞　又　跳
他唱完歌后又跳舞。

wɔm³³ ʃək⁵⁵ paːn⁵³ tsɔː³³ lɔ³³ tum⁵³ lo⁵⁵ aʔ³¹!
　饭　先　全　吃　后　又　去（语助）
（你）吃完饭再走！

ŋjaŋ³³ mo⁵⁵ paːn⁵³ tsɿ.³³ lɔ³³ wɔm³³ sɔm⁵⁵ khuʔ⁵⁵ tsɔ.³³
　他　事　全　做　后　饭　三　碗　吃
他干完活（回家）吃了三碗饭。

3. 递进关系

分句的意思一句比一句深入。常用的关联词语有 tum⁵³……tum⁵³……"又……又……"（"不仅……而且……"）、tʃei⁵³……tʃei⁵³……"越……越……"等。例如：

maŋ⁵⁵ muŋ⁵³ xjɛ³³ tʃuŋ³³ tum⁵³ kji³³ tum⁵³ ŋaːm⁵⁵.
　芒果　　这　种　又　大　又　好吃
这种芒果不仅大，而且很好吃。

nuk³¹ pjɛn⁵⁵ xjɛ³³ tum⁵³ pjɛn⁵⁵ tum⁵³ ʃəŋ³³.
扁豆　　这　又　扁　又　长
这扁豆又扁又长。

ŋa⁵⁵ noʔ³¹ nək⁵⁵ tum⁵³ kjəŋ³³ tum⁵³ juŋ⁵⁵.
我　妹妹　心　又　聪明　又　漂亮
我妹妹又聪明又漂亮。

ŋjaŋ³³ tum⁵³ juŋ⁵⁵ tum⁵³ jiʔ⁵⁵ mjɛt³¹ kɛː⁵³.
她　不仅　好看　而且　心思　好
她不仅漂亮，而且心也好。

ŋo⁵³ tʃei⁵³ tsuŋ³³ tʃei⁵³ mjɛŋ³³.　　我越坐越累。
我　越　坐　越　累

naŋ⁵³ nɛː³³ taː⁵⁵ tshɔn⁵⁵ tʃei⁵³ tso³³ tʃei⁵³ ŋam⁵⁵.
你　炒的　菜　越　吃　越　好吃
你炒的菜（让人）越吃越好吃。

ŋo⁵³ tʃei⁵³ mjit³¹ tʃei⁵³ mɛ³³.
我　越　想　越　气愤
我越想越觉得生气。

ŋjaŋ³³ tʃei⁵³ tei̯⁵³ ŋo⁵³ tʃei⁵³ a³³ kjo³³ khjaŋ³³.
他　越　说　我　越　不听　清
他越解释我越糊涂。

4. 解说关系
前面的分句总说，后面的分句分说。例如：

ŋo⁵³ khə⁵⁵ ŋjei⁵⁵ mo⁵⁵ək⁵⁵ ləm³³ pɔː⁵³, taː⁵³ ləm³³ ke³³ khai⁵⁵ xui³³,
我　今天　事　两件　有　一件（话助）开　会
taː⁵³ ləm³³ ke³³ tʃuaŋ³³ jɛ³³.
一 件（话助）学校　去
我今天有两件事，一件是开会，一件是学校。

ŋjan³³ nuŋ⁵⁵ jəm³³ pju⁵³ tʃaʔ³¹ mjɔː³³, mo⁵⁵ tsɿ³³ tse⁵³ tsou³³ kuːt⁵⁵
他们　　　家　人　很　多　事做的　官　当

tse^{53}.
的

他们家人很多,有干劳动的,有当官的。

pju^{53} ɣɛʔ^{55} pju^{53} a^{33} ta^{53} tsuŋ^{33}, ta^{53}jam^{55}kɛ^{33} kɛ:^{53}, ta^{53}jam^{55}
 人 和 人 不一 样 一部分(话助) 好 一部分

a^{33}ke^{53}.
不好

人和人是不一样的,有的人好,有的人坏。

ŋo^{53} a^{33} nɔ^{31} ək^{53} juʔ^{31} jɔ:^{55}, ta^{53} ju^{31} tshu:^{33}, ta^{53} juʔ^{31} kji:^{55}.
 我 妹妹 两个 有 一个 胖 一个 瘦

我有两个妹妹,一个胖,一个瘦。

5. 选择关系

两个或两个以上的分句分别叙述几件事情,从中任选其一。

(1) 已定选择

常用的关联词语有 a^{53}ma^{55}tu^{33}······tʃaŋ^{55}······ "与其······的话不如······"、ŋət^{55}lou^{53} "即使" 等。表先取后舍的如:

ŋo^{53} jəm^{33} səŋ^{33} wɔm^{33} a^{33} mjaŋ^{53} tso^{33} ŋət^{55}lou^{53} a^{33} nɔʔ^{31} le^{55}
 我 自己 饭 不见 吃 即使 妹妹 (宾助)

a^{33} mɔt^{33} na:ŋ^{33}.
不饿 让

我宁可自己没饭吃,也不让妹妹饿着。

表先舍后取的如:

la^{53} mə^{53} ʃ^{55} tso^{33} a^{53}ma^{55} tu^{33} ŋɔʔ^{55}mjuk^{55} tʃaŋ^{55} tsɔ:^{33} le^{55} kɛ:^{53}.
石榴吃 吃 与其 芭蕉 的话 吃(宾助) 好

与其吃石榴,不如吃芭蕉。

naŋ^{53} khun^{55} min^{31} a^{53}ma^{55} tu^{33} pə^{31}kjin^{55} tʃaŋ^{55} lɔ^{55}le^{55} kɛ:^{53}.
你 昆明 与其 北京 的话去(宾助) 好

你与其去昆明,不如去北京。

(2) 未定选择

常用的关联词语有 a^{33}ŋət^{55} tʃaŋ^{55}······ "不是的话······(就是)······"("要么······要么")等。例如:

a³³ŋɔt⁵⁵ tʃaŋ⁵⁵ xjɛ³³ lɔm³³, a³³ŋɔt⁵⁵ tʃaŋ⁵⁵ thə³³ lɔm³³, khã³³ lɔm³³ ŋɔt⁵⁵
　不是　的话　这　个　　不是　的话　那　个　　哪个　　　是
lou⁵³ kɛ:⁵³.
都　好

要么这个，要么那个，哪个都行。(水果)

a³³ŋɔt⁵⁵ tʃaŋ⁵⁵ naŋ⁵³ji³³tei⁵³, a³³ŋɔt⁵⁵ tʃaŋ⁵⁵ ŋo⁵³ji³³tei⁵³.
　不是　的话　你　去　说　　不是　的话　我　去　说

要么你去说，要么我去说。

naŋ⁵³a³³ŋɔt⁵⁵ tʃaŋ⁵⁵ tʃuaŋ³³ tɔʔ³¹, a³³ŋɔt⁵⁵ tʃaŋ⁵⁵ jɔm³³　mo³³　mo⁵⁵
你　不是　的话　学校　上　　不是　的话　家（方所助）事
tsɿ³³.
做

你要么念书，要么在家干活。

a³³ŋɔt⁵⁵ tʃaŋ⁵⁵ naŋ⁵³, a³³ŋɔt⁵⁵ tʃaŋ⁵⁵ ŋjaŋ³³, khã³³juʔ³¹ji³³ ŋɔt⁵⁵ lou⁵³
　不是　的话　你　　不是　的话　他　　哪个　去　是　都
kɛ:⁵³.
好

要么你，要么他，谁去都好。

ŋjaŋ³³sə³³ʒa³³a³³ŋɔt⁵⁵ tʃaŋ⁵⁵ tʃhei⁵⁵sə³³ʒa³³.
　他　老师　不是　的话　医生

他不是老师就是学生。

(二) 偏正复句

偏正复句中各分句之间的关系有主次之分。其中被修饰、限制的分句是正句，修饰、限制的分句是偏句。偏正复句还可从意义关系和语法特点上再分为以下六类。

1. 转折关系

偏句叙述一个事实，正句说出一个相反或相对的事实。

(1) 重转句

转折语气较重。常用的关联词语有：kɔm⁵³……xau⁵⁵tse⁵³……
"虽然(倒是)……但是……"等。例如：

a³³phou⁵⁵maŋ³³kɔm⁵³ma:ŋ³³pjɛ³³, xau⁵⁵tse⁵³kuŋ⁵³tu³³tʃaʔ³¹kɛ:⁵³.
爷爷　老　倒是　老　了　　但是　身体　很　好

爷爷虽然老了，但身体很好。

ŋa⁵⁵ ta⁵⁵ tse⁵³ kɔm⁵³ a³³ ŋɔt⁵⁵, xau⁵⁵ tse⁵³ naŋ⁵³le⁵⁵ tʃei⁵⁵pje³³.
　我的　的　倒是　不是　　但是　你（宾助）给了
虽然不是我的，但是我可以给你。

khuʔ⁵⁵ xjɛ³³ lɔm³³ ŋe⁵³ kɔm⁵³ ŋɛː⁵³ xau⁵⁵ tse⁵³ tʃaʔ³¹ juːŋ⁵⁵.
　碗　这个　小　倒是　小　但是　　很　好看
这个碗虽然很小但很好看。

ŋjaŋ³³ a³³ sak⁵⁵ kɔm⁵³ ŋɛː⁵³, xau⁵⁵ tse⁵³ tʃaʔ³¹ kjiːt⁵⁵.
　他　年纪　倒是　小　但是　　很　勤快
他年纪虽小，却很勤快。

(2) 轻转句

转折语气较轻。用话题句形式，无需用关联词。例如：

ŋjaŋ³³ tso³³ ke³³ naːu⁵³ tse⁵³ a³³ wɔm⁵⁵ tso³³.
　他　吃（话助）想　的　不　敢　吃
他想吃又不敢吃。

ŋjaŋ³³ tei⁵³ naːu⁵³ tse⁵³ a³³ wɔm⁵⁵ tei⁵³.
　他　说　想　的　不　敢　说
他想说又不敢说。

2. 假设关系

(1) 一致假设复句

常用的关联词语有 tʃaŋ⁵⁵ "……的话"、tsa³³……tʃaŋ⁵⁵…… "如果……的话就……" 等。例如：

naŋ⁵³ a³³ tso³³ tʃaŋ⁵⁵ ŋo⁵³ ɣɛʔ⁵⁵ a³³ tso³³ lo⁵³.
　你　不　吃　的话　我　也　不　吃　了
你不吃的话，我就不吃。

naŋ⁵³ tʃuaŋ³³ a³³ kam³³ tɔʔ³¹ tʃaŋ⁵⁵ ke³³ jɔm³³　mo³³　mo⁵⁵ tʃaŋ⁵⁵
　你　学校　不愿　上　的话（话助）家（方所助）事　的话
tsl̩ː⁵⁵ aʔ³¹!
做（语助）
你不想上学的话就在家里劳动!

naŋ⁵³ ji³³ nou⁵³ tʃaŋ⁵⁵ ke³³ ji³³ aʔ³¹!　你想去的话你就去!
　你　去　想　的话（话助）去（语助）

naŋ⁵³ a³³ mo⁵⁵ po⁵³ tʃaŋ⁵⁵ ŋo⁵³　le⁵⁵ jɔm³³　mo³³　lɛ⁵⁵ ʃo³³　aʔ³¹!
　你　事　有　的话　我（宾助）家（方所助）来　找（语助）
你有事的话就来我家找我。

ŋo⁵³ a³³ tɕi⁵³ tʃaŋ⁵⁵ ji⁵⁵ mjɛʔ³¹ a³³ ŋun⁵³.　　我不说的话心里就不痛快。
　我　不说　的话　心思　不　舒畅

naŋ⁵³ tsa³³ a³³ kə³³ ʒum⁵⁵ tʃaŋ⁵⁵ mo⁵⁵ xjɛ³³ aʔ³³ paːn⁵³ tsɿ³³ lo⁵³.
　你　如果不帮　的话事　这　不　完　做　了
如果你不帮忙的话，工作就做不完了。

(2) 让步假设复句

表示让步关系，连接两个分句，放在前一个表示让步的分句后面，引出后一个表示正意的分句。常用的关联词语有 təʔ³¹……（ŋɔt⁵⁵）lou⁵³……ɣɛʔ⁵⁵"即使……也……"、ŋɔt⁵⁵ lou⁵³……a⁵³"即使……也……"等。例如：

naŋ⁵³ təʔ³¹ ji³³ (ŋɔt⁵⁵) lou⁵³ lɛ⁵³ tʃuŋ³³ a³³ po⁵³.
　你　即使去　即使　　意思　没有
即使你去了也没用。

mou³³ təʔ³¹ wo⁵³ (ŋɔt⁵⁵) lou⁵³ ŋjaŋ³³ ɣɛʔ⁵⁵ taːt³¹ lɛ⁵³.
　天　即使不　即使　　　他　也　会　来
即使下雨，他也会来。

naŋ⁵³ ŋə⁵³ təʔ³¹ pjeːi³³ (ŋɔt⁵⁵) lou⁵³ ŋo⁵³ ɣɛʔ⁵⁵ a³³ uŋ⁵⁵.
　你　钱　即使给　即使　　我　也　不卖
即使你给钱我也不卖。

ŋjaŋ³³ a³³ tɕi⁵³ təʔ³¹ (ŋɔt⁵⁵) lou⁵³ ŋo⁵³ ɣɛʔ⁵⁵ sɛː⁵³.
　他　不说即使　　　我　也　明白
即使他不说我也明白。

xjɛ³³ tʃuŋ³³ no⁵³ a³³ jaʔ⁵³ təʔ³¹ (ŋɔt⁵⁵) lou⁵³ taːt³¹ kɛː⁵³ lɔː⁵⁵.
　这　种　病　不治即使　　　会　好　去
这种病即使不治也会好。

khã³³ jiː⁵³ jaːu⁵³ ta⁵⁵ mo⁵⁵ təʔ³¹ (ŋɔt⁵⁵) lou⁵³ ŋo⁵³ kɛː⁵³ tsɿ³³ pjam⁵³.
　多么大　困难　的　事　即使　　　我　好　做　完掉
即使再大的困难我也要做完。

naŋ⁵³ tʃhə³³ tʃuŋ⁵⁵ tə³¹ tei⁵³ (ŋɔt⁵⁵) lou⁵³ tʃhə³³ a³³ tɔt³¹.
你 什么　　　即使 说　即使　　 什么　没成
即使你说什么也没用。

naŋ⁵³ xaŋ⁵⁵　le⁵⁵ tə³¹ ʃo³³ (ŋɔt⁵⁵) lou⁵³ tʃhə³³ a³³ tɔt³¹.
你 谁（宾助）即使 找　即使　　什么　没成
你找谁也没有用。

mou³³ wo⁵³ ŋɔt⁵⁵ lou⁵³, ŋo⁵³ (e⁵³) lɛ⁵⁵ lo⁵³ a⁵³.
天 下 即使　　 我（助）过来 也
即使下雨，我也要来。

ŋa:m⁵⁵ ŋɔt⁵⁵ lou⁵³, ŋo⁵³ lɛ⁵⁵ lo⁵³ a⁵³.　 即使冷，我也要来。
冷 即使　　我 过来 也

3. 条件关系

偏句提出条件，正句提出由那个条件而产生的情况。条件可以是假设的，也可以是已成事实的。

（1）一般条件句

常用的关联词语有 tʃaŋ⁵⁵ "…的话就…"、…… tʃaŋ⁵⁵（tsa³³）……/tsa³³……tʃaŋ⁵⁵…… "只要……的话就……" 等。例如：

mou³³ wo⁵³ tʃaŋ⁵⁵ ke³³ ŋjāŋ³³ naŋ⁵⁵ mjɛn⁵⁵ li⁵³ mo⁵⁵ a³³ tsʅ³³ lo⁵³.
天 下 的话（话助）他们　 晚上　事 不做 了
要是下雨，他们晚上就不做事了。

a³³ thəŋ⁵⁵ ʃou⁵⁵ tʃaŋ⁵⁵ a³³ se⁵³.　　　不打就不相识。
不 碰　会合 的话 不知道

ŋjaŋ³³ taŋ³³ tei⁵³ tʃaŋ⁵⁵ （tsa³³）mjɔ³¹ ta:t³¹ ne.⁵³.
他 话 说 的话 仅，只 脸　会 红
他一说话就会脸红。

ŋjaŋ³³ nək⁵⁵ kjo³³ thui³³ kjo³³ tʃaŋ⁵⁵ (tsa³³) lɔŋ⁵³ ŋa:u⁵³.
他 骂　 声音 听 的话 只 曾经 哭
他一听到骂声就哭。

mou³³ tsa³³ pha:ŋ⁵⁵ tʃaŋ⁵⁵ ŋo⁵³ nuŋ⁵⁵ pɔm⁵³ tɔ³¹ ʃaŋ⁵³!
天 只要 晴 的话 我们　山 上（语助）
只要天晴，我们就上山！

ŋɔ⁵³ tsa³³ jɔː⁵⁵ tʃaŋ⁵⁵ naŋ⁵³ le⁵⁵ tshap⁵⁵(m)aʔ³¹!
 钱 只要 有 的话你（宾助） 还 （语助）
只要有钱就还给你！

（2）无条件句

常用的关联词语有……ŋɔt⁵⁵lou⁵³……（ɣɛʔ⁵⁵）"无论……（也都）……"等。例如：

xaŋ⁵⁵tei⁵³ŋɔt⁵⁵lou⁵³ŋo⁵³kjɔ.³³.   无论谁说我都听。
 谁 说 无论 我 听

xaŋ⁵⁵su³³jaːu³³tu³³ŋɔt⁵⁵lou⁵³ŋjaŋ³³ɣɛʔ⁵⁵taːt³¹kə³³ʒum⁵⁵.
 谁 难 着 无论 他 也都 会 帮忙
无论谁遇到困难，他都会帮忙。

也可以只用连词 ɣɛʔ⁵⁵ "也"。例如：

xaŋ⁵⁵taːi⁵³ tse⁵³ɣɛʔ⁵⁵ŋo⁵³kjɔ.³³.   无论谁说我都听。
 谁 说 的 也 我 听

ŋo⁵³nuŋ⁵⁵khã³³su⁵⁵taːi⁵³ le⁵⁵ɣɛʔ⁵⁵ŋjaŋ³³a³³kjo³³.
 我们 怎么 说（宾助）也 他 不 听
无论我们怎么说，他也不听。

4. 因果关系

偏句表示原因，正句表示结果。通常是表示原因的分句在前，表示结果的分句在后。有时也可把表示原因的分句后置。因果复句还可再分为以下几类：

（1）说明因果句

常用的关联词语有 mə³³tʃɔ³³ xa³³su⁵⁵mo³³……/ŋ⁵³ke³³ xa³³su⁵⁵mo³³……"因为……所以……"，这个关联词作用相同，可以互换使用。例如：

ŋo⁵³a³³jo⁵⁵mə³³tʃɔ³³xa³³su⁵⁵mo³³tʃuaŋ³³a³³jo⁵⁵tɔʔ³¹lo⁵⁵.
 钱 没有 因为 所以 学校 没有 上 去
因为没有钱，所以就上不了学。

ŋjaŋ³³wɔm³³tsɔ.³³kji³³pjɛ³³ŋ³³ke³³xa³³su⁵⁵mo³³mo⁵⁵tsl̩.³³ji³³pjɛ³³.
 他 饭 吃 饱 了 因为 所以 事 做 去 了
因为他吃饱饭了所以就去干活了。

ŋə⁵³ a³³ ju⁵⁵ ŋ⁵³ ke³³ xa³³ su⁵⁵ mo³³ tʃuaŋ³³ a³³ ju⁵⁵ tɔʔ³¹ lo⁵⁵.
　钱　没有　因为　所以　　学校　没有　上　去
因为没有钱，所以就上不了学。

ŋjaŋ³³ a³³ ji³³ nou⁵³ mə³³ tʃɔ³³ xa³³ su⁵⁵ mo³³ ku⁵⁵ ju²³¹ li⁵⁵ ji³³ naːŋ³³
　他　不去　想　因为　所以　　　别人　去去　让
因为他不想去，所以我只能叫别人去。

在语用中 xa³³ su⁵⁵ mo⁵³ 常可以省略不用。例如：

naŋ⁵³ mə³³ tʃɔ³³ ŋɔ⁵³ mjaŋ⁵³ nək⁵⁵ jɔ³³.
　你　因为　我　挨骂　　了
由于你的原因，我挨骂了。

ŋjaŋ³³ nɔː⁵³ ŋ⁵³ ke³³ a³³ li⁵⁵ lo⁵³.　　他因为生病所以没有来。
　他　病　因为　不来了

mou³³ wo⁵³ ŋ⁵³ ke³³ (xa³³ su⁵⁵ mo³³) ta⁵³ tʃik⁵⁵ ŋaːm⁵⁵
　天　下　因为　所以　　　一点　冷
因为下雨所以有点冷。

tshɔn⁵⁵ (n)a³³ ju⁵⁵ ŋ⁵³ ke³³ (xa³³ su⁵⁵ mo³³) wɔm³³ a³³ tso³³ nou⁵³.
　菜　没有　因为　所以　　　饭　不吃　想
因为没有菜所以不想吃饭。

(2) 推论因果句

用关联词……tʃaŋ⁵⁵ xa³³ su⁵⁵ tʃaŋ⁵⁵……"……的话那么就……"
表示推论因果关系。例如：

ŋjaŋ³³ a³³ kam³³ ji³³ tʃaŋ⁵⁵ xa³³ su⁵⁵ tʃaŋ⁵⁵ ŋjaŋ³³ le⁵⁵ khaʔ⁵⁵ ji³³ naːŋ³³.
　他　不愿意　去　的话　那么　　他(宾助)别　去　让
他不愿意去的话，那么你就别让他去了。

5. 目的关系

常用的关联词语有 ka³³ ŋ⁵³/a⁵³ ka³³ ŋ⁵³/a⁵³ ka³³ ma⁵⁵ tu³³/ma⁵⁵ tu³³
ŋ³³/a⁵³ ma⁵⁵ tu³³ ka⁵³ "为了……"。例如：

ŋə⁵³ le³³ ka³³ ŋ⁵³ ŋjaŋ³³ mo⁵⁵ ta⁵³ ku⁵⁵ tsɿ.³³.
　钱(宾助)为了　他　事　努力　做
为了钱，他努力干活。

ŋjaŋ³³ no⁵³ ju.⁵⁵ a⁵³ ka³³ ŋ⁵³ kjɔ³¹ mo⁵⁵ tsəŋ⁵³ ɔːŋ⁵⁵ pjam⁵³.
　他　病　看　为了　　鸡　大　母　卖　掉

为了看病，他把老母鸡卖了。

ŋjaŋ³³ mji⁵³ ju:⁵³ a⁵³ ka³³ ŋ⁵³ xa³³ su⁵⁵ mo³³ ŋə⁵³ ʃɔ:³³.
　他　老婆　娶　为了　　　所以　　钱　找
他为了娶老婆，所以挣钱。

ŋə⁵³ ʃɔ:³³ tse³³ ke³³　mji⁵³ ju:⁵³ a⁵³ ka³³ ma⁵⁵ tu³³.
　钱　找　的（话助）老婆　娶　为了
他找钱是为了娶老婆。

lɛ⁵⁵ ma⁵⁵ tu³³ ŋ³³ ŋo⁵³ pei⁵³ pei⁵³ mo⁵⁵ tsl̩³³.
　你　为了　　我　天天　事　做
为了你，我天天劳动。

kuŋ⁵³ tu³³ kɛ:⁵³ a⁵³ ma⁵⁵ tu³³ ka⁵³ ŋjaŋ³³ pei⁵³ pei⁵³ mõ⁵³ mou⁵⁵ ʃu:k⁵⁵.
　身体　　好　为了　　　　他　天　天　牛奶　　喝
为了身体健康，他每天都喝牛奶。

6.连锁关系

常用关联词 tʃaŋ⁵⁵ "的话"来连接前后两个分句。例如：

tʃh ə³³ tʃuŋ³³ mjaŋ⁵³ tʃaŋ⁵⁵ tʃh ə³³ tʃuŋ³³ tso³³.
　什么　　看见　的话　什么　　　吃
看见什么就吃什么。

khã³³ mjo⁵³ tso³³ nou⁵³ tʃaŋ⁵⁵ khã⁵³ mjo⁵³ tso³³.
　多少　　吃　想　的话　多少　　　吃
想吃多少，就吃多少。

第三节　句子的语气

根据表达的语气，勒期语的句子可分为陈述句、疑问句、祈使句和感叹句等四类。分述如下：

一、陈述句

陈述句表示客观事物或现象的出现、存在或变化，或说话者陈述自己所知、所想等。

（一）肯定形式陈述句。例如：

paŋ³³ po⁵⁵ po⁵⁵ pjɛ³³.　　　　　　花开了。
　花　开　了

a³³ pho⁵³ ɣɛʔ⁵⁵ a³³ mji⁵³ lo⁵³ pjɛ³³.　　父亲和母亲来了。
　父亲　和　母亲　来　了

(二) 否定形式陈述句。例如：

ŋo⁵³ a³³ tso³³.　　　　　　　　　我不吃。
　我　不　吃

ŋo⁵³ jəm³³ a³³ lo⁵⁵.　　　　　　　我不回家。
　我　家　不　回

a³³ mji⁵³ pei³³ kjin⁵⁵ a³³ lo⁵⁵ ju⁵⁵.　　妈妈没去过北京。
　妈妈　北　京　没去　过

ŋjäŋ³³ nuŋ⁵⁵ a³³ kam³³ ji³³.　　　　他们不愿意去。
　他们　　不愿意　去

ŋo⁵³ xjɛ³³ su⁵⁵ a³³ kam³³ kɔt⁵⁵.　　我不愿意这么做。
　我　这么　不　愿　做

二、疑问句

(一) 主要有三种形式。

1. 在句末用疑问语气词的疑问句。如：

naŋ⁵³ wɔm³³ tso³³ pjɛ³³ la⁵³?　　　你吃饭了吗？
　你　饭　吃　了 (语助)

naŋ⁵³ ŋjaŋ³³　le⁵⁵　mjaːŋ⁵³ᐟ³¹ pjɛ³³　la⁵³?　你见到他了吗？
　你　他 (宾助)　看见　了 (语助)

ŋjaŋ³³　a³³ li⁵⁵　lɛ³³?　　　　　　他 (难道) 不来吗？
　他　不过来 (语助)

naŋ⁵³ mɔt⁵⁵ pjɛ³³ khai⁵³?　　　　　你饿了吧？ (表揣测)
　你　饿　了 (语助)

2. 在句中用疑问代词的疑问句。例如：

naŋ⁵³ xɛ⁵⁵ tʃuŋ³³ laːŋ⁵⁵?　　　　　你在等什么？
　你　什么　等

naŋ⁵³ tʃhə³³ tʃuŋ³³ ʂɔː³³?　　　　　你在找什么？
　你　什么　找

naŋ⁵³khã³³nam⁵³ɣə⁵³ta⁵⁵jei³³phei⁵⁵?　你什么时候买的酒？
　你　什么时候　买　的　酒

naŋ⁵³khun⁵⁵min³¹khã³³nam⁵³lə:⁵⁵ju⁵⁵?你什么时候去的昆明？
　你　昆明　　什么时候　去　过

a³³khaŋ³³naŋ⁵³ɣɛʔ⁵⁵taŋ³³tʃʅ⁵³su³³xaŋ⁵⁵ŋut⁵⁵?
　刚才　你　和　话互说者　谁　是
刚才与你说话的人是谁？

3. 在句中用疑问代词、在句尾还用语气助词的疑问句。例如：

kɔʔ³¹pho⁵³khã³³mjo⁵³khuan⁵⁵tən³³pjɛ³　la⁵³?
　鸡　公　几　　声　叫　了（语助）
公鸡叫了几声了？

xjɛ³³　ke³³　xa⁵⁵tʃuŋ³³　la⁵³?　　　　这是什么呀？
　这（话助）什么　（话助）

ŋjaŋ³³khã³³nam⁵³ʃɛʔ⁵⁵li⁵⁵a⁵³ka³³?
　他　什么时候　才　来（语助）
他究竟什么时候才来呢？

xa⁵⁵tʃuŋ³³　kɔt⁵⁵　(n)a⁵³ka³³?
　什么　　做　（语助）
（你）究竟要做什么？

（二）从表达的意义上看，疑问句主要有是非问、特指问、选择问、正反问、反意疑问等五种。

1. 是非问

是非问句有两种提问方式。一种是肯定形式的，如：

pji³³　xjɛ³³ke³³　lɛ⁵⁵　ta⁵⁵　　la⁵³?
　衣　这（话助）你的（定助）（语助）
这衣服是你的吗？

pji³³mei⁵³　tsɛ³³:tu³³　pjɛ³³la⁵³?
　衣服　　收拾（助动）了（语助）
衣服收拾好了吗？

naŋ⁵³kuŋ⁵³tu⁵⁵jaŋ⁵⁵tsan³³a³³khai⁵³!
　你　身体　健康　（语助）

你身体好吗?
naŋ⁵³ ji³³ pjɛ³³ khai⁵³?
你　去　了（语助）
你去了吧?
naŋ⁵³ mɔt⁵⁵ pjɛ³³ khai⁵³?
你　饿　了（语助）
你饿了吧?

另一种是否定形式的。勒期语常用这种疑问句来表达是非问。
例如:
ŋjaŋ³³ a³³ ŋjeːi⁵³ la⁵³?
他　不　在（语助）
他在（家）吗?
naŋ⁵³ no⁵³ a³³ kjuk³¹ la⁵³?
你 疼 不 怕（语助）
你怕疼吗?
naŋ⁵³ le⁵⁵ jei³³ phei⁵⁵ a³³ pjei³³ ʃuk⁵⁵ la⁵³?
你（宾助）酒　不给　喝（语助）
你让我喝酒吗?
naŋ⁵³ mo⁵⁵ xjɛ³³ a³³ si̩³ la⁵³?
你　事　这　不知道（问助）
你知道这件事吗?
naŋ⁵³ khun⁵⁵ min³¹ a³³ lo⁵⁵ la⁵³?
你　昆明　　不去（语助）
你去昆明吗?
ŋə⁵³ jɔː⁵⁵ a³³ ʃɿ⁵⁵ la⁵³?
钱 有 没 还（语助）
还有钱吗?
naŋ⁵³ a³³ ke⁵³ ʃɿ⁵⁵ la⁵³?
你　没好　还（语助）
你好了吗?
naŋ⁵³ wəm³³ a³³ mɔt⁵⁵ ʃɿ⁵⁵ la⁵³?
你　饭　不饿　还（语助）
你饿了吗?

pji³³ xjɛ³³ khjap⁵⁵ a³³ tʃhei⁵⁵ juːŋ⁵⁵ ʃʅ⁵⁵ la⁵³?
衣　这　件　没　洗　干净　还（语助）
这件衣服洗干净了吗？

tʃaŋ³³ lau⁵³ sʅ³³ no⁵³ a³³ kɛː⁵³ ʃʅ⁵⁵ la⁵³?
张　老师　病　没好　还（语助）
张老师病好了吗？

naŋ⁵³ a³lɔ⁵⁵ la⁵³?
你　不去（语助）
你是否去？

naŋ⁵³ ȵɔʔ⁵⁵ mjuk⁵⁵ a³³ tso³³ la⁵³?
你　香蕉　　　不吃（语助）
你是否吃香蕉？

naŋ⁵³ ȵjaŋ³³ le⁵⁵ a³³ mjaŋ⁵⁵ ju⁵⁵ la⁵³?
你　他（宾助）没看见 过（语助）
你看见过他没有？

nã⁵³ nuŋ⁵⁵ jɔm³³ kjɔʔ³¹ a³³ ju⁵⁵ kə⁵³ la⁵³?
你们　家　鸡　没有（语助）
（你家）有没有鸡？

naŋ⁵³ tsuŋ⁵⁵ phɔm⁵³ a³³ ȵɔt⁵⁵ la⁵³?
你　宗　崩　不是 （语助）
你是宗崩吗？

xjɛ³³ le⁵⁵ pji³³ mei⁵³ a³³ ȵɔt⁵⁵ la⁵³?
这　你的衣服　不是　（语助）
这是你的衣服吗？

laŋ³³ mju⁵³ a³³ pho⁵³ ȵjei⁵³ paːt³¹ sat⁵⁵ pjɛ³³ a³³ ȵɔt⁵⁵ la⁵³?
蛇　　爸爸（施助）打　杀　了　了 是（语助）
蛇被爸爸打死了吗？

naŋ⁵³ ʃɔː³³ ta⁵⁵ pju⁵³ xjɛ³³ juʔ³¹ a³³ ȵɔt⁵⁵ la⁵³?
你　找　的　人　这　个　不是　（语助）
你要找的（人）是不是这个人？

2. 特指问。例如：

kɔʔ³¹ pho⁵³ khã³³ mjo⁵³ khuan⁵⁵ tɔn³³ pjɛ³³ la⁵³?
鸡　公　几　　声　叫　了（语助）

公鸡叫了几声了？
naŋ⁵³ khã³³ mjo⁵³ tsan⁵³ pje³³?
你 多少 岁 了
你有几岁了？
xjɛ³³ ke³³ xaŋ⁵⁵ tse⁵³?
这（话助）谁的
这是谁的？
nap³¹ jo⁵³ ŋjei⁵⁵ khun⁵⁵ min³¹ xaŋ⁵⁵ lɔː⁵⁵?
明天 昆明 谁 去
明天谁去昆明？
xaŋ⁵⁵ juʔ³¹ ke³³ s ə³³ ʑa³³?
哪个 （话助） 老师
谁是老师？
naŋ⁵³ pəm⁵³ jo⁵³ khã³³ mjo⁵³ mu⁵⁵ jɔː⁵⁵?
你 旱地 几 亩 有
你有几亩地？
naŋ⁵³ ts ə³³ ʃaŋ³³ khã³³ mjo⁵³ juʔ³¹ jɔː⁵⁵?
你 孩子 多少 个 有
你有几个孩子？
lɛ⁵⁵ ŋə⁵³ khã³³ mjo⁵³ tsan⁵⁵ khaːu⁵⁵?
你的钱 多少 刚 偷
你被偷了多少钱？
naŋ⁵³ lɛ⁵⁵ khã³³ mjo⁵³ tam⁵³ tsan⁵⁵ paːt³¹?
你（宾助）儿 下 刚 打
你被打了几下？
naŋ⁵³ khə⁵⁵ ŋjei⁵⁵ xa⁵⁵ tʃuŋ³³ kuːt⁵⁵ tse⁵³?
你 今天 什么 做 的
你今天做什么了？
ŋjaŋ³³ khã³³ mo³³ jɛ³³?
他 哪（方所助）去
你去哪里？
ŋjaŋ³³ khã³³ mɔ⁵³ lɛː⁵⁵?
他 哪（从由助）来

他从哪里来？
naŋ⁵³ tʃhə³³ tʃuŋ³³ la:ŋ⁵⁵ ɲjeːi⁵³?
你　什么　　　等　正在
你在等什么？
tsõ³³ po⁵⁵ khou⁵⁵ mo³³ xa⁵⁵ tʃuŋ³³ pɔː⁵³tɔ³³?
桌子　里面（方所助）什么存　着
桌子里是什么？
naŋ⁵³ ɲjaŋ³³ le⁵⁵ khã³³ su⁵⁵ juːt³¹?
你　他（宾助）怎么　叫
你是怎么称呼他的？
ɲjaŋ³³ khã³³ nam⁵³ ʃɛʔ⁵⁵ li⁵⁵ a⁵³ ka³³?
他　什么时候　才　来（语助）
他究竟什么时候才来呢？
naŋ⁵³ khã³³ nam⁵³ ɣəː⁵³ ta⁵⁵ jei³³ phei⁵⁵?
你　什么时候 买的　　酒
你什么时候买的酒？
naŋ⁵³ khun⁵⁵ min³¹ khã³³ nam⁵³ lɔː⁵⁵ ju⁵⁵?
你　昆明　　什么时候 去 过
你什么时候去的昆明？

3. 选择问。例如：

ŋo⁵³ ji³³ mə⁵⁵ ke³³　naŋ⁵³ ji³³?
我 去 么（话助）你　去
你去还是我去？
naŋ⁵³ wɔm³³ lɔː⁵⁵ tsɔː³³ mə⁵⁵ ke³³　lɔː⁵⁵ juːp⁵⁵ la⁵³?
你　饭　去 吃 么（话助）去 睡觉（语助）
你是去吃饭还是去睡觉？
naŋ⁵³ xa⁵⁵ tʃuŋ³³ ʃuːk³⁵ naːu⁵³ jei³³ phei⁵⁵ mə⁵⁵ ke³³　fuʔ⁵⁵ khjap⁵⁵?
你　什么　　喝　想　酒　　么（话助）茶
你想喝什么？酒还是茶？

4. 正反问

句末语气助词 la⁵³ 可用于构成正反疑问句。一正一反两个分句互为并列关系。正反问句中 la⁵³ 的使用有两种情况：

(1) 只在后一分句末加 la⁵³ 的，肯定式时形容词、动词用长元音，否定式时用短元音。例如：

mjɔːŋ⁵³ a³³ mjuŋ⁵³ la⁵³?
穷　　不穷　（语助）
穷不穷？

ŋuːn⁵⁵ a³³ ŋo̥n⁵⁵ la⁵³?
好听　不好听（语助）
好听不好听？

naŋ⁵³ fuʔ⁵⁵ khjap⁵⁵ ʃuːk⁵⁵ a³³ ʃuk⁵⁵ la⁵³?
你　茶　　　喝　不喝　（语助）
你喝不喝茶？

naŋ⁵³ jɛn⁵⁵ paːʔ⁵⁵ a³³ pḁʔ⁵⁵ la⁵³?
你　烟　抽　　不抽　（语助）
你抽不抽烟？

naŋ⁵³ no⁵³ kjuːk³¹ a³³ kjuk³¹ la⁵³?
你　疼　怕　　不怕　（语助）
你怕疼不怕疼？

ʃo⁵⁵ thə³³ luan⁵⁵ naŋ⁵³ tsoː³³ a³³ tso³³ la⁵³?
肉　那　块　　你　吃　不吃　（语助）
那块肉你吃不吃？

mo⁵⁵ xjɛ³³ lɔm³³ naŋ⁵³ tʃəːŋ⁵⁵ a³³ tʃiŋ⁵⁵ la⁵³?
事　这　件　你　相信　不相信（语助）
这件事你相信不相信？

naŋ⁵³ kaːm³³ a³³ kam³³ jɛː³³ la⁵³?
你　愿意　不愿意　去（语助）
你愿意不愿意去？

naŋ⁵³ khun⁵⁵ min³¹ kaːm³³ a³³ kam³³ lɔː⁵⁵ la⁵³?
你　昆明　　愿　不愿　去　（语助）
你愿意不愿意去昆明？

naŋ⁵³ taʔ⁵⁵ tʃhiŋ⁵³ kaːm³³ a³³ kam³³ jɛː³³ ju⁵⁵ la⁵³?
你　电影　　愿意　不　愿意　去　看（语助）
你愿意不愿意去看电影？

naŋ⁵³ ləːŋ³¹ paːt³¹ nɔː⁵³ a³³ no⁵³ la⁵³?
你　摔跤　　疼　不疼（语助）
你摔跤疼不疼？

ŋo⁵³ suːːt⁵⁵ ta⁵⁵ juːŋ⁵⁵ a³³ juŋ⁵⁵ la⁵³?
我　擦　　的　干净　不干净（语助）
我擦的干不干净？

ŋo⁵³ leːi⁵⁵ mou⁵⁵ sou⁵⁵ juːŋ⁵⁵ a³³ juŋ⁵⁵ la⁵³
我　写　字　　　好看　不好看（语助）
我写得好不好？

pji³³ xjɛ³³ khjap⁵⁵ jɔː⁵⁵ tʃheːi⁵⁵ juːŋ⁵⁵ a³³ jɔ⁵⁵ tʃheːi⁵⁵ juːŋ⁵⁵ la⁵³?
衣　这　件　　能　洗　　干净　不能　洗　　干净（语助）
这件衣服能不能洗干净？

ŋo⁵³ taːi⁵³ ta⁵⁵ tse⁵³ kɛː⁵³ a³³ ke⁵³ la⁵³?
我　说的　　的　对　不对　（语助）
我说的对还是不对呢？

但"×不×"式中也有肯定、否定都用短元音的，这种情况较少。例例如：

naŋ⁵³ ji³³ a³³ ji³³ la⁵³?
你　去　不去（语助）
你去不去？

naŋ⁵³ nap³¹ jɔ⁵³ ŋjei⁵⁵ li⁵⁵ a³³ li⁵⁵ la⁵³?
你　明天　　来不来（语助）
你明天来不来？

（2）各个分句末分别都加 la⁵³。如：

mjɔːŋ⁵³ la⁵³ a³³ mjuŋ⁵³ la⁵³?
穷　（语助）不　穷　（语助）
穷不穷？

naŋ⁵³ fuʔ⁵⁵ khjap⁵⁵ ʃuːk⁵⁵la⁵³ a³³ ʃuk⁵⁵ la⁵³?
你　茶　　　喝（语助）不喝（语助）
你喝不喝茶？

naŋ⁵³ jɛn⁵⁵ paːʔ⁵⁵la⁵³ a³³ paʔ⁵⁵la⁵³?
你　烟　抽（语助）不抽（语助）
你抽不抽烟？

naŋ⁵³　jɛ:³³la⁵³　　a³³ji:³³la⁵³?
你　去（语助）不去（语助）
你去不去？

ʃo⁵⁵tʰə³³luan⁵⁵naŋ⁵³tso:³³　la⁵³　a³³tso³³　la⁵³?
肉　那　块　你　吃（语助）不吃（语助）
那块肉你吃不吃？

mo⁵⁵xjɛ³³lɔm³³naŋ⁵³tʃə:ŋ⁵⁵　la⁵³　a³³tʃiŋ⁵⁵　la⁵³?
事　这件　你　相信（语助）不相信（语助）
这件事你相信不相信？

naŋ⁵³nap³¹jɔ⁵³ŋjei⁵⁵lɛ:⁵⁵la⁵³　　a³³li⁵⁵　la⁵³?
你　明天　　来（语助）不来（语助）
你明天过来不过来？

naŋ⁵³no̠ʔ⁵⁵pjap⁵⁵ta:t³¹sa:i⁵³la⁵³　a³³tat³¹sei⁵³　la⁵³?
你　鸟笼　会　编（语助）不会　编（语助）
你会不会编鸟笼？

naŋ⁵³ji³³　la⁵³　a³³ji³³　la⁵³?
你　去（语助）不去（语助）
你去不去？

jɔm³³mo³³pju⁵³　ŋjei:⁵³la⁵³　a³³ŋjei⁵³　la⁵³?
家（方所助）人在（语助）不在　（语助）
家里有没有人？

ke⁵³la⁵³′³¹　a³³ke⁵³la⁵³′³¹?ŋo⁵³ɣɛʔ⁵⁵a³³se⁵³.
对（语助）不对（语助）我　也　不知道
是对呢，还是错呢，我也不知道。

naŋ⁵³jɔ:⁵⁵mɔ:ʔ⁵⁵se⁵³la⁵³　　a³³jɔ⁵⁵mɔ:ʔ⁵⁵se⁵³la⁵³?
你　能　学　会（语助）不能　学　会（语助）
你能学会不能学会？

naŋ⁵³ke³³　lə³¹tʃhi⁵³　nu⁵⁵　la⁵³　pə⁵⁵lo⁵³　nu⁵⁵　la⁵³?
你（话助）勒期　小（谦称）（语助）波拉　小（谦称）（语助）
你是勒期人呢还是波拉人？

wɔm³³tso³³aʔ³¹　la⁵³　mjɛn³³thiau⁵³tso³³aʔ³¹　la⁵³?
饭　吃（语助）（语助）面条　吃（语助）（语助）
吃饭呢还是吃面条？

naŋ⁵³ ke³³ sə³³ʒa³³ la⁵³ mə⁵⁵ʃ1³³ tʃuaŋ³³nu⁵⁵ la⁵³?
你（话助）老师（语助）么是　学生　　（语助）
你是老师还是学生？

5. 反意疑问
表示说话者反问对方。例如：

naŋ⁵³ a³³lo⁵⁵la⁵³?　　　　　你不去吗？
你　不去（语助）

ŋjaŋ³³ a³³li⁵⁵ lɛ³³?　　　　　他不过来吗？
他　不过来（语助）

ŋjaŋ³³ a³³lo⁵³ lɛ³³?　　　　　他不回来吗？
他　不回来（语助）

ŋjaŋ³³ ke⁵³ pjɛ³³ a³³ŋɔt⁵⁵ lɛ³³?　他难道不是好了吗？
他　好　了　不是　（语助）

ŋjaŋ³³ ŋjeːi⁵³ tɔ³³ a³³ ŋɔt⁵⁵ lɛ³³?
他　在　着　不是（语助）
他难道不是在家吗？（怎么还没来）

三、祈使句
表示祈使、请求、命令、告诫、叮嘱等语气。句末常用语气助词，且语气助词的使用有的受人称或数的制约。（详见第四章第十节）

（一）表示祈使
祈使句的句尾通常须加表示祈使语气的助词。例如：

naŋ⁵³ tso³³ aʔ³¹!　　　　　你吃吧！
你　吃　（语助）

nã⁵³nuŋ⁵⁵ tso³³ kɛʔ⁵⁵!　　　你们吃吧！
你们　吃　（语助）

naŋ⁵³nuŋ⁵⁵ tso³³ kɛʔ⁵⁵ ma⁵³!　请你们吃吧！
你　们　吃　（语助）(语助)

ka⁵⁵mju³³ tso³³ aʔ³¹!　　　（你）多多吃！
多　　吃　（语助）

naŋ⁵³ ŋo⁵³lɛ⁵⁵ mɔː⁵⁵ aʔ³¹!　你教我吧！
你　我（宾助）教　（语助）

naŋ⁵³ lo⁵⁵　aʔ³¹　　sɛ⁵³!　　　　你去吧!
你去 去（语助）(语助)
ŋjaŋ⁵⁵ taŋ³³ ji³³　ʃaŋ⁵³!　　　　我俩去吧!
我　俩　去（语助）
pa:n⁵³ ʃɔʔ⁵⁵ paŋ³³ ʃuk⁵⁵ ʃaŋ⁵³!　大家喝!
大家　　　　喝（语助）

也有不用句末语气助词的。例如:

naŋ⁵³ ji³³!　　　　　　　　　你去!
你去

(二) 表示请求

请求语气的助词，在句末有的用有的不用。例如:

ŋo⁵³　le⁵⁵　kɔt⁵⁵　pa⁵³!　　　让我做吧!
我（宾助）做（语助）
ŋo⁵³ nuŋ⁵⁵　le⁵⁵　kɔt⁵⁵　pa⁵³!　让我们做吧!
我们　　（宾助）做（语助）
ŋə⁵³ ək⁵⁵ khuɛ⁵⁵ pjam⁵³ pjei³³ aʔ³¹!　请暂给我两块钱吧!
钱 两 块　暂且 给（语助）
ŋa⁵⁵　ŋə⁵³ pjam⁵³ tshap⁵⁵ (m)aʔ³¹!　请还我钱吧!
我的 钱　暂且　还　　（语助）
ŋap⁵⁵ thə³³ khat⁵⁵ jy:m⁵⁵　kat⁵⁵　aʔ³¹!　请(你)把那根针递给我!
针　那　根　　递（助动）(语助)
khaʔ⁵⁵ ta:i⁵³ ŋje:i⁵³ lo⁵³!　　　不要说了!
不要 说　在　了
khaʔ⁵⁵ lu:³³ ŋje:i⁵³ lo⁵³!　　　不要闹了!
不要 玩　在　了

(三) 表示命令

这类句子的主语都是第二人称代词，一般在句尾用表示祈使语气的助词。例如:

phaŋ⁵⁵ aʔ³¹! ~ xə⁵⁵ aʔ³¹!　　　让开!
逃跑（语助）　挪（语助）
naŋ⁵³ tɔʔ³¹ jap³¹ (m)aʔ³¹!　　　你站起来!
你 起 站（语助）
mja:p³¹ ji³³　aʔ³¹!　　　　　　(你)快去!
快　去（语助）

kat⁵⁵(n)aʔ³¹!　　　　　　　装吧！（放进去吧！）
装　（语助）

taː⁵³tsɔp³¹laːŋ³¹ kaːt⁵⁵(n)aʔ³¹!　等一会儿！
一　下　等　（助动）（语助）

juː⁵³li⁵⁵ aʔ³¹!　　　　　　　（你）拿来！
拿　来（语助）

juː⁵³lo⁵⁵ aʔ³¹!　　　　　　　（你）拿去！
拿　去（语助）

vuːʔ³¹li⁵⁵ aʔ³¹!　　　　　　（你）抬过来！
抬　过来（语助）

kjɔː⁵⁵li⁵⁵ aʔ³¹!　　　　　　（你）下来！
下　来 吧

ta̠ːu⁵⁵lɔː⁵⁵ aʔ³¹!　　　　　　（你）回去！
回　去 吧

thuːʔ⁵⁵lo⁵⁵ aʔ³¹!　　　　　　出去！
出　去（语助）

naŋ⁵³jiː³³ aʔ³¹!　　　　　　你去！
你　去（语助）

xəː⁵⁵ aʔ³¹!　　　　　　　　　（请你）让开！（命令）
挪　（语助）

ŋap⁵⁵thə³³khat⁵⁵jyːn⁵⁵kat⁵⁵　　aʔ³¹!
针　那　根　递　（助动）（语助）
请（你）把那根针递给我！

khaʔ⁵⁵tʃɔp³¹ kuʔ⁵⁵!　　　　　别出声！
别　乱作声（语助）

有时也可不加语气助词。例如：

jɛn⁵⁵khaʔ⁵⁵pa̠ʔ⁵⁵!　　　　　　不要抽烟！
烟　不要　抽

ta̠ːu⁵⁵lo⁵³!　　　　　　　　　回来！
回　来

（四）表示告诫

这类句子主语是第二人称代词，并且常常省略。例如：

wɔm³³ʃəu⁵⁵ʃəu⁵⁵tso³³ aʔ³¹!　~ wɔm³³ʃau⁵⁵tso³³ aʔ³¹!
饭　少　少　吃（语助）　饭　少　吃（语助）

少吃点饭啊！

（五）表示叮嘱。例如：

ta⁵³ku⁵⁵tʃʅ:³³tu³³ aʔ³¹!　　　　好好拿着！
好好　拿　着（语助）

kha⁵⁵tɔː⁵⁵mjeːi⁵³! ~ a³³ke⁵³tɔː⁵⁵mjeːi⁵³!
别　　忘记　　不能　忘记
别忘记哦！

四、感叹句

抒发惊讶、喜爱、厌恶、愤怒、惧怕等强烈感情的句子。句首常用表示各种强烈感情的叹词。句末常用"啊、啦"等语气助词。例如：

（一）表示惊讶、感叹或惊惧。例如：

a⁵⁵ka³³ka³³! mjɔː³³tək³¹pjɛ³³!　　　啊！多极了！
啊　　　　多　极　了

xjɛ³³ː⁵³kjiː³³ta⁵⁵ʃʅ⁵⁵saŋ⁵⁵!　　　这么大的梨！
这么　大　的　梨

xjɛ³³ː⁵³ŋɛː⁵³ta⁵⁵nuk³¹!　　　　这么小的豆！
这么　小　的　豆

khjo³³xjɛ³³khat⁵⁵tʃaʔ³¹ʃəːŋ³³!　这条路真长啊！
路　这　条　很　长

a³³ka⁵⁵! laŋ³³mju⁵³ta⁵³tu³³laːi³¹lo⁵⁵pjɛ³³!
啊　蛇　　一条　过去　了
啊！一条蛇过去了！

（二）表示赞叹、赞赏的。例如：

pan³³xjɛ³³po⁵⁵juː³³tək³¹pjɛ³³!　　这朵花真漂亮！
花　这　朵　漂亮极　了

naŋ⁵³tʃaʔ³¹kɛː⁵³! ~ naŋ⁵³kɛː⁵³tək³¹pjɛ³³!你真好！
你　很　好　　你　好极了

ʃam³³xjɛ³³khjam⁵⁵tʃaʔ³¹tʃhʅ³³ŋuːn⁵⁵!　这把刀真好用！
刀　这　把　很　使用　舒服

第四节 几种特殊句型

一、话题句

勒期语是话题凸显的语言，所以在句子的使用中常常出现话题句。

(一) 话题句的形式分类

话题结构可以用话题助词来标记，也可以用语法位置来表示。由此，可从形式上将话题分为有标记性话题和无标记性话题两类。有标记话题句的话题标志是在话题成分后加话题助词 ke³³。例如：

ʃɿ⁵⁵xɔm⁵⁵　ke³³　ŋo⁵³a³³tso³³naːu⁵³. 桃子我不喜欢吃。
桃子　（话助）我　不吃　想

kji³³ke³³　kji·³³tsa³³a³³juŋ⁵⁵. 　　大倒是大，就是不好看。
大（话助）大　但　不好看

无标记话题句则是把话题性成分置于句首，其后直接跟述题性成分。

lai³³ta⁵⁵ŋo⁵³a³³wo³³. 　　　　　　重的我不要。
重的　我　不要

mou⁵³sou⁵⁵xjɛ³³puk³¹ŋo⁵³ju⁵⁵pjɛ³³, ju·⁵⁵tsɛ⁵³ta⁵³tam⁵³tsa³³a³³ŋɔt⁵⁵.
书　　这　本　我看了　　看的　一次　只　不是
这本书我看过了，而且看了不只一次。

ŋɔ·⁵⁵mjuk⁵⁵ŋo⁵³nuŋ⁵⁵　ŋjei⁵³　khou⁵⁵tso³³pjam⁵³pjɛ³³.
芭蕉　　　我们　（施助）偷　吃　掉　了
芭蕉被我们偷吃掉了。

ʃo⁵⁵thə³³luan⁵⁵naŋ⁵³tsɔ·³³　la⁵³　a³³tso⁵³　la⁵³?
肉　那　块　你　吃　（语助）不吃（语助）
那块肉你吃不吃？

mo⁵⁵xjɛ³³lɔm³³naŋ⁵³　tʃəːŋ⁵²laˀˀ　a³³tʃɿŋ⁵⁵la⁵³?
事　这　件　你　相信（语助）不相信（语助）
这件事你相信不相信？

(二) 话题不同于主语

话题成分是一个语用概念,它不同于主语。主语是句法层面的概念范畴,且主语不一定都是话题。只有话题是主语时二者才重合。话题居于句首,述题在后,位置固定。而作为句法成分的主语则不一定出现在句首。话题本身具有较强的信息焦点,多是定指的,代表已知信息(即交际双方共知的旧信息),是叙述的出发点。述题是说话者提供的新信息,是叙述的核心。从语义上看,主语是动作行为的施事者或者是性质状态的主体;而话题表达的语义内容较广,包括施事、受事、方位、时间等。

(三)话题成分的多样性

勒期语话题结构的种类较多。一般名词、名物化结构以及受事、时间等名词性成分,或代词、名量结构以及动词、动词性结构、形容词性结构等都能做话题。副词、虚词不能充当话题。数词通常须和量词一同做话题。例如:

1. 一般名词做话题:

tə^{55} ke^{33} ʃəːŋ^{33} tse^{53} wɔː^{33}.　　要长长的绳子。
绳子(话助)长的　要

mo^{55} xjɛ^{33} ləm^{33} naŋ^{53} tʃəŋ^{53}　la^{53}　a^{33}tʃiŋ^{55}　la^{53}?
事　这　件　你　相信(语助)不相信(语助)
这件事你相信不相信?

2. 名物化结构做话题:

lai^{33} ta(ŋ)^{55} ŋo^{53} a^{33} wo^{33}.　　重的我不要。
重　的　我 不要

ŋa^{55} ta^{55}　ke^{33}　lɛ^{55}thɔ^{55}ək^{55} phən^{33} mjɛt^{55} mjɔː^{33}.
我　的　(话助)你的比　两　份　剩余 多
我的是你的两倍还多。

ŋa^{55}ta^{55}　ke^{33}　nɛː^{53}tse^{53},　lɛ^{55}ta^{55}ke^{33}　ŋjaːu^{53}tse^{53}.
我的　(话助)红的　',你的　(话助)绿的
我的是红的,你的是绿的。

3. 代词做话题:

ŋjaŋ^{33}　ke^{33}　ŋa^{55} a^{55}man^{33}.　　他是我哥哥。
他　(话助)我　哥哥

ŋjaŋ³³ jəm³³ sən³³ ke³³ tum⁵³ a³³ jəp⁵⁵ pjɛn³¹ tʃhaŋ⁵⁵le⁵⁵ tum⁵³ lɔʔ⁵⁵ pɔn³³.
他　自己（话助）不仅不睡觉 伙伴　　（宾助）而且 弄醒
他自己不仅不睡觉而且还把伙伴弄醒。

xjɛ³³　ke³³　pa:n⁵³ʃɔʔ⁵⁵paŋ³³ ta⁵⁵　mo⁵⁵.
这　（话助）大家　　　的　事
这是大家的事。

thə³³mo³³　ke³³　la³³mə⁵³.
那里　（话助）玉米
那里是玉米。

xjɛ³³　ke³³　səm⁵⁵ ju ʔ³¹ ma⁵⁵ tuʔ³¹ tshɔn⁵⁵.
这　（话助）三　个　份儿 菜
这是三个人的菜。

xjɛ³³　ke³³　nɛː⁵³ ta⁵⁵.
这　（话助）红　的
这是红的。

xjɛ³³ke³³　tsɔː³³tse⁵³, thə³³ke³³　tʃhɿ³³tse⁵³ ɳu:t⁵⁵.
这（话助）吃的　那（话助）用的　是
这是吃的，那是用的。

xjɛ³³ke³³　səm⁵⁵ su:m⁵⁵　ta⁵⁵　sək⁵⁵fu ʔ⁵⁵ ta⁵³khjap⁵⁵.
这（话助）轻　轻　（定助）树叶　一　片
这是一片轻飘飘的树叶。

xjɛ³³ke³³　ʃu:k⁵⁵　ta⁵⁵　kjei⁵³.
这（话助）喝　（定助）水
这是喝的水。

xjɛ³³　ke³³　ŋjaŋ³³ tʃa:u⁵³ta⁵⁵　wɔm³³.
这　（话助）他　煮（定助）饭
这是他煮的饭。

4. 受事做话题：

ʃɿ⁵⁵xɔm⁵⁵　ke³³　ŋo⁵³ a³³tsɔ³³ na:u⁵³.
桃子　（话助）我 不吃　想
桃子我不喜欢吃。

ŋɔʔ⁵⁵mjuk⁵⁵ŋɔ⁵³ nuŋ⁵⁵　ŋjei⁵³ khou⁵⁵ tsɔ³³pjam⁵³pjɛ³³.
芭蕉　我 们 （施助）偷　吃 掉　了

芭蕉被我们偷吃掉了。

tuŋ³¹kho⁵⁵ ke³³ ŋjaŋ³³ ŋjei⁵³ tsɔ:³³ pjam⁵³ pjɛ³³.
黄瓜　　（话助）他　（施助）吃　掉　了

瓜被他吃掉了。

5. 时间名词做话题：

khə⁵⁵ŋjei⁵⁵ ke³³ ŋo⁵³ jɔm³³ ŋje:i⁵³.
今天　　（话助）我　家　在

今天我在家。

6. 名量结构做话题：

muŋ⁵³tuŋ³³ʃɿ⁵⁵ xjɛ³³ tʃham⁵⁵ ke³³ tum⁵³kji³³ tum⁵³ tʃhou³³.
牛肚子果　　这　个　（话助）又　大　又　甜

这个牛肚子果又大又甜。

pji³³ xjɛ³³ke³³ le⁵⁵ ta⁵⁵ la⁵³?
衣　这（话助）你的（定助）（语助）

这衣服是你的吗？

7. 数量结构做话题：

ta⁵³lɔm³³ke³³ʃəŋ³³ta⁵⁵, ta⁵³lɔm³³ke³³ ŋə⁵³ta⁵⁵.
一　个（话助）金的　一　个（话助）银的

（我有两个手镯）一个是金的，一个是银的。

ta⁵³ lɔm³³ ke³³ a³³pho⁵³ ta⁵⁵, ta⁵³ lɔm³³ ke³³ a³³mji⁵³ ta⁵⁵
一　个　（话助）爸爸　的　一　个　（话助）妈妈　的

tʃhɿ³³tse⁵³.
用的

一个是爸爸的，一个是妈妈用的。

8. 定中结构做话题：

khɔ⁵⁵tsan⁵³ta⁵³ kuk³¹ ke³³ a³³nək⁵⁵ thɔ²⁵⁵ sɔm⁵⁵ phən³³ mjɔ:³³.
今年　　的 谷子（话助）去年 比　三　份　多

今年的谷子是去年的三倍还多。

naŋ⁵³ʃɔ:³³ta⁵⁵pju³³ ke³³ xjɛ³³ju²³¹khai⁵³?
你　找　的　人（话助）这　个（语助）

你要找的是这个人吧？

9. 形容词做话题：

kji³³ke³³   kji:³³tsa³³a³³juŋ⁵⁵.
大（话助）大　但　不好看
大倒是大，就是不好看。

10. 动词或动词性结构做话题：
tso³³ke³³　tsɔ:³³pjɛ³³, tsa³³a³³kji³³ʃl⁵⁵.
吃（话助）吃　了　但　没饱　还
吃倒是吃了，但没吃饱。

ʃo⁵⁵tsa³³tsɔ:³³ke³³   a³³ke⁵³.
肉　只　吃（话助）不好
只吃肉不好。

vuʔ³¹mju:³³　le⁵⁵　ke³³　kɛ:⁵³jaŋ⁵³pɔ:⁵³.
猪　养　（宾助）（话助）好　处　有
养猪有好处。

naŋ⁵³tsl³³mɔ⁵³　　ke³³　ke⁵³ʃɔ⁵⁵tsl³³aʔ³¹!
你　做（从格助）（话助）好 一定做（语助）
你做就一定要做好！

11. 话题还可以是假设、条件、目的关系复句中的小分句。
假设复句中分句是话题的如：
naŋ⁵³lɛ⁵⁵lo⁵³tʃaŋ⁵⁵　ke³³　mo⁵⁵ta⁵³ko⁵⁵tsl³³aʔ³¹!
你　过来　的话（话助）事　一　定　做（语助）
你来的话就安心工作吧！

no⁵³tʃaŋ⁵⁵　ke³³　no⁵³ji³³ju⁵⁵aʔ³¹!
病　的话（话助）病　去看（语助）
（你）如果病了的话就去看病！

naŋ⁵³lɛ⁵⁵lo⁵³tʃaŋ⁵⁵　ke³³　mo⁵⁵ta⁵³ko⁵⁵tsl³³aʔ³¹!
你　过来　的话（话助）事　一　定　做（语助）
你来的话就安心工作吧！

naŋ⁵³sə³³ʐa³³a³³ŋət⁵⁵tʃaŋ⁵⁵　ke³³　tʃuaŋ³³nu⁵⁵.
你　老师　不是　的话（话助）学生
你不是老师的话就是学生。

条件复句中分句是话题的如：
ta:u⁵⁵lo⁵⁵　mɔ⁵³　ke³³　a³³li⁵⁵lo⁵³.
掉头回去（从由助）（话助）不来 了

一旦回去就不来了。
vaŋ⁵³lo⁵⁵mɔ⁵³   ke³³ thuʔ⁵⁵lo⁵³ tum⁵³ jou³³ pjɛ³³.
进去 （从由助）（话助）出 来 再 难 了
一旦进去就很难再出来。
ju⁵³lo⁵⁵ mɔ⁵³   ke³³ naŋ⁵³le⁵⁵ a³³pjei³³lo⁵³.
拿去 （从由助）（话助）你（宾助）不给 了
一旦拿走了就不还给你了。
目的复句中分句是话题的如：
kuŋ⁵³tu³³ke⁵³ a⁵³ ma⁵⁵to³³ka⁵³ ŋjaŋ³³ pei⁵³pei³³ nõ³³nou⁵⁵ ʃuːk⁵⁵.
身体 好（助）为了 （助）他 天天 牛奶 喝
为了身体好，他天天喝牛奶。

(四) 主、次话题
话题可以不止一个，有时有主话题和次话题之分。次话题位于主话题之后。例如：
naŋ⁵³ taˑ⁵³ŋjei⁵⁵ke³³ taːt³¹ lɔː⁵⁵
你 一天（话助）会 回去
你迟早会离开（回去）的。

二、判断句
表示判断语气的句子称判断句。判断句是主谓句的一种类型。
(一) 判断句的形式分类
有四种表现形式：
1. 加判断词ȵuːt⁵⁵ "是"表判断的。这种类型的判断句是述宾结构做谓语。例如：
ŋo⁵³ jɔ⁵⁵ naŋ⁵³ ke³³ lu³³ʃi⁵⁵ pju⁵³ ȵuːt⁵⁵
我 和 你（话助）潞西 人 是
我和你都是潞西人。
a³³khaŋ³³naŋ⁵³ ɣɛʔ⁵⁵ taŋ³³ tʃɿ⁵³ su⁵⁵ xaŋ⁵⁵ ȵut⁵⁵?
刚才 你 和 话 互说者 谁 是
刚才与你说话的人是谁？
pji³³ xjɛ³³ khjap⁵⁵lɛ⁵⁵ taˑ⁵⁵ a³³ȵɔt⁵⁵, ŋa⁵⁵ taˑ⁵⁵ tse⁵³ təʔ³¹ ȵɔt⁵⁵.
衣 这·件 你的 的 不是 我的 的 而 是

ŋjaŋ³³ ŋa⁵⁵ maŋ³³ a³³ ȵɒt⁵⁵.
他　我的哥哥　不是
他不是我哥哥。

naŋ⁵³ ʃɔ̰³³ ta⁵⁵ pju⁵³ xje³³ ju³¹ a³³ ȵɒt⁵⁵　la⁵³?
你　找　的　人　这　个　不是　（语助）
你要找的（人）是不是这个人？

2. 主语加话题助词表判断。例如：

ŋjaŋ³³　ke³³　a³³ŋjei⁵⁵nap³¹lɔ̰⁵³tse⁵³.
他　（话助）　昨天　来　的
他是昨天来的。

nap³¹jɔ⁵³ŋjei⁵⁵　ke³³　lə⁵⁵pan⁵³ŋjei⁵⁵.
明天　　　（话助）星期天
明天是星期天。

khə⁵⁵ŋjei⁵⁵ ke³³ kai⁵⁵ŋjei⁵⁵.
今天　（话助）　街天
今天是街子天。

ŋjaŋ³³　ke³³　ŋa⁵⁵　phou⁵⁵.
他　（话助）我的．爷爷
他是我的爷爷。

ŋjaŋ³³ke³³　fuʔ³¹kjɛn⁵⁵　mɔ⁵³　pju⁵³.
他（话助）福建　　（从由助）人
他是福建人。

ŋo⁵³ke³³　tʃhei⁵⁵sə³³ʒa³³.
我（话助）医生
我是医生。

xjɛ³³ke³³　tsɔ³³tse⁵³.
这（话助）吃的
这是吃的。

xjɛ³³ke³³　xaŋ⁵⁵tse⁵³?
这（话助）谁的
这是谁的？

xaŋ⁵⁵juʔ³¹　ke³³　səʒa³³?
哪个　　（话助）老师

谁是老师？
xje³³ke³³ xa⁵⁵tʃuŋ³³ la⁵³?
这（话助）什么　　（语助）
这是什么呀？
thə³³mo³³taɕ⁵⁵mou⁵³sou³³ ke³³ xaŋ⁵⁵ta⁵⁵ la⁵³?
那　里　的　书　　（话助）谁 的（语助）
那里的书是谁的？
naŋ⁵³ke³³ lə³¹tʃhi⁵³ nu⁵⁵ la⁵³ pə⁵⁵lo⁵³ nu⁵⁵ la⁵³?
你（话助）勒期　小（谦称）(语助）波拉　小（谦称）（语助）
你是勒期人呢还是波拉人？

3．用判断动词 ŋu:t⁵⁵ "是"的同时，还用话题助词。例如：

thə³³ke³³ tʃhɿ³³tse⁵³ŋu:t⁵⁵.
那（话助）用的　　是
那是用的。

ŋo⁵³ke³³ jin³¹nan³¹ mɔ⁵³ pju⁵³ŋu:t⁵⁵.
我（话助）云南（从由助）人　是
我云南人。

ŋjaŋ³³ke³³ xaŋ⁵⁵ŋɔt⁵⁵la⁵³?
他（话助）谁　是（语助）
他是谁？

mei³¹phuʔsə³³ʑa³³ke³³ khă³³juʔ³¹ŋu:t⁵⁵?
李　　老师（话助）哪个　是
李老师是谁？

这种类型的判断句，肯定式的判断动词 ŋu:t⁵⁵ "是"常可省略不用，但在否定式中则必须使用。例如：

ŋo⁵³ke³³ tʃhei⁵⁵sə³³ʑa³³a³³ŋɔ⁵⁵.
我（话助）医生　　　不是
我不是医生。

nap³¹jɔ⁵³ŋjei⁵⁵ ke³³ lə⁵⁵pan⁵³ŋjei a³³ŋɔt⁵⁵.
明天　　　（话助）星期天　　不是
明天不是星期天。

4．主语在句首显示判断义，不使用话题助词 ke³³或判断动词 ŋu

:t^{55}"是"(否定式为 a^{33}ŋɔt^{55}"不是")。例如：

khə^{55}ŋjei^{55} lă^{55}pan^{53}ŋjei^{55}.
今天　　星期天
今天星期天。

nap^{31}jɔ^{53}ŋjei^{55} tshin^{55}min^{31}tse^{31}.
明天　　　清明节
明天清明节。

ŋo^{53}jin^{31}nan^{31}mə^{53}　pju^{53}.
我　云南（从由助）人
我云南人。

(二) 判断句的意义类型

判断句中主语跟谓语的意义关系主要有以下三种：

1. 谓语与主语同指一个事物，这种判断句类型最为常见。例如：

ŋjaŋ^{33}ke^{33}mjɛŋ^{33}mən^{33}pju^{53}.
他（话助）缅甸　　人
他是缅甸人。

xjɛ^{33}jɔm^{33}　mɔ^{53}　jɔm^{33}sən^{33}　ke^{33}　ŋjaŋ^{33}.
这　家　（从由助)主人　　（话助）他
这家的主人是他。

xjɛ^{33}　ke^{33}ʃəŋ^{33}　nə^{31}laŋ^{35}.
这　（话助）金耳坠
这是金耳坠。

xjɛ^{33}ke^{33}khŏ^{55}tsan^{53}（ta^{55}）kuk^{31}.
这（话助）今年　（定助)谷子
这是今年的谷子。

2. 谓语表明主语的种类、属性。例如：

ŋjaŋ^{33}ke^{33}tʃuaŋ^{33}nu^{55}.
他（话助）学生
他是学生。

xjɛ^{33}ke^{33}　ŋjaŋ^{33}ɣə^{53}tse^{53}.
这（话助)他　买　的
这是他买的。

3. 谓语表明主语的时间。例如：

nap³¹jɔ⁵³ŋjei⁵⁵ke³³kai⁵⁵ŋjei⁵⁵.
明天　（话助）街天
明天是街子天。

三、受事居前的施受关系句

勒期语受事居前的施受关系句是主谓句的一种独立类型。这种句型与汉语被动句相对应。它以"受事者＋（受事格助词）＋施事者＋（施事格助词）＋词结构（VP）"作为其基本结构。其主要特点如下：

（一）施受格助词的使用有多种情况。

勒期语是 SOV 型语言，以词序和虚词为表达语法意义的重要手段。主动句中，施事者居前、受事居后。当施受成分的语序发生改变、受事移至句首时，语义关系就需要依赖格助词来表明。此时为了避免施受关系发生混淆，就须用施事格助词 ŋjei⁵³ 指明施事或用受事格助词 le⁵⁵ 标志受事，从而使施受关系更加明确。

1. 语义、逻辑不明确、易发生误解的情况下，以受事格助词 le⁵⁵ 标明受事，或以施事格助词标明施事。例如：

ŋjaŋ³³le⁵⁵ŋo⁵³　khaːt⁵⁵thuʔ⁵⁵pjɛ³³.
他（受助）我赶　出　了
他被我赶出去了。

ŋo⁵³ŋjaŋ³³ŋjei⁵³xjɛ³³mo³³ʃy⁵⁵li⁵⁵.
我　他（施助）这里　带　来
我被他领到这里来了。

2. 语义不会发生混淆时，则在受事者后面加受事格助词，或在施事者后加施事格助词，表示对受事者或施事者的强调。但施事后加助词的情况居多。例如：

laːp⁵⁵tɔ⁵⁵ta⁵⁵pji³³　le⁵⁵　mou³³paːt³¹tʃuʔ⁵⁵pjɛ³³.
晒　着 的 衣服（受助）雨　淋　湿　了
晒着的衣服被雨淋湿了。

ŋjaŋ³³le⁵⁵　laŋ³³mju⁵³thə⁵⁵pjɛ³³.
他（受助）蛇　　　咬　了

他被蛇咬了。
taŋ⁵⁵ khuk⁵⁵ ŋjaŋ³³ ŋjei⁵³ tsuːŋ³³ khjɔp⁵⁵ pjɛ³³.
凳子　　他（施助）坐　　坏　　了
凳子被他坐坏了。
ŋə³¹ tso³³ lə³¹ ŋjo³³　ŋjei⁵³　khaːu⁵⁵ tso³³ pjɛ³³.
鱼　猫　　（施助）偷　吃　了
鱼被猫偷吃了。
mo⁵⁵ xjɛ³³ lɔm³³ ŋjaŋ³³ nuŋ⁵⁵　ŋjei⁵³　taːi⁵³ thuk⁵⁵ pjɛ³³.
事　这　件　他们　　（施助）说　出　　了
这件事被他们说出去了。
ŋjaŋ³³ ta⁵⁵ ŋə⁵³ khou⁵⁵ xɔp⁵⁵　ŋjei⁵³　khaːu⁵⁵ pjɛ³³.
他　的　钱　小偷　　（施助）偷　了
他的钱被贼偷了。
wɔm³³ ŋə̃⁵³ nuŋ⁵⁵　ŋjei⁵³　tsɔ³³ pjaŋ⁵³ pjɛ³³.
饭　我们　　（施助）吃　光　了
饭被我们吃完了。

有时，施受格助词同时使用，是为了强调、凸显施事者和受事者。例如：

ŋo⁵³ le⁵⁵　ŋjaŋ³³ ŋjei⁵³ tã⁵³ təŋ³³ paːt³¹ pjɛ³³.
我（受助）他（施助）一　下　打　了
我被他打了一下。
ŋjaŋ³³ le⁵⁵ ŋə⁵³ nuŋ⁵⁵　ŋjei⁵³　khaːt⁵⁵ kat⁵⁵ pjɛ³³.
他　（受助）我们（施助）赶　　走　了
他被我们赶走了。
tʃhɛn³³ le⁵⁵　kjĩ³¹ nɔʔ³¹　ŋjei⁵³　paːn⁵³ tsɔ³³ pjɛ³³.
米（受助）老鼠　（施助）全　吃　了
米被老鼠偷吃光了。
khou⁵⁵ sou⁵⁵ le⁵⁵　ŋə⁵³ nuŋ⁵⁵　ŋjei⁵³　khaːt⁵⁵ thuʔ⁵⁵ pjɛ³³.
小偷　（受助）我们（施助）赶　　出　了
小偷被我们赶走了。
ŋo⁵³　le⁵⁵　ŋjaŋ³³ nuŋ³³　ŋjei⁵³　maːu⁵³ pjɛ³³.
我（受助）　他们　（施助）骗　了
我被他们骗了。

ŋo⁵³ le⁵⁵ ɲjaŋ³³ ɲjei⁵³ pəːk⁵⁵ no⁵³ pjɛ³³.
我（受助）他　（施助）踢　疼　了
我被他踢疼了。

3.格助词的使用并不是强制性的。当施、受关系明确时，施受格助词可省略不用。例如：

mo⁵⁵ thə³³ tʃuŋ³³ ɲjaŋ³³ tɔː⁵⁵ mjiː⁵³ pjɛ³³.
事　那　件　他　忘记　了
那件事被他忘了。

当交谈双方对所谈内容熟悉，而施事者又无需说明或不必强调时，施事则可不出现。此时受事居于主语的位置，若语义易发生混淆，则要在受事者之后加受事格助词 le⁵⁵ 标明受事。例如：

ɲjaŋ³³ nuŋ⁵⁵ le⁵⁵ nau⁵³ pjɛ³³.
他们　　（受助）欺骗　了
他们被骗了。

若语义不会混淆，则无需再用格助词。例如：

le⁵⁵ ŋə⁵³ khã³³ mjo⁵³ tsaŋ⁵³ khaːu⁵⁵ pjɛ³³?
你的钱　多少　　串　偷　了
你被偷了多少钱？

语义不会混淆的情况下，若用了施事格助词则表示对受事者的强调。例如：

ŋo⁵³ ta⁵⁵ mou⁵³ sou⁵⁵ le⁵⁵ khaːu⁵⁵ pjɛ³³.
我　的　书　（受助）偷　了
我的书被偷了。

（二）在语义表达上以表示消极义的用法居多，此外还能表示积极义或中性义。例如：

tʃhɛn³³ le⁵⁵ kjiˑ³¹ nɔˑ³¹ ɲjei⁵³ tsoː³³ pjaŋ⁵³ pjɛ³³.
米　（受助）老鼠　（施助）吃　光　了
米被老鼠偷吃光了。（消极义）

taŋ⁵⁵ khuk⁵⁵ ɲjaŋ³³ ɲjei⁵³ tsuːŋ³³ khjɔp⁵⁵ pjɛ³³.
凳子　　他　（施助）坐　坏　了
凳子被他坐坏了。（消极义）

laŋ³³ mju⁵³ le⁵⁵ a³³ pho⁵³ ɲjei⁵³ paːt³¹ sat⁵⁵ pjɛ³³.
蛇　（受助）爸爸（施助）打　杀　了

蛇被爸爸打死了。（积极义）

mi³¹tʃaŋ⁵³mo³³ ta⁵³ sək⁵⁵fu̠ʔ⁵⁵le⁵⁵ lei⁵³ ŋjei⁵³ muːt³¹taŋ⁵⁵pjɛ³³.
地上　　　的 树叶（受助）风（施助）吹　走　了
（中性义）

地上的树叶被风吹走了。

（三）谓语动词以带补语的情况居多。这与被动句句式本身强调动作行为带"结果"有关。例如：

ŋjaŋ³³le⁵⁵　a³³pho⁵³ ŋjei⁵³ khaːt⁵⁵thuʔ⁵⁵pjɛ³³.
他（受助）父亲（施助）赶　出　了

他被父亲赶出去了。

kjɔʔ³¹nu⁵⁵ʃui³¹tʃo⁵⁵ ŋjei⁵³　tã⁵³tu³³leːi⁵⁵ʃɛ³³lo⁵⁵pjɛ³³.
小鸡　　黄鼠狼（施助）一 只 叼　去 了

小鸡被黄鼠狼叼去了一只。

ŋo⁵³ta⁵⁵mo³³tɔ³³sə̃⁵⁵pei⁵⁵ ŋjei⁵³ kuːn³³lo⁵⁵pjɛ³³.
我 的 汽车　别人 （施助）开　去 了

我的汽车被别人开走了。

khui⁵⁵jɔ⁵⁵lə³¹ŋjou³³　le⁵⁵　a³³pho⁵³ ŋjei⁵³　vu³¹si⁵⁵ ŋjei⁵³ paːt³¹
狗　和　猫　（受助）爸爸　（施助）棍子（施助）敲
kaŋ⁵⁵pjɛ³³.
开 了

狗和猫被爸爸用木棍隔开了。

（四）强调所叙述事件的"已然"性，句尾常带语气助词 pjɛ³³"了"。例如：

mo⁵⁵thə³³tʃuŋ³³ ŋjaŋ³³ tɔː⁵⁵mjiː⁵³pjɛ³³.
事 那 件　他　忘记　了

那件事被他忘了。

ŋo⁵³　le⁵⁵　ŋjaŋ³³ ŋjei⁵³ tã⁵³lən³³ paːt³¹pjɛ³³.
我（受助）他（施助）一 下 打 了

我被他打了一下。

ŋo⁵³　le⁵⁵　khui⁵⁵ ŋjei⁵³ ŋaːt³¹pjɛ³³.
我（受助）狗（施助）咬　了

我被狗咬了。

（五）从语用上看，受事者居于句首，本身即具有认知上的"凸显"性和较强的话题性，可以视作无标记话题性成分。

附录一 勒期语词表

一、天文；地理

1. 天 mou³³khuŋ³³
   天上 mou³³khuŋ³³mo³³
   阴天 mou³³tshaːu⁵⁵
   晴天 mou³³phaːŋ⁵⁵
2. 太阳 pei⁵³
   太阳辣 pei⁵³laːp⁵⁵
   出太阳了 pei⁵³thuʔ⁵⁵pjɛ³³
   太阳下山了 pei⁵³vaŋ⁵³pjɛ³³.
3. 月亮 la̠⁵⁵mo⁵⁵
   月亮圆 la̠⁵⁵mo⁵⁵ləːŋ⁵⁵
   月亮出来了 la̠⁵⁵mo⁵⁵thuʔ⁵⁵lo⁵³pjɛ³³.
4. 星星 kji³³
5. 天气 pei⁵³ni⁵³
   天气好 pei⁵³ni⁵³kɛː⁵³
6. 云 tʃɔ̠m⁵⁵mou⁵⁵
   云散了 tʃɔ̠m⁵⁵mou⁵⁵pjo³¹pjɛ³³.
7. 雷 mou³³kuːm³³
8. 霹雳 mou³³kuːn⁵³
9. 电（闪）lap⁵⁵tʃhək⁵⁵
10. 风 lei⁵³
    风吹 lei⁵³lɔː⁵³
11. 雨 mou³³wɔ⁵³
12. 虹 səŋ⁵⁵jaŋ³³jɔʔ³¹kan³³
13. 雪 ȵan³³
    下雪 ȵan³³kjɔ³³
14. 雹子 lək³¹wɔ⁵³
15. 霜 ȵan³³phju³³
16. 露水 ȵan³³tʃu⁵⁵
17. 雾 sai³³wan⁵³
18. 冰 ȵan³³
19. 火 mji³³
    吹火 mji³³muːt³¹
    烧山 mji³³ȵɛː⁵³
20. 野火 pɔt³¹kji⁵³ȵɛː⁵³
21. 烟 mji³³khou⁵⁵
    冒烟 mji³³khou⁵⁵thuʔ⁵⁵
    烟熏 mji³³khou⁵⁵khau⁵⁵
22. 气 sɔʔ⁵⁵
    吸气 sɔʔ⁵⁵ʃɛː³³
    断气 sɔʔ⁵⁵khaːŋ⁵³, sɔʔ⁵⁵ʃɛː³³

thaːŋ⁵³
23. 蒸汽 sɔʔ⁵⁵
24. 地 mji⁵³kuŋ⁵³′³¹, mi⁵³tʃaŋ⁵³
　　地上 mi⁵³tʃaŋ⁵³mo³³
　　地下 mji⁵³khŋ⁵³′³¹muk³¹
25. 山 pɔm⁵³
　　大山 pɔm⁵³mo⁵⁵
　　上山 pɔm⁵³tɔːʔ³¹
　　下山 pɔm⁵³kjɔː⁵⁵
26. 岩石 luk³¹mo⁵⁵tsəŋ⁵³
27. 洞 tɔŋ³³
　　大洞 tɔŋ³³mo⁵⁵
　　挖洞 tɔŋ³³tuː³³
28. 河 kjei⁵³laŋ⁵³
29. 小溪 kjei⁵³tso³³
30. 岸 kjei⁵³laŋ⁵³jam⁵³′³¹
31. 湖 nɔŋ⁵⁵
32. 海 kjei⁵³məŋ³³
33. 池塘 thəm⁵⁵
34. 沟 xɔŋ⁵³
35. 井 pa̠⁵³laŋ⁵³
36. 坑 tɔŋ³³khɔŋ⁵⁵
37. 土坑 mji⁵³khɔŋ⁵⁵
38. 山洼子 laŋ⁵³khɔŋ⁵⁵
39. 坝 pa̠³³
　　芒市坝 maŋ⁵³ʃɿ⁵³pa̠³³
40. 路 khjo³³
　　走路 khjo³³sɔː⁵⁵
　　路边 khjo³³jam³¹′⁵¹
　　大路 khjo³³mo⁵⁵
　　小路 khjo³³tso³³

41. 坡 khe⁵³
　　上坡 khe⁵³tɔʔ³¹
42. 平坝子 pa³³tam⁵³
43. 水田 ji⁵³′³¹thuŋ⁵⁵
　　种水田 ji⁵³′³¹thuŋ⁵⁵ʃɔː⁵⁵
　　犁田 ji⁵³′³¹thuŋ⁵⁵phuː⁵⁵
44. 旱地 pɔm⁵³′³¹jo⁵³′³¹
45. 石头 luk³¹tsəŋ⁵³
　　大石头 luk³¹tsəŋ⁵³mo⁵⁵ ~
　　　　　luk³¹mo⁵⁵tsəŋ⁵³
46. 沙子 sə̠⁵⁵mui⁵³
47. 灰尘 phə⁵⁵lou³³
48. 泥巴 thəm⁵⁵pɔp³¹
49. 土 mji⁵³tsei⁵⁵
　　挖土 mji⁵³tsei⁵⁵tu³³
50. 水 kjei⁵³
　　舀水 kji⁵³khuː⁵⁵
51. 泡沫 tsu³³ŋjɔp³¹
52. 水滴 kjei⁵³tsɔʔ³¹
53. 森林 sək⁵⁵jo³¹
54. 金子 ʃəŋ³³
　　金耳坠 ʃəŋ³³ŋə³¹laŋ³⁵
55. 银 ŋɔ⁵³
56. 黄铜 kjei³³
　　铜锅 kjei³³o̠u⁵⁵
57. 铁 tʃɔʔ³¹tə̠ʔ⁵⁵
　　打铁 tʃɔʔ³¹tə̠ʔ⁵⁵paːt³¹
58. 锡 tsə̠³³kjcɿ³³
59. 铅 ʃam³³ʃɿ⁵⁵
60. 炭 mji³³ky³³

烧炭 mji³³ky³³phoːt⁵⁵
61. 硫磺 kan⁵⁵
62. 盐 tsho⁵⁵
63. 草木灰 mji³³ʼ³¹jap³¹
64. 石灰 tʃhə̃⁵⁵xui⁵⁵
65. 国家 məŋ³³
　　中国 lə̃³³xei³³məŋ³³,kuŋ³³
　　　　kuŋ⁵³məŋ³³,tʃuŋ⁵⁵kɔ⁵³
　　缅甸 mjɛŋ³³məŋ³³
　　日本 tʃa⁵³paŋ³³məŋ³³
66. 美国 mɛ⁵⁵lei³¹kan³³
67. 世界 məŋ³³kan³³
68. 城市 mjuʔ⁵⁵
69. 街市 kjei⁵⁵
70. 昆明 khun⁵⁵min³¹
71. 北京 pə³¹kjin⁵⁵
72. 瑞丽 muŋ³³mou³³
73. 潞西 lu³³ʃi⁵⁵
74. 中山(乡) maŋ⁵⁵ka³³khuŋ⁵⁵
75. 遮放(镇)tʃə̃⁵³phaŋ³³
76. 遮放坝 tʃə̃⁵³phaŋ³³pa³³
77. 帕牙(村)phak⁵³ja⁵³
78. 党扫(村)taŋ⁵³sau⁵³(汉称),
　　　taŋ⁵³sou⁵³(勒期称)
79. 户那(村)xo⁵⁵na³³
80. 帮马(村)paŋ³³mat⁵⁵
81. 帕连(村)pha³³lɛn³³
82. 弄坵(村)nɔŋ³³khju³³

83. 怒江 saʔ³¹khuŋ⁵⁵laŋ⁵³
84. 芒市河 maŋ⁵³ʃɿ⁵³laŋ⁵³
85. 龙江河 luŋ⁵⁵kjaŋ⁵⁵laŋ⁵³
86. 村寨 tɔm³¹,wo³¹
　　户板寨 xu⁵⁵pɔn³³tɔm³¹
　　浪速寨 lan³³tɔm³¹
　　载瓦寨 tsei³³tɔm³¹
87. 家 jɔm³³
88. 家乡 jɔm³³mou³³
89. 邻居 jɔm³³kjo⁵⁵
　　上下邻居 o³³ʼ⁵⁵thɔʔ⁵⁵jɔm³³
　　　kjo⁵⁵
90. 学校 tʃuaŋ³³
91. 商店 sɛŋ⁵⁵
92. 医院 tʃhei⁵⁵ʒuŋ⁵⁵
93. 军营 kji⁵³tap³¹
94. 人家 sə̃⁵⁵pei⁵⁵
95. 监牢 tɔoŋ³³
96. 棚子 tsəm⁵⁵
97. 桥 tsam⁵³
　　石桥 luk³¹tsam⁵³
　　木桥 sək⁵⁵tsam⁵³
98. 棺材 kuŋ³³
99. 坟 lɔp³¹
　　上坟 lɔp³¹ʃaːŋ⁵⁵
　　造坟 lɔp³¹tuː³³
　　挖坟 lɔp³¹paːu³¹

二、人体器官

100. 身体 kuŋ⁵³
101. 肢体 khjei³³lɔʔ³¹
102. 头 wo⁵⁵lɔm⁵³
    梳头 wo⁵⁵lɔm⁵³kjɔʔ³¹
103. 头发 tsham³³
104. 辫子 tsham³³nək⁵⁵
    编辫子 tsham³³ nək⁵⁵ nə:k⁵⁵
105. 额头 ŋə̃⁵⁵laŋ⁵⁵
106. 眉毛 mjɔʔ³¹tʃham⁵⁵
107. 眼睛 mjɔʔ³¹, mjɔʔ³¹tʃik⁵⁵
    眨眼睛 mjɔʔ³¹lap³¹lap³¹
108. 睫毛 mjɔʔ³¹tʃham⁵⁵
109. 鼻子 no³³
    鼻尖儿 nə̃³³ŋjuʔ³¹
    鼻孔 nə̃³³tɔŋ³³
    鼻屎 nə̃³³khjei⁵⁵
    鼻梁 nə̃³³kaŋ³³
    鼻毛 nə̃³³tʃham⁵⁵
110. 耳朵 nə̃³³khjap⁵⁵
    穿耳朵 nə̃³³ khjap⁵⁵ thuaŋ⁵⁵
    耳洞 nə̃³³tɔŋ³³
    耳屎 nə̃³³phjo⁵⁵
    耳屎 nə̃³³phjo³³
111. 脸 mjɔʔ³¹tuaŋ³³
112. 腮 pə̃³¹tʃam⁵⁵

113. 嘴 nuat⁵⁵
    嘴角 nuat⁵⁵jam³¹ᐟ⁵³
    嘴里 nuat⁵⁵khou³³
    嘴唇 nuat⁵⁵kuk⁵⁵
    豁嘴 nuat⁵⁵kɔʔ³¹
114. 胡子 nuat⁵⁵mə³³
    刮胡子 nuat⁵⁵mə³³jo:³³
115. 下巴 ŋam³³tham³³
116. 脖子 lən⁵³tsəŋ³³
117. 肩膀 lɔʔ³¹san³³
118. 背 nuŋ⁵⁵khuŋ³³
119. 腋 lɔʔ³¹tʃhap⁵⁵
120. 胸脯 jaŋ³¹kaŋ³¹
121. 乳房 nou⁵⁵
122. 肚子 wɔm³³tou³³
123. 肚脐 tʃhɔʔ⁵⁵
124. 腰 phji⁵⁵tɔm³³
125. 屁股 tʃhə̃⁵⁵khuŋ⁵⁵
126. 大腿 taŋ⁵⁵pou⁵⁵
127. 膝盖 pɔt⁵⁵uʔ³¹, khjei³³pɔt⁵⁵
128. 小腿 khjei³³pu⁵³
129. 脚 khjei³³
    脚面 khjei³³wo³³
    脚底 khjei³³the⁵⁵
    脚趾 khjei³³ŋjou⁵⁵
    脚指甲 khjei³³səŋ⁵⁵

脚后跟 khjei³³tʃhuk⁵⁵
130. 胳膊 lɔʔ³¹pu⁵³
131. 肘 lɔʔ³¹mən⁵⁵thuŋ⁵⁵tshəm³³
132. 手 lɔʔ³¹
　　手腕子 lɔʔ³¹mjɔʔ³¹
　　手指 lɔʔ³¹ŋjou⁵⁵
　　拇指 lɔʔ³¹mo⁵⁵tʃham⁵⁵
　　食指 tuaŋ⁵⁵ŋjou⁵⁵
　　小指 lɔʔ³¹thaŋ⁵³ŋjou⁵⁵
133. 指甲 ŋjou⁵⁵səŋ⁵⁵
134. 拳 lɔʔ³¹tsɔp⁵⁵
135. 肛门 tʃhə̃⁵⁵khuŋ⁵⁵tən³³
136. 男生殖器 ŋji⁵⁵
137. 睾丸 ŋji⁵⁵tʃei⁵⁵
138. 女生殖器 tʃuʔ³¹
139. 脐带 tʃhɔʔ⁵⁵
140. 子宫 tʃuʔ³¹
141. 皮肤 ʃõ⁵⁵kuk⁵⁵
142. 汗毛 ʃõ⁵⁵mou⁵⁵
143. 痔 ŋɔʔ³¹mui⁵⁵
144. 疮 pjiŋ⁵³
145. 疤 tam⁵³kho³³
146. 天花 mjɔʔ³¹ʃɔʔ⁵⁵
　　出天花 mjɔʔ³¹ʃɔʔ⁵⁵ʃɔːʔ⁵⁵
147. 癣 ʃõ⁵⁵tɔʔ³¹
148. 肉 ʃo⁵⁵
149. 血 sui⁵⁵
　　猪血 vuʔ³¹sui⁵⁵
150. 奶汁 nou⁵⁵jiŋ³¹
151. 筋 ʃõ⁵⁵kji³³

152. 脑髓 u⁵⁵nuʔ³¹
153. 骨头 ʃõ⁵⁵jou³³
　　猪骨头 vuʔ³¹ʃõ⁵⁵jou³³
154. 骨髓 jou³³khjaŋ³³
155. 肋骨 nam³¹tʃham⁵⁵jou³³
156. 骨节 jou³³mjɔʔ³¹
157. 牙齿 tsʅ⁵³
　　上牙 thɔʔ⁵⁵tsʅ⁵³
　　下牙 ʔɔ³¹tsʅ⁵³
　　门牙 fək⁵⁵tsʅ⁵³
　　臼牙 tsʅ⁵³thuŋ⁵⁵
　　犬牙 khui⁵⁵khəm⁵³tsʅ⁵³
158. 牙龈 ŋjəŋ⁵³
159. 牙头 jo³³
　　舌尖 jo³³ŋjuʔ³¹
　　舌根 jo³³pən³³
160. 喉咙 khjuŋ⁵⁵
　　喉咙疼 khjuŋ⁵⁵nɔː⁵³
　　喉咙哑 khjuŋ⁵⁵tʃʅ³³
161. 肺 tsɔt⁵⁵
162. 心脏 nək⁵⁵ləm³³
163. 肝 səŋ⁵⁵
164. 肾 tʃəŋ⁵⁵ləm³³
165. 胆 kjei³³
　　胆汁 kjei³³jiŋ⁵³
166. 肠子 u³³
　　大肠 u³³mo⁵⁵
　　小肠 u³³tso³³
　　盲肠 u³³tou⁵⁵thaŋ³³
167. 胃 khjei⁵⁵pham⁵⁵

168. 膀胱 tʃɛʔ³¹poŋ³³
169. 屎 khjei⁵⁵
　　拉屎 khjei⁵⁵ʃə:³³
170. 尿 jei⁵⁵
　　撒尿 jei⁵⁵tə:k⁵⁵
171. 屁 khjei⁵⁵
　　放屁 khjei⁵⁵xo:p⁵⁵
　　放响屁 khjei⁵⁵poʔ⁵⁵
172. 汗 pei³¹ky⁵⁵
　　出汗 pei³¹ky⁵⁵thuʔ⁵⁵
　　流汗 pei³¹ky⁵⁵ja:u⁵³
173. 痰 fə⁵⁵kan⁵⁵
　　吐痰 fə⁵⁵kan⁵⁵py:³³
174. 口水 ɣə⁵⁵
　　流口水 ɣə⁵⁵ja:u³¹
175. 鼻涕 nap⁵⁵
　　擤鼻涕 nap⁵⁵khja:u⁵³
　　出鼻涕 nap⁵⁵thuʔ⁵⁵
176. 眼泪 ŋou⁵³pi:⁵³⁄³¹

出眼泪 ŋou⁵³pi⁵³⁄³¹thuʔ⁵⁵
流眼泪 ŋou⁵³pi⁵³⁄³¹ja:u³¹
177. 伤口 tam⁵³kho³³
178. 脓 xuat⁵⁵
　　流脓 xuat⁵⁵ja:u³¹
179. 污垢 ʃei⁵⁵
180. 声音 thui³³
181. 话 taŋ³³
　　讲话 taŋ³³ta:i⁵³
182. 语言 mjiŋ³³
　　勒期语 lə³¹tʃhi⁵³mjiŋ³³
　　汉语 lə³¹xei³³mjiŋ³³
183. 生息 sɔʔ⁵⁵
184. 生命 kaŋ³³
　　命短 kaŋ³³tu:t⁵⁵
　　命长 kaŋ³³ʃə:ŋ³³
185. 寿命 a³¹sak⁵⁵
186. 尸体 maŋ⁵³
　　人尸 pju⁵³maŋ⁵³
　　抬尸体 maŋ⁵³vu:ʔ³¹

三、人物；亲属

187. 勒期人(自称) lə³³tʃhi⁵³
188. 汉族 lə³³xei³³
189. 傣族 lə³³sam⁵³
190. 傈僳族 lə³³sı³³
191. 德昂族 pə³³luŋ³³
192. 景颇人 phuk⁵⁵wo⁵³
193. 浪速人 laŋ³³wo⁵³

194. 载瓦人 tsei³³wo⁵³
195. 波拉人 pə⁵⁵lo⁵³wo⁵³
196. 人 pju⁵³
197. 大人 kji³³paŋ⁵⁵
198. 小孩儿 tsə³³ʃaŋ³³
199. 婴儿 tsə³³nu⁵⁵
200. 老人 maŋ³³tso³³

201. 老头 maŋ³³tso³³
202. 老太太 phi⁵⁵maŋ³³
203. 男人 juʔ³¹ke⁵³
204. 妇女 mji³³ji³³
205. 小伙子 juʔ³¹ke⁵³tso³³
206. 姑娘 mji³³ji³³tso³³
207. 男(性)juʔ³¹ke³¹′⁵³
208. 女(性)mji³³ji³³
209. 百姓 məŋ³³pju⁵³
210. 兵 kji⁵³
211. 学生 tʃuaŋ³³ nu⁵⁵，tʃuaŋ³³ tso³³
212. 老师 sə̃³³ʒa³³
213. 商人 phə̃⁵⁵ka⁵⁵ka⁵⁵paŋ³¹
214. 医生 tʃhei⁵⁵sə̃³³ʒa³³
215. 头人 wo⁵³tsou³³
216. 仆人 tʃɔn⁵³
217. 穷人 pju⁵³mjuŋ³¹
218. 富人 pju⁵³jo⁵⁵
219. 牧童 nə̃³³tsuŋ⁵³tsə̃³³ʃaŋ³³
220. 铁匠 tʃɔʔ³¹tɔʔ⁵⁵pat³¹su³³
221. 石匠 luk³¹pat³¹su³³
222. 猎人 ʃo⁵⁵pək³¹tʃau³¹kɔŋ³¹
223. 和尚 pɔŋ⁵⁵kji⁵⁵
　　　当和尚 pɔŋ⁵⁵kji⁵⁵ku:t⁵⁵
224. 巫师 təm³³sa⁵³
　　　当巫师 təm³³sa⁵³ku:t⁵⁵
　　　巫师念经 təm³³sa⁵³thɔ⁵⁵
225. 乞丐 mɔ³³phi³³
　　　当乞丐 mɔ³³phi³³phi:³³
226. 贼 khou⁵⁵xɔp⁵⁵

227. 强盗 khjaŋ⁵³tou³³
228. 小偷 khou⁵⁵su³³
229. 病人 no⁵³pju⁵³，pju⁵³no⁵³
230. 皇帝 khɔ³³kham⁵⁵
231. 官 tsou³³
　　　山官 pɔm⁵³tsou³³
　　　大官 tsou³³mo⁵⁵
232. 县长 xjɛŋ³³tsaŋ⁵³
233. 书记 ʃu⁵⁵kji³¹
234. 局长 kjuʔ³¹tsaŋ⁵³
235. 乡长 xjaŋ⁵⁵tsaŋ⁵³
236. 村官 wo⁵³tsou³³
237. 镇长 tʃɛn³³tʃaŋ⁵³
238. 国王 khɔ³³kham⁵⁵
239. 朋友 pei⁵³nɔm⁵³′³¹
240. 瞎子 mjɔʔ³¹tʃɛt³¹
241. 跛子 khjei³³kui⁵⁵
242. 聋子 nə̃³³tʃɛt³¹
243. 麻子 mjɔʔ³¹ʃɔʔ⁵⁵
244. 驼子 taŋ³¹kou⁵⁵
245. 疯子 pju⁵³na³³
246. 憨人 kɔ⁵⁵mɔ³¹
247. 结巴 wo⁵⁵tə⁵⁵
248. 独眼龙 mjɔʔ³¹ti⁵⁵
249. 主人 jɔm³³səŋ³³
250. 客人 pəŋ⁵⁵
251. 伙伴 pjɛn³¹tʃhaŋ⁵⁵
252. 祖宗 phou⁵⁵phji⁵⁵
253. 爷爷 a³³phou⁵⁵
254. 奶奶 a³³phji⁵⁵
255. 父亲 a³³pho⁵³

256. 母亲 a^{33}mji^{53}
257. 儿子,孩子 tsɚ^{33}ʃaŋ^{33}
258. 儿媳妇 tu^{31}mo^{55}
259. 女儿 mji^{33}tso^{33}
260. 小姑娘,小女孩 mji^{33}ji^{33}nu^{55}
261. 女婿,姑爷种 tsɚ^{33}mɔʔ^{55}
262. 丈人种 muŋ^{53}
263. 孙子 mei^{33}tso^{33}
264. 哥哥 a^{55}maŋ^{33}
265. 姐姐 a^{55}pei^{33}
266. 嫂子 a^{55}pei^{33}
267. 弟弟(总称)a^{33}nɔʔ^{31}
268. 妹妹(总称)a^{33}nɔʔ^{31}
269. 妹妹 a^{33}nɔʔ^{31}mji^{33}ji^{33}nu^{55}
270. 弟媳 a^{33}nɔʔ^{31}
271. 姐夫 a^{55}khou^{33}
272. 大姐夫 khou^{33}mo^{55}
273. 妹夫 a^{55}khou^{33}
274. 伯父 mo^{55}pho^{53}
275. 伯母 mo^{55}mji^{53}
276. 叔叔 lat^{31}kjo^{33},a^{55}kɔn^{31}
277. 婶母 lat^{31}mi^{53}
278. 侄儿 tsɚ^{33}ʃaŋ^{33}
279. 兄弟 nək^{55}taŋ^{33}
280. 姐妹 nək^{55}taŋ^{33}
281. 兄妹 nək^{55}taŋ^{33}
282. 姐弟 nək^{55}taŋ^{33}
283. 舅父 juʔ^{31}pho^{53}
284. 舅母 juʔ^{31}mji^{53}
285. 姨父 mo^{55}pho^{53}
286. 大姨母 a^{31}mo^{55}
    二姨母 a^{31}lat^{31}
287. 姑父 a^{55}vaŋ^{53}
288. 姑母 a^{55}nei^{53}
289. 亲戚 pei^{53}nəm$^{53/31}$
290. 岳父 juʔ^{31}pho^{53}
291. 岳母 juʔ^{31}mji^{53}
292. 丈夫 laŋ^{53}
293. 妻子 mji^{33}
294. 继母 thaŋ^{33}mji^{53}
295. 继父 thaŋ^{33}pho^{53}
296. 寡妇 tʃhou^{55}mo^{55}
    娶寡妇 tʃhou^{55}mo^{55}juː^{53}
297. 鳏夫 tʃhou^{55}phou$^{53/31}$
298. 单身汉 la^{53}kjam^{31}
299. 孤儿 tʃhou^{55}tso$^{33/31}$
300. 后代 thaŋ^{33}pjat^{55}
301. 双生子 tsɚ^{33}tsəm^{33}
302. 姑爷种 tsɚ^{33}mɔʔ^{31}
303. 丈人种 muŋ^{53}

四、动　物

304. 大猩猩，野人 tam³³
305. 牲畜 kou³³ŋjou⁵³
306. 牛 no³³
    公牛 nõ³³lo³³
    母牛 nõ³³tsəŋ⁵³, nõ³³mji⁵³
    公黄牛 nõ³³tʃhɔʔ⁵⁵（种牛，未骟过），nõ³³tʃuŋ⁵³, nõ³³lo³³
    母黄牛 nõ³³tsəŋ⁵³, nõ³³mji⁵³
    水牛 nõ³³lə³³
    公水牛 nõ³³lo³³
    母水牛 nõ³³lə³³tsəŋ⁵³
    牛犊 nõ³³nu⁵⁵
    牛奶 nõ³³nou⁵⁵
307. 角 khjou³³
    牛角 nõ³³khjou³³
308. 蹄 khjei³³səŋ⁵⁵
309. 粪 khjei⁵⁵
310. 皮 ʃõ⁵⁵kuk⁵⁵
311. 毛 ʃõ⁵⁵mou⁵⁵
312. 尾巴 ʃõ⁵⁵mji³³
313. 马 mjaŋ³³
    马驹 mjaŋ³³nu⁵⁵
    公马 mjaŋ³³lo³³
    母马 mjaŋ³³tsəŋ⁵³
    马鬃 mjaŋ³³tsham³³
314. 羊 tʃhɔt⁵⁵pat³¹, ʃõ⁵⁵pat³¹
    公羊 ʃõ⁵⁵pat³¹lo³³
    母羊 ʃõ⁵⁵pat³¹tsəŋ⁵³
    绵羊，白羊 tʃhɔt⁵⁵pat³¹phju³³
    公绵羊 tʃhɔt⁵⁵lo³³
    母绵羊 tʃhɔt⁵⁵pat³¹tsəŋ⁵³
    羊羔 tʃhɔt⁵⁵pat³¹nu⁵⁵
    羊毛 tʃhɔt⁵⁵pat³¹mou⁵⁵
315. 骡子 lo⁵³tsʅ³¹, lo⁵³tsɛ³¹
316. 驴 lo⁵³kuŋ⁵⁵
317. 猪 vuʔ³¹
    公猪 vuʔ³¹tuŋ³³
    母猪 vuʔ³¹tsəŋ⁵³
    猪崽 vuʔ³¹nu⁵⁵
    种猪（未骟过）vuʔ³¹tʃhɔʔ⁵⁵
318. 狗 khui⁵⁵
    公狗 khui⁵⁵lo³³
    母狗 khui⁵⁵tsəŋ⁵³, khui⁵⁵mji⁵³
    狗崽 khui⁵⁵nu⁵⁵
    猎狗 ʃõ⁵⁵khat⁵⁵khui⁵⁵
319. 猫 lə³¹ŋjou³³
    公猫 ŋjou³³lo³³, ŋjou³³pho⁵³

母猫 ŋjouk³¹tsəŋ⁵³, ŋjou³³mji⁵³

320. 兔子 paŋ⁵⁵tei⁵⁵
321. 鸡 kjɔʔ³¹
　　鸡肉 kjɔʔ³¹ʃo⁵⁵
　　公鸡 kjɔʔ³¹pho⁵³
　　母鸡 kjɔʔ³¹tsəŋ⁵³, kjɔʔ³¹mji⁵³
　　小鸡 kjɔʔ³¹nu⁵⁵
　　鸡冠 kjɔʔ³¹pjɛn³³
322. 翅膀 tuŋ⁵³
　　鸡翅膀 kjɔʔ³¹tuŋ⁵³
323. 羽毛 ʃõ⁵⁵mou⁵⁵, mou⁵⁵
324. 鸡毛 kjɔʔ³¹mou⁵⁵
325. 鸭子 pjɛt⁵⁵
　　公鸭 pjɛt⁵⁵pho⁵³
　　母鸭 pjɛt⁵⁵mji⁵³
326. 鹅 khjaŋ⁵³mo⁵⁵
　　公鹅 khjaŋ⁵³pho⁵³
　　母鹅 khjaŋ⁵³mji⁵³
327. 鸽子 phəŋ⁵⁵kjou⁵⁵
328. 家禽 kou³³ŋjou⁵³
329. 虎 lo³³, lo³³mo⁵⁵
　　公虎 lo³³
　　母虎 lo³³mji⁵³, lo³³tsəŋ⁵³
330. 狮子 kəŋ⁵⁵
331. 龙 man⁵³ʃiŋ³³
332. 爪子 lɔʔ³¹səŋ³³
333. 猴子 mjuk³¹
　　公猴 mjuk³¹phou⁵⁵
　　母猴 mjuk³¹tsəŋ⁵³
334. 象 tshaŋ³³
　　象牙 tshaŋ³³tsl̩⁵³
　　象脚 tshaŋ³³khjei³³
　　象尾 tshaŋ³³ʃõ⁵⁵mji³³
335. 豹子 lə³³pu⁵⁵ti⁵⁵
336. 熊 wɔm³¹
　　公熊 wɔm³¹lo³³
　　母熊 wɔm³¹mji⁵⁵, wɔm³¹tsəŋ⁵³
337. 野猪 vuʔ³¹ti⁵⁵
338. 鹿 tshat⁵⁵
339. 麂子 ʃõ⁵⁵tʃhəʔ³¹
340. 穿山甲 taŋ⁵⁵khui⁵⁵
341. 水獭 ʃam³³, kjeiʃam³³
342. 豪猪 lə³¹pju³³
343. 豪猪箭 pjǔ³³tsu³³
344. 刺猬 tʃhək⁵⁵lei⁵⁵
345. 老鼠 kji³¹nɔʔ³¹
346. 松鼠 jɛn⁵⁵
347. 黄鼠狼 ʃui³¹tʃo⁵⁵
348. 豺狗 wɔm³¹khui⁵⁵
349. 穴 sɔt⁵⁵
350. 鸟 ŋɔʔ⁵⁵
　　公鸟 ŋɔʔ⁵⁵lo³³, ŋɔʔ⁵⁵pho⁵³
　　母鸟 ŋɔʔ⁵⁵mji⁵³, ŋɔʔ⁵⁵tsəŋ⁵³
　　鸟窝 ŋɔʔ⁵⁵sɔt⁵⁵
351. 老鹰 tson³¹
352. 鹞子 laŋ³³ta³³

353. 猫头鹰 khuŋ⁵⁵pɔp³¹
354. 燕子 tʃɛn⁵⁵tʃaŋ³³
355. 野鸡 phə̃⁵⁵kjɔʔ³¹
356. 麻雀 tʃə̃⁵⁵khjaŋ⁵³
357. 蝙蝠 phɔʔ⁵⁵ʃei⁵³
358. 乌鸦 ŋɔʔ⁵⁵nɔʔ³¹
359. 野鸡(麻鸡) phə̃⁵⁵kjɔʔ³¹
360. 鹦鹉 tʃei³³
361. 斑鸠 phəŋ⁵⁵kjou⁵⁵
362. 啄木鸟 pou³³phuk⁵⁵ŋɔ̣⁵⁵
363. 杜鹃(布谷鸟) kuk⁵⁵ty³³
364. 孔雀 wo³³tɔŋ³³
　　 公孔雀 wo³³tɔŋ³³pho⁵³
　　 母孔雀 wo³³tɔŋ³³mji⁵³
365. 犀鸟 kɔn³³
366. 乌龟 tou³³kɔp⁵⁵
　　 乌龟壳 kou³³kɔp⁵⁵a³³kɔp⁵⁵
367. 蛇 laŋ³³mju⁵³, mju⁵³
368. 四脚蛇 tsaŋ⁵³kjuŋ⁵³/³¹
369. 青蛙 po⁵⁵
370. 蝌蚪 mak³¹kə̃⁵⁵lɔŋ⁵⁵, pɔŋ⁵⁵lɔŋ⁵⁵
371. 鱼 ŋə̃³¹tso³³
372. 鳞 ŋə̃³¹kjap⁵⁵
373. 鱼鳍 ŋə̃³¹tuŋ³¹
374. 挑手鱼 ŋə̃³¹pat⁵⁵
375. 贴石鱼 luk³¹tap³¹
376. 沙鳅 pə̃⁵⁵tʃik⁵⁵
377. 黄鳝 xaŋ⁵³san³¹

378. 虾 pou³³tsɔn⁵³
379. 虫 pou³³
380. 臭虫 pou³³phjik⁵⁵
381. 跳蚤 khuk⁵⁵lei̯⁵⁵
382. 虱 ʃɛn⁵⁵
383. 虮子 ʃɛn⁵⁵ṵ⁵³
384. 大苍蝇 jaŋ³¹khuŋ⁵⁵
385. 小苍蝇 pjɔp⁵⁵
386. 蛆 luk³¹
387. 蚊子 kjaŋ³³
388. 蜘蛛 laʔ³¹kaŋ⁵⁵
　　 蜘蛛网 kaŋ³³mja³³
389. 蜈蚣 mju³¹ʃɛn⁵⁵
390. 蚯蚓 vuʔ³¹ti⁵³
391. 蚂蟥 xu a̯ t⁵⁵ŋjou³¹, laʔ³¹ xam⁵⁵, tuŋ⁵³pjɛn⁵³/³¹
392. 小蚂蟥 nə̃⁵⁵mju³¹
393. 蟋蟀 khə̃⁵⁵tɔn³³
394. 蚂蚁 lã³¹jɛt³¹
395. 蚕 pou³³tso³³
396. 茧 tso³³
397. 蜜蜂 pjĩ³³jaŋ³³
398. 蜂蛹 pjĩ³³tso³³
399. 螳螂 khə̃⁵⁵lɔ⁵⁵mjɔʔ³¹pu⁵⁵
400. 蜻蜓 təŋ³¹kam³³
401. 蝴蝶 phə̃⁵⁵lam³³
402. 毛虫 tuŋ³¹saŋ⁵⁵
403. 螃蟹 pou⁵³khy³³
404. 蚌 laŋ⁵⁵tʃo⁵⁵kjap⁵⁵
405. 螺蛳 lã³³xui³³; lã³³xɔi⁵⁵

406. 蜗牛 nə̃⁵⁵pap³¹

五、植　物

407. 树 sək⁵⁵
　　　树干 sək⁵⁵kam⁵³
　　　树枝 sək⁵⁵kɔʔ⁵⁵
　　　树梢 sək⁵⁵ŋjuʔ³¹
　　　树皮 sək⁵⁵kuk⁵⁵
　　　树林 sək⁵⁵puŋ⁵³
408. 根 a³¹pɔn³³
　　　树根 sək⁵⁵pɔn³³
409. 叶子 a³¹fuʔ⁵⁵
　　　树叶 sək⁵⁵fuʔ⁵⁵
　　　这片树叶 sək⁵⁵xjɛ³³fuʔ⁵⁵
410. 花 pan³³, pan³³po⁵⁵
　　　一朵花 pan³³ta⁵³po⁵⁵
411. 鸡冠花 kjɔʔ³¹pjɛn³³pan³³
412. 吊兰 tou³³laŋ⁵⁵pan³³
413. 夜来香 pei⁵³va:ŋ⁵³pan³³
414. 玫瑰花 mei⁵³kui⁵³
415. 茉莉花 mɔk⁵⁵ja⁵³pan³³
416. 野坝子(香芝麻) nam⁵⁵lə:ŋ⁵⁵
417. 水果 ʃɿ⁵⁵
418. 核 a³¹tʃei⁵⁵
419. 芽儿 a³¹tɜui⁵⁵
420. 蓓蕾 pan³³tʃu⁵⁵
421. 向日葵 pei⁵³pan³³
422. 桃树 ʃɿ⁵⁵xɔm⁵⁵kam⁵³
423. 李树 ʃɿ⁵⁵khu⁵⁵kam⁵³
424. 梨树 ʃɿ⁵⁵saŋ⁵⁵kam⁵³
425. 茶树 fuʔ⁵⁵khjap⁵⁵kam⁵³
426. 松树 thaŋ⁵⁵fu³³kam⁵³
427. 松香 thaŋ⁵⁵fu³³
428. 椿树 pan³³sək⁵⁵kam⁵³
429. 棕树 pjɔŋ⁵³kam⁵³
430. 榕树 mjaŋ⁵⁵kam⁵³
431. 樱花树 ʃɔm³³kam⁵³
432. (一种树) tap⁵⁵kam⁵³
433. 竹子 wo³³
　　　竹叶 wo³³fuʔ⁵⁵
　　　竹节 wo³³mjɔʔ³¹
　　　竹根 wo³³pɔn³³
434. 金竹 luŋ³³tsu⁵³
435. 大竹 wo³³su³³
436. (一种竹) mai³³san³³wo³³
437. 竹笋 mjik³¹
438. 酸木瓜 ʃɿ⁵⁵ko³¹
439. 西番莲 ka⁵⁵la⁵⁵ʃɿ⁵⁵
440. 仙人掌 khjam³³thuk⁵⁵
441. 一种长在石头缝、墙头上的
　　　植物 pou⁵³ko³³
442. 藤子 nə⁵³
　　　小藤条 nə⁵³tʃhɔm³³

443. 黄藤 phaŋ⁵⁵khou⁵³nə⁵³
444. 腊火藤 kɔʔ⁵⁵tʃhaŋ⁵⁵nə⁵³
445. 毒鱼藤 kjouʔ⁵⁵paːt³¹
446. 毒藤 kjouʔ⁵⁵nə³¹
447. 相思草 mji³³ŋei³³fuʔ⁵⁵
448. 含羞草 mjɔʔ⁵⁵ʃɔ⁵³
449. 香茅草 phəŋ⁵⁵phikʔ⁵⁵
450. 刺儿 tsu³³
451. 桃 ʃɿ⁵⁵xɔm⁵⁵
452. 梨 ʃɿ⁵⁵saŋ⁵⁵
453. 李子 ʃɿ⁵⁵kho⁵⁵
454. 橘子 mak³¹tʃək⁵⁵
455. 酸橙子 lɔʔ³¹tʃheiʔ⁵⁵
456. 苹果 phiŋ³¹ko³³
457. 葡萄 phu³¹thau³³
458. 石榴 la⁵³mə⁵³ʃɿ⁵⁵
459. 板栗 ʃɿ⁵⁵khjɔt⁵⁵ʃɿ⁵⁵
460. 芭蕉 ŋɔʔ⁵⁵mjuk⁵⁵
461. 甘蔗 phəŋ⁵⁵tʃhou³³/³¹
462. 牛肚子果 muŋ⁵³thŋ³³ʃɿ⁵⁵
   牛肚子果果核 muŋ⁵³tuŋ³³ʃɿ⁵⁵ʃɿ⁵⁵tʃei³³
463. 芒果 maŋ⁵⁵muŋ⁵³, ʃɿ⁵⁵kjɔʔ³¹
464. 木瓜 ʃaŋ⁵⁵phə⁵⁵ʃɿ⁵⁵
465. 菠萝 jaŋ³³wɔm⁵³
466. 核桃 pu⁵³/³¹ʃɿ⁵⁵
467. 缅桃 ma³¹li⁵⁵ka³¹
468. 芦苇 phəŋ⁵⁵ʃɿɛŋ⁵³puŋ⁵⁵
469. 粮食 kuk⁵⁵tso⁵³
470. 水稻 kuk³¹
471. 糯米 kuk³¹ŋjaŋ³³tʃhɛn³³
472. 种子 a³³mjou³³
473. 秧 jaŋ⁵⁵
474. 穗 a⁵⁵nam³³
475. 稻草 khǔ⁵⁵xo³³
476. 谷子(植株) kuk³¹kam⁵³
477. 谷粒 kuk³¹tʃham⁵⁵
478. 小麦 suŋ³³sɔ³³
479. 荞麦 o⁵⁵
480. 玉米 la³³mə⁵³
481. 小米 lək³¹
482. 棉花 taʔ³¹u³³
483. 麻 tʃei³¹mo⁵⁵
484. 菜 ŋaŋ⁵⁵, tshɔn⁵⁵
   菜地 tshɔn⁵⁵jo³¹
485. 菜籽 ŋaŋ⁵⁵ʃɿ⁵⁵
486. 白菜 ŋaŋ⁵⁵phju³³
487. 青菜 ŋaŋ⁵⁵nɔ³¹
488. 韭菜 xo⁵⁵tsei⁵³
489. 芫荽 pha⁵⁵kji⁵⁵
490. 萝卜 ŋaŋ⁵⁵kjei³³
491. 芋头 mə³³
492. 茄子 kho⁵⁵lam⁵⁵
493. 辣椒 lǎ³¹tsɿ⁵⁵
494. 蒜 la³¹sɔn³³
495. 葱 xo⁵⁵puŋ³³
496. 姜 tʃhaŋ⁵⁵kɔʔ⁵⁵
497. 薄荷 pɔʔ³³xɔ⁵⁵
498. 马铃薯 jaŋ³¹ji³³
499. 红薯 mjuʔ⁵⁵ne⁵³, sam⁵³mjuʔ⁵⁵

500. 薯叶尖儿 mjuʔ⁵⁵njoʔ³¹
501. 山药 nə̃³³lə³³mjuʔ⁵⁵
502. 冬瓜 ʃɔŋ³³tʃaŋ⁵⁵
503. 南瓜 tʃuŋ³³ku⁵³
504. 黄瓜 tuŋ³¹kho⁵⁵
505. 西瓜 khə̃⁵⁵tʃhou³³
506. 葫芦 wɔm³³puŋ³³
507. 豆 nuk³¹
508. 爬藤豆 ʃə⁵⁵kjaŋ³¹
509. 黄豆 nuk³¹tsei³³
510. 黑豆 nuk³¹nɔ³¹
511. 蚕豆 tshan³³tu̠³³
512. 豌豆 wan⁵⁵tu³³
513. 扁豆 nuk³¹pjɛn⁵⁵
514. 豇豆 nuk³¹kjo̠u³³
515. 花生 mji⁵³nuk³¹
516. 草 man⁵⁵
517. 稗子 pai³³tsɿ⁵³
518. 茅草 maŋ⁵⁵
519. 蘑菇 mou⁵³lu⁵³/³¹
520. 红菌 mou⁵³ne⁵³
521. 香菌 mou⁵³fu⁵⁵
522.（一种菌）mou⁵³phju³³
523. 奶浆菌 ʃɿ⁵⁵tʃhe³¹mou⁵³
524. 白生菌 mou⁵³tʃhei⁵⁵
525. 马屁泡菌 kuʔ⁵⁵tui⁵³
526. 木耳 mou⁵³kjuɛn³³
527. 烟叶 jɛn⁵⁵fu̠ʔ⁵⁵
528. 青苔 pou⁵³ko³³

六、食　品

529. 米 tʃhɛn³³
　　米粉 tʃhɛn³³mɔn³³
530. 饭 wɔm³³
　　肚子饿 wɔm³³muːt⁵⁵
　　饭包 wɔm³³kək⁵⁵
531. 早饭 nap³¹tshe⁵⁵
532. 中饭 ŋjei⁵⁵tsaŋ³¹
533. 晚饭 mjɛn⁵⁵tshɔn³³
534. 稀饭 lṹ⁵³phɔʔ⁵⁵, wɔm³³ŋjaʔ⁵⁵
535. 面条 mjɛn³³thiau⁵³
536. 挂面 kua³³mjɛn³³
537. 卷粉 kjɛn⁵³fən⁵³
538. 豌豆粉 waŋ⁵⁵tu³³phən⁵³
539. 米线 mi⁵⁵sɛn³³
540. 粑粑 tsõ³¹pa̠³³
541. 面粉 mjɛn³³fɛn⁵³
542. 菜(饭菜) tshɔn⁵⁵
543. 肉 ʃo⁵⁵
　　牛肉 nə³³ʃo⁵⁵
　　羊肉 tʃhɔt⁵⁵pat³¹ʃo⁵⁵
　　猪肉 vuʔ³¹ʃo⁵⁵
　　肥肉 ʃə⁵⁵tshu³³
　　瘦肉 ʃə⁵⁵nək⁵⁵

544. 油 tshu³³
　　花生油 mi³¹nuk³¹tshu³³
　　菜籽油 aŋ⁵⁵ʃɿ⁵⁵tshu³³
545. 香油 nam³¹man⁵⁵
546. 茴香 pan³³tsei⁵³
547. 豆腐 nuk³¹phu⁵⁵
548. 花椒 tʃap³¹ʃɿ⁵⁵
549. 八角 pa⁵³kɔ⁵³
550. 白糖 tʃhə⁵⁵tʃhou³³
551. 红糖 thaŋ⁵³ne⁵³
552. 蛋 u⁵³
　　蛋黄 u⁵³kaŋ⁵³
　　蛋壳 u⁵³kjap⁵⁵
　　双黄蛋 u⁵³tsɔm⁵⁵
　　鸡蛋 kjɔʔ³¹u⁵³
　　鸭蛋 pjɛt⁵⁵ut⁵³
553. 干巴 ʃə⁵⁵kjuʔ⁵⁵

　　牛干巴 no³³ʃə⁵⁵kjuʔ⁵⁵
554. 蜂蜜 pji³³jei³³
555. 汤 tshɔn⁵⁵jiŋ⁵³
556. 酒 jei³³phei⁵⁵
557. 甜白酒 jei³³pat⁵⁵
558. 水酒 phə⁵⁵kaŋ³³
559. 茶 fuʔ⁵⁵khjap⁵⁵
　　泡茶 fuʔ⁵⁵khjap⁵⁵ŋjuːn⁵⁵
560. 烟 tshu⁵⁵jɛn⁵⁵
561. 鸦片 ja⁵⁵phjɛn³³
562. 药 tʃhei⁵⁵, mji³³tʃhei⁵⁵
563. 糠 vuʔ³¹phə⁵⁵
　　粗糠 phə⁵⁵san⁵⁵
　　细糠 phə⁵⁵nu⁵⁵
564. 猪食 vuʔ³¹tso⁵³
565. 马草 mjaŋ³³man⁵⁵
566. 献鬼的一种植物 phəŋ⁵⁵

七、衣着

567. 线 khjəŋ³³
　　线团 khjəŋ³³thə⁵⁵
568. 布 pan³³
　　白布 pan³³phjuː³³
　　黑布 pan³³nɔː ʔ³¹
　　红布 pan³³nɛː⁵³
569. 丝线 pou³³tso³³khjəŋ³³
570. 绸子 pou³³tso³³pan³³
571. 衣服（总称）pji³³mei⁵³

　　上衣 pji³³
　　内衣 pji³³lɔŋ⁵³
　　外衣 pji³³ʃəŋ³³
　　衣领 pji³³ləŋ⁵³
　　衣襟 pji³³pei⁵⁵
　　衣袖 pji³³lɔʔ³¹
　　衣袋 pji³³thuŋ³³
　　棉衣 pji³³thu⁵⁵
　　银泡上衣 ŋə⁵³pji³³

衣服湿了 ta⁵³ pji³³ tʃuʔ⁵⁵ pjɛ³³.
572. 女裙绒球 pan³¹pɔ̣t⁵⁵
573. 花纹 kho⁵⁵
574. 龙袍 luŋ⁵⁵phou⁵³
575. 扣子 pji³³kjɛn⁵⁵
　　扣扣子 pji³³kjɛn⁵⁵kjiːn⁵⁵
　　扣眼儿 kjɛn⁵⁵tɔŋ³³
576. 裤子 lọ⁵⁵
　　裤子湿了。ta⁵³ lọ⁵⁵ tʃuʔ⁵⁵ pjɛ³¹.
　　裤腿儿 lə⁵⁵khjei³³/³¹
　　裤裆 lə⁵⁵kjɔʔ⁵⁵
　　短裤 lə⁵⁵tɔŋ³³
577. 裙子 mɔŋ⁵⁵ thɔŋ⁵⁵, kh ọ⁵⁵ lọ⁵⁵
578. 包头 wọ⁵⁵thɔp⁵⁵
　　戴包头 wọ⁵⁵thɔp⁵⁵thuːp⁵⁵
579. 帽子 muk³¹kjɔp⁵⁵
　　戴帽子 muk³¹ kjɔp⁵⁵ kjɔːp⁵⁵
580. 裙子 mɔŋ⁵⁵thɔŋ³¹
581. 围裙 mei⁵³ʃam⁵³
　　围围裙 mei⁵³ʃam⁵³ʃaːm⁵³
582. 腰带 pi³¹tʃhy⁵⁵
583. 裹腿 khjei³¹thɔp⁵⁵
　　裹裹腿 khjei³¹thɔp⁵⁵thuːp⁵⁵
584. 袜子 mɔ³³tsa³³
585. 鞋 khjei³¹tsuŋ⁵⁵

586. 草鞋 tshau⁵⁵xai³¹
587. 梳子 wọ⁵⁵kjɔʔ⁵⁵
588. 篦子 pji³³kjɔʔ⁵⁵, pji³³
589. 玉石 luk³¹sɛŋ⁵⁵
590. 耳环 nə³³thuŋ⁵⁵, nə³³pjou⁵⁵, nə³³tshɿ⁵⁵
591. 耳坠 mak³¹tum⁵³
592. 项圈 ɣə³³
593. 银项链 ŋə⁵³ɣə³³
594. 戒指 lɔʔ³¹tʃɔp⁵⁵
595. 手镯 lɔʔ³¹thən⁵⁵
　　戴手镯 lɔʔ³¹thən⁵⁵thəːŋ⁵⁵
596. 脚圈 laŋ³³kap³¹
597. 毛巾 mjɔʔ³¹tʃhei⁵⁵ph a³¹tʃat³¹
598. 手绢儿 ph a³¹tʃat³¹
599. 背袋 thuŋ³³khən³¹
600. 穗子 thuŋ³³ʃɿ⁵⁵
601. 被子 wɔt³¹mei⁵³
602. 毯子 wɔt³¹mei⁵³
603. 棉絮 mei³¹thu³³
604. 褥子 phjaŋ⁵⁵mju⁵⁵
605. 毡子 sou⁵⁵kou⁵⁵
606. 枕头 wọ⁵⁵khuk⁵⁵
　　枕枕头 wọ⁵⁵khuk⁵⁵khuːk⁵⁵
607. 席子 than³³mju⁵⁵
　　垫席子 than³³mju⁵⁵mjuː⁵⁵
608. 垫子 sou⁵⁵kou⁵⁵
609. 蓑衣 pjɔm⁵³
　　穿蓑衣 pjɔm⁵³wuːt³¹

610. 斗笠 muk³¹ləŋ⁵⁵ 　　　　　　戴斗笠 muk³¹ləŋ⁵⁵tsuːŋ⁵⁵

八、房屋建筑

611. 房子，家 jɔm³³
612. 家务事 jɔm³³mo³³mo⁵⁵
613. 堂屋 jap³¹tɔʔ³¹
614. 寝室 jɔp⁵⁵kək³¹
615. 房顶 jmɛ³³khuŋ³³
616. 房檐 khjaŋ³³thaŋ³³
617. 地基 jɔm³³ko⁵³
618. 院子 jɔm³³pan⁵³
619. 走廊 kan³³tʃaŋ⁵⁵
620. 厕所 nam³¹tum³³，khjei⁵⁵thɔŋ³³
621. 厨房 wɔm³³tʃau⁵³
622. 凉台 kjam³³，kjam³³tsan⁵³
623. 火塘 mji³³jap³¹tʃhaŋ⁵⁵
624. 火塘烘架 man⁵⁵tsɿ⁵⁵
625. 火塘上层架 kjiʔ⁵⁵thɔʔ⁵⁵
626. 牛圈 nə³³khɔm³³
627. 猪圈 vuʔ³¹khɔm³³
628. 马圈 mjaŋ³³khɔm³³
629. 羊圈 tʃhɔt⁵⁵pat³¹khɔm³³
630. 鸡圈 kjɔʔ³¹khɔm³³
631. 砖 tʃuan⁵⁵
632. 瓦 wa³³
633. 土基 thu⁵⁵kji⁵⁵
634. 土墙 tshə⁵³⁄³¹jam⁵³，thu⁵⁵kji⁵⁵tshə⁵³⁄³¹jam⁵³
635. 石墙 luk³¹tsəŋ⁵³jam⁵³
636. 木板 sək⁵⁵ləŋ⁵⁵
637. 木头 sək⁵⁵tɔm⁵³
638. 柱子 khuŋ³³tsəŋ⁵³
639. 门 khɔm⁵⁵
　　大门 khɔm⁵⁵mo⁵⁵
　　双开门 khɔm⁵⁵tsɔm³³
　　前门 jɔm³³pan⁵³
　　后门 kan⁵³thuŋ³¹
　　门闩 khɔm⁵⁵kjaŋ⁵³
　　门槛 kjam³³taŋ⁵³
640. 窗子 pə³¹təŋ⁵⁵pɔk⁵⁵
641. 梁 khuŋ³³
642. 椽子 khjaŋ³³
643. 台阶 kan⁵⁵kə⁵⁵thɔʔ³¹
644. 梯子 tsəm⁵⁵laŋ³³
　　上楼梯 tsəm⁵⁵laŋ³³tɔʔ³¹
　　下楼梯 tsəm⁵⁵laŋ³³kjɔː⁵⁵
645. 篱笆 khjam³³kjam⁵³，jɔm³³kjam⁵³，tshei⁵³pji⁵⁵
　　竹笆楼板 kjam³³tsan⁵³
646. 园子 khjam³³

九、用品；用具

647. 东西 a³³tsəŋ⁵⁵，tsi⁵³
648. 桌子 tso̠³³po⁵⁵
649. 椅子 taŋ⁵⁵khuk⁵⁵
650. 床 ku³³，phjaŋ⁵⁵
651. 箱子 sə³¹tɛk³¹
652. 柜子 kui⁵⁵tsɿ⁵⁵，pɔn³³
653. 盒子 kɔ̠k⁵⁵tso³³
654. 脸盆 mjɔ̠ʔ³¹tʃhei⁵⁵phan⁵³
655. 肥皂 sə³³pja⁵³
656. 镜子 mjɔ̠ʔ³¹tʃam⁵³
657. 刷子 sua³¹tsɿ³¹
658. 扫帚 pɔn³³ʃɔm⁵⁵
659. 灯 mji³³kɔ̠k⁵⁵
660. 灯泡 mji³³po⁵⁵
661. 灯罩 təŋ⁵⁵tsau³³
662. 灯笼 təŋ⁵⁵luŋ⁵⁵
663. 蜡烛 laʔ³¹tsuʔ³¹
664. 柴 thaŋ⁵⁵
　　　柴堆 thaŋ⁵⁵tsaŋ⁵³
　　　砍柴 thaŋ⁵⁵tsaːn³³
665. 火药 pək⁵⁵mji³³tʃhei³³
666. 火炭 mji³³kyː³³
667. 烧炭 mji³³kyː³³phuːt⁵⁵
668. 火绒 mui⁵⁵
669. 火柴 mji³³pat³¹，mji³³khjək⁵⁵
670. 火把 mji³³təm⁵³

671. 漆 tʃhiʔ³¹
672. 灶 tsou³³
673. 铁锅 ʃam³³ou⁵⁵
674. 炒菜锅 tshən³³nɛ³³ou⁵⁵
675. 盖子 mjei⁵⁵
　　　杯子盖 kɔm⁵⁵mjei⁵⁵
676. 蒸笼 pɔn³³təŋ³³
　　　刀 ʃam³³
　　　刀背 ʃam³³nuŋ⁵⁵
　　　刀刃 ʃam³³so⁵⁵
　　　刀把儿 ʃam³³tsuk⁵⁵
　　　刀壳 ʃam³³pjaŋ⁵³
　　　刀箍 lɔʔ³¹pjei⁵⁵
677. 锅铲 jok⁵⁵kuŋ⁵⁵
678. 勺子 mɔt⁵⁵
679. 调羹 tʃɔ⁵³
680. 碗 khuʔ⁵⁵
681. 小碗 van³³seŋ⁵⁵
682. 盘子 phan⁵³
683. 碟子 phan⁵³
684. 筷子 tsə³³ŋjam⁵⁵，khuai³³tsi⁵⁵（汉）
685. 筷子筒 tsə³³ŋjam⁵⁵thuk⁵⁵
686. 瓶子 tou³³
687. 罐子 jam³³
688. 坛子 jam³³

689. 缸 jam³³
690. 竹水桶 kjei⁵³ᐟ³¹ thuk⁵⁵, nam⁵⁵tou⁵³
691. 木盘 thuŋ⁵⁵laŋ⁵⁵
692. 箍儿 kui⁵⁵
693. 瓢 mȥt⁵⁵
694. 三角架 kjo³³
695. 三角架腿 kjo³³khjei³³
696. 火钳 ŋjap³¹tsei⁵⁵
697. 吹火筒 mji³³pjuŋ⁵⁵
698. 竹筒 wo³³thuk⁵⁵
699. 竹酒筒 thuʔ⁵⁵khjou³³
700. 竹酒筒盖子 khjou³³mjei⁵⁵
701. 烟筒 jɛn⁵⁵tɔ³³pa³³
702. 篮子 lan⁵⁵
703. 花篮 tʃɔm³³
704. 水果篮 pjap⁵⁵
705. 扇子 ʃap⁵⁵
706. 背带 pou³³tʃei⁵³
707. 算盘 sɔn³³phan⁵³
708. 秤 tʃui³³（大），tʃaŋ⁵³（小）
709. 斗（名）puŋ³³
710. 升（名）ʃɛn⁵⁵
711. 财产 i⁵⁵kuan⁵³tsi³¹
712. 钱 ŋə⁵³
713. 银元 ŋə⁵³
714. 盘缠（路费）khjo³³phou⁵⁵
715. 本钱 ŋə⁵³ne⁵⁵
716. 价钱 a³¹phou⁵⁵
    价钱贵 a³¹phou⁵⁵thu³³
717. 货 tsei⁵³
718. 利息 a³³mjɛt³¹
719. 债 ŋə⁵³
720. 针 ŋap⁵⁵
721. 线 khjəŋ³³
722. 锥子 tɔn³³
723. 钉子 tʃɛn⁵⁵
724. 剪刀 thɔ⁵⁵tsɛn³³
725. 镊子（夹子）ŋjap³¹
726. 伞 pei⁵³ko⁵³ᐟ³¹
727. 锁 khɔm⁵⁵so⁵⁵
728. 钥匙 khɔm⁵⁵thou⁵⁵
729. 棍子 kan⁵⁵taŋ³³
730. 马车 mjaŋ³³liaŋ⁵⁵
731. 轮子 liaŋ⁵⁵
732. 马鞍 an⁵⁵, mjaŋ³³an⁵⁵
733. 马笼头 luŋ⁵⁵thuŋ⁵⁵
    马笼头绳 luŋ⁵⁵thuŋ⁵⁵tə⁵⁵
734. 马肚带 phi⁵³thou³³
735. 马蹬子 mjaŋ³³an⁵⁵khjei³³naŋ³³tʃaŋ³³
736. 马掌 mjaŋ³³khjei³³tʃɛn⁵⁵
737. 马槽 mjaŋ³³laŋ⁵⁵
738. 马架子 kja³³tsɿ³³
739. 缰绳 tə⁵⁵
740. 鞭子 tʃə³³thɛp⁵⁵
741. 牛驮 to³³
742. 牛轭 wan⁵⁵tan⁵⁵
743. 牛鼻绳 no³³ʃui⁵³
744. 竹篾子 ne³³

745. 破篾子 ne³³phjɔ³³
746. 单层竹篾子 tʃɔn⁵⁵ne³³
747. 双层竹篾子 khjap⁵⁵ne³³
748. 藤篾 kjɔm⁵³ne³³
749. 帐篷 tsɔm⁵⁵
750. 猪食槽 vuʔ³¹laŋ⁵⁵
751. 轮船 lei³³
752. 桨 kjei⁵³xət⁵⁵luaŋ³³
753. 木筏 pou³³
754. 斧头 wo³³tsuŋ³³
755. 锤子 pat³¹tu̠⁵³
756. 凿子 tʃhɔʔ⁵⁵wo³³
757. 锯子 sək⁵⁵ʃək⁵⁵
758. 锉 tʃhɔʔ⁵⁵wo³³
759. 钳子 ŋjap³¹
    夹钳子 ŋjap³¹ŋjaːp³¹
760. 铲子 kɔt³¹
761. 犁 li⁵⁵
762. 铧 nə³³tʃɔn⁵⁵
763. 钉耙 lɔʔ³¹pa³³，lɔʔ³¹kja³³
764. 镐 pɔk⁵⁵tu̠⁵⁵
765. 锄头 khɔp⁵⁵，khɔp⁵⁵mo⁵⁵
766. 扁担 xap⁵⁵
767. 绳子 tə⁵⁵
768. 大背袋 tʃei³³mo⁵⁵thuŋ³³
769. 麻袋 khjɛt⁵⁵tci³³
770. 箩筐 tʃɔm³³，pjap⁵⁵
771. 楔子 sam⁵⁵tʃam⁵⁵
772. 背篓 lan⁵⁵
773. 撮箕 phɔn³³kjei⁵⁵

774. 肥料 phɔn³³
775. 镰刀 ʃam³³ŋui⁵⁵
776. 水槽 kjei⁵³laŋ⁵⁵
777. 碓 kjei³¹tshɔm³³
778. 臼 tshɔm³³
779. 杵 thuŋ⁵⁵kjei³³
780. 筛子 ʃei⁵⁵
781. 簸箕 po⁵⁵ləŋ⁵⁵，juŋ⁵⁵
782. 磨 luk³¹ləŋ³³，lui³³
783. 碾子 luk³¹ləŋ³³
784. 水碾子 kjei⁵³tshɔm³³
785. 织布机 jɔʔ³¹kan³³
786. 纺锤 vaŋ⁵⁵
787. 柴刀 ʃam³³tɔm⁵³
788. 刀鞘 ʃam³³pjap⁵⁵
789. 武器 lak³¹nak³¹
790. 矛 lam³³
791. 枪 mji³³ɔm³³
792. 铜炮枪 thuŋ⁵³phau⁵⁵
793. 扳机 lei³³lan⁵³
794. 枪箍 vɔm³³kui⁵⁵
795. 枪箍罩 vɔm³³sat⁵⁵
796. 枪筒 vɔm³³thuŋ⁵⁵
797. 枪条 vɔm³³tɔn³³
798. 枪尾垫 vɔm³³khjei³³pat³¹
799. 子弹 ʃam³³ʃɪ⁵⁵
800. 剑 lam³³
801. 炮 mjɔk³¹
802. 弹弓 lə³³tan³³
803. 土弹丸 tsei⁵⁵ʃɪ⁵⁵

804. 弓 lei^{33}
805. 箭 mjo^{33}ʃɿ^{55}
806. 靶子 thaŋ^{55}ti^{53}
807. 扣子（捕兽）pju^{31}tə^{55}
808. 火药 mji^{33}ʧhei^{55}
809. 毒 mji^{33}nɔʔ^{31}
810. 网 kɔn^{53}
811. 渔网 ŋə^{31}kɔn^{53}

812. 塞子 tshou^{53}
813. 盖子 a^{31}mjei^{55}
814. 钩子 ŋui^{55}
　　钩钩子 ŋui^{55}ɕɿ:i^{55}
815. 玻璃 mjoʔ^{31}ʧam^{55}
816. 汽车 mɔ^{33}tɔ^{33}
817. 自行车 khjei^{33}leŋ^{55}

十、文化娱乐

818. 字 mou^{53}sou^{55}ʧham^{55}
819. 信 ʃə^{33}kjam^{33}
820. 画 xua^{33}
821. 书 mou^{53}sou^{55}
822. 纸 mou^{53}sou^{55}
823. 笔 pɔŋ^{33}tin^{33}
824. 墨 mək^{31}
　　墨水 mək^{31}sui^{53}
　　墨盒 mək^{31}kɔk^{55}
825. 橡皮 taŋ^{55}kəŋ^{53}
826. 章、印 ʧaŋ^{33}
827. 话 taŋ^{33}
828. 勒期话 lə^{31}ʧhi^{53}taŋ^{33}
829. 故事 mɔ^{33}mji^{33}
　　讲故事 mɔ^{33}mji^{33}ta:i^{53}
830. 谚语 taŋ^{33}kjei^{53}
831. 笑话 ji^{53}nou^{53}
832. 歌 ma^{33}khɔn^{55}

　　唱歌 ma^{33}khɔn^{55}khu:n^{55}
833. 山歌 ʧɿ^{33}
834. 象脚鼓舞 tsəŋ^{53}ko^{55}
　　跳象鼓脚舞 tsəŋ^{53}ko^{55}kɔ:^{55}
835. 戏 tsat^{55}
　　演戏 tsat^{55}pja:ʔ^{55}
836. 球 pɔ^{33}luŋ^{55}
837. 象脚鼓 tsəŋ^{53}
838. 鼓 tsəŋ^{53}puŋ^{33}
839. 鼓皮 tsəŋ^{53}tsəŋ^{33}
840. 钟 na^{33}ji^{33}
841. 锣 maŋ^{55}
842. 铙 ʧap^{55}ʧhəŋ^{53}
843. 笛子 khə^{55}laŋ^{53}
844. 双管笛 laŋ^{53}tsɔm^{53}
845. 土仁笛 thə^{31}lɛn^{55}
846. 箫 pji^{55}sɔn^{53}
847. 三弦 təŋ^{53}

848. 弦线 təŋ⁵³khjəŋ³³
849. 铃 tʃu³³
850. 喇叭 tum³¹pa³³

851. 鞭炮 phau³³tʃaŋ⁵³
852. 电影 taʔ⁵⁵tʃhiŋ⁵³

十一、宗教；意识

853. 上帝 kə³³ʒai⁵³
854. 鬼 nat³¹
855. 祭鬼 nat³¹kau⁵⁵
856. 和尚 puŋ³³kji̠⁵⁵
857. 香 xiaŋ³³，xum³³
858. 灵魂 sə⁵⁵pju⁵³
859. 运气 kam⁵³
　　　运气好 kam⁵³kɛ̠⁵³
860. 罪 mə³³ʒa⁵³
861. 福气 tso³³kam⁵³
862. 力气 jɔm³³
863. 意思 lə³¹tʃum³³
864. 事情 a³³mo⁵⁵
865. 脾气 a³¹kjaŋ⁵⁵
866. 记号 mə³³ka³³
867. 生活 ji⁵⁵kɔ̠n⁵³
868. 礼物 tʃuŋ³¹ʃuk⁵⁵
869. 习惯 ma:n⁵⁵
870. 年纪 tsan⁵³′³¹wɔt³¹
871. 姓 xu⁵⁵
872. 名 mjiŋ³³
　　　取名字 mjiŋ³³mjə.ŋ⁵³

873. 痛苦 mjɛt³¹mjo³³
874. 错误 mə³³ʒa⁵³
875. 犯错误 mə³³ʒa⁵³la:i³³
876. 区别 kəŋ³³khaʔ⁵⁵
877. 份儿 kam⁵³pɔm⁵³
878. 三份 kam⁵³ pɔm⁵³ sɔm⁵⁵ pɔm⁵³
879. 回声 laŋ³³thaŋ³³
　　　应回声 laŋ³³thaŋ³³tu̠⁵⁵
880. 结子 tə⁵⁵thɔm⁵⁵
　　　打结子 tə⁵⁵thɔm⁵⁵thu:m⁵⁵
881. 痕迹 a³¹kho³³
882. 渣滓 a³¹pa̠t⁵⁵
883. 斑点 mə³³ka³³
884. 样子 a³¹sam⁵⁵
885. 影子 a⁵⁵lo³³
886. 梦 jɔʔ⁵⁵mɔʔ³¹
887. 做梦 jɔʔ⁵⁵mɔʔ³¹mɔ:ʔ³¹
888. 好处 ke⁵³tʃaŋ³³
889. 用处 tʃhɪ³³tʃaŋ³³
890. 原因 mə³³tʃɔ³³
891. 事情 mo⁵⁵

十三、方位；时间

892. 东 pei⁵³thuʔ⁵⁵
    东边 pei⁵³thuʔ⁵⁵phjaŋ³³
893. 西 pei⁵³vaŋ⁵³ᐟ³¹
    西边 pei⁵³vaŋ⁵³ᐟ³¹phjaŋ³³
894. 东南 pei⁵³thuʔ⁵⁵pei⁵³vaŋ⁵³ᐟ³¹
895. 中间 a³³kuŋ⁵³，a³³kjo³³
896. 中心 a³³kaŋ⁵³
897. 旁边 a³³jam⁵³
898. 左 lɔʔ³¹pei⁵⁵
    左边 lɔʔ³¹pei⁵⁵phjaŋ³³
899. 右 lɔʔ³¹jo⁵³
    右边 lɔʔ³¹jo⁵³phjaŋ³³
900. 前 ʃək⁵⁵
    前边 ʃək⁵⁵phjaŋ³³
901. 后 thaŋ³³
    后边 thaŋ³³phjaŋ³³
902. 里 a³³khou³³
903. 角 a³³ʧɔn³³
904. 尖儿 a³³phjo⁵⁵
905. 边儿 a³³jam⁵³
906. 家后院 jɔm³³pan⁵³
907. 到处 ta⁵³khuŋ⁵⁵
908. 周围 a³³jam⁵³lɘŋ⁵³khjuk⁵⁵
909. 附近 a³³nam⁵³
910. 芒市附近 maŋ⁵³ʃɿ⁵³nam⁵³
911. （水）底 khou³³
912. 界线 mou³³kjo⁵⁵
913. 背后 nuŋ³¹thaŋ⁵³
914. 上方（地势、河流）kjei⁵³mɔn⁵³
915. 下方（地势、河流）kjei⁵³thaŋ³³
916. 上（火塘）thɔʔ⁵⁵
917. 下（火塘）o³³
918. （桌子）上 a³¹thɔʔ⁵⁵
919. （桌子）下 a³¹kjei⁵⁵
920. （楼）上 a³¹thɔʔ⁵⁵
921. （楼）下 a³¹kjei⁵⁵
922. （山）下 pɔm⁵³khjei³³
923. 山顶 pɔm⁵³kuŋ⁵³
924. 时间 a³³khjiŋ³³
925. 今天 khə⁵⁵ŋjei⁵⁵
926. 明天 nap³¹jo⁵³ŋjei⁵⁵
927. 昨天 a³³ŋjei⁵⁵nap³¹
928. 前天 ʃək⁵⁵jɔ³¹ŋjei⁵⁵
    大前天 ʃək⁵⁵kə³³jɔ⁵³ŋjei⁵⁵
929. 后天 saŋ³³phə⁵⁵nap³¹ŋjei⁵⁵
    大后天 puk³¹phə⁵⁵nap³¹ŋjei⁵⁵
930. 今晚 khə⁵⁵mjɛn⁵³
931. 明晚 nap³¹mjɛn⁵³
932. 昨晚 a³¹man⁵³
933. 白天 ŋjei⁵⁵kuŋ⁵³

934. 早晨 nap^{31}sən^{55}
935. 黎明 mjɔʔ^{31}mjaŋ^{53}
936. 上午 nap^{31}sən^{55}
937. 中午 ŋjei^{55}kuŋ^{53}
938. 下午 mjɛn^{55}than^{33}
939. 黄昏 mou^{33}tʃhɔt^{55}tso^{55}
940. 晚上 mjɛn^{55}
941. 半夜 kam^{53}kuŋ$^{53/31}$
942. 日子 pei^{53}ŋjei^{55}
943. 初一 la̠^{55}tshan^{55}ta^{53}ŋjei^{55}
944. 初二 la̠^{55}tshan^{55}ək^{55}ŋjei^{55}
945. 初三 la̠^{55}tshan^{55}səm^{55}ŋjei^{55}
946. 月 la̠^{55}mo^{55}
　　一月 la̠^{55}mo^{55}ta^{53}khjap^{55}
　　二月 la̠^{55}mo^{55}ək^{55}khjap^{55}
　　三月 la̠^{55}mo^{55}səm^{55}
　　　 khjap^{55}
　　四月 la̠^{55}mo^{55}mji^{33}
　　　 khjap^{55}
　　五月 la̠^{55}mo^{55}ŋ^{33}khjap^{55}
　　六月 la̠^{55}mo^{55}khjuk^{55}
　　　 khjap^{55}
　　七月 la̠^{55}mo^{55}ŋɛt^{55}
　　　 khjap^{55}
　　八月 la̠^{55}mo^{55}ʃɛt^{53}khjap^{55}
　　九月 la̠^{55}mo^{55}kou^{33}
　　　 khjap^{55}
　　十月 la̠^{55}mo^{55}ta^{53}tshe^{33}
　　　 khjap^{55}
　　月初 la̠^{55}tshan^{55}

月中 la̠^{55}ləŋ^{55}
月底 la̠^{55}ʃei^{33}
947. 年 tsan^{53}
　　今年 khõ^{55}tsan^{53}
　　去年 a^{33}nək^{55}
　　前年 ʃei^{33}nək^{55}
　　明年 san^{33}nək^{55}
　　后年 nuŋ^{33}nək^{55}
948. 从前 ko^{55}nam^{53}
949. 古时候 ko^{55}ləŋ^{33}ko^{55}nam^{53}
950. 现在 a^{33}khui^{55}
951. 近来 a^{31}mjaŋ^{55}mɔ^{33}
952.（三年）以前 ʃək^{55}mɔ^{53}
953.（两天）以后 than^{33}mɔ^{53}
954. 今后 a^{31}khui^{55}mɔ^{53}
955. 最后 tʃɛ^{53}than^{33}
956. 星期 lə^{55}pan^{53}
　　星期一 lə^{55}pan^{53}ta^{53}ŋjei^{55}
　　星期二 lə^{55}pan^{53}ək^{55}ŋjei^{55}
　　星期三 lə^{55} pan^{53} səm^{55}
　　　 ŋjei^{55}
　　星期四 lə^{55} pan^{53} mji^{33}
　　　 ŋjei^{55}
　　星期五 lə^{55}pan^{53}ŋ^{33}ŋjei^{55}
　　星期六 lə^{55} pan^{53} khjuk^{55}
　　　 ŋjei^{55}
　　星期天 lə^{55}pan^{53}ŋjei^{55}
957. 刚才 a^{33}khaŋ^{33}
958. 清明节 tshin^{55}min^{31}tse^{31}
959. 春 tshuŋ^{55}nam^{55}

961. 冬 ŋam⁵⁵nam⁵⁵
962. 节日 pɔi⁵⁵
963. 吉日 pei³¹ŋjei⁵⁵kɛ⁵³

十三、数量

964. 一 ta⁵³
965. 二 ək⁵⁵
967. 三 sɔm⁵⁵
968. 四 mji³³
969. 五 ŋ³³
970. 六 khjuk⁵⁵
971. 七 ŋjɛt⁵⁵
972. 八 ʃɛt⁵⁵
973. 九 kou³³
974. 十 ta⁵³tshe³³
975. 十一 ta⁵³tshə³³ta⁵³
976. 十二 ta⁵³tshə³³ək⁵⁵
977. 十三 ta⁵³tshə³³sɔm⁵⁵
978. 十四 ta⁵³tshə³³mji³³
979. 十五 ta⁵³tshə³³ŋ³³
980. 十六 ta⁵³tshə³³khjuk⁵⁵
981. 十七 ta⁵³tshə³³ŋjɛt⁵⁵
982. 十八 ta⁵³tshə³³ʃɛt⁵⁵
983. 十九 ta⁵³tshə³³kou³³
984. 二十 ək⁵⁵tshe³³
985. 二十一 ək⁵⁵tshə³³ta⁵³
986. 三十 sɔm⁵⁵tshe³³
987. 三十一 sɔm⁵⁵tshə³³ta⁵³
988. 四十 mji³³tshe³³
989. 四十一 mji³³tshə³³ta⁵³
990. 五十 ŋ³³tshe³³
991. 五十一 ŋ³³tshə³³ta⁵³
992. 六十 khjuk⁵⁵tshe³³
993. 六十一 khjuk⁵⁵tshə³³ta⁵³
994. 七十 ŋjɛt⁵⁵tshe³³
995. 七十一 ŋjɛt⁵⁵tshə³³ta⁵³
996. 八十 ʃɛt⁵⁵tshe³³
997. 八十一 ʃɛt⁵⁵tshə³³ta⁵³
998. 九十 kou³³tshe³³
999. 九十一 kou³³tshə³³ta⁵³
1000. 百 ʃɔ̥³³
1001. 一百零一 ta⁵³ʃɔ̥³³lɔ³³ʃɛt⁵⁵
1002. 一百零五 ta⁵³ʃɔ̥³³lɔ³³ŋ³³
1003. 千 tɔŋ³³
1004. 万 mun⁵³
1005. 十万 ta⁵³tshe³³mun⁵³
1006. 百万 ta⁵³ʃɔ̥³³mun⁵³
1007. 千万 ta⁵³tɔŋ³³mun⁵³
1008. 亿 ji³³（汉）/mun⁵³mun⁵³
1009. 第一 nan³³pat⁵⁵ta⁵³
1010. 第二 nan³³pat⁵⁵ək⁵⁵
1011. 第三 nan³³pat⁵⁵sɔm⁵⁵
1012. 第四 nan³³pat⁵⁵mji³³

1013. 第五 nan³³pat⁵⁵ŋ³³
1014. 第六 nan³³pat⁵⁵khjuk⁵⁵
1015. 第七 nan³³pat⁵⁵ŋjɛt⁵⁵
1016. 第八 nan³³pat⁵⁵ʃɛt⁵⁵
1017. 第九 nan³³pat⁵⁵kou³³
1018. 第十 nan³³pat⁵⁵ta⁵³tshe³³
1019. 第十一 nan³³pat⁵⁵ta⁵³tshe³³ta⁵³
1020. （一）个（人）juʔ³¹
　　一个人 pju⁵³ta⁵³juʔ³¹
1021. （一）个（碗）khjap⁵⁵
　　一个碗 khuʔ⁵⁵ta⁵³khjap⁵⁵
1022. （一）条（河）laŋ⁵³
　　一条河 kjei⁵³laŋ⁵³ta⁵³laŋ⁵³
1023. （一）条（绳子）khat⁵⁵
　　一条绳子 tə⁵⁵ta⁵³khat⁵⁵
　　一段绳子 tə⁵⁵ta⁵³tɔm⁵¹
1024. （一）条（鱼）tu³³
　　一条鱼 ŋə³¹tso³³ta⁵³tu³³
1025. （一）张（纸）khjap⁵⁵
　　一张纸 mou⁵³sou⁵³ta⁵³khjap⁵⁵
1026. （一）页（书）khjap⁵⁵
　　一页书 mou⁵³sou⁵³ta⁵³khjap⁵⁵
1027. （一）个（鸡蛋）tʃham⁵⁵
　　一个蛋 u⁵³ta⁵³tʃham⁵⁵
1028. （两）只（鸟）tu³³
　　两只鸟 ŋəʔ⁵⁵ək⁵⁵tu³³
1029. （一）口（猪）tu³³
　　一口猪 vuʔ³¹ta⁵³tu³³
1030. （一）头（牛）tu³³
　　一头牛 no³³ta⁵³tu³³

1031. （一）根（棍子）khat⁵⁵
　　一根棍子 kan⁵⁵taŋ³³ta⁵³khat⁵⁵
1032. （一）根（草）khat⁵⁵
　　一根草 man⁵⁵ta⁵³khat⁵⁵
1033. （一）根（柴）khjuŋ³³（指砍断后）
　　一根柴 thaŋ⁵⁵ta⁵³khjuŋ³³
1034. （一）粒（米）tʃham⁵⁵
　　一粒米 tʃhɛn³³ta⁵³tʃham⁵⁵
1035. （一）把（扫帚）lɔm³³
　　一把扫帚 pon³³ʃɔm⁵⁵ta⁵³lɔm³³
1036. （一）把（刀）khjam⁵⁵
　　一把刀 ʃam³³ta⁵³khjam⁵⁵
1037. （一）棵（树）kam⁵³
　　一棵树 sək⁵⁵ta⁵³kam⁵³
1038. （两）本（书）puk³¹
　　两本书 mou⁵³sou⁵³ək⁵⁵puk³¹
1039. （一）丛（树）puŋ⁵³
1040. （一）行（麦子）jan⁵⁵
　　一行麦子 suŋ³³so³³ta⁵³jan⁵⁵
1041. （一）座（桥）lɔm³³
　　一座桥 tsam⁵³ta⁵³lɔm³³
1042. （一）把（菜）təŋ³¹,tsɔp⁵⁵
　　一把菜 tshɔn⁵⁵ta⁵³tsɔp⁵⁵
1043. （一）把（米）tsɔp⁵⁵
　　一把米 tʃhɛn³³ta⁵³tsɔp⁵⁵
1044. （两）枝（花）khat⁵⁵
1045. （一）堆（粪）pɔm⁵³
　　一堆粪 khjei⁵⁵ta⁵³pɔm⁵³

1046. (一) 桶 (水) pɔŋ⁵⁵
一桶水 kjei⁵³ta⁵³pɔŋ⁵⁵
1047. (一) 碗(饭) khuʔ⁵⁵
一碗饭 wɔm³³ta⁵³khuʔ⁵⁵
1048. (一) 块 (地) ləŋ³³
一块地 jo³¹ta⁵³ləŋ³³
1049. (一) 块 (石头) ləŋ³³
一块石头 luk³¹tsəŋ⁵³ta⁵³ləŋ³³
1050. (一) 片 (树叶) fu̠ʔ⁵⁵
一片树叶 a³¹fu̠ʔ⁵⁵ta⁵³fu̠ʔ⁵⁵
1051. (一) 朵 (花) pu⁵⁵
一朵花 pan³³ta⁵³pu⁵⁵
1052. (一) 句 (话) khuan⁵⁵
一句话 taŋ³³ta⁵³khuan⁵⁵
1053. (一) 首 (歌) khat⁵⁵
一首歌 mə³¹khɔn⁵⁵ta⁵³khat⁵⁵
1054. (一) 件 (衣) khjap⁵⁵
一件衣服 pji³³ta⁵³khjap⁵⁵
1055. (一) 件 (事) lɔm³³
一件事 mo⁵⁵ta⁵³lɔm³³
(这) 种 (病) tʃuŋ³³ (汉),
tʃu⁵⁵ (汉)
这种病 no⁵³xjɛ³³tʃuŋ³³, xjɛ³³
tʃuŋ³³no⁵³, no⁵³xjɛ³³
1056. (一) 双 (鞋) tsɔm⁵⁵
一双鞋 khjei³³tsu̠ŋ⁵³ta⁵³tsɔm⁵⁵
1057. (一) 对 (兔子) tsɔm⁵⁵
一对兔子 paŋ⁵⁵te̠i⁵⁵ta⁵³tsɔm⁵⁵
1058. (一) 群 (羊) tʃɔm⁵³
一群羊 tʃhɔt⁵⁵pat³¹ta⁵³tʃɔm⁵³
1059. (一) 段 (路) thuŋ⁵⁵

一段路 khjo³³ta⁵³thuŋ⁵⁵
1060. (一) 节, 截 (竹子) thuŋ⁵⁵
一截竹子 wo³³ta⁵³thuŋ⁵⁵
1061. (一) 天 (路) ŋjei⁵⁵
1062. (一) 只 (鞋) ti̠⁵⁵
一只鞋 khjei³¹tsu̠ŋ⁵⁵ta⁵³ti̠⁵⁵
1063. (一) 家 (人) jɔm³³
一家人 jɔm³³ta⁵³jɔm³³
1064. (一) 卷 (布) təŋ³³
一卷布 pan³³ta⁵³təŋ³³
1065. (一) 筐 (菜) tʃɔm⁵⁵,
pjap⁵⁵
一筐菜 ta⁵³tʃɔm⁵⁵, pjap⁵⁵
1066. (一) 背 (芋头) wan⁵³
一背芋头 mə³³ta⁵³wan⁵³
1067. (一) 捆 təŋ³³
一捆柴 thaŋ⁵⁵ta⁵³təŋ³³
1068. (一) 半 khjam⁵⁵
半壁房子 jɔm³³ta⁵³khjam⁵⁵
半个竹子 wo⁵⁵ta⁵³khjam⁵⁵
半个牛肚子果 muŋ⁵³tuŋ³¹ʃɿ⁵⁵
ta⁵³khjam⁵⁵
1069. (一) 层 tsaŋ⁵³
1070. (一) 岁口 (牛、马)
tsan⁵³
1071. (一) 驮 khji⁵³
一驮米 tʃhen³³ta⁵³khji⁵³
1072. (一) 袋 (烟) tʃɔn⁵³
一袋烟 jen⁵⁵ta⁵³tʃɔn⁵³

1073．(一)排(房)jan⁵⁵
一排房子 jɔm³³ta⁵³jan⁵⁵
1074．(一)串(珠子)tsaŋ⁵³
1075．(一)滴(油)tsɔʔ³¹
一滴油 tshu³³ta⁵³tsɔʔ³¹
1076．(一)片(瓦)khjap⁵⁵
一片瓦 wa³³ta⁵³khjap⁵⁵
1077．(两)层(楼)tsaŋ⁵³
1078．(一)间(房)kɔk³¹
一间房子 jɔm³³ta⁵³kɔk³¹
1079．(一)包 kək⁵⁵
一包米 tʃhen³³ta⁵³kək⁵⁵
1080．(一)瓶(水)tou̯³³
一瓶水 kjei⁵³ta⁵³tou̯³³
1081．(一)盒(药)kɔk⁵⁵
一盒药 tshei⁵⁵ta⁵³kɔk⁵⁵
1082．(一)摊(泥)pja̯ʔ³¹
一摊泥 thəm⁵⁵pɔp³¹ta⁵³pja̯ʔ³¹
1083．斤 kjin⁵⁵
一斤羊肉 tʃhɔt⁵⁵pat³¹ʃo⁵⁵ta⁵³kjin⁵⁵
1084．两 ʒuŋ³¹
1085．(一)钱 tʃhɿ⁵⁵
1086．(一)斗 puŋ⁵³
1087．(一)升 ʃɛn⁵⁵
1088．(一)庹 lam³¹
1089．(一)肘 tuŋ³³
1090．(一)拃 tho̯³³
1091．(一)尺 tʃhɿ⁵³
1092．(一)寸 tshun⁵³

1093．(一)步 pi⁵³
1094．(一)元 khuɛ⁵⁵
1095．(一)角 kjɔ⁵³
1096．(一)分 fun⁵⁵
1097．(一)点钟 khjəŋ³³
1098．(一)会儿 tsɔp³¹
1099．(一)天 ŋjei⁵⁵
1100．五天 ŋ³³ŋjei⁵⁵
1101．(一)夜 mjɛn⁵³
1102．(一)昼夜 ta⁵³ŋjei⁵⁵ta⁵³mjɛn⁵³
1103．(一)月 khjap⁵⁵
1104．(一)年 tsan⁵³
1105．(一)岁 tsan⁵³
1106．(一)辈子 pja̯t⁵⁵
1107．(一)代(人)pja̯t⁵⁵
1108．(去一)次 ləŋ³³，tam⁵³
去一次 ta⁵³ləŋ³³jɛ̯³³
1109．(来一)回 ləŋ³³，tam⁵³
来一回 ta⁵³ləŋ³³lɔ:⁵³
1110．(吃一)顿 ma⁵⁵
吃一顿 ta⁵³ma⁵⁵tsɔ³³
1111．(喊一)声 khɔn⁵⁵
喊一声 ta⁵³khɔn⁵⁵ju:t³¹
1112．(打一)下 ləŋ³³，tam⁵³
打一下 ta⁵³tam⁵³pa:t³¹
1113．(踢一)下 khjei³³/³¹
踢一下 ta⁵³khjei³³/³¹pə:k³³
1114．(咬一)口 nuat⁵⁵
咬一口 ŋa:t³¹ta⁵³nuat⁵⁵

1115. （一）点儿 ta⁵³tʃik̚⁵⁵
1116. 一些 ta⁵³jam⁵⁵
1117. 几个 khà³³mjo⁵³
1118. 每天 ŋjei⁵⁵（khaŋ⁵⁵）ŋjei⁵⁵
1119. 每晚上 mjɛn⁵⁵ᐟ⁵³（khaŋ⁵⁵）mjɛn⁵⁵ᐟ⁵³
1120. 每早上 nap³¹（khaŋ⁵⁵）nap³¹
1121. 每月 khjap⁵⁵（khaŋ⁵⁵）khjap⁵⁵
1122. 每年 tsan⁵³（khaŋ⁵⁵）tsan⁵³
1123. 每个 lɔm³³khaŋ⁵⁵
1124. 一倍 ta⁵³mjo⁵³
1125. 三分之一 sɔm⁵⁵phɔn³³ta⁵³phɔn³³，sɔm⁵⁵lɔm³³mɔ⁵³ta⁵³lɔm³³

十四、代　词

1126. 我 ŋo⁵³
1127. 我俩 ŋo⁵³taŋ̱³³
1128. 咱 njaŋ⁵⁵taŋ̱³³
1129. 咱俩 njaŋ⁵⁵
1130. 我们 ŋo⁵³nuŋ̱⁵⁵
　　我们家 ŋo⁵³nuŋ̱⁵⁵jɔm³³
1131. 你 naŋ⁵³
1132. 你俩 nà⁵³taŋ̱³³
1133. 你们 nà⁵³nuŋ̱⁵⁵
1134. 他 ŋjaŋ³³
1135. 他俩 ŋjaŋ³³taŋ̱³³
1136. 他们 ŋjaŋ³³nuŋ̱⁵⁵
1137. 咱们俩 ŋjàŋ⁵⁵taŋ̱³³
1138. 咱们 ŋjàŋ⁵⁵nuŋ̱⁵⁵
1139. 大家 paːm⁵³ʃɔ̍⁵⁵paŋ³³
1140. 自己 jɔm³³sə̱ŋ³³
　　自己的事情自己做 jɔm³³sə̱ŋ³³mo⁵⁵jɔm³³sə̱ŋ³³tsɿ⁵⁵.
1141. 我自己 ŋo⁵³jɔm³³sə̱ŋ³³
1142. 你自己 naŋ⁵³jɔm³³sə̱ŋ³³
1143. 他自己 ŋjaŋ³³jɔm³³sə̱ŋ³³
1144. 别人 sə⁵⁵pei⁵⁵
　　这是别人说的。xjɛ³³ke³³sə⁵⁵pei⁵⁵taːi⁵³tse⁵³.
1145. 这 xjɛ³³
1146. 这个 xjɛ³³lɔm³³
1147. 这些 xjɛ³³pei⁵⁵（指物），xjɛ³³paŋ⁵⁵（指人）
1148. 这里 xjɛ³³mo³³
1149. 这边 xjɛ³³phjaŋ⁵⁵
1150. 这样 xjɛ³³su⁵⁵
1151. 那（较远） thə³³
1152. 那（最近） xɛ³³
1153. 那个 xɛ³³lɔm³³
1154. 那些 thə³³pei⁵⁵（指物），thə³³paŋ⁵⁵（指人）
1155. 那里 thə³³mo³³
1156. 那边 thə³³phjaŋ⁵⁵
1157. 那样 thə³³su⁵⁵

1158. 谁 xaŋ⁵⁵，xaŋ⁵⁵juʔ³¹
1159. 什么 xɛ⁵⁵tʃuŋ³³，xa⁵⁵ tʃuŋ³³，tʃhə³³tʃuŋ³³
1160. 为什么 tʃhə³³mə⁵³，xɛ⁵⁵ tʃuŋ³³mo⁵³
1161. 哪个 khá³³juʔ³¹
1162. 从哪里 khá³³mɔ⁵³
1163. 什么时候 khá³³tʃhɔ³³
1164. 几时 khá³³khjəŋ³³
1165. 怎么 khá³³su⁵⁵
1166. 多少 khá³³mjo⁵³
1167. 几个 khá³³mjo⁵³
1168. 其他 ko⁵⁵jam⁵⁵，ko⁵⁵poŋ³³
1169. 各自 xaŋ⁵⁵ŋɛʔ⁵⁵xaŋ⁵⁵ɲjaŋ³³
1170. 一切，全部 paːn⁵³ʃɔʔ⁵⁵

十五、形容词

1171. 大 kjiː³³
    不大 a³³kji³³
1172. 小 ŋɛː⁵³
    不小 a³³ŋe⁵³
1173. 粗 kjiː³³
1174. 细 tsaːi⁵³
    不细 a³³tsei⁵³
1175. 高 mjaːŋ³³
1176. 矮、低 ɲjuːm³³
    不低 a³³ɲjəm³³
1177. 凸 phoːt⁵⁵
    不凸 a³³phot⁵⁵
1178. 凹 khuːŋ⁵⁵
1179. 长 ʃəːŋ³³
1180. 短 tuːt⁵⁵
    不短 a³³tɔt⁵⁵
1181. 远 veː³³
    不远 a³³ve³³
1182. 近 tʃaːŋ⁵³
1183. 宽 laːm⁵³
    弄宽 lɔʔ⁵⁵laːm⁵³
1184. 窄 tʃaːp⁵⁵
1185. 狭窄 tʃiːn⁵⁵tʃap⁵⁵
1186. 厚 thuː³³
1187. 薄 pɔː⁵⁵
    不薄 a³³po⁵⁵
1188. 深 nəːk³¹
    不深 a³³nək³¹
1189. 浅 poː⁵⁵
    不浅 a³³po⁵⁵
1190. 满 pjəːŋ⁵⁵
    不满 a³³pjiŋ⁵⁵
1191. 多 mjɔː³³
    不多 a³³mju³³
1192. 少 ʃaːu⁵⁵
    不少 a³³ʃou⁵⁵
1193. 圆 ləːŋ⁵⁵
1194. 扁 pjiːn⁵⁵
    不扁 a³³pjɛn⁵⁵
1195. 尖 tʃhuːn³³
    不尖 a³³tʃhon³³
1196. 平 taːm⁵³，ʒaː⁵⁵

1197. 皱 ŋuːŋ³³
1198.（打得）准 təŋ⁵⁵
　　不准 a³³təŋ⁵⁵
1199. 偏 jəʔ⁵⁵
　　不偏 a³³jəʔ⁵⁵
1200. 歪 juːn⁵³
　　不歪 a³³jɔn⁵³
1201. 顺 jɔː⁵⁵
　　不顺 a³³jo⁵⁵
1202. 倒 taːu⁵⁵
　　不倒 a³³tou⁵⁵
1203. 横 pjiː³³
1204. 竖 tsɔːŋ³³
　　不竖 a³³tsu̱ŋ³³
1205. 直（站立）taːn³³
1206. 直（路）ŋjaːŋ⁵³
1207. 直（树）ʃuːt
1208. 斜 tʃuːn⁵³
1209. 黑 nɔːʔ³¹
　　不黑 a³³nɔʔ³¹
1210. 白 phjuː³³
1211. 红 nɛː⁵³
　　不红 a³³nɛ⁵³
　　红红的花 nɛ⁵³nɛː⁵³taː⁵⁵pan³³
1212. 黄 xəː³³
1213. 绿 ŋjaːu⁵³
　　不绿 a³³ŋjou⁵³
1214. 灰 mɔːi⁵⁵
　　不灰 a³³mui⁵⁵
1215. 亮 paːŋ⁵³

1216. 重 laːi³³
　　不重 a³³lei³³
1217. 轻 suːm⁵⁵
　　不轻 a³³səm⁵⁵
　　这树叶轻飘飘的。sək⁵⁵xjɛ³³
　　fuʔ⁵⁵səm⁵⁵səm⁵⁵tsa³³.
1218. 快 mjaːp³¹
　　不快 a³³mjap³¹
1219. 慢 nɛː⁵⁵
　　不慢 a³³ne⁵⁵
1220. 早 nɔːʔ⁵⁵
1221. 迟 nɛː⁵⁵
1222. 锋利 thɔːʔ⁵⁵
　　钝、不锋利 a³³thɔʔ⁵⁵
1223. 结实 kəːŋ³³
1224. 清 kjəːŋ³³
　　不清 a³³kjiŋ³³
1225. 浑浊 muːi⁵³
1226. 胖 tshu̱³³
　　不胖 a³³tshu̱³³
1227. 瘦（人）kjiː⁵⁵
1228. 瘦（地）kjiː⁵⁵
1229. 干 kju̱ʔ⁵⁵
　　不干 tshu̱³³kju̱ʔ⁵⁵
1230. 湿 tʃu̱ʔ⁵⁵
　　不湿 a³³tʃu̱ʔ⁵⁵
1231.（粥）稀 ŋjaʔ⁵⁵, jəːŋ³¹
　　不稀 a³³jiŋ³¹
1232.（布）密 tʃei⁵⁵
1233.（布）稀 ʒaːn³³

1234. 硬 kju:ŋ³³
1235. 软 nə̠⁵³
1236. 粘 kji:n⁵³
不粘 a³³kjɛn⁵³
1237. 光滑 tʃu:t⁵⁵
不光滑 tʃɔt⁵⁵
1238. 细（米）tsa:i⁵³
不细 a³³tsei⁵³
1239. 滑（路）tʃu:t⁵⁵
不滑 a³³tʃɔt⁵⁵
1240. 紧 tə:ŋ⁵³
1241. 松 ʃu:i³³
1242. 牢固 kə:ŋ³³
1243. 对 kɛ:⁵³
不对 a³³ke⁵³
1244. 错 ʃu:t⁵⁵
不错 a³³ʃɔt⁵⁵
1245. 真 ŋu:t⁵⁵
不真 a³³ŋɔt⁵⁵
1246. 生的 tʃu:m³³
不生 a³³tʃɔm³³
1247. 新 sə:k⁵⁵
不新 a³³sək⁵⁵
1248. 旧 tsha:u⁵⁵
不旧 a³³tshou⁵⁵
1249. 好 kɛ:⁵³
不好 a³³ke⁵³
1250. 坏 pjɔ:ʔ³¹
1251. 贵 pha:u⁵⁵
不贵，便宜 a³³phou⁵⁵

1252. 便宜 pɔ̠⁵⁵，a³³phou⁵⁵
不便宜 a³³po⁵⁵
1253. 老 ma:ŋ³³
1254. 嫩 nu:⁵⁵
不嫩 a³³nu⁵⁵
1255. 年老 maŋ³³tso⁵⁵
1256. 美 ju:ŋ⁵⁵，jɔ:ŋ⁵⁵
不美 a³³juŋ⁵⁵
1257. 丑 a³³juŋ⁵⁵
1258. 烫 ŋɛ:⁵³
不烫 a³³ŋe⁵⁵
1259. 冷（天气）ŋa:m⁵⁵
1260. 热（天气）ŋɛ:⁵³
1261. 热 lu:ŋ⁵³
不热 a³³luŋ⁵³
1262. 冷（水）tʃa:m⁵⁵
1263. 温（水）lu:ŋ⁵³，ŋy:³³
不温 a³³luŋ⁵³
1264. 暖和 ŋy:³³
1265. 难 ja:u³³
不难 a³³jou³³
1266. 容易 lə:⁵³
1267. 香（气味）xu:m³³
不香 a³³xɔm³³
1268. 臭 na:m⁵³
1269. 酸 tʃi:n³³
不酸 a³³tʃɛn³³
1270. 甜 tʃha:u³³
不甜 a³³tʃhou³³
1271. 苦（味道）khɔ:⁵⁵

不苦 a³³kho⁵⁵
1272. 辣 phjəːk⁵⁵, phjiːk⁵⁵
不辣 a³³phjik⁵⁵
1273. 咸 khɔː⁵⁵
不咸 a³³khɔ⁵⁵
1274. 淡（盐）a³³ŋam³¹
1275. 涩 pa̠ːn³³
1276. 腥 kjəːm³³
1277. 腻 ŋəːŋ⁵⁵
1278. （嘴）馋 ʃuː³³
他很馋。ŋjaŋ³³kjai⁵³ʃuː³³.
1279. 忙 kjiːn⁵⁵
不忙 a³³kje̠n⁵⁵
1280. 富 jɔː⁵⁵
不富 a³³jo⁵⁵
1281. 穷 mjɔːŋ⁵³
不穷 a³³mjuŋ⁵³
1282. 干净 ʃaːn⁵³（菜），juːŋ⁵⁵（衣物）
1283. 脏 a³³san⁵⁵
1284. 活的 tə³¹tse⁵³
1285. 死的 ʃei³³tse⁵³
1286. 奇怪 maːu⁵⁵
不奇怪 a³³mou⁵⁵
1287. 一样的 ta⁵³tʃuŋ³³tsa³¹
1288. 明亮 tou³³pa̠³¹
1289. 好吃 ŋa̠m⁵⁵
难吃 a³³ŋam⁵⁵
1290. 好听 ŋuːn⁵⁵
不好听 a³³ŋon⁵⁵

1291. 好看 juːŋ⁵⁵, jɔːŋ⁵⁵
不好看 a³³juŋ⁵⁵
1292. 难看 a³³juŋ⁵⁵
1293. 好笑 ji³¹naːu⁵³
1294. 响 mjəːŋ⁵⁵
不响 a³³mjiŋ⁵⁵
1295. 辛苦 mjɔːŋ³³
不辛苦 a³³mjuŋ³³
1296. 闷 xuːp⁵⁵
不闷 a³³xəp⁵⁵
1297. 急忙 kjin⁵⁵thɔːŋ⁵⁵
1298. 花（布）tuːk⁵⁵
1299. 聪明 tsiːn³³/kjəŋ³³
不聪明 a³³tsɛn³³
1300. 傻 pa̠ːm³³
1301. 疯 naː³³
疯子 pju⁵³na³³
1302. 机灵 lə̠ːk⁵⁵
1303. 老实 nɔm³³nɔm³³tap⁵⁵tap⁵⁵
1304. 狡猾 a³³phuk⁵⁵a³³lək⁵⁵
1305. 骄傲 khək⁵⁵puːn³³
1306. 合适 kɛː⁵⁵
不合适 a³³ke⁵⁵
1307. 客气 khuŋ³³kaː⁵³
1308. 小气 tʃhiːn⁵⁵
不小气 a³³tʃhɛn⁵⁵
1309. 勤快 kjiːt⁵⁵
不勤快 a³³kje̠t⁵⁵
1310. 懒 nəː³³, la³³kuːn³³（景）
1311. 勤快 kjiːt⁵⁵
不勤快 a³³kje̠t⁵⁵

1312. 努力 ə³¹ku:t⁵⁵
1313. 可怜 nək⁵⁵mji:n³³
1314. 高兴 kə³³pu⁵⁵，kə³³ʒa³³
1315. 舒服 ŋə³³ŋu:n⁵⁵
     不舒服 a³³ŋun⁵⁵
1316. 悲哀 ju:n⁵⁵
1317. 单独 ɲjan³¹puk⁵⁵
1318. 陡峭 pjɔ:ʔ⁵⁵
1319. 早早地 nɔ:ʔ⁵⁵mɔ⁵³
1320. 慢吞吞 tsɔ⁵⁵tsɔ⁵⁵lɛ⁵³
1321. 亮晶晶 pa:n³¹
1322. 黑黢黢 tʃhək⁵⁵tʃhək⁵⁵
     nɔ:ʔ³¹
1323. 灰扑扑 xuk⁵⁵xuk⁵⁵mu:i⁵⁵
1324. 蓝殷殷 ʃəŋ⁵⁵ʃəŋ⁵⁵ɲja:u⁵³
1325. 绿油油 ʃɔm⁵⁵ʃɔm⁵⁵ɲja:u⁵³
1326. 红通通 tsam³³tsam³³nɛ:⁵³
1327. 乱七八糟 a³¹mɔt⁵⁵a³³sɔt⁵⁵
1328. 零零碎碎 a³³kjo⁵⁵a³³thaŋ³³
1329. 慌慌张张 a³¹kjəŋ⁵⁵a³¹
     khjɔt⁵⁵
1330. 混杂状 a³³ɲjou⁵³a³¹luk⁵⁵
1331. 啰里啰嗦 a³¹nuŋ⁵³a³¹
     khɔt⁵⁵
1332. 热热闹闹 laŋ³³ŋu:n⁵⁵laŋ³³
     ŋə:⁵³
1333. 百战百胜 tʃhə³³ʃ tʃhə³³
     ɔŋ⁵³
1334. 亲亲热热 tʃet³¹tʃet³¹kaŋ³³
     kaŋ³³

1335. 老老实实 nɔm³³nɔm³³tap⁵⁵
     tap⁵⁵

十六、动　词

1336. 挨近 na:m⁵³
1337. 爱 ŋə:⁵³
     爱他 ŋo⁵³lɛ⁵⁵ŋə:⁵³
1338. 爱（吃）na:u⁵³
     爱吃 tso³³na:u⁵³
1339. 安装 tɔ:⁵⁵
1340. 按 tu:n³³
     不按 a³³tɔn³³
1341. 熬（粥）ɲja:ʔ⁵⁵
     熬粥 wɔm³³ɲja:ʔ⁵⁵ɲja:ʔ⁵⁵
1342. 拔（草）mu:t³¹
     拔草 man⁵⁵nu:t³¹
1343. 把（尿）kha:m⁵³
1344. 耙（田）pa:³³
     耙田 jo⁵³pa:³³
1345. 掰开 mjək⁵⁵
1346. （桌上）摆着 tɔ:⁵⁵
1347. 摆动 nu:n⁵⁵
     树摆动 sək⁵⁵kam⁵³nu:n⁵⁵
1348. 使摆动 nu:n⁵³
     摇动树 sək⁵⁵kam⁵³nu:n⁵³
1349. 败 su:m⁵⁵
1350. 拜 pa:i⁵³
     拜菩萨 phə⁵⁵ʒa⁵⁵pa:i⁵³
1351. 搬（家）thu:t⁵⁵

不搬 a³³thɔt⁵⁵
1352. 搬（凳子）thuːt⁵⁵
　　搬椅子 taŋ⁵⁵khuk⁵⁵thuːt⁵⁵
1353. 帮助 kə³³ʒum⁵⁵
1354. 绑 tə̠ː⁵⁵
　　用绳子绑 tə̠ː⁵⁵ŋjei⁵³tə̠ː⁵⁵
1355. 包 kə̠ːk⁵⁵
　　包饭 wɔm³³kə̠ːk⁵⁵
1356. 包围 khuːm⁵³
　　不包围 a³³khɔm⁵³
1357. 剥（花生）phuːk⁵⁵
　　不剥 a³³phuk⁵⁵
1358. 剥花生 mji⁵³nuk³¹phuːk⁵⁵
1359. 剥（牛皮）phjɔːʔ⁵⁵
1360. （漆）剥落 kjuːt³¹
1361. 饱 kjiː³³
1362. 抱 puːn⁵⁵
　　不抱 a³³pɔn⁵⁵
　　抱孩子 tsə³³ʃaŋ³³puːn⁵⁵
1363. 背（孩子）paːu³³
　　不背 a³³pou³³
　　背孩子 tsəʃaŋ³³paːu³³
1364. 焙干（谷子）wuːn³³
　　不焙干 a³³wɔn³³
1365. 比赛 khjəːŋ⁵³
　　不比赛 khjiːŋ⁵³
1366. 闭 mjḙiː⁵⁵
　　闭口 muat⁵⁵mjḙiː⁵⁵
1367. 编（辫子）nə̠ːk⁵⁵
　　编辫子 tsham³³nəkː⁵⁵nə̠ːk⁵⁵

1368. 编（篮子）sa̠ːi⁵³
　　不编 a³³seḭ⁵³
　　编 篮子 tsɔm⁵⁵sa̠ːi⁵³, 1an⁵⁵sa̠ːi⁵³
1369. 改变 sa̠ːi⁵³ləːk⁵³
1370. 扁了 pjiːn⁵⁵, pjḙːt⁵⁵
　　压扁（了）nɛ̠ː⁵³pjɛ̠n⁵⁵
1371. 病 nɔː⁵³
　　不病 a³³nɔ⁵³
　　他病了。 ŋjaŋ³³nɔ⁵³pjɛ³³.
1372. 补（衣）phɔː³³
　　补衣 pji³³phɔː³³
1373. 补（锅）phɔː³³
　　不补 a³³phɔ³³
　　补锅 ou⁵⁵phɔː³³
1374. 擦（桌子）suːːt⁵⁵
　　不擦 a³³sɔ̠t⁵⁵
　　擦桌子 tsoː³³po⁵⁵suːːt⁵⁵
1375. 猜 mjiːt³¹
　　不猜 a³³mjɛt³¹
　　猜中 tsaːŋ⁵⁵mjiːt³¹
1376. 裁 tsiːn³³
　　不裁 a³³tsɛn³³
　　裁裤子 lo̠⁵⁵tsiːn³³
1377. 踩 naːŋ³³
　　（你）用一只脚踩！(naŋ⁵³)
　　taː⁵³ khjei³³ ŋjei⁵³ naːŋ³³
　　a³¹!
1378. 藏（东西）ŋjɔm⁵⁵
　　不藏 a³³ŋjɔm⁵⁵

藏钱 ŋə⁵³ŋjɔːm⁵⁵

1379. 蹭（痒）sɹ̩⁵⁵
蹭树干 sək⁵⁵kam⁵³sɹ̩⁵⁵

1380. 插（牌子）tsuːk⁵⁵
插篱笆 ta⁵³kha⁵⁵tsuːk⁵⁵

1381. 插（秧）ʃɔː⁵⁵
插秧 kuk³¹ʃɔː⁵⁵

1382. 差（两斤）ʒaː⁵³
差两斤 ək⁵⁵kjin⁵⁵ʒaː⁵³

1383. 拆（衣服）phjɔːʔ⁵⁵
拆衣服 pji³³phjɔːʔ⁵⁵
拆房子 jɔm³³phjɔːʔ⁵⁵

1384. （房子）毁塌 pjɔːʔ³¹
房子塌了。jɔm³³pjɔːʔ³¹pjɛ³³.

1385. 扶（起）tuː³³
把爷爷扶起来！a³³phou⁵⁵1e⁵⁵ tuː³³tɔ⁵³kat⁵⁵！

1386. 搀扶（着走）tʃuːn⁵⁵
不用扶！a³³tʃun⁵⁵tʃha³³！

1387. 掺（水）kaːt⁵⁵
掺水 kjei⁵³kaːt⁵⁵luk⁵⁵

1388. 缠（线）thə⁵⁵
绕成团 khjəŋ³³thə⁵⁵thə⁵⁵

1389. 尝 tʃəm⁵⁵
不尝 a³³tʃəm⁵⁵
你尝尝看！naŋ⁵³tʃɔːm⁵⁵ju⁵⁵aʔ³¹！

1390. 偿还 tshaːp⁵⁵
还债 ŋə⁵³tʃɛːŋ³³tshaːp⁵⁵

1391. 唱 khuːn⁵⁵，thɔː³³

不唱 a³³khɔn⁵⁵
唱歌 ma³³khɔn⁵⁵khuːn⁵⁵

1392. 抄写 kaː³³
抄写两遍 ək⁵⁵ləŋ³³kaː³³

1393. 吵嘴 pjɔːʔ³¹kɔ⁵⁵
他俩天天吵嘴。ŋjàŋ³³taŋ³³ ŋjei⁵⁵ŋjei⁵⁵pjɔːʔ³¹kɔ⁵⁵.

1394. 炒 nɛː³³
炒菜 tshɔn⁵⁵nɛː³³

1395. 沉 nuːp³¹
不沉 khɔn⁵⁵nəp³¹
砖沉到水底。tʃuan⁵⁵kjei⁵³ mo³³nuːp³¹.

1396. 称（粮食）ləːk⁵⁵
不称 khɔn⁵⁵lək⁵⁵
称粮食 kuk³¹ləːk⁵⁵

1397. （用杆子）撑住 thuːk⁵⁵
用木头把墙撑住！sək⁵⁵khat⁵⁵ ŋjei⁵³jɔm³³mo³³thuːk⁵⁵tuː³³ aʔ³¹！

1398. 撑（伞）thuːk⁵⁵
撑伞 pei⁵³kɔ⁵³/³¹thuːk⁵⁵

1399. 成了 tuːt³¹
不成 a³³tət³¹
他成了坏人。ŋjaŋ³³pju⁵³kui⁵⁵ tuːt³¹pjɛ³³.

1400. 盛（饭）kaːt⁵⁵
盛饭 wɔm³³kaːt⁵⁵

1401. 吃 tsɔː³³
吃的东西 tsɔː³³tʃuŋ³³

吃饱 tsɔː³³kji³³
吃了 tso³³pjɛ³³
吃完了 paːn⁵³tso³³pjɛ³³
不吃 a³³tsɔː³³tsɔː³³
不能吃 a³³ke⁵³tsɔː³³
吃饭 wɔm³³tsɔː³³
胃口好 tsɔː³³nuat⁵⁵ŋaːm⁵⁵

1402. 喂，使吃 tsɔ̱ː³³
1403. 冲（河水冲下来）kuːn⁵³
   冲洗 xuːt⁵⁵tʃheːi³³
   用水冲洗 kjei⁵³ŋjei⁵³ xuːt⁵⁵ tʃheːi³³
1404. 舂 thuːŋ⁵⁵
   舂米 kuk³¹thuːŋ⁵⁵
1405. 抽（出）ʃe̱ː⁵³
   不抽 a³³ʃe³³
   把刀抽出来！ʃam³³ʃe̱ː⁵³thuːʔ⁵⁵ lo⁵³aʔ³¹！
1406. 抽（烟）paːʔ⁵⁵
   抽烟 jɛn⁵⁵pa̱ʔ⁵⁵
1407. 抽打 paːt³¹
   把牛打一顿 no³³le⁵⁵ta⁵³tam⁵³ paːt³¹
1408. 出嫁 pɔ̱ːn⁵³
   她是去年出嫁的。ŋjaŋ³³ke³³ a³³nək⁵⁵pɔ̱ːn⁵³
1409. 出（水痘）thuːʔ⁵⁵
   出水痘 pan³³thuːʔ⁵⁵
1410. 出去 thuːʔ⁵⁵lɔː⁵⁵
   从家里出去 jɔm³³mɔ⁵³thuːʔ⁵⁵ lɔː⁵⁵
1411. 出（太阳）thuːʔ⁵⁵
1412. 出来 thuːʔ⁵⁵lɔː⁵³
   人出来 pju⁵³thuːʔ⁵⁵lɔː⁵³
1413. 太阳出来了 pei⁵³thuːʔ⁵⁵ lo⁵³pjɛ³³．
   出太阳了。pei⁵³thuːʔ⁵⁵pjɛ³³．
   月亮出来了。la̱⁵⁵mo⁵⁵thuːʔ⁵⁵ lo⁵³pjɛ³³．
1414. 取出 laːp³¹thuːʔ⁵⁵
   取出一袋米 tʃhɛn³³ta⁵³tei³³ laːp³¹thuːʔ⁵⁵
1415. 出现 thuːʔ⁵⁵ʒɔːt³¹
1416. 铲 tʃhan³³
   铲草 man⁵⁵tʃhan³³
1417. 锄 khaːi⁵³
   不锄 a³³khei⁵³
   锄地 khjam⁵⁵khaːi⁵³
1418. 穿（衣）wuːt⁵⁵
   不穿 a³³wɔt⁵⁵
   穿衣 pji³³wuːt⁵⁵
1419. 穿（鞋）tsu̱ŋ⁵⁵
   穿鞋 khjei³³tsu̱ŋ⁵⁵tsɔːŋ⁵⁵
1420. 穿（袜）tsaː³³
   穿袜子 mɔ³³tsa³³tsaː³³
1421. 穿（针）tʃaːu⁵⁵
   不穿 a³³tʃou⁵⁵
   穿针 ŋap⁵⁵tʃaːu⁵⁵
   穿线 khjəŋ³³tʃaːu⁵⁵
1422. 穿孔 thaːu⁵⁵phaːŋ⁵³, thaːu⁵⁵thɔːŋ³³

1423. 传染 ta:p³¹
　　传染疾病 no⁵³ta:p³¹
1424. 吹（乐器）mu:t³¹
　　吹笛子 khə⁵⁵laŋ⁵³mu:t³¹
　　不吹 a³³mət³¹
1425. 吹（灰）mu:t³¹
　　吹灰尘 phə⁵⁵lou³³mu:t³¹
　　不吹 a³³mət³¹
1426. 捶打 thu:n³³
　　不锤打 a³³thən³³
1427.（消息）传开 ta:i⁵³mji:n⁵³
1428. 喘 ʃɛ:³³
　　不喘 a³³ʃe³³
1429. 戳 tha:u⁵⁵
　　不戳 a³³thou⁵⁵
　　戳一下 ta⁵³tam⁵³tha:u⁵⁵
　　戳破 tha:u⁵⁵pha:ŋ⁵³
　　戳通 tha:u⁵⁵thəŋ³³
1430. 刺 tha:u⁵⁵
1431. 催 kha:t⁵⁵
　　别催我！ŋo⁵³le⁵⁵khaʔ⁵⁵kha:t⁵⁵！
1432. 错 ʃu:t⁵⁵
　　不错 a³³ʃət⁵⁵
1433. 做错了 ku:t⁵⁵ʃət⁵⁵pjɛ³³
1434. 搓（绳）ʃu:m⁵³
　　不搓 a³³ʃəm⁵³
　　搓绳子 ʃu:m⁵³tə⁵³
1435. 搭 sa:i⁵³
　　搭瓜架 phu⁵⁵ʃəm³³kjam³³sa:i⁵³
1436. 答应 kjɔ:³³ʒa³³

1437. 打（人）pa:t³¹
　　打了 pat³¹pjɛ³³
　　打人 pju⁵³pa:t³¹
　　不打 a³³pat³¹
　　别打 khaʔ⁵⁵pat³¹
　　打倒 pa:t³¹lə:ŋ⁵⁵
　　打架 pa:t³¹kɔ:⁵⁵
　　打散 pa:t³¹pjɔ:³³
1438. 打手势 lɔʔ³¹tu⁵³tu:⁵³
1439. 打卦 tsu³³ju³³，pɔt³¹phji:t⁵⁵
1440. 打猎 ʃo⁵⁵pə:k⁵⁵
1441. 打（枪）pə:k⁵⁵
1442. 打中 tsaŋ³³pə:k⁵⁵
1443. 打仗 kji⁵³pək⁵⁵pə:k⁵⁵
1444. 失散 lɔʔ⁵⁵mji:n⁵³
1445. 打（水）(kjei⁵³) khu:⁵⁵
1446. 打（针）(ŋap⁵⁵) tha:u⁵⁵
1447. 打（柴）(thaŋ⁵⁵) tsa:n³³
1448. 打赌 tɛ:p⁵⁵
1449.（把墙）弄倒 lɔʔ⁵⁵lə:ŋ⁵⁵
　　把墙弄倒 tshə⁵³/³¹jam⁵³lɔʔ⁵⁵lə:ŋ⁵⁵
1450. 倒（过来）ta:u⁵⁵
　　不倒 a³³tou⁵⁵
　　倒过来！ta:u⁵⁵kat⁵⁵aʔ³¹！
1451. 倒掉（把水）xu:t⁵⁵pjam⁵³
　　把水倒掉 kjei⁵³xu:t⁵⁵pjam⁵³
1452. 到达 tʃy:⁵⁵
　　到达芒市 maŋ⁵³ʃi⁵³tʃy:⁵⁵

1453. 捣碎 pa:t³¹phi:³³
　　把豆子捣碎 nuk⁵³pa:t³¹phi:³³
1454. 等待 la:ŋ⁵⁵tə⁵⁵
　　他在家外等着。ŋjaŋ³³jɔm³³
　　pan⁵³mo³³la:ŋ⁵⁵tə⁵⁵.
1455. （地）震 mi⁵³nuan⁵⁵nuan⁵⁵
1456. 滴（水）tsɔ:ʔ³¹
1457. 低（头）ŋu̠:n⁵⁵
　　不低 a³³ŋɔ̠n⁵⁵
1458. 递 jy:n⁵⁵
　　不递 a³³jyɛn⁵⁵
1459. 点（火）ta:p⁵⁵
1460. 燃烧 ta:p⁵⁵
1461. 垫 mju̠:⁵⁵
1462. 凋谢 ʃə³³wu:m³³
　　不凋谢 a³³ʃɔm³³
1463. 叼 ŋa:t³¹tə⁵⁵
1464. 掉（过头）ta̠:u⁵⁵
　　不掉 a³³tou̠⁵⁵
1465. 掉（下井去）kjɔ:⁵⁵
　　不掉 a³³kjɔ⁵⁵
1466. 掉（眼泪）kjɔ:⁵⁵
1467. 吊 la:ŋ⁵⁵
1468. 钓（鱼）tə̠:⁵⁵
1469. 跌倒 lə:ŋ⁵³pa:t³¹
1470. 打（墙）（tshə⁵⁵jam⁵³）
　　pa:t³¹
1471. 打扮 mu̠:n⁵⁵
　　不打扮 a³³mɔ̠n⁵⁵
1472. 打比方 taŋ³³ke⁵³

1473. 打（喷嚏）（a⁵⁵tʃhou⁵³）
　　tʃho:u⁵³
1474. 打（瞌睡）（jɔp⁵⁵ŋui⁵⁵）
　　ŋɔ:i⁵⁵
1475. 打滚 lu³³ləŋ³³
1476. 打（呵欠）（a³¹xam⁵⁵）
　　xa:m⁵⁵
1477. 打嗝 ək⁵⁵thuŋ⁵⁵
1478. 打（鼾）（jɔp⁵⁵khu⁵³）
　　khu:⁵³
1479. 打开 pha:ŋ⁵³
1480. 打霹雳 mou³³ku:n⁵³
1481. 打闪 lap⁵⁵tʃhə:k⁵⁵
1482. 打（雷）（mou³³kɔm³³）
　　ku:m³³
1483. 代替 kuŋ³¹khjɔt⁵⁵
1484. 带（钱）wu:n⁵³
　　不带 a³³wɔn⁵³
1485. 带（路）ʃy:⁵⁵
1486. 带（孩子）ʃy:⁵⁵
1487. 戴（包头）（uʔ⁵⁵thɔp⁵⁵）
　　thu:p⁵⁵
1488. 戴（帽子）tsɔ̠:ŋ⁵⁵
　　不戴 a³³tsu̠ŋ⁵⁵
1489. 戴（手镯）wu:t³¹
1490. 不戴 a³³wɔt³¹
1491. 耽误（时间）kjɔ:⁵⁵
1492. 当（兵）ku̠:t⁵⁵
　　不当 a³³kɔ̠t
1493. 挡（风）kha:m⁵³

1494. （墙）倒了 lə:ŋ⁵³
1495. 叠（被）na:p⁵⁵
1496. （蚊子）叮 ŋa:t³¹
1497. 钉（钉子）pa:t³¹tsu:ŋ³⁵
1498. 弄丢失 lɔʔ⁵⁵khjɔ:⁵³
1499. 懂 sɛ:⁵³
　　不懂 a³³se⁵³
1500. （手）冻 ku:⁵⁵
1501. 动 tə⁵³
　　不动 a³³tə⁵³
1502. 使动 lɔʔ⁵⁵tə⁵³
1503. 兜着 kju:n⁵³
　　不兜 a³³kjɔn⁵³
1504. 读 ŋa:p⁵³
1505. 堵 tsha:u⁵³
1506. 赌博 ŋə⁵³phei⁵³pa:t³¹
1507. 渡（河）ku:³³
1508. 度（过一生）la:i³³
　　不度 a³³lei³³
1509. 断（气）kaŋ³³kjɔ:³³
1510. 断（线）pji:t³¹
　　不断 pjɛt³¹
1511. （把线）弄断 lɔʔ⁵⁵phjit⁵⁵
1512. 断（棍子）kja:u³³
　　不断 a³³kjou³³
1513. （把棍子）弄断 lɔʔ⁵⁵kja:u⁵⁵
1514. 堆（草）pu:m⁵³, pɔ:m⁵³
　　不堆 a³³pɔm⁵³
1515. 蹲 tsɔ:ŋ³³

不蹲 a³³tsuŋ³³
1516. 躲藏 ka:u⁵⁵
　　不躲 a³³kou⁵⁵
1517. 剁（肉）tʃa:p³¹
1518. 跺（脚）naŋ³³thə:ŋ⁵³
1519. 饿 mu:t⁵⁵
　　不饿 a³³mɔt⁵⁵
1520. 恶心 nək⁵⁵phu:k⁵⁵
1521. 发抖 na:n⁵⁵
1522. 发芽 ju:k³¹
　　不发芽 a³³juk³¹
1523. （把衣服）翻过来 phu:k⁵⁵
1524. 翻身 phu:k⁵⁵
1525. 反刍 pha:t⁵⁵
1526. 犯法 mə³¹ʒa³¹ʃu:t⁵⁵
1527. 防守 tsu:ŋ⁵⁵
1528. 盖（房子）ku:t⁵⁵
　　不盖 a³³kɔt⁵⁵
1529. （衣服）干 xə:⁵³
1530. （笋）干 kjɔ:ʔ⁵³
1531. 晒干 la:p⁵⁵xə:⁵³, la:p⁵⁵kjɔ:ʔ⁵⁵
1532. 干咽 mja:u³³
　　不干咽 a³³mjou³³
1533. 感冒 tsha:m³³mjei⁵⁵
1534. 感谢 pu:n³³
1535. 赶集 kici⁵⁵vaŋ⁵³
1536. 赶（牛）ku:n⁵⁵
　　不赶 a³³kɔn⁵⁵
1537. 赶（上）kha:t⁵⁵

1538. 干活儿 mo⁵⁵tsʅ³³
1539. 敢 wuːm⁵⁵
　　不敢 a³³wəm⁵⁵
1540. 告诉 taːi⁵³kjɔː⁵⁵
1541. 割（肉）jaːm⁵⁵
1542. 割下 jaːm⁵⁵juː⁵³/³¹
1543. 割（绳子）jaːmːp⁵⁵
1544. 割断 jaːm⁵⁵phjit⁵⁵
1545. 割（草）jaːm⁵⁵
1546. 搁 kɛː⁵⁵
　　搁在上面！a³³thɔʔ⁵⁵mo³³kɛː⁵⁵aʔ³¹！
1547. 隔（一条河）kjɔː³³
1548. 给 pjeːi³³
1549. 够（长度）luːk⁵⁵
1550. 够（了）luːʔ³¹
　　不够 a³³luʔ³¹
1551. 跟（在后面）tʃhaːŋ⁵³
1552. 耕（田）phuːk⁵⁵
1553. 放生 naːŋ³³
1554. 放（水在碗里）kaːt⁵⁵
1555. 放（盐）kaːt⁵⁵
1556. 放牧 tsuːŋ⁵⁵
1557. 放火 ŋɛː⁵³
　　不放火 a³³ŋeː⁵³
1558. 放（屁）xuːp⁵⁵
　　不放 a³³xəp⁵⁵
1559. 纺（纱）tuːi⁵³
1560. 符合 tsuːm⁵³
　　不符合 a³³tsəm⁵³

1561. 使符合 lɔʔ⁵⁵tsuːm⁵³
1562. 飞 taːŋ³³
1563. 分（粮食）kaːm⁵³
1564. 分家 kaːm⁵³
1565. 分离 kaːŋ³³
1566. 使分开 lɔʔ⁵⁵kaːŋ⁵⁵
1567. 缝 khjuːp⁵⁵
1568. 疯 juː³³
1569. 敷 pɔ⁵⁵
　　不敷 a³³po⁵⁵
1570. 孵 wuːp⁵⁵
　　不孵 a³³wɔp⁵⁵
1571. 扶 ŋɜː³³
　　不扶 a³³ŋeː³³
1572. 腐烂 puːp⁵⁵
　　不腐烂 a³³pɔp⁵⁵
1573. 该去 kəːŋ⁵⁵
1574. 盖（土）ŋuːp⁵⁵
　　不盖 a³³ŋɔp⁵⁵
1575. 盖（被子）tsəːŋ⁵⁵
1576. （猪）拱（土）kɔːŋ³³
　　不拱 a³³kuŋ³³
1577. 钩 ŋɔːi⁵⁵
　　不钩 a³³ŋui⁵⁵
1578. 故意 təŋ⁵³saŋ³³
1579. 箍 juːp³¹
　　不箍 a³³jɔp³¹
1580. 鼓 təːŋ⁵⁵
1581. 刮（风）xaːu⁵³
　　不刮 a³³xou⁵³

1582. 挂（在墙上）la:ŋ⁵⁵
1583. 关（门）mje:i⁵⁵
1584. 关（羊）mje:i⁵⁵
1585. 管 ku:n³³
1586. 灌（水）ka:t⁵⁵
1587. 滚 lə:ŋ⁵³
1588. 过（年）la:i³³
　　不过 a³³lei³³
1589. 过（桥）ku:³³
1590. 过（了两年）la:i³³
1591. 害羞 ʃɔ:ʔ⁵⁵
1592. 害怕 kju:k³¹
　　不怕 a³³kju:k³¹
1593. 含（水）ŋu:m⁵³
　　不含 a³³ŋɔm⁵³
1594. 喊（人）ju:t³¹
　　不喊 a³³jɔt³¹
1595. 喝 ʃu:k⁵⁵
　　喝的东西 ʃu:k⁵⁵tʃuŋ³³
1596. 合（多少钱）tsa:ŋ³³
1597. 合拢 tsu:m⁵³
　　不合拢 a³³tsɔm⁵³
1598. 哼（呻吟）kjə:ŋ⁵⁵
　　不哼 a³³kjiŋ⁵⁵
1599. 烘（衣服）ka:ŋ³³
　　不烘 a³³kaŋ³³
1600. 哄 tʃu⁵³
　　不哄 a³³tʃu⁵³
1601. 画（画儿）sɔ:i⁵³
1602. 怀孕 wəm³³pu:t³¹

不怀孕 a³³pɔt³¹
1603. 怀疑 ŋa:m⁵³
1604. 还（帐，不还原物）
　　tsha:p⁵⁵
1605. 还（钢笔，还原物）
　　pje:i⁵⁵
1606. 换 tha:i⁵³
　　不换 a³³thei⁵³
1607. 回 ta:u⁵⁵
　　不回 a³³tou⁵⁵
1608. 使回 lɔʔ⁵⁵ta:u⁵⁵
1609. 回头 ta:u⁵⁵ju:⁵⁵
1610. 回答 tu:⁵⁵
1611. 挥动 fɛ:⁵⁵
　　不挥动 a³³fe⁵⁵
1612. 会（写）ta:t³¹
　　不会 a³³tat³¹
　　不会做 a³³tat³¹kɔt⁵⁵
1613. 混合 lə:k⁵⁵
1614. 使混合 lɔʔ⁵⁵lə:k⁵⁵
1615. 浑浊 mə:³³
1616. 搅浑 lo:u³³mə:³³
1617. 活（了）tə:⁵³
1618. 养活 khu:³³tə:⁵³
1619. 集合 tsu:p³¹
　　不集合 a³³tsɔp³¹
1620. 集合（队伍）tə:ŋ³³
1621. 积（水）tə:ŋ³³
1622. 挤（人）ɲi:n⁵⁵
　　不挤 a³³ɲɛn⁵⁵

1623. 挤进 ŋjiːn⁵⁵vaːŋ⁵³
1624. 挤（奶）tʃuːp⁵⁵
　　不挤 a³³tʃɔp⁵⁵
1625. 挤（脚）tʃaːp⁵⁵
1626. 积攒 tsəŋ⁵⁵
1627. 集会 tsəŋ³³
1628. 记住 mã³³tsəŋ³³
1629. 寄（信）xuːn³³
　　不寄 a³³xɔn³³
1630. 嫉妒 mã³³nuːn³³
　　不嫉妒 a³³mã³³nɔn³³
1631. 系（腰带）tʃhyː⁵⁵
1632. （腋下）夹 ŋjaːm⁵⁵
1633. 嫁（女儿）puːn⁵³
　　不嫁 a³³pɔn⁵³
1634. 捡 thuːn³³
　　不捡 a³³thɔn³³
1635. （冻）僵 kuː³³
1636. 剪 tsiːn³³

她的辫子被剪掉了。

ŋjaŋ³³ ta⁵⁵ tsham³³ nək⁵⁵ sə̃⁵⁵pei⁵³ ŋjei⁵³ tsiːn³³ pjam⁵³ pjɛ⁵³.
她　的　辫子　　别人　（施助）剪　掉　了

1637. 讲（故事）taːi⁵³
　　不讲 a³³tei⁵³
1638. 降落 pjiːt³¹kjɔː³³
1639. 浇（水）təːk⁵⁵
1640. （烧）焦 khaːk⁵⁵
1641. 教 mɔːʔ⁵⁵
1642. 嚼 nɛː⁵⁵
　　不嚼 a³³nɛː⁵⁵
1643. （公鸡）叫 tuːn³³
　　不叫 a³³tɔn³³
1644. （母鸡）叫 phaːu³³
　　不叫 a³³phou³³
1645. （猫）叫 kjaːp³¹
1646. （驴）叫 mjəːŋ⁵³
　　不叫 a³³mjiŋ⁵³
1647. （马）叫 mjəːŋ⁵³
1648. （牛）叫 mjəːŋ⁵³
1649. （狗）叫 mjəːŋ⁵³
1650. （猪）叫 mjəːŋ⁵³
1651. （羊）叫 mjəːŋ⁵³
1652. （老虎）叫 mjəːŋ⁵³
1653. （狮子）叫 mjəːŋ⁵³
1654. （狼）叫 mjəːŋ⁵³
1655. 叫（名字）juːt³¹
　　不叫 a³³jɔt³¹
1656. 交换 thaːi⁵⁵
1657. 交给 pjei³³
1658. 交（朋友）tuː³¹
1659. 搅 luː³³
1660. 接住 luːm³³juː⁵³
1661. 揭（盖子）phaːŋ⁵³
　　揭锅盖 ou⁵⁵mjəi⁵⁵phaːŋ⁵³
1662. 结（果子）tsɿ³³
1663. 结婚 mji³³faːŋ⁵³

1664. 解（疙瘩）phɔːi³³
不解 a³³phui³³
1665. 借（钱、米）tʃeːi⁵⁵
1666. 借（锄头）ŋɔː⁵⁵
不借 a³³ŋɔː⁵⁵
1667. 借出 tʃeːi⁵⁵kaːt⁵⁵
1668. 借入 tʃeːi⁵⁵juː⁵³
1669. 进（屋）vaːŋ⁵³
1670. 紧（了）təːŋ⁵³
1671. 弄紧 lɔːʔ⁵⁵təːŋ⁵³
1672. 经过 laːi³³
1673. 浸泡 ŋjuːn⁵⁵
不浸泡 a³³ŋjɔn⁵⁵
1674. 惊动 lɔːʔ⁵⁵puːn³³
1675. 受惊 taːn⁵³
1676. 揪 kjaːʔ
1677. 救 khuː³³
1678. 居住 luːŋ⁵⁵
1679. 锯 ʃəːk⁵⁵
1680. 举（手）tuː³³
1681. 聚齐 tsəːŋ³³
1682. 卷（布）təːŋ³³
1683. 蜷缩 kuːn³³
不蜷缩 a³³kɔn³³
1684. 掘 phuːm⁵⁵
不掘 a³³phɔm⁵⁵
1685. 卡住 tshəːk⁵⁵
1686. 开（门）phaːŋ⁵³
1687. （水）开（了）tsuː³³
1688. （花）开（了）pɔː⁵⁵

不开 a³³pɔ⁵⁵
1689. 开（车）khaːŋ⁵⁵
1690. 开荒 jo³¹phən⁵⁵phuːk⁵⁵
1691. 开会 tsuː⁵⁵phəŋ⁵³
1692. 砍（树）thuk⁵⁵（砍活的），khəːŋ⁵³
砍树 sək⁵⁵khəːŋ⁵³
1693. 削砍 pjɔːʔ⁵⁵
削砍树 sək⁵⁵pjɔːʔ⁵⁵
削砍锄头把儿 khəp⁵⁵tsu̱k⁵⁵pjɔːʔ⁵⁵
1694. 砍削尖 tʃhuːn³³
把篱笆桩砍削尖 ta⁵³kha³³si⁵⁵tʃhuːn³³
1695. 砍（柴）tuːm³³（把已砍倒的植物砍成段）
把柴砍断 thaŋ⁵⁵tuːm³³phjɛːt⁵⁵
1696. 砍（草）pjiːn⁵³（涮砍，挥大刀砍）
砍草 man⁵⁵pjiːn⁵³ᐟ³¹
1697. 砍 tsaːn³³（把已砍倒物砍成段）
1698. 看 juː⁵⁵
1699. （给）看 pjeːi³¹juː⁵⁵
1700. 看见 mjaːŋ⁵³
1701. （病人去）看（病）juː⁵⁵
1702. 扛 vuː³³
1703. 考试 khau⁵⁵sɿ³⁵
1704. 烤（火）kaːŋ⁵³
1705. 靠 ŋɛː³¹
不靠 a³³ŋe³³

1706. 磕头 pa:i⁵³
 不磕头 a³³pei⁵³
1707. 咳嗽 khjuŋ⁵⁵tsa:u⁵⁵
1708. 渴 khjuŋ⁵⁵xɤ:⁵³
1709. 刻 mə:k⁵⁵
 不刻 a³³mək⁵⁵
1710. 肯 ka:m³³
1711. 啃 khɛ:⁵⁵
1712. 不啃 a³³khe⁵⁵
1713. 抠 kjɔ:ŋ⁵⁵
 不抠 a³³kjuŋ⁵⁵
1714. 扣（扣子）kji:n⁵⁵
 不扣 a³³kjɛn⁵⁵
1715. 哭 ŋa:u⁵³
 弄哭 lɔʔ⁵⁵ŋa:u⁵³
 不哭 a³³ŋou⁵³
 他哭着说。ŋjaŋ³³ŋa:u⁵³wo³³ta:i⁵³.
1716. 跨 tʃhe:⁵⁵
 不跨 a³³tʃhe⁵⁵
1717. 空闲 pjɔ:⁵³
 不空闲 a³³pjɔ⁵³
1718. 困 mjɔ:ŋ³³
 不困 a³³mjuŋ³³
1719. 拉 la:ŋ³³
1720. 拉（屎）ʃɔ:³³
 不拉 a³³ʃo³³
1721. 辣 phjə:k⁵⁵
 不辣 a³³phjik⁵⁵
1722. 落（下）kjɔ:⁵⁵
 不落 a³³kjo⁵⁵
1723. 回来 lɔ:⁵³
 不来 a³³lo⁵³
1724. 捞 la:p³¹
1725. 老（菜）sa:n³³
1726. 累 mjɔ:ŋ³³，ŋu:⁵⁵
1727. 理睬 a³¹mjuŋ³³
1728. 连接 tshɔ:ʔ⁵⁵
1729. 炼（油）ʃa:u⁵⁵
1730. 炼（铁）ʃa:u⁵³
1731. （饭）凉 tʃa:m⁵⁵
1732. 量 kɛ:⁵³
 不量 a³³ke⁵³
1733. 晾（衣）ja:ŋ³³
1734. 聊天 po⁵⁵məŋ³¹mɤ:⁵¹
1735. 裂开 kɔ:ʔ³¹
 嘴裂了 nua̠t⁵⁵kɔ:ʔ³¹pjɛ³³
1736. 淋 pa:t³¹
1737. （水）流 ja:u³¹
 不流 a³³jou³¹
1738. 留（种）mji:t⁵⁵
 不留 a³³mjɛt⁵⁵
1739. 滤 tʃi:n³³
1740. 不滤 a³³tʃɛn³³
1741. 搂 pɔ:³³
 不搂 a³³po³³
1742. 漏（雨）ja:u⁵³
 不漏 a³³jou³¹
1743. 聋 tʃi:t³¹
 不聋 a³³tʃɛt³¹

1744. 擦 tsaːŋ⁵³
1745.（太阳）落 vaːŋ⁵³
1746. 麻木（吃花椒后）pjəːŋ⁵³
不麻木 a³³pjiŋ⁵³
1747. 麻痒（吃生芋头后）jɔː³³
不麻 a³³jo³³
1748. 骂 nək⁵⁵jɔː³³，nək⁵⁵jo³³
弟弟被老师骂。a³³nɔʔ³¹le⁵⁵
sə³³ʒa³³nək⁵⁵jɔː³³.
1749. 咒 nəːŋ⁵⁵
1750. 满（了）pjəːŋ⁵⁵
不满 a³³pjiŋ⁵⁵
1751. 梦 mɔːʔ³¹
1752. 埋 ŋjuːp⁵⁵
不埋 a³³ŋjəp⁵⁵
1753. 买 ɣəː⁵³
1754. 卖 ɔːŋ⁵⁵
1755. 冒（烟）thuːk⁵⁵
不冒 a³³thuk⁵⁵
1756. 没有 a³³ju⁵⁵
1757. 发霉 saːu⁵⁵
不发霉 a³³sou⁵⁵
1758. 蒙盖 ŋuːp⁵⁵
不蒙盖 a³³ŋəp⁵⁵
1759. 眯 kjuːm³¹
不眯 a³³kjəm³¹
1760.（鸟）鸣 mjəːŋ³¹
1761. 瞄准 jəːŋ⁵³
不瞄准 a³³jiŋ³¹
1762.（火）灭 saːt⁵⁵

1763. 抿着（嘴）mjeːi⁵⁵
不抿 a³³mji⁵⁵
1764. 摸 suːp⁵⁵
不摸 a³³sɔp⁵⁵
1765. 磨（刀）sɿː⁵⁵
1766. 磨（面）ləːŋ³³
1767. 拧（毛巾）nɛː⁵³，tʃuːp⁵⁵
不拧 a³³tʃɔp⁵⁵
1768. 凝固 kaːn⁵⁵
1769. 拿 juː⁵³
不拿 a³³ju⁵³
1770. 拿到 jɔ⁵⁵juː³¹
1771. 挠（痒）kjiːn⁵³
1772. 可以，好（了）kɛː⁵³
1773. 蔫 ŋjaːu⁵⁵
不蔫 a³³ŋjou⁵⁵
1774. 捏 mjəːk⁵⁵
不捏 a³³mjik⁵⁵
1775. 弄直 lɔʔ⁵⁵taːn³³
1776. 弄歪 lɔʔ⁵⁵jəʔ⁵⁵
1777. 弄湿 lɔʔ⁵⁵tʃuːʔ⁵⁵
1778. 呕吐 phaːt⁵⁵
1779. 趴 tɔː³³
不趴 a³³to³³
1790.（人）爬 tɔːʔ³¹
不爬 a³³tɔʔ³¹
1781.（虫子）爬 tɔː³³
1782.（鸡）扒（土）pjəːk³¹
不扒 a³³pjik³¹
1783. 爬（山）tɔːʔ³¹

1784. 爬（树）tɔːʔ³¹
1785. 拍（桌子）paːt³¹
（蛇）盘 khaːm⁵³
1786. 跑 kə⁵³, teŋ⁵³
1787. 泡（茶）ŋjuːm⁵⁵
不泡 a³³ŋjɔːm⁵⁵
1788. 赔偿 tʃaːi⁵⁵
不赔偿 a³³tʃei⁵⁵
1789. 赔（本）the⁵³
1790. 碰撞 thuːŋ⁵⁵
不碰撞 a³³thuŋ⁵⁵
1791. 膨胀 pɔːŋ³³
不膨胀 a³³puŋ³³
1792. 披（衣）kaːŋ⁵⁵
1793. 劈（柴）tʃəːk³¹
不劈 a³³tʃik³¹
1794. 漂浮 kjaːm⁵⁵
1795. 泼（水）xuːt⁵⁵
不泼 a³³xɔt⁵⁵
1796. 破（篾）phjɔ³³
不破 a³³phjɔ³³
1797. （衣服）破（了）tʃɛːʔ³¹
不破 a³³tʃe³¹
1798. （房子）破（了）pjɔʔ³¹
1799. （碗）破（了）kjuːp³¹
不破 a³³kjɔp³¹
1800. 打破（碗）khjuːp⁵⁵
1801. 剖 khɔːʔ⁵⁵
1802. 佩带 laːŋ⁵⁵
1803. 铺 mjuː⁵⁵
1804. 欺负 ʒɔːi³

1805. 欺骗 maːu⁵³
不欺骗 a³³mou⁵³
1806. 骑 tʃyː³³
1807. 起来 tɔːʔ³¹lɔː⁵³
1808. 使起 tuː⁵³
1809. 气（人）mɛː³³
不气 a³³me³³
1810. 生气 nək⁵⁵jɔː³³
1811. 牵（牛）ʃɛː³³
不牵 a³³ʃe³³
1812. 欠（钱）tʃhɛːn³³
1813. 抢 luːt⁵⁵
不抢 a³³lət
1814. 敲 kɔːʔ⁵⁵
不敲 a³³kɔʔ⁵⁵
1815. 翘 tuː³³ŋaːŋ⁵³
1816. 劁（猪）tɔːŋ³³
不劁 a³³tuŋ³³
1817. 切（菜）ʃuːm³³
不切 a³³ʃɔm³³
1818. 取 juː⁵³
1819. 取名 mjəːŋ⁵³
不取 a³³mjiŋ⁵³
1820. 娶 juː⁵³
不娶 a³³jo⁵³
1821. 去 lɔː⁵⁵, jɛː³³
不去 a³³lo⁵⁵, a³³ji³³
1822. 驱赶 khaːt⁵⁵
1823. （伤病）痊愈 kɛː⁵³
1824. 缺（一个口）khaːŋ⁵⁵

1825. 瘸（了）kɔːi⁵⁵
　　不瘸 a³³kui⁵⁵
1826. 全（了）paːn⁵³
1827. 劝告 taːi⁵³kjɔː⁵³
1828. 抹 tshaːu⁵⁵
1829. 染 nɛː⁵⁵
1830. 嚷 kã³³ʒɔː³³
1831. 让路 xəː⁵⁵
1832. 日食 pei⁵³khui⁵⁵tsɔː³³
1833. 热（剩饭）luːŋ³¹
1834. 忍耐 jiːn³¹
　　不忍 a³³jɛn³¹
1835. 认（字）sɛː⁵³
1836. 认（识）sɛː⁵³
1837. 扔 tuː⁵⁵
1838. 溶化（了）pjiː³¹
1839. 揉（面）nɛː⁵³
　　不揉 a³³nɛ⁵³
1840. 洒（水）saːn⁵⁵
1841. 撒（尿）təːk⁵⁵
1842. 撒谎 maːu⁵³
　　不撒谎 a³³mou⁵³
1843. 撒（种）saːn⁵⁵
1844. 塞（洞）tshaːu⁵³
　　不塞 a³³tshou⁵³
1845. （会）散（了）pjɔː⁵³
　　不散 a³³pjuː⁵³
1846. 散 pəː³³
　　雾散了 sai³³wan⁵³pə³³pjɛ³³
1847. （鞋带）散开 pɔːi⁵³

　　不散开 a³³pui⁵³
1848. 解开 phɔːi⁵³
1849. 扫 ʃuːm⁵⁵
　　不扫 a³³ʃɔm⁵⁵
1850. 杀（人）saːt⁵⁵
1851. 杀（鸡）saːt⁵⁵
1852. 筛（米）ʃaːi⁵⁵
　　不筛 a³³ʃei⁵⁵
1853. 晒（衣服）laːp⁵⁵
1854. 晒（太阳）laːp⁵⁵
1855. 扇（风）xaːu⁵³
　　不扇 a³³xou⁵³
1856. 骗（牛）saːi⁵³
1857. 商量 phjɛː⁵³
　　不商量 a³³phji⁵³
1858. 上（楼）tɔː³¹
1859. 烧（火）muːt³¹
　　不烧 a³³mət³¹
1860. 烧荒 jo³¹ŋɛː⁵³
1861. 射（箭）pəːk³¹
　　射中 tsaːŋ⁵⁵pəːk³¹
1862. 伸（手）laːm⁵⁵
1863. 伸长 tʃiːn⁵⁵
　　不伸长 a³³tʃɛn⁵⁵
1864. 生长 tuːt⁵⁵
　　不生长 a³³tət⁵⁵
1865. 生（疮）juːk³¹
1866. 生（孩子）suːt⁵⁵
　　不生 a³³sɔt⁵⁵
1867. 剩 mjiːt³¹

不剩 a³³mjɛt³¹
1868. 胜利 ɔːŋ⁵³
　　不胜利 a³³ɔŋ⁵³
1869. 升起 tɔːʔ³¹
1870. 失落 vaːŋ⁵³
1871. 释放 naːŋ³³
1872. 试 tʃaːm⁵⁵
1873. 是 ŋuːt⁵⁵
　　不是 a³³ŋɔt⁵⁵
1874. 使（他做）lɔʔ⁵⁵
1875. 使用 tʃhɿŋ³³
　　用的东西 tʃhɿŋ³³tʃuŋ³³
1876. 使唤 juːt³¹
　　不使唤 a³³jɔt³¹
1877. 收割 jaːm⁵⁵
1878. 收到 jɔː⁵⁵juː⁵³
1879. 收拾，料理 tsɛː³³
　　不收拾 a³³tse³³
　　为理家务 jɔm³³mo⁵⁵tsɛː³³
1880. 守卫 tsuːŋ⁵⁵
1881. 梳 kjɔːʔ⁵⁵
1882. 输 suːm⁵⁵
　　不输 a³³sɔm⁵⁵
1883. 熟悉 sɛː³³
1884. （饭）熟 ŋɔːʔ³¹
1885. （果子）熟 mjəːŋ⁵³
　　不熟 a³³mjiŋ³³
1886. 瘦（了）kji³³
1887. 数（数目）ŋaːp⁵⁵
1888. 漱（口）tʃy³³

1889. 竖立 tsɔːŋ³³
　　不竖立 a³³tsuŋ³³
1890. 摔（下来）pjiːk³¹kjɔː⁵⁵
1891. 摔倒 ləːŋ³¹paːt³¹
1892. 甩 fɛː³³
　　不甩 a³³fi³³
1893. 闩（门）kjaːŋ⁵³
1894. 拴（牛）təː⁵⁵
1895. 涮 tʃy³³
1896. 睡 jɔːp⁵⁵，juːp⁵⁵
　　不睡 a³³jɔp⁵⁵
1897. 使睡 ʃuːp⁵⁵
1898. 睡着 juːp⁵⁵
1899. 说 taːi⁵³
　　不说 a³³tɛi⁵³
1900. 撕 tʃhɛːʔ⁵⁵
1901. 死 ʃɛːi³³
1902. 搜（山）suːp⁵⁵
　　不搜 a³³sɔp⁵⁵
1903. （米）碎了 tʃaːp³¹
1904. 压碎 nɛː⁵³phjiː³³
1905. （碗）碎 kjuːp³³
1906. 使（碗）碎 lɔʔ⁵⁵khjɔp³³
1907. 算 suːn⁵³
　　不算 a³³sɔn⁵³
1908. 损坏 lɔʔ⁵⁵phjɔː⁵⁵
1909. 索取 juː³¹
1910. 锁（门）sɔː⁵⁵
　　不锁 a³³su⁵⁵
1911. 送 teː⁵⁵

不送 a³³ti⁵⁵
1912. 塌 pjɔːʔ³¹
1913. 踏 naːŋ³³
1914. 抬 vuːʔ³¹
1915. 贪心 nək⁵⁵nɔːʔ³¹
1916. 弹（棉花）pəːk³¹
1917. 弹（琴）paːt³¹
1918. 淌（眼泪）jaːu⁵³
不淌 a³³jou⁵³
1919. 躺 ləːŋ⁵³
1920. 烫（手）ŋɛːʔ⁵⁵
1921. 逃跑 phaːŋ³³
1922. 掏 laːp³¹
1923. 淘气 nɔːŋ⁵³
不淘气 a³³nuŋ⁵³
1924. （头）疼 nɔː⁵³
1925. 疼（孩子）nɔː⁵³
1926. 踢 pəːk⁵⁵
1927. 提（篮子）taːŋ³¹
1928. 剃 juːk³¹
1929. （天）阴（mou³³）tsaːu⁵⁵
1930. （天）晴（mou³³）phaːŋ⁵⁵
1931. （天）亮（mjɔːʔ³¹）mjaːŋ³¹
1932. （天）黑（mou³³）tshuːt⁵⁵
1933. 舔 jɔːʔ³¹
1934. 挑选 khjiːŋ³³
不挑选 a³³khjɛŋ³³
1935. 挑（担）vuːʔ³¹
1936. 跳舞 kɔː⁵⁵
不跳舞 a³³ku⁵⁵

1937. 跳 pjaːp³¹
1938. （脉）跳 təʔ⁵³
1939. 使帖 taːp⁵⁵
1940. 听 kjɔː³³
不听 a³³kjɔ³³
1941. 听见 jɔː⁵⁵kjɔː³³
1942. 停止 nɔː³³, thəːŋ⁵³
1943. （路）通 ʒuːt³¹
不通 a³³ʒɔt³¹
1944. 掏，捅 thaːu⁵⁵
不捅 a³³thou⁵⁵
1945. 吞 mjaːu³³
不吞 a³³mjou³³
1946. 偷 khaːu⁵⁵
不偷 khou⁵⁵
1947. 投掷 tuː⁵⁵
1948. 吐（痰）pyː³³
1949. 压 tuːn³³
不压 a³³tən³³
1950. 推动 tʃuːn³³
不推 a³³tʃun³³
不要推！khaʔ⁵⁵tʃuːn³³！
1951. （后）退 taːu⁵⁵
不退 a³³tou⁵⁵
1952. 褪色 kjuːt³¹
不褪 a³³kjət³¹
1953. （蛇）蜕（皮）khjuːt⁵⁵
不蜕 a³³khjət⁵⁵
1954. 拖（木头）ʃɛː³³
不拖 a³³ʃɨ³³

1955. 脱（衣）khju:t⁵⁵
1956. （头发）脱落 kju:t³¹
1957. 驮 thɔ:⁵³
1958. 挖 tu:³³（挖坑），kha:i⁵³（挖地）
1959. 弯 kɔ:i⁵⁵，ku:i⁵⁵
    不弯 a³³kui⁵⁵
1960. 弯（腰）ku:p³¹
    不弯 a³³kɔp³¹
1961. （路）弯 ku:i⁵⁵，kɔ:i⁵⁵
1962. （树）弯 ŋu:k⁵⁵
1963. （刀）弯 ŋɔ:i⁵⁵
    刀弯 ʃam³³ŋɔ:i⁵⁵
1964. （桥）弯、拱 kua:ŋ⁵⁵
    桥弯 tsam⁵³kɔm⁵³kua:ŋ⁵⁵
1965. （大拇指）反翘 ŋa:ŋ⁵³
1966. （竹子）弯 ŋɔ:n⁵⁵
1967. 弄弯 lɔʔ⁵⁵kɔ:i⁵⁵
1968. 完 pa:n⁵³
1969. 完成，完了 pa:n⁵³pje³³
1970. 剜 kjɔ:ŋ⁵⁵
    不剜 a³³kjuŋ⁵⁵
1971. 玩耍 lu:³³
1972. 忘记 tɔ:⁵⁵
1973. 喂（奶）tʃu:k⁵⁵
1974. 闻（嗅）na:m³¹
1975. 问 mje:i³³
1976. 握 ʃə³¹kjam³³kja:m³³
    握手 lɔ³¹ʃə³¹kjam³³kja:m³³
1977. 捂（嘴）ŋu:p⁵⁵

不捂 a³³ŋɔp⁵⁵
1978. 吸（气）ʃɛ:³³
    不吸 a³³ʃɿ³³
1979. （把火）熄灭 lɔʔ⁵⁵sat⁵⁵
1980. 习惯 ma:n⁵⁵
1981. 洗（碗）tʃhe:i⁵⁵
1982. 洗（衣）tʃhe:i⁵⁵
1983. 洗澡 tʃhe:i⁵⁵
1984. 洗（脸）tʃhe:i⁵⁵
1985. 喜欢 ŋə:⁵³
1986. 疼爱，敬爱 tʃi:⁵³
    不爱 a³³tʃɛ⁵³
1987. 瞎 tʃi:t³¹
    不瞎 a³³tʃɛt³¹
1988. 下（楼）kjɔ:⁵⁵
1989. 下（小猪）wu:p⁵⁵
    不下 a³³wɔp⁵⁵
1990. 下（蛋）khjɔ:⁵³
    不下 a³³khjo⁵³
1991. 下（雨）wɔ:⁵³
    不下 a³³wo⁵³
1992. 下（霜）kjɔ:⁵⁵
    不下 a³³kjo⁵⁵
1993. 下命令 a³¹khaŋ⁵⁵khjɔ:⁵³
1994. 垂下（窗帘）ŋu:n⁵⁵
1995. 吓唬 kju:k⁵⁵
1996. 被吓 ta:n⁵³
    我被吓了一跳。ŋo⁵³ta:n⁵³
1997. 下陷 nu:p³¹
1998. 响 mjə:ŋ³¹

附录一 勒期语词表　325

不响 a³³mjiŋ³¹
1999. 想 mji:t³¹
2000. 想起 mji:t³¹pu:n³³
2001. 想（去）na:u⁵³
　　想去 ji³³na:u⁵³
　　不想 a³³nou⁵³
2002. 象 tu:⁵³
2003. 消失 pju:k³¹
2004.（胀）消（了）ju:m⁵³
2005. 削砍 tʃhu:n³³
　　不削 a³³tʃhən³³
2006. 削 ʃa:p⁵⁵
　　削筷子 khuai³³tsi⁵⁵ʃa:p⁵⁵
2007. 笑 ji:⁵³
　　微笑 ji:⁵³ji:⁵³tsa³³
2008. 写 le̠:i⁵⁵
2009. 泻 ʃu:n⁵⁵
　　不泻 a³³ʃɔn³³
2010. 相信 tʃə:ŋ⁵⁵
　　不相信 a³³tʃiŋ⁵⁵
2011. 擤 khja:u⁵³
　　不擤 a³³khjou⁵³
2012. 醒 pu:n³³
　　不醒 a³³pun³³/a³³pɔn³³
　　弄醒 lɔʔ⁵⁵pɔn³³
2013. 休息 nɔ:³³
　　不休息 a³³no³³
2014. 修（机器）se̠:i⁵³
　　不修 a³³se̠i⁵³
2015. 修（鞋）sa:i⁵³
2016. 学 mɔ:⁵⁵

2017. 熏 kha:u⁵⁵
　　不熏 a³³khou⁵⁵
2018. 寻找 ʃɔ:³³
　　不寻找 a³³ʃo³³
2019. 压 ne̠:⁵³
　　不压 a³³ne̠⁵³
2020. 哑（了）tʃi:t³¹
　　不哑 a³³tʃɛt³¹
2021. 阉（鸡）tɔ:ŋ³³
　　不阉 a³³tuŋ³³
2022. 腌（菜）jɛ:n⁵⁵
2023. 咽（口水）mja:u³³
　　不咽 a³³mjou³³
2024. 仰（头）ŋja:ŋ³³
2025. 痒 jɔ:³³
　　不痒 a³³ju³³
2026. 养（鸡）mju̠:³³
2027. 摇晃 nu:n⁵⁵
　　不摇晃 a³³nɔn⁵⁵
2028. 摇（头）fɛ:⁵⁵
　　不摇 a³³fi̠⁵⁵
2029.（狗）咬 ŋa:t³¹
2030.（蛇）咬 thə:⁵⁵
2031. 咬住 ŋa:t³¹tsə:ŋ⁵³
2032. 舀 khu:⁵⁵
　　舀饭 wəm³³khu:⁵⁵
2033. 要 wɔ:³³
2034. 医治 ja:⁵³
2035.（水）溢 ʃu:n³³
　　不溢 a³³ʃɔn³³

2036. 依靠 lu:m³¹
　　不依靠 a³³lom⁵³
2037. 赢 ɔ:ŋ³³
2038. 引（路）ʃy:⁵⁵
2039. 拥抱 pɔ:³³
　　不拥抱 a³³po³³
2040. 用尽 pa:n⁵³tʃh̩¹³³
2041. 游泳 kjei⁵³li:⁵³
2042. 有（钱）jɔ:⁵⁵
　　没有 a³³jo⁵⁵
2043. 有（人）ŋjei⁵³
2044. 有（树）tʃɔ:⁵³
2045. 有（事）pɔ:⁵³
　　没有 a³³po⁵³
2046. （碗里）有（水）pɔ:⁵³
2047. 越过 la:i³³
2048. 月食 lo⁵³khui⁵⁵
2049. 头晕 wo⁵⁵tʃhu:t⁵⁵
2050. 允许 kɛ:⁵³
2051. 愿意 ka:m³³
　　不愿意 a³³kam³³
2052. 栽（树）ʃɔ:⁵⁵
　　不栽 a³³ʃo⁵⁵
2053. 在 ŋjei⁵³
2054. 赠送 te:⁵⁵
　　不赠送 a³³ti⁵⁵
2055. 凿 kjɔ:ŋ⁵⁵
　　不凿 a³³kjuŋ⁵⁵
2056. （刀）扎 tha:u⁵⁵
2057. 眨（眼）la:p³¹

2058. 眨眼睛 mjɔ:³¹lap³¹lap³¹
2059. 炸（石头）pu:k³¹
2060. 摘（花）khja:u⁵⁵
　　不摘 a³³khjou⁵⁵
2061. 粘（信）ta:p⁵⁵
2062. 站 ja:p³¹
2063. 占有 jɔ:⁵⁵
2064. 蘸 tʃu:m⁵³
2065. 张（嘴）xɔ:⁵³
　　不张 a³³xo⁵³
2066. （肚子）胀 tə:ŋ⁵⁵
2067. 着（火）ta:p⁵⁵
2068. 着急 kji:n⁵⁵
　　着急 a³³kjɛn⁵⁵
2069. 找（零钱）ʃɔ:³³
　　不找 a³³ʃo³³
2070. 找到 mja:⁵³ʃɔ:³³
2071. （太阳）晒 la:p⁵⁵
2072. （马蜂）蛰 ŋa:t³¹
2073. 睁开（眼睛）pha:ŋ⁵³
2074. 遮蔽 kɔ:⁵³
　　不遮蔽 a³³ko⁵³
2075. 震动 nu:n⁵⁵
　　不震动 a³³nɔn⁵⁵
2076. 争夺 lu:t⁵⁵
　　不争夺 a³³lɔt⁵⁵
2077. 蒸 pɔ:ŋ³³
　　不蒸 a³³puŋ³³
2078. 知道 sɛ:⁵³

不知道 a³³si⁵³
2079. 织 jɔːʔ⁵³
2080. 指 tuːn⁵⁵
  不指 a³³tɔn⁵⁵
2081. 种（麦子）ʃɔː⁵⁵
2082. 肿 jaːm³³
2083. 煮 tʃaːu⁵³
  不煮 a³³tʃou⁵³
2084. 抓住 tʃɿ³³tsəːŋ⁵³
2085. 抓 kjaːʔ⁵⁵
2086. 转（身）ləːk⁵⁵
2087. 转让 xəː⁵⁵
2088. 使转动 lɔʔ⁵⁵xəː⁵⁵
2089. 转动 ləːŋ⁵³
2090. 装 tɔː⁵⁵
  不装 a³³tɔ⁵⁵
2091. 追 khaːt⁵⁵
2092. 捉 mjəːk⁵⁵
2093. 捉住 mjəːk⁵⁵tsəːŋ³¹
2094. 准备 xɛːn⁵⁵
  不准备 xɛn⁵⁵
2095. 啄 thəː⁵⁵
2096. 走 sɔː⁵⁵
  不走 a³³sɔ⁵⁵
2097. 足够 luːk³¹
2098. 钻（洞）kjuːŋ⁵⁵
2099. 醉 jiːt³¹
  不醉 a³³jet³¹
2100. 坐 tsɔːŋ³³（汉）
  不坐 a³³tsuŋ³³

2101. 做 tsɿː³³, kuːt⁵⁵
  这个活儿做完了。mo⁵⁵xjɛ³³paːn⁵³tsɿː³³pjɛ³³.
  不做 a³³kɔt⁵⁵
  做事 mo⁵⁵tsɿː³³
  做生意 phə⁵⁵ka⁵⁵kuːt⁵⁵
  必须做 ta⁵³kei⁵⁵kuːt⁵⁵

十七、虚词

2102. 才 ʃɛʔ⁵⁵
2103. 曾经 lɔŋ⁵³
2104. 的话 tʃaŋ⁵⁵
2105. 马上 a³³khui⁵⁵ŋjaːŋ³³
2106.（你）先（去）ʃək⁵⁵
2107.（他）常常（来）a³³thəŋ³³
2108. 慢慢（说）tsɔ³³lɛ⁵³
2109. 全，完 paːn⁵³
2110. 为什么 tʃhɔ³³m⁵³, xɛ⁵⁵tʃuŋ³³mo⁵³
2111. 一起（学习）ta³¹kɛ⁵⁵
2112. 再 tum⁵³
2113. 还 ʃɿ⁵⁵
2114. 很 kjei⁵³, tʃaʔ³¹
2115. 极，得很 tək³¹
2116. 太 sɔŋ⁵³
2117. 更 tʃei⁵³/kjei⁵³
2118. 不，没 a³³
2119. 不要，勿，别 khaʔ⁵⁵

2120. 工具助词、施事助词 ŋjei⁵³（芒海方言），ŋ̍⁵³（中山方言）
2121. 宾语助词、受事助词 le⁵⁵
  我打你。ŋo⁵³ naŋ⁵³ le⁵⁵ paːt³¹.
2122. （他）的（书）ta⁵⁵
2123. 话题助词 ke³³
2124. 和 ɣɛʔ⁵⁵, jɔ⁵⁵
2125. 也 ɣɛʔ⁵⁵

附录二 例 句 集

一、话题句

1. nɛ:⁵³tse⁵³ (ke³³) ŋo⁵³a³³wɔ:³³　　　　红的我不要。
   红的　（话助）我 不 要
2. ŋjaŋ³³ ke³³ ŋa⁵⁵pho⁵³　　　　　　他是我的父亲。
   他　（话助）我父亲
3. xjɛ³³ ke³³ nɛ:⁵³tse⁵³　　　　　　这是红的。
   这 （话助） 红 的
4. xjɛ³³ ke³³ ŋa⁵⁵ta⁵⁵　　　　　　这是我的。
   这 （话助）我 的
5. ŋo⁵³ke³³lə³¹tʃhi⁵³, ŋjaŋ³³ke³³ pa⁵⁵lo⁵³.
   我（话助）勒期　他（话助）波拉
   我是勒期（人），他是波拉（人）。
6. naŋ⁵³ ke³³ lə³³xei³³ tjɛ⁵⁵tu:⁵³　　　你像汉族。
   你 （话助）汉族　像
7. nɛ:⁵³ta⁵⁵ tse⁵³ a³³ke⁵³.　　　　　　红的不好。
   红的 的 不好
8. xjɛ³³ ke³³ nɛ:⁵³ta⁵⁵tse⁵³. 或xjɛ³³ ke³³ nɛ:⁵³ta⁵⁵
   这 （话助）红的 的　　这（话助）红的
   这是红的。
9. ŋjaŋ³³ ke³³xaŋ⁵⁵ŋɔt⁵⁵la⁵³?　　　　他是谁？
   他　（话助）谁是（语助）
10. ŋjaŋ³³ ke³³ ŋa⁵⁵ma³³.　　　　　他是我哥哥。
    他　（话助）我的 哥哥
11. nɛ:⁵³ta⁵⁵ ke³³ pan³³po⁵⁵, ŋja:u⁵³ta⁵⁵ ke³³ a³¹fu̯⁵⁵.
    红的 （话助）花　　　绿的 （话助） 叶子

红的是花，绿的是叶。

12. vuʔ³¹ mjuː³³　le⁵⁵　ke³³　kɛː⁵³ jaŋ⁵³ pɔː⁵³.
    猪　　养　（宾助）（话助）好　处　有
    养猪有好处。

13. mɔ³³ tɔ³³ tʃy.³³　ke³³　mjaːp³¹, khjo³³ sə̱ː⁵⁵　ke³³　tsai³³.
    汽车　　骑　（话助）快　　路　走　（话助）慢
    坐车快，走路慢。

14. khə̃⁵⁵ ŋjei⁵⁵　ke³³　lə̃⁵⁵ pan⁵³ ək⁵⁵ yjei⁵⁵.　今天星期二。
    今　天　（话助）星期　　二　天

15. ŋo⁵³　ke³³　wɔm³³ muːt⁵⁵ pjɛ³³.　　　　我肚子饿了。
    我　（话助）饭　　饿　　了

16. ŋjaŋ³³ mou⁵³ sou³³ a³³ ka̱m³³ ŋaːp⁵⁵, ŋjaŋ³³ jəm³³　mo³³　mo⁵⁵
    他　　 书　　 不　愿意　　读　　 他　家．（方所助．）事情
    ke³³　ka̱ːm³³ tsn̩ː³³.
    （话助）愿意　做
    他书呢不愿意读，他愿意做家务事。

17. mjɛn⁵⁵ ŋo⁵³　ke³³　khə̃⁵⁵ mjɛn⁵³ a³³ tʃɛn⁵⁵.
    晚上　我（话助）今　　晚　　没　空
    晚上呢我没有空。

18. ke⁵³ ke³³ kɛː⁵³, tsa³³ sɔŋ⁵³ phaːu⁵⁵.　　好是好，就是太贵。
    好（话助）好　只　太　贵

19. xjɛ³³ mo⁵⁵ ŋo⁵³ kuːt⁵⁵, mo⁵⁵ thə³³ naŋ⁵³ kuːt⁵⁵
    这　 事　我　做　　那　事　你　做
    这件事我来做，那件事你来做。

20. ta⁵³ juʔ³¹ taːi⁵⁵ lɔː, ta⁵³ juʔ³¹ taːi⁵³ a³³ lo⁵⁵.
    一　个　说　去一　个　说　不　去
    一个说去，一个说不去。

21. xaŋ⁵⁵ ka̱ːm³³ lɔː⁵⁵, xaŋ⁵⁵ a³³ ka̱m³³ lɔː⁵⁵.
    谁　　愿意　去　谁　不　愿　去

谁愿意去，谁不愿意去。

22. khjei³³ ke³³ khjo³³ sɔː⁵⁵ tse⁵³.　　脚是用来走路的。
　　脚　（话助）路　走　的

23. ŋjaŋ³³ pho³³ kuŋ⁵³ tu³³, keː⁵³ ŋjaŋ³³ mji⁵³ kuŋ⁵³ tu³³ a³³ ke⁵³.
　　他　父亲　身体　好　他　母亲　身体　不好
　　他父亲脾气好，他母亲身体好。

24. xjɛ³³ pei⁵⁵ nɛ⁵³ ke⁵³ nɛː⁵³, a³³ phjik⁵⁵.
　　这　些　红（话助）红　　不辣
　　这辣子红倒是红，就是不辣。

25. tshɔn⁵⁵ ŋo⁵³ paːn⁵³ tsoː³³ pje³³, wɔm³³ ŋo⁵³ a³³ pan⁵³ tso³³ ʃı⁵⁵.
　　菜　我　全　吃　了　饭　我　没　全　吃　还
　　菜我吃完了，饭我还没吃完。

26. ʃı⁵⁵ xɔm⁵⁵　ke³³　ŋo⁵³ a³³ tso³³ nou⁵³.
　　桃子　（话助）我　不吃想
　　桃子我不喜欢吃。

二、判断句

1. sə̃³³ ʒa³³ ke³³ xaŋ⁵⁵ ŋuːt⁵⁵?　　谁是老师？
　　老师　（话助）谁　是

2. tshɔn⁵⁵ xjɛ³³ pei⁵⁵　ke³³　ŋo⁵³ ɣəː⁵³ lɛ⁵⁵ tse⁵³
　　菜　这　些　（话助）我　买　来　的.
　　这些菜是我买来的。

3. ŋjaŋ³³ ke³³　tshɔn⁵⁵ ɔːŋ⁵⁵ su³³, ŋo⁵³　ke³³　tshɔn⁵⁵ ɣəː⁵³ su³³.
　　他　（话助）菜　卖　者　我　（话助）菜　买　者
　　他是卖菜的，我是买菜的。

4. ŋo⁵³ jɔ⁵⁵ naŋ⁵³　ke³³　lu³³ ʃi⁵⁵ pju⁵³ ŋuːt⁵⁵.
　　我　和　你　（话助）潞　西　人　是

我和你都是潞西人。

5. ŋa⁵⁵ ta⁵⁵ ke³³ a³³sək⁵⁵, lɛ⁵⁵ta⁵⁵ ke³³ a³³tshou⁵⁵.
   我的 的（话助） 新的 你的的（话助）旧的
   我的是新的，你的是旧的。

6. ŋa⁵⁵ nɔʔ³¹ ke³³ a³³nək⁵⁵ ŋjeːi⁵³ tse⁵³.
   我的 弟弟（话助）去年 在 的
   我弟弟是去年生的。

7. ŋjaŋ³³ ke³³ a³³ŋjei⁵⁵nap³¹lɔ⁵³tse⁵³.
   他 （话助） 昨天 来的
   他是昨天来的。

8. mei³¹phuʔ⁵³sə̃³³ʒa³³ ke³³ khǎ³³juʔ³¹(ŋuːt⁵⁵)?
   李 老师 （话助） 哪个 是
   李老师是谁？

9. ŋõ⁵³nuŋ⁵⁵ ke³³ lə̃³¹tʃhi⁵³.   我们是勒期人。
   我们 （话助） 勒期

10. xjɛ³³ ke³³ ŋja³³ta⁵⁵, thə³³ ke³³ ŋa⁵⁵ta⁵⁵.
    这 （话助）他的 那 （话助）我的
    这是他的，那是我的。

11. thə³³ ke³³ mjuk³¹a³³ŋɔt⁵⁵ la⁵³? 那是猴子吗？
    那 （话助）猴子 不是 （语助）

12. ŋjaŋ³³ ŋa⁵⁵ maŋ³³a³³ŋɔt⁵⁵.   他不是我哥哥。
    他 我的 哥哥 不是

13. nap³¹jɔ⁵³ŋjei⁵⁵ ke³³ lə̃⁵⁵pan⁵³ŋjei⁵⁵.   明天是星期天。
    明天 （话助） 星期天

14. nap³¹jɔ⁵³ŋjei⁵⁵ ke³³ lə̃⁵⁵pan⁵³ŋjei⁵⁵a³³ŋɔt⁵⁵.
    明天 （话助） 星期天 不是
    明天不是星期天。

15. ŋo⁵³ a³³si⁵³tse⁵³a³³ŋɔt⁵⁵, tsa³³a³³kam³³tɕi⁵³.
    我 不知道 的不是 只是不愿意 说

我不是不知道，而是不想说。

16. ŋo⁵³ nək⁵⁵jɔː³³ tse⁵³ naŋ⁵³ le⁵⁵ a³³ŋət⁵⁵, ŋjaŋ³³ le⁵⁵ tə⁷³¹ ŋət⁵⁵.
    我　　骂　　的　你（宾助）不是　他　（宾助）而是

我骂的人不是你，而是他。

17. pji³³ xjɛ³³ khjap⁵⁵ lɛ⁵⁵ ta⁵⁵ a⁵⁵ ŋət⁵⁵, ŋa⁵⁵ ta⁵⁵ tse⁵³ tə⁷³¹ ŋət⁵⁵.
    衣　这　件　　你的的不是　　我的　的　而　是　这件

衣服不是你的，而是我的。

三、受事提前的施受句

1. taŋ⁵⁵khuk⁵⁵ŋjaŋ³³ŋjei⁵³tsuːŋ³³khjɔp⁵⁵pjɛ³³.
   凳子　　　他（施助）坐　　坏　　了
   凳子被他坐坏了

2. mo⁵⁵thə³³tʃuŋ³³ŋjaŋ³³tɔː⁵⁵mjiː⁵³pjɛ³³.
   事那件　　　他　　　忘记　　　了
   那件事被他忘了

3. mo⁵⁵xjɛ³³lɔm³³ŋjaŋ³³nuŋ⁵⁵ ŋjei⁵³ taːi⁵³ thu⁷⁵⁵ pjɛ³³.
   事这件　　　他们（施助）说　出　　了
   这件事被他们说出去了。

4. ŋjaŋ³³le⁵⁵a³³pho⁵³ ŋjei⁵³ paːt³¹ pjɛ³³. 他被爸爸打了。
   他（受助）爸爸（施助）打　了

5. ŋjaŋ³³le⁵⁵ŋo⁵³ ŋjei⁵³ paːt³¹ pjɛ³³. 他被我打了。
   他（受助）我（施助）打　了

6. laŋ³³mju le⁵⁵ a³³pho⁵³ ŋjei⁵³ paːt³¹sat⁵⁵ pjɛ³³.
   蛇　（受助）爸爸（施助）打　杀　了
   蛇被爸爸打死了。

7. laŋ³³ mju⁵³a³³ pho⁵³ ŋjei⁵³ pa:t³¹sat⁵⁵ pjɛ³³ a³³ ŋɔt⁵³ la⁵³?
   蛇　　爸爸　　（施助）打　杀　了　不是（语助）
   蛇被爸爸打死了吗?

8. ŋo⁵³ le⁵⁵ ŋjaŋ³³ ŋjei⁵³ pə:k⁵⁵ no⁵³ pjɛ³³.
   我（受助）他（施助）踢　疼　了
   我被他踢疼了。

9. mji³³ji³³ tso³³ le³³ pei⁵³ ŋjei⁵³ la:p⁵⁵ nɔʔ³¹ pjɛ³³.
   姑娘　　（受助）太阳（施助）晒　黑　了
   姑娘被太阳晒黑了。

10. ŋjaŋ³³nuŋ⁵⁵ le⁵⁵ ma:u⁵³ pjɛ³³.　他们被骗了。
    他们　　（受助）欺骗　了

11. ŋo⁵³ le⁵⁵ ŋjaŋ³³nuŋ⁵⁵ ŋjei⁵³ ma:u⁵³ pjɛ³³.
    我（受助）他们　　（施助）骗　了
    我被他们骗了。

12. ŋjaŋ³³ ta⁵⁵ ŋə⁵³khou⁵⁵xəp⁵⁵ ŋjei⁵³ kha:u⁵⁵ pjɛ³³.
    他　的　钱　小偷　　（施助）偷　了
    他的钱被贼偷了。

13. ŋo⁵³ ta⁵⁵ mou⁵³sou⁵⁵ le⁵⁵ kha:u⁵⁵ pjɛ³³.
    我　的　书　　　（受助）偷　了
    我的书被偷了。

14. le⁵⁵ŋə⁵³khã³³mjo³³ tsaŋ⁵³ kha:u⁵⁵ pjɛ³³.
    你的钱　　多少　　串　偷　了
    你被偷了多少钱?

15. la:p⁵⁵ tɔ⁵⁵ ta⁵⁵ pji³³ le⁵⁵ mou³³ pa:t³¹ tʃuʔ⁵⁵ pjɛ³³.
    晒　着　的 衣服（受助）雨　淋　湿　了
    晒着的衣服被雨淋湿了。

16. khui⁵⁵jə⁵⁵lə³¹ŋjou³³ le⁵⁵ a³³ pho⁵³ ŋjei⁵³ vu³¹si⁵⁵ ŋjei⁵³ pa:t³¹ kaŋ⁵⁵ pjɛ³³
    狗　和　猫　　（受助）爸爸（施助）棍子（施助）敲　开　了

狗和猫被爸爸用木棍隔开了。

17. mi³¹ tʃaŋ⁵³mo³³ ta⁵⁵ sək⁵⁵fuʔ⁵⁵　le⁵⁵lei⁵³　ŋjei⁵³　muːt³¹ taŋ⁵⁵
　　地　　上　　的　树叶　（受助）风（施助）　吹　走
pjɛ³³.
了

地上的树叶被风吹走了。

18. khə⁵⁵ŋjei⁵⁵ a³³nɔʔ³¹ mjaŋ³¹ nək⁵⁵jɔ³³ pjɛ³³.
　　今天　　　弟弟　　得　　骂　　　了
弟弟今天被骂了。

19. jɔm³³mɔ⁵³ ta⁵⁵khɔp⁵⁵mo⁵⁵ sə⁵⁵pei⁵⁵ ŋjei⁵³ leː⁵⁵ ŋɔː⁵⁵lo⁵⁵pjɛ³³.
　　家里　　的　　锄头　　别人（施助）来　借　去　了
家里的锄头被人借走了。

20. ŋo⁵³ta⁵⁵khjei³³leŋ⁵⁵sə⁵⁵pei⁵⁵ŋjei⁵³a³³tʃy³³lo⁵⁵.
　　我　的　自行车　　别人（施助）没骑 去
我的单车没被人骑走。

21. ŋo⁵³ta⁵⁵mo³³tɔ³³sə⁵⁵pei⁵⁵ŋjei⁵³kuːn³³lo⁵⁵pjɛ³³.
　　我　的　汽车　别人　（施助）开　走 了
我的汽车被别人开走了。

22. khou⁵⁵sou⁵⁵le⁵⁵ŋo⁵³nuŋ⁵⁵ŋjei⁵³khaːt⁵⁵thuʔ⁵⁵pjɛ³³.
　　小偷　（受助）我们（施助）赶　出　了
小偷被我们赶走了。

23. ŋjaŋ³³le⁵⁵ŋo⁵³khaːt⁵⁵thuʔ⁵⁵pjɛ³³.　他被我赶出去了。
　　他（受助）我　赶　出　了

24. ŋjaŋ³³　le⁵⁵　a³³pho⁵³　ŋjei⁵³　khaːt⁵⁵thuʔ⁵⁵pjɛ³³.
　　他　（受助）父亲　（施助）赶　出　了
他被父亲赶出去了。

25. tʃhɛn³³　le⁵⁵　kji³¹nɔʔ³¹　ŋjei⁵³paːn⁵³tsɔ³³pjɛ³³. 或
　　米　（受助）老鼠　（施助）全　　吃了

26. tʃhɛn³³ le⁵⁵ kji³¹nɔ̰³¹ ŋjei⁵³ tsoː³³ pjaŋ⁵³ pjɛ³³.
    米 （受助）老鼠 （施助）吃 光 了
    米被老鼠偷吃光了。

27. tʃhɛn³³ kji³¹nɔ̰³¹ ŋjei⁵³ a³³li⁵⁵ paːn⁵⁵ tsoː³³ ʃɿ⁵⁵.
    米   老鼠 （施助）没来 全 吃还
    老鼠把米偷吃光了。

28. kji³¹nɔ̰³¹ ŋjei⁵³ tʃhɛn³³ paːn⁵³ʃ ɔ̰⁵⁵ le³³ khou⁵⁵
    老鼠 （施助）米 全部 （受助）偷
    tsoː³³ pjaŋ⁵³ pjɛ³³. 老鼠把米偷吃光了。
    吃   完 了

29. ŋə̰³¹ tso³³ lə̰³¹ ŋjou³³ ŋjei⁵³ khaːu⁵⁵ tso³³ pjɛ³³.
    鱼 猫   （施助）偷 吃 了
    鱼被猫偷吃了。

30. ŋo⁵³ ŋjaŋ³³ ŋjei⁵³ xjɛ³³ mo³³ ʃyː⁵⁵li⁵⁵.
    我 他 （施助）这 里 带来
    我被他领到这里来了。

31. ŋo⁵³ le⁵⁵ ŋjay³³ ŋjei³³ tã⁵³ləŋ³³ paːt³¹ pjɛ³³.
    我（受助）他 （施助）一下 打 了
    我被他打了一下。

32. lɔ⁵⁵mou³³ ŋjei⁵³ paːt³¹tʃuʔ⁵⁵pjɛ³³. 裤子被雨淋湿了。
    裤子雨 （施助）淋， 打湿了

33. ŋjaŋ³³ le⁵⁵ ŋo⁵³nuŋ⁵⁵ ŋjei⁵³ khaːt⁵⁵ kat⁵⁵ pjɛ³³.
    他 （受助）我们 （施助）赶 走 了
    他被我们赶走了。

34. sək⁵⁵ xjɛ³³ kam⁵³ ŋo⁵³ ŋjei⁵³ tuːn³³ləŋ³³ pjɛ³³.
    树 这 棵 我 （施助）推 倒 了
    这棵树被我推倒了。

35. kjɔʔ³¹nu⁵⁵ ʃui³¹tʃo⁵⁵ ŋjei⁵³ tã⁵³tu³³ leːi⁵⁵ʃɛ³³lo⁵⁵pjɛ³³.
    小鸡 黄鼠狼 （施助）一只叼 去了

小鸡被黄鼠狼叼去了一只。

36. ŋjaŋ³³ ta⁵⁵ tsham³³ nək⁵⁵ sə̃⁵⁵ pei⁵⁵ ŋjei⁵³ tsi:n³³ pjam⁵³ pjɛ³³.
    她   的   辫子   别人（施助）剪   掉了
    她的辫子被剪掉了。

37. ŋjaŋ³³ le⁵⁵ ŋo⁵³ ŋjei⁵³vu³¹si⁵⁵ ŋjei⁵³ pa:t³¹.
    他（受助）我（施助）棍子（工助）打
    他被我用棍子打。

38. ŋo⁵³ le⁵⁵khui⁵⁵ ŋjei⁵³ ŋa:t³¹pjɛ³³. 我被狗咬了。
    我（受助）狗（施助） 咬了

39. ŋjaŋ³³le⁵⁵laŋ³³mju⁵³（ŋjei⁵³）thə⁵⁵pjɛ³³.
    他（受助）蛇   （施助）咬 了
    他被蛇咬了。

40. wəm³³ ŋŏ⁵³ nuŋ⁵³ ŋjei⁵³ tsɔ:³³ pjaŋ⁵³ pjɛ³³.
    饭   我们 （施助）吃 光   了
    饭被我们吃完了。

41. ʃ1⁵⁵ saŋ⁵⁵ xjɛ³³ ŋ³³ tʃham⁵⁵ ŋjaŋ³³ ŋjei⁵³ səm⁵⁵ tʃham⁵⁵ tsɔ:³³ pjaŋ⁵³
    梨   这 五   个   他（施助）三   个   吃   光
pjɛ³³. 这五个梨被他吃了三个。
了

附录三 长篇语料一则

tʃhou⁵⁵ tso³³/³¹ jɔ⁵⁵ kou³³ juʔ³¹ nək⁵⁵ji⁵³ ta⁵⁵ mo³³ mji³³
孤　儿　和　九个　弟兄　的　的故事

tʃhou⁵⁵ tso³³/³¹ mji⁵³ pho⁵³ ʃeːi³³ thaŋ³³ nŏ³³ tsəŋ⁵³ ta⁵³ tu³³ tsa³³ ŋjeːi⁵³
孤　儿　母　父　死　后　牛　母　一　头　仅　在

tu³³ pjeːi³³. ŋjaŋ³³ mo⁵⁵ a³³ tat³¹ tsɿ³³ tsɔː³³ ʃɿ⁵⁵. ŋjaŋ³³ nŏ³³ tsəŋ⁵³ kuːn⁵⁵ lɔː⁵³
着　给　他　事　不会　做　吃还　他　牛　母　赶　来

kou³³ juʔ³¹ nək⁵⁵ji⁵³ no³³ lo³³ ta⁵³ tʃom⁵³ pɔː⁵³ tsuːŋ⁵⁵ lɔ³³ ŋjeːi⁵³ ŋjeːi⁵³. ta⁵³
九　个　兄弟　牛公　一　群　有　守　后　在　正在　一

ŋjeːi⁵⁵ le³³ ŋja³³ ta⁵⁵ nŏ³³ tsəŋ⁵³ no³³ nu⁵⁵ ta⁵³ nu⁵⁵ wɔpʔ⁵⁵ pjɛ⁵³. kou³³ juʔ³¹
天（助）他　的　牛　母　牛　小　一　头　下　了　九　个

nək⁵⁵ji⁵³ nŏ³³ nu⁵⁵ wuːpʔ⁵⁵ tse⁵³ si⁵³ thaŋ³³, nŏ³³ nu⁵⁵ luːi⁵³ juʔ⁵³ naːu⁵³ ŋ⁵³
兄弟　牛　小　下　的　知道　后　牛　小　抢　拿　想　（连）

ŋjăŋ³³ nuŋ⁵⁵. no³³ lo³³ wuːpʔ⁵⁵ ta⁵⁵ nŏ³³ nu⁵⁵ ka⁵³ taːi⁵³. tʃhou⁵⁵ tso³³/³¹ ŋjaŋ³³
他们　牛公　下　的　牛　小（助）说　孤　儿　他

pou⁵⁵ tsa³³ kou³³ juʔ³¹ nək⁵⁵ji⁵³ le⁵⁵ a³³ teiʔ⁵³ ɔːŋ³³. nŏ³³ nu⁵⁵ ɣɛʔ⁵⁵ kou³³ juʔ³¹
独　仅　九　个　弟兄（宾助）不　说　赢　牛　小　也　九　个

nək⁵⁵ ji⁵³ ŋ⁵³ luːi⁵³ lo⁵⁵ pje³³. tʃhou⁵⁵ tso³³/³¹ khă⁵⁵ su⁵⁵ a³³ tat³¹ kət⁵⁵ ŋ⁵³ ke³³
兄弟（施助）抢　去　了　孤　儿　怎么　不会　做（连）

maŋ⁵⁵ pjɔʔ⁵⁵ liː⁵⁵ le⁵⁵ a³³ ka⁵⁵ jɛ³³ taːi⁵³. tʃhou⁵⁵ tso³³/³¹ ɣɛʔ⁵⁵ maŋ⁵⁵ pjɔʔ⁵⁵
芒　波　请来（助）去　说　孤　儿　和　芒　波

kou³³ juʔ³¹ nək⁵⁵ji⁵³ le⁵⁵ ta⁵³ ku⁵⁵ teiʔ⁵³ ku⁵⁵ ʃaŋ⁵³ ka³³ ji³³ taːi⁵³ kjɔː⁵⁵.
九　个　弟兄（宾助）好　好说（助）　去　告　诉

a³³ khjiŋ⁵⁵ ke³³ nap³¹ jɔ⁵³ ŋjeiʔ⁵⁵ nap³¹ kjɔ⁵³ nap³¹ sɔn⁵⁵ teiʔ⁵³ ku⁵⁵ ʃaŋ⁵³ ka³³ tʃɔː⁵³
时间　（话助）明天　早上　　　说　　　（助）互相

taːi⁵³. thaŋ³³ nap³¹ tʃy⁵⁵ tʃaŋ⁵⁵ kou³³ juʔ³¹ nək⁵⁵ji⁵³ pei⁵³ nɔm⁵³
说　后　早　到　的话　九　个　兄弟　亲戚

le^{55}jy^{33}lɔ^{33}la:ŋ^{55}tɔ^{55}li^{33} maŋ^{55} pjɔʔ^{55}a^{33}li^{55}lo^{53}. mjɛn^{55} thaŋ^{33} pei^{53} laŋ^{33} jau^{55}
(宾助)叫之后等着时 芒 波没过来来   下   午 太阳 都 要
va:ŋ^{53}lɔ:^{55}li^{33}, maŋ^{55} pjɔʔ^{55} jɔ^{55} tʃhou^{55} tsɔ^{33} tse^{55} tse^{55} kət^{55} lɛ:^{53} lɔ:^{53}. kou^{33}
落去时 芒 波 和 孤 儿 慢 慢 做 来 来 九
juʔ^{31} nək^{55}ji^{53} maŋ^{55}pjɔʔ^{55} le^{55}tʃhə̌^{33}tʃuŋ^{33}mo^{53} a^{33}khui^{55} nam^{55}li^{33}
个 弟兄 芒波   (宾助)为什么   现在   时候
lɛ:^{55}kət^{55}lo^{55} mje:i^{33}. maŋ^{55}pjɔʔ^{55} xjɛ^{33}su^{55} kaʔ^{31} ta:i^{53} kjɔ:^{55}:"ə^{53}! ŋo^{53} laŋ^{55}
来(助动)去 问 芒波 这样 像 告诉 哎呀 我 都
kjɛn^{55} mo^{33}mɔ^{55}. khə̌^{55} nap^{31} ŋa^{55} pei^{33} jɔ^{55} lɔ:^{53}thaŋ^{33}, ŋa^{55} maŋ^{55} tsə̌^{33}
忙 实在 今 早 我 嫂 田 去 后 我 哥 孩
ʃaŋ^{33} jɔ:^{55} ŋ^{53} a^{33} jɔ^{55} lɛ:^{55} lo^{53}." kou^{33} juʔ^{31} nək^{55} ji^{53} ɣɛʔ^{55} ŋjǎŋ^{33}nuŋ^{55}
子 生 因为 不 能 来 了 九 个 弟 兄 和 他们
pei^{53}nəm^{53} kjɔ:^{33} lɔ^{53} xa^{55}xa^{55} kaʔ^{53}ji:^{53}lɔ^{53} ta:i^{53}: kjɔ:^{33}juʔ^{55}kɛʔ^{55}! ŋja^{33}
亲戚 听 然后 哈哈 地笑之后 说 听看(语助) 我
pei^{33}a^{33}ŋjei^{53}ŋia^{33}maŋ^{33}tsə̌^{33}ʃaŋ^{33} khǎ^{33}su^{55} jo^{55}tse^{53}?" ŋje:i^{55}tɔ^{33}ta^{55}paŋ^{33}
嫂 不 在 我 哥 孩 子 怎么 有 的 在着 的 些
xaŋ^{55} su^{33} ɣɛʔ^{55} a^{33}tʃiŋ^{55}tsa^{33}ji:^{53}. xau^{33}wo^{55}li^{33}, maŋ^{55}pjɔʔ^{55} xjɛ^{33}su^{55}kaʔ^{31}
人 谁也 不相信 只笑 这时候 芒 波 这样 像
ta:i^{53}:" ŋu:t^{55}ʒa^{33} mai^{53}! nǎ^{53} nuŋ^{55} kjɔ:^{33} juʔ^{55}kɛʔ^{55}! tʃhou^{55}tsɔ^{33}ta^{55}
说 是的 (语助) 你 们 听看(语助) 孤 儿 的
nǒ^{33}tsəŋ^{53} nǒ^{33} nu^{55}təʔ^{31} ta:t^{31} wu:p^{55}. no^{33}lo^{33} nəŋ^{55} nǒ^{33} nu^{55} khǎ^{33}su^{55}
牛母 牛 小才 会 下 牛公 咋 牛 小 怎么
wɔp^{55} tse^{53}?" xjɛ^{33}u^{55}li^{53}, kou^{33} juʔ^{31} nək^{55} ji^{53} tʃhə̌^{33}ɣɛʔ^{55} a^{33} tat^{31} tei^{53}.
下 的 这到时 九 个 兄 弟 什么也 不 会 说
tʃhou^{55} tsɔ^{33} ŋja^{55} ta^{55} nǒ^{33} nu^{55} jɔ:^{55} ʃe^{33} ju^{53}.
孤 儿 他 的 牛 小 能牵拿回

译文：

孤儿和九个弟兄的故事

孤儿父母死后，父母只给他留下了一头牛。（那时候）他还不会干活养活自己。他赶着（他的那头）母牛帮九个兄弟放一群公牛过日子。有一天，他的母牛生了一头小牛。九个弟兄知道生小牛的事后，想把小牛抢走，（于是）说小牛是他们的公牛生的。孤儿独自说不过那九个兄弟。小牛也就被九个兄弟抢夺去了。孤儿不知该怎么办，于是请来芒波去说。孤儿和芒波去跟九个兄弟好好商讨这件事。（他们）约定明天一早就商议（此事）。到了第二天早上，九个兄弟叫了亲戚朋友们等候着，但是芒波却没过来。到了下午太阳快落山时，芒波和孤儿才慢悠悠地来了。九个兄弟问芒波为什么这个时候才来。芒波就这样说道："哎呀！我太忙了。今天早上我嫂子去地里之后，因为我大哥生孩子，所以我没过来。"九个兄弟和他们的亲戚听了之后哈哈大笑着说："呀！他嫂子不在，他哥怎么会生孩子呢？"在场的人们谁也不相信，只是笑。这时，芒波这么说道"是的呀！你们听听看！孤儿的母牛才会生小牛。公牛怎么会生小牛呢"？这时，九个兄弟无话可说。孤儿（于是就）把他的小牛牵了回来。

附录四 主要参考文献

马学良主编：《汉藏语概论》，民族出版社，2003年版。

西田龙雄：《缅甸馆译语的研究》，京都松香堂，1972年。

Robert Shafer：*Introduction to Sino-Tibetan*．Otto Harrassowitz．Wiesbaden，1974．（谢飞《汉藏语导论》）

戴庆厦、刘菊黄：《独龙语木力王话的长短元音》，载《藏缅语族语言研究》，云南民族出版社，1990年。

戴庆厦：《勒期语的长短元音——藏缅语形态发展中的一种语音补偿手段》，载《藏缅语族语言研究》，云南民族出版社，1990年。

戴庆厦、徐悉艰：《藏缅语十五种——勒期语》，北京燕山出版社，1992年。

戴庆厦、徐悉艰：《景颇语语法》，中央民族学院出版社，1992年。

戴庆厦、李洁：《勒期语概况》，《民族语文》2006年第1期。

《德宏州志》德宏傣族景颇族自治州志编纂委员会编，德宏民族出版社，1994年12月。

附录五　语料主要提供者的简况

一、董卫明，男。1963年5月出生。高中文化程度。潞西市中山乡户板村人。

从小在以景颇族勒期支系为主的村寨长大。除会说勒期语外，还会说载瓦语、浪速语、汉语。

现任职于云南省德宏傣族景颇族自治州潞西市文化馆。

家庭成员的语言状况：

妻子为浪速支系，讲载瓦语。

父亲为勒期支系，说勒期语，但也会说载瓦语、浪速语。

母亲属浪速支系，但说勒期语。

祖父也是勒期支系，说勒期语。

祖母虽为载瓦支系，但会说勒期语。

女儿1992年出生，讲汉语，勒期语能听懂。

二、赵勒宗，男。1952年11月16日出生。高中文化程度。

为云南省德宏傣族景颇族自治州潞西市纪委退休干部。

从小在潞西市芒海镇帕牙村长大。

除会说勒期语外，还会说载瓦语、汉语。

家庭成员的语言状况：

妻子属载瓦支系，在家各说各的语言，但彼此都能听懂。

父母均为勒期支系，都说勒期语。

大儿子会说一般的勒期语。

小儿子从小在芒市长大，不会说勒期语。

后　　记

　　勒期语是景颇族勒期支系使用的一种语言。它与其他支系的语言如景颇语、载瓦语、浪速语、波拉语等都有不同程度的差异，并具有一些显著的特点（如长短元音等）。在不同的支系语言中，勒期语与景颇语相差较大，而与载瓦语、浪速语、波拉语比较接近，也与同属缅语支的缅甸语、阿昌语、仙岛语等比较接近。

　　国内外语言学界早已有人关注勒期语的研究。如：日本藏缅语学者西田龙雄曾调查过勒期语，他在1972年出版的《缅甸馆译语的研究》一书中，把勒期语视作一种独立的语言（参见西田龙雄《缅甸馆译语的研究》，京都松香堂，1972年）。美国汉藏语学者谢飞（Robert Shafer）在《汉藏语导论》（*Introduction to Sino-Tibetan*）一书中把勒期语列入汉藏语系缅语区北支的一种语言，把它与阿昌语、载瓦语、浪速语等放在一起（参看 Robert Shafer：*Introduction to Sino-Tibetan*. Otto Harrassowitz. Wiesbaden，1974.）。我在《勒期语的长短元音——藏缅语形态发展中的一种语音补偿手段》一文（《藏缅语族语言研究》（第一辑），云南民族出版社，1990年）中，以及《藏缅语十五种——勒期语》（北京燕山出版社，1992年）中也把勒期语看成是一种独立的支系语言。

　　二十年前，我在彝缅语和景颇语的研究中注意到了勒期语的一些有价值的特点，就有了系统记录勒期语的念头。但那时由于各种客观条件的限制未能如愿。1986年8月，正好勒期人董卫明先生来北京到我们学校进修，我经测试了解到他会说一口纯正的勒期语，而且思维反应灵敏，有说不出的高兴。于是在业余时间我向他记录了勒期语的一些基本特点（包括语音系统、2000多个词汇、基本的语法特点）。特别是整理了长短元音变化和语法的关系。在这次调查的基础上，我发表了两个成果，一是《勒期语的长短元音——藏缅语形态发展中的一种语音补偿手段》一文，二是

《藏缅语十五种——勒期语》。此后，我一直感到对勒期语的研究尚未深入，总想有一天再做一次系统的调查研究。等了近20年，这个愿望才得以实现。2005年之后，我校"211工程"、"985工程"立项，勒期语的调查研究正式列入了项目，获得了继续调查研究的良好条件。2005年8月，我带了在读的博士生李洁，专程前往云南省德宏傣族景颇族自治州潞西市，再次调查勒期语。我们有幸在抵达潞西市的当晚，就见到了董卫明先生。他很高兴表示要帮助我们研究勒期语。当时，董卫明先生正忙于民族音乐会演创作，不能天天与我们工作，于是我们又请了另一位勒期人赵勒宗先生来帮助我们做调查。就这样，在近一个月的记录调查中，两位发音人轮流与我们合作，顺利地完成了原定的调查计划。

调查结束回北京后，我们抓紧时间整理资料。我们边整理边按出版物的要求写出了初稿。直至2006年10月才定稿。这当中，李洁用力很勤，做了大量的工作。本书在调查研究过程中，董卫明、赵勒宗两位先生耐心、热情地为我们提供语料，使得我们能在较短的时间里完成书稿，我们非常感谢这两位先生的帮助，没有他们的努力，这本书是不可能顺利完成的。

勒期语虽然使用人口少，但语言特点非常丰富，值得深入研究。本书只是对勒期语的基本特点做了粗线条的勾画，还未能进入比较深入的研究。我们希望将来能有机会对勒期语再做规模更大、更有深度的研究。

此项目是中央民族大学"985工程"项目之一。本书的调查研究还得到日本文部科学省《科学研究费补助金基础研究》（NO. 16102001）的支持和帮助。在此我们一并表示感谢。

戴庆厦
2006年10月18日

作者向赵勒宗夫妇核对语料

作者戴庆厦向董卫明先生记录语法材料

作者李洁在记录词汇

在景颇族勒期人家中做客、品尝景颇菜。

作者与景颇族各支系的朋友在目瑙牌前合影。目瑙牌是景颇族心目中的最神圣、最崇高的民族象征。

象征美丽、庄重、祥和的景颇族挎包。

古老而美丽的景颇寨

新世纪的景颇族新居

图书在版编目（CIP）数据

勒期语研究/戴庆厦，李洁著. —北京：中央民族大学出版社，2007.5

ISBN 978-7-81108-326-2

Ⅰ.勒… Ⅱ.①戴…②李… Ⅲ.勒期语—研究 Ⅳ.H259

中国版本图书馆 CIP 数据核字（2007）第 033592 号

勒期语研究

作　　者	戴庆厦　李　洁
责任编辑	宁　玉
封面设计	乃　今
出 版 者	中央民族大学出版社
	北京市海淀区中关村南大街27号　邮编：100081
	电话：68472815（发行部）　传真：68932751（发行部）
	68932218（总编室）　　　68932447（办公室）
发 行 者	全国各地新华书店
印 刷 者	北京宏伟双华印刷有限公司
开　　本	787×1092（毫米）　1/16　印张：22
字　　数	320 千字
印　　数	1000 册
版　　次	2007年4月第1版　2007年4月第1次印刷
书　　号	ISBN 978-7-81108-326-2
定　　价	38.00 元

版权所有　翻印必究